Accountant
Informatization

会计信息化
实用教程

王建华 编著

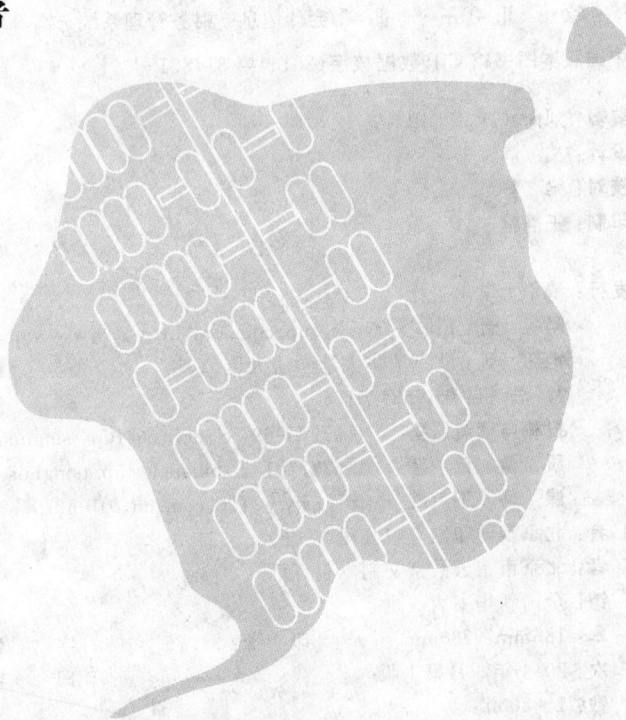

清华大学出版社

北 京

内容简介

作者结合多年的会计信息化教学经验和职业技术院校的教学实际,以新颖、特色和实用为写作宗旨,根据企事业单位会计信息化应用情况和会计从业资格会计信息化考证要求,系统地阐述了会计信息化的基本概念、基本理论和会计信息化实施与管理的基本知识;以目前企事业单位使用最普遍、毕业生就业岗位应用最广泛的 T3-用友通标准版为蓝本,详细地介绍了会计信息化的总账管理、工资管理、固定资产管理、业务系统管理(采购、销售、库存、核算)和财务业务一体化等项目的功能应用和使用方法。

根据工作过程导向,将会计信息化实用教程的 8 个项目分解成 15 个任务,各个任务又按讲授演练、实验实训、考证训练和思考练习 4 个环节实施教学,真正实现了项目引领、过程导向、任务驱动、工学结合;讲授、演示、练习有机结合;理论、实验、考证三位一体。书中还收集了完整的实验、考证训练资料(均附有答案)供读者使用。

本书内容充实、通俗易懂、可读性强;既可作为职业技术院校财经、信息、工商和国贸等专业会计信息化课程教材,也可作为企事业单位财会人员的培训用书。

图书在版编目(CIP)数据

会计信息化实用教程/王建华编著.—北京:清华大学出版社,2014
ISBN 978-7-302-34968-6

Ⅰ. ①会… Ⅱ. ①王… Ⅲ. ①会计信息-财务管理系统-高等职业教育-教材 Ⅳ. ①F232

中国版本图书馆 CIP 数据核字(2013)第 314801 号

责任编辑:刘向威　薛　阳
封面设计:文　静
责任校对:梁　毅
责任印制:王静怡

出版发行:清华大学出版社
　　　　网　　　址:http://www.tup.com.cn,http://www.wqbook.com
　　　　地　　　址:北京清华大学学研大厦 A 座　　　　邮　　编:100084
　　　　社　总　机:010-62770175　　　　　　　　　　邮　　购:010-62786544
　　　　投稿与读者服务:010-62776969,c-service@tup.tsinghua.edu.cn
　　　　质　量　反　馈:010-62772015,zhiliang@tup.tsinghua.edu.cn
　　　　课　件　下　载:http://www.tup.com.cn,010-62795954
印　刷　者:北京富博印刷有限公司
装　订　者:北京市密云县京文制本装订厂
经　　　销:全国新华书店
开　　　本:185mm×230mm　　　印　张:24.75　　　字　　数:555 千字
版　　　次:2014 年 3 月第 1 版　　　　　　　　　印　　次:2014 年 3 月第 1 次印刷
印　　　数:1~2000
定　　　价:44.50 元

产品编号:054749-01

前　言

　　会计信息化是管理科学与计算机科学的重要分支，是国民经济信息化过程中的新应用。会计信息化内容涵盖文、经、工、管等学科，不仅包括网络通信技术、安全技术和数据库技术等自然科学技术，而且涉及经济、贸易、法律和人文等社会科学知识，是一门文理相互渗透、自然科学与社会科学知识相互融合的应用学科。

　　近年来，尽管国内有不少会计信息化教材出版，但是，真正从实际应用出发，适合高职高专使用的会计信息化教材并不多见。作者结合多年的会计信息化教学经验和职业技术院校的教学实际，根据企事业单位会计信息化应用情况和会计从业资格会计信息化考证要求，以新颖、特色和实用为写作宗旨，编著了《会计信息化实用教程》一书。

　　本书共分8章（8个项目）。第1章（项目一）会计信息化的基础知识，阐述了会计信息化的基本概念、基本理论；第2章（项目二）会计信息化的实施与管理，详细讲解了会计信息化实施中的各项工作、会计信息化的外部管理要求和内部管理规范等内容；第3章（项目三）系统管理；第4章（项目四）总账管理；第5章（项目五）工资管理；第6章（项目六）固定资产管理；第7章（项目七）财务报表（UFO），全面系统地介绍了目前企事业单位使用最普遍、毕业生就业岗位应用最广泛的 T3-用友通标准版主要模块的功能应用和使用方法；第8章（项目八）财务业务一体化，结合完整的会计信息化实例，详细地讲解了财务业务一体化的初始设置、日常处理、期末业务处理流程和操作方法，既是对财务业务一体化的实验指导，又是会计信息化理论知识和实践技能的应用总结。书中收集了完整的会计信息化实验、考证训练资料（均附有答案），根据职业岗位能力和会计信息化考证要求，加强了实践技能的训练和应用能力的指导。

　　本书内容丰富、重点突出、特色鲜明、实用性强；项目引领、过程导向、任务驱动、工学结合；讲授、演示、练习有机结合；理论、实验、考证三位一体；既可作为职业技术院校财经、信息、工商和国贸专业会计信息化课程教材，也可作为企事业单位财会人员的培训用书。

　　本书由南通航运职业技术学院的王建华编著。由于全球信息化发展很快，新概念、新技术、新模式不断出现，本书难免会出现不妥之处，敬请读者指正。

作　者

2014 年 1 月

目　　录

第1章　会计信息化的基础知识（项目一）

学习目标

1. 知识目标

(1) 正确理解会计信息化的概念、意义、任务和特点。

(2) 掌握手工会计、会计电算化、会计信息化的区别和联系。

(3) 了解国内外会计信息化的发展历程、发展趋势和会计信息化考证要求。

2. 技能目标

(1) 熟悉用友财会软件的版本、功能模块和适用场合。

(2) 提高会计信息化应用基础的操作技能。

任务1　掌握会计信息化的基本知识

讲授演练

1.1　会计信息化概述

1.1.1　会计信息化的概念

1. 信息

1) 数据和信息

数据是指从不同的来源和渠道取得的原始资料，或者说数据是人们用来反映客观世界面貌而记录的可鉴别的符号（数字、字符、图形和图像等）。例如，1800元，42寸液晶显示屏，B产品，1800×60＝108 000等都是数据。数据包括数值型数据和非数值型数据。

信息是客观世界各种事物变化和特征的反映，或者说信息是经过加工和综合处理后的有用数据。例如，将上述数据处理加工，某市场42寸液晶显示屏售价1800元/块，某工厂生产B产品用去42寸液晶显示屏60块，购买这批彩管共用了1800×60＝108 000元，就形成了比较有用的数据，这就是信息。可见，信息是构成一定含义的一组数据。数据是载荷信息的一种物理符号，信息是通过数据加以描述的。

2) 会计数据和会计信息

在会计工作中，从不同的来源和渠道取得的各种原始会计资料称为会计数据。按一定的要求通过加工处理后的会计数据称为会计信息。只有将会计数据进行加工，生成会计信息，才能满足管理的需要，为管理者所用。会计信息主要包括资产和负债信息、生产费用和成本信息以及利润实现和分配信息等。

3）会计数据处理

会计数据处理是指对会计数据进行加工处理，生成管理所需的会计信息的过程。其一般要经过采集、录入、传输、加工、存储和输出等环节。会计数据处理不仅包括为提供对外报表所进行的一系列记账、算账和报账等工作，而且还包括在此基础上为提供控制、预测和决策所需会计资料进行的进一步处理工作。会计数据处理有手工处理、半手工处理和机械化处理和信息化处理4种方式。

2. 信息系统

1）系统

为了实现共同的目标，而将相互联系、相互制约的单元组成一个有机的整体称为系统。例如，国民经济就是由工业、农业、交通、通信、商业和文教卫生等部门组成的，以满足人们日益增长的物质和精神需要的一个大系统。企业是由开发、生产、购销、劳资和财务等部门组成的，为实现经营利润的一个系统。

系统具有以下特征。

独立性。每一个系统都是一个相对独立的部分，它与周围的环境有明显的边界。

整体性。各个子系统之间存在相互依存关系，既相对独立又有机联系，形成一个整体。

层次性。一个系统是由若干个子系统组成的，子系统也具有系统的一切特征，并可以划分为更小的子系统。

目标性。系统的活动就是为了达到某种预定的目标，各个子系统的最终目标是共同的。

2）会计信息系统

信息系统是由人、设备、处理规程和数据组成，并以输出信息为主要目标的整体。信息系统为了完成信息收集、加工和利用，需要一定的人员、设备和相应的加工程序、方法，以便通过人的有目的活动，获取对企业生产经营进行有效管理的信息数据。

对现代企业来说，组织机构和信息系统是企业的两大子系统。组织机构是否合理，直接关系到企业整体的运行状况；信息是否畅通有效，直接影响企业的生产经营效率。

会计信息系统是一个组织处理会计业务，并为人们提供会计信息的实体，通过收集、加工、存储、传送和利用会计信息对经济活动进行控制。会计信息系统是企业管理信息系统的一个子系统，与管理信息系统的其他子系统相比，具有数据量大，数据结构复杂，数据加工处理方法要求严格，数据的真实性、准确性要求高，数据要具有可验证性等特征，而且会计信息系统兼有监督和管理的功能。会计信息系统本身又可分解为若干子系统，如总账管理系统、工资管理系统、报表系统、固定资产系统和业务管理（采购、销售、库存、核算）系统等。

3）会计信息化系统

会计信息化信息系统是以电子计算机为重要要素的会计信息系统，对会计的原始数据进行采集、加工、存储、输出等是其主要的功能。会计信息化信息系统是一个人机结合的系统,它不但需要计算机的支持,而且更需要人的操作和使用,所以从系统的组成来看,会计信息化信息系统由硬件、软件、人员和操作规程组成。

　　3. 会计信息化

　　会计信息化是指将会计信息作为管理信息资源,全面运用计算机、网络通信为主的信息技术对其进行获取、加工、传输、应用等处理,为企业经营管理、控制决策和经济运行提供充足、实时、全方位的信息。会计信息化是会计与信息技术的结合,是信息社会对企业财务信息管理提出的一个新要求,是企业会计顺应信息化浪潮所做出的必要举措。会计信息化是网络环境下企业领导者获取信息的主要渠道,有助于增强企业的竞争力,解决会计电算化存在的"孤岛"现象,提高会计管理决策能力和企业管理水平。会计信息化是信息社会的产物,是未来会计的发展方向。会计信息化不仅仅是将计算机、网络、通信等先进的信息技术引入会计学科,还与传统的会计工作相融合,在业务核算、财务处理等方面发挥作用,还包含更深的内容,如会计基本理论信息化、会计实务信息化、会计教育的信息化和会计管理信息化等。

1.1.2　会计信息化的意义

　　尽管会计信息化在国内提出的时间不长,对其本质和内涵还有待进一步研究,但不可否认,随着信息社会的到来,会计信息化将是一个不可阻挡的必然趋势,会计信息化对当前的会计工作无论在理论上还是在实践上都会产生很大的影响。

　　首先,实现会计信息化以后,会计信息系统将真正成为企业管理信息系统的一个子系统。企业发生的各项业务,能够自动从企业的内部和外部采集相关的会计核算资料,并汇集与企业的内部会计信息系统进行实时处理。会计将从传统记账算账的局限中解脱出来,从而更大地发挥会计的管理控制职能,让企业经营者和信息使用者随时利用企业的会计信息对企业的未来财务形势做出合理的预测,为企业的管理和发展做出正确的决策。

　　其次,对于会计假设中,特别是传统的会计主体不再是拥有实实在在资金和厂房的企业,还将包括一些网上的虚拟公司,这些公司为了共同的目标,会在短时间内结合在一起,当完成特定的目标后会很快解散,它的持续经营、会计分期和货币计量的基本前提都会受到冲击。实现会计信息化后,企业网与外界网络实现了互联,会计信息的使用者可以随时获取有关的会计信息。由于信息技术的全面应用,极大地提高了信息的及时性,信息的预测价值和反馈价值也大大提高,信息的流速也大大加快,有效地促进了经济管理水平的提高。另外,通过会计信息系统直接获取相关数据并进行分析,减少了人为的舞弊现象,也大大提高了会计信息的可靠性和信息的质量。

　　第三,当今会计软件的处理流程基本上还是模拟手工会计的处理流程而设计的。实现会计信息化后,会计不再是孤立的系统,而与一个实时处理、高度自动化的系统,与其他业务系统和外界连接,可以直接从其他系统读取数据,并进行一系列的加工、处理、存储和传输。会计报告也可以采用电子联报方式进行实时报告,用户可以随时获取有用的会计信息进行决策,提高了工作效率,促进了经济的发展。

　　会计信息化是现代会计学科的重要组成部分,是研究计算机会计理论与计算机会计实务的一门边缘学科;会计信息化系统是管理信息系统的核心子系统。在我国,大多企事业的管理信息系统是从会计信息化起步的。

　　当今社会正在向"知识经济"时代迈进,在今天这样一个充满竞争的大环境中,会计人员不仅要深谙会计学的基本原理,掌握会计电算化技术,而且还要学习一些组织观念、行为因素、决策过程和通信技术等方面的基本理论。会计信息化代表了一种全新的会计思想与观念,是传统的会计理论和现代信息技术、网络技术等相结合的产物,是现代会计发展的必然趋势。人们必须抓住机遇,迎接挑战,努力推进中国会计信息化的发展。

　　会计信息化是会计史上的一次重大革命,它对会计工作的各个方面都将产生深刻的影响。

　　(1) 推进会计理论研究,奠定管理现代化基础。会计信息化不仅仅是会计核算手段或会计信息处理技术方式的改变,还对会计核算方式、程序、内容、方法等会计理论和技术产生深远的影响,从而推动会计管理和会计实务的不断发展。企业管理工作现代化包括管理手段现代化、管理方法定量化、管理组织合理化和管理思想科学化。会计作为经济管理的重要组成部分,是为管理服务的。实现会计信息化后,能及时、准确地提供占整个企业管理系统约 70% 的信息量,减少了中间传递过程,改变了长期以来会计工作严重滞后现代管理的局面,极大地提高了经济信息的使用价值,为企业管理手段现代化奠定了重要基础,带动或加速了企业管理现代化的实现。

　　(2) 规范会计工作,提高会计核算质量。实现会计信息化后,对数据来源提出了一系列规范要求,而且数据在处理过程中又能始终得到控制,在很大程度上解决了手工操作中的不规范、不统一、易出错和易遗漏等问题。因此可以促使会计工作规范化程度的提高,使会计工作质量得到保证。

　　(3) 减轻会计人员的劳动强度,提高工作效率。手工做账时,需要填制凭证、记账算账、编制报表。实现会计信息化后,只要将原始凭证数据输入计算机,其大量的数据处理工作都是由计算机自动完成,计算机的计算速度是手工方式无法比拟的,财会人员可以从繁杂、单调的事务中解脱出来。

　　(4) 转变会计工作职能,增加经济效益。在手工条件下,会计人员整天忙于记账、算账、报账。实现会计信息化后,会计的工作效率提高了,会计人员可以用更多的时间和精力参与经营管理,从而促使了会计工作职能的转变,使会计人员在经营管理、提高经济效益中发挥更大的作用。

　　(5) 促进会计知识更新,提高会计队伍素质。随着会计信息化的实施,财会人员的知识结构必须更新。一方面要求财会人员学习掌握有关会计信息化的新知识,以便适应工作,争取主动;另一方面由于许多工作是由计算机完成的,使会计人员有了许多学习新知识的时间或接受专门脱产或半脱产专业培训的机会。因此,必然会提高整个会计队伍的素质。

1.1.3　会计信息化的任务

会计信息化是要使广大财会人员从繁重的手工操作中解脱出来,减轻劳动强度,通过计算手段和会计管理决策手段的现代化,把财会人员的精力从一般的信息核算工作提高到关心管理决策,为管理决策提供有效的参考材料,从而为提高经济效益服务。会计信息化主要包括会计核算信息化和会计管理信息化。

会计信息化的具体工作任务为以下几方面。

(1) 建立和健全会计信息化的组织机构和管理机制。

(2) 用好适应企业特点的会计信息化软件,按软件的操作方法做好账务的初始化工作和日常账务工作。

(3) 在使用会计信息化软件时,完成各种会计核算和内部控制管理,根据会计使用者的要求编制企业各种报表,进一步提高会计核算和财务管理的水平。

(4) 加强防范意识,按相应的规章制度认真执行,随时做好数据备份工作,并执行好有关的安全规定。

(5) 协助单位领导及时完成各种决策所需的各种账面和报表数据的查询,及时打印输出各种财务报表和分析图表。

(6) 利用会计核算提供的数据和其他相关资料,借助计算机财务管理软件提供的功能,进行会计预测、事中控制,开展会计分析。

1.2　手工会计、会计电算化、会计信息化

1.2.1　会计电算化

会计电算化是计算机技术和现代会计相结合的产物。1954 年美国通用电气公司首次应用电子计算机计算职工的工资,引起了会计数据处理技术的变革,开创了利用计算机进行会计数据处理的新纪元。随着计算机技术的迅速发展,计算机在会计领域中的应用范围也在不断扩大。

在我国,会计电算化是 1981 年中国会计学会在长春召开的"财务、会计、成本应用电子计算机专题讨论会"上正式提出的。在会计电算化发展初期,人们对会计电算化的通俗解释是计算机在会计中的应用。随着会计电算化事业的发展,会计电算化的定义得到了引申和发展,会计电算化是以电子计算机为主的当代电子信息处理技术应用到会计工作中的简称,是用电子计算机代替手工建账、记账、算账、报账,以及部分代替人脑完成对会计信息的分析、预测、决策的全过程。

会计电算化的定义有三层含义。

(1) 会计电算化应用计算机模仿人工会计核算过程(如制证、记账、编制报表)。

（2）会计电算化对会计信息进行综合处理，为企业管理人员提供信息（部分地代替人脑对会计信息进行分析）。

（3）会计电算化参与企业的经济预测和决策（提供可信度极高的量化信息）。

1.2.2　会计电算化与手工会计的异同

电算化会计归根到底还是为会计服务，会计电算化仍具有手工会计的一般特点，具体表现为以下几点。

（1）系统目标一致。会计电算化与手工会计都对经济业务进行记录和核算，其最终目标仍然是为了加强经营管理，提供会计信息，参与经营决策，提高经济效益。系统的基本功能相同。都具备信息的采集输入、存储、加工处理、传输和输出这5项功能。

（2）都要遵守会计和财务制度。会计电算化仍以本位币为主要计量单位。与手工会计一样，都要严格贯彻执行会计法规，堵塞各种可能的漏洞。会计信息化首先要记录、计量单位的各项经济活动，而记录、计量的主要计量单位依然是货币量度，从而实现各种会计要素在量上的统一核算。

（3）会计电算化同样以凭证作为核算的合法依据。会计信息化的数据输入、处理、信息输出等各工作步骤赖以进行的条件是，每项经济业务都要取得合法的会计凭证。这一会计凭证按手写簿记的会计核算要求即为原始凭证，在将来的会计信息化方式下，这一会计凭证可能在原始凭证与记账凭证合二为一的要求下形成标准化的会计凭证。无论如何，合法的原始凭证仍然是会计信息化的基本依据。

（4）基本会计理论与方法一致。会计电算化与手工会计都要遵循基本的会计理论和方法，都采用复式记账原理。无论是手工会计还是会计信息化，其会计核算、会计分析、会计检查的基本理论和方法都是相同的。如会计信息化在进行会计核算时，对任何一项经济业务都要通过设置账户、复式记账、填制和审核会计凭证、登记账簿等方法进行账务处理，定期进行成本计算和财产清查，并及时编制会计报表。编制会计报表的要求相同。两系统都要编制会计报表，并且都必须按国家要求编制企业外部报表。

（5）会计电算化仍然具有一般会计核算的连续性、系统性和完整性。会计电算化在核算和监督各项经济业务时，首先按各会计期间分别进行处理，但各会计期间的经济业务以及由此产生的会计数据、会计信息是随着生产经营活动的不断进行而连续不断发生的，各会计期间的会计数据、会计信息相互联系、密不可分，而且会计电算化核算和监督的是各单位生产经营过程中的全部经济业务，因而会计信息化具有一般会计核算的连续性、系统性和完整性。

（6）都要保存会计档案。作为会计信息系统的输出，会计信息档案必须妥善保存，以便查询。会计电算化后仍必须建立和保存会计档案。会计档案是会计的重要历史资料，必须按规定妥善保管。实现会计信息化后，会计原始凭证和记账凭证、会计报表等会计数据资料一般应定期打印输出，打印输出的会计数据根据规定盖章后，按《会计档案管理办法》进行保管。

会计电算化与手工会计不同点主要表现在以下几个方面。

(1) 会计系统初始化设置不同。手工会计的初始化工作包括建立会计科目,开设总账,登录余额等;会计电算化的初始化设置工作则较为复杂,主要有会计系统的安装,账套的设置,权限的设置,会计科目及其代码的建立,初始余额的输入,自动转账分录定义,会计报表名称、格式、数据来源公式的定义等。

(2) 会计账簿格式不同。在手工会计中,账簿的格式分为订本式、活页式和卡片式三种,现金日记账、银行存款日记账和总账必须采用订本式账簿。而在会计电算化系统中,由于受到打印机的条件限制,不太可能打印出订本式账簿,因此根据《会计电算化工作规范》规定,所有的账页均可按活页式打印后装订成册。

(3) 会计的信息载体和计量工具不同。手工会计使用的计量工具是算盘、计算器等,会计电算化是用电子计算机来进行计量和管理的,从而带来了会计处理过程的先进性和会计信息资料的及时性、准确性。这是会计电算化区别于手工会计的最显著的特点。会计信息的载体也不同。手工会计的所有信息都以纸张为载体,会计电算化常用的则是磁盘或光盘作为信息的载体,使得会计信息的保存十分方便。

(4) 会计的科目设置和使用不同。在手工会计中,将账户分设为总账和明细账,明细账大多仅设到三级账户,此外,再开设辅助账户以满足管理核算上的需要;科目的设置和使用一般都仅为中文科目。而在会计电算化中,有的财务软件将科目的级数设置到 6 级以上,除设置中文科目外,还设置与之对应的科目代码,使用科目时,计算机只要求用户输入某一科目代码,而不要求输入该中文科目,但在显示打印时,一般都将中文科目和与之对应的科目代码同时显示。所有的账户都由凭证文件和科目余额文件产生,实现了数据共享。

(5) 会计的账务处理程序不同。手工会计采用不同的会计核算形式,常用的有记账凭证核算形式、科目汇总表核算形式、汇总记账凭证核算形式、日记账核算形式等,对业务数据采用了分散收集、分散处理、重复登记的操作方法,通过多人员、多环节进行内部牵制和相互核对,目的是为了简化会计核算的手续,以减少舞弊和差错。在会计电算化账务处理中,整个处理过程分为输入、处理、输出三个环节,其控制的重点是输入环节,这大大减少了人工干预。

(6) 会计行使职能的侧重点不同。手工方式下,会计的基本职能是反映和监督经济活动的全过程。实施电算化后,会计在完善传统的会计职能的基础上应侧重于管理职能,进行事中控制、事前预测并参与经营决策。

(7) 会计组织机构和人员素质要求不同。手工会计方式下,会计工作组织体制以会计事务为不同性质作为依据,会计人员均为专业人员,其骨干是会计师。实施会计电算化后,不仅需要会计专业人员,还需配备计算机软件、硬件管理人员和计算机操作人员,以及既精通会计业务又能熟练操作计算机的复合型人才。会计机构内部人员分工也发生了变化。

1.2.3　会计信息化与会计电算化的比较

会计电算化是会计信息化的基础和前提条件,会计信息化就是利用现代信息技术(计算机、网络和通信等),对传统会计模式进行重构,并在重构的现代会计模式上通过深化开发和广泛利用会计信息资源,建立技术与会计高度融合的、开放的现代会计信息系统,以提高会计信息在优化资源配置中的有用性,促进经济发展和社会进步的过程。会计信息化是国民经济信息化和企业信息化的基础和组成部分。会计电算化实质上并未突破手工会计核算的思想框架。会计电算化与会计信息化虽然都是利用现代科学技术处理会计业务,提高了会计工作的效率和企业财务管理水平,但企业信息化环境下的会计信息化系统与会计电算化系统相比,无论是技术上还是内容上都是一次质的飞跃,两者的内涵大相径庭。

1. 历史背景不同

会计电算化产生于工业社会,随着工业化程度的提高,会计业务的处理量日渐增大,会计工作的处理方法日渐落后。为了适应企业的发展,加强信息处理力度,采用电子计算机对会计业务进行处理。会计信息化则产生于信息社会。在信息社会中,企业的财富＝经营＋信息,信息社会要求社会信息化,企业是社会的细胞,社会信息化必然要求企业信息化,而企业信息化必然导致会计信息化。

2. 目标不同

现行的会计电算化系统是基于手工会计系统发展而来的,其业务流程与手工操作方法基本一致。主要是为了减轻手工操作系统的重复性劳动,提高了效率;而会计信息化系统是从管理者的角度进行设计的,能实现会计业务的信息化管理,充分发挥会计工作在企业管理和决策中的核心作用。

3. 技术手段不同

会计电算化系统由于开始设立时的环境束缚,主要是为单功能的计算机设立的。会计电算化软件也是在此基础上的发展和改善;而会计信息化系统是在网络环境下进行设计的,其实现的主要手段是计算机网络及现代通信等新的信息技术。

4. 功能范围和会计程序不同

会计电算化是对手工会计系统的改进,是在手工的基础上产生的,故其会计程序也模仿手工会计程序而进行,也是从记账凭证开始的。最后实现用计算机对经济业务进行记账、转账和提供报表等功能;而会计信息化是适应时代的要求,根据现代信息的及时性、准确性、实时性的特点而产生的。它从管理的角度进行设计,具有业务核算、会计信息管理和决策分析等功能,其会计程序是根据会计目标,按照信息管理原理和信息技术重整会计流程。

5. 信息输入输出的对象不同

会计电算化系统主要是为财务部门设立的。设计时只考虑了财务部门的需要,由财务部门输入会计信息,输出时也只能由财务部门打印后报送其他机构;而会计信息化系统是企事业单位业务处理及管理信息系统的组成部分,其大量数据从企事业单位内外其他系统直接获取,输出也是依靠网络由企业内外的各机构、部门根据授权直接在系统中获取的。

6. 系统的层次不同

会计电算化以事务处理层为主,会计信息化则包括事务处理层、信息管理层、决策支持层和决策层。

1.3　会计信息化的发展

1.3.1　国外会计信息化的发展

信息化是当今世界发展的大趋势,是推动经济社会变革的重要力量。20 世纪 90 年代以来,信息技术不断创新,信息产业持续发展,信息网络广泛普及,信息化成为全球经济社会发展的显著特征,并逐步向一场全方位的社会变革演进。信息化是指现代信息技术与社会诸领域及其各个层面相互作用的动态过程及其结果,会计信息化是在会计电算化已无法适应和涵盖信息化社会和现代管理的发展这一客观现实的情况下,由现代信息技术和网络技术应用于会计领域的一种从形式到内容的根本性变革,它是在会计电算化的基础上上升发展的新的阶段。会计信息化是基于现代信息技术平台,融物流、资金流、信息流与业务流为一体,反映会计与现代信息技术相结合的会计信息系统;会计信息化具有账务处理职能集中化的特点,它将会计信息作为管理信息资源,运用计算机、网络和通信等现代信息技术对其进行获取、加工、传输、存储、应用等处理,为企业组织经营管理、控制决策提供充足、实时的信息。会计信息化的实质是在新的会计思想的指导下进行会计业务流程重组,并在这一过程中建立起以"集成"与"互动"为特征的现代会计信息系统。"集成"是指对信息集成、过程集成、功能集成的财务业务一体化解决方案。"互动"是指会计与现代信息技术的相互结合,会计信息提供者与使用者的相互影响,他们互为主动关系。

1954 年美国通用电气公司通过软件在电子计算机上处理工资,使电子计算机开始用于会计工作。这标志着现代会计信息系统的开端。由于是刚起步,当时只是用于个别或少数孤立的单项业务模块,如工资计算、编制请款单和销售统计,等等。1965 年以后逐渐形成完整的会计核算系统,如总账、应收账款、应付账款、工资计算和财务报表等。20 世纪 70 年代开始出现决策支持系统,为会计单位的预测决策提供了工具,如"购买管理"、"存货管理"等。20 世纪 80 年代将人工智能引入管理会计的支持系统,进一步增强了会计对整个会计单位的经营管理与决策功能,如"物料需求计划"、"销售计划"、"资金及财务管理"等。20 世纪 90 年代以来,随着网络技术的发展和信息高速公路的建设,有力地促进了会计(电子)信息系统向企业内部一体化、综合化、智能化和满足局外网用户有关信息需求的方向发展,从而使会计(电子)信息系统成为整个企业管理网络的核心部分,出现了 MRPⅡ(制造资源计划)和ERP(企业资源计划)全面企业管理型软件。

根据会计信息化发展的进程和数据处理技术特征,国外会计信息化发展大致经历了三个阶段。

(1) 会计单项业务处理阶段(1954—1965)。会计数据单项处理是电子计算机应用于会计数据处理的初级阶段。在这一阶段,会计人员利用电子计算机模仿手工会计数据处理的方式和程序,着重解决那些数据量大、计算简单但重复次数多的会计业务,如工资核算、库存材料收发核算等业务。一个应用程序仅能处理某个单项会计业务,局部替代繁重的手工劳动,提高了劳动效率。这一阶段是会计信息化的萌芽和发育阶段。

(2) 会计数据综合处理阶段(1965—1970)。会计数据综合处理是电子计算机应用于会计数据处理的中级阶段。在这一阶段,会计人员利用电子计算机对各类会计数据进行综合加工处理,组织信息及时反馈和控制,为预测、分析和决策提供更为详尽、更为及时的会计信息。整个数据处理基本上实现自动化,逐步形成完整的会计信息化信息系统。这一阶段是会计信息化迅速成长、初步成熟的阶段。

(3) 会计数据系统处理阶段(1970 年之后)。会计数据系统处理是电子计算机应用于会计数据处理的高级阶段。在这一阶段,电子计算机在会计业务中的应用日臻完善,逐步建立起会计信息化信息系统。随着大规模集成电路为标志的第四代计算机的问世及应用,计算机的研制成功并推广普及,以及供多用户使用的集中数据库的建立,计算机网络的投入使用,实现了数据共享。这一阶段是会计信息化普及推广和深化发展的阶段。

1.3.2　国内会计信息化的发展

我国会计信息化起步较晚。20 世纪 70 年代初开始,国内有计算机进行会计单项业务处理的应用。20 世纪 80 年代,逐渐形成了完整的原始凭证输入、编制记账凭证、审核、登账和编制会计报表等会计核算系统。1988 年用友软件公司率先推出了商品化会计信息化软件,使我国会计电算化进入了快速发展时期。20 世纪 90 年代,随着多功能智能化模块和局域、广域网络的出现,会计方面的电子数据处理,有了决策与控制的支持系统,网络环境为会计信息系统提供了最大限度的全方位信息支持,不仅进一步提高了财会工作的效率与效益,而且也有力地加快了会计电子数据处理自身的发展和整个企业经营管理的“电算化”,强化了企业经济核算和企业管理。随着经济全球化、国内经济体制改革的不断深入,以及信息产业的高速发展,我们深信,在不远的将来,我国会计信息化的发展,无论是深度和广度上都将出现更新的局面。

我国的会计信息化工作,迄今为止,已经历了 4 个阶段。

(1) 尝试阶段(1983 年以前)。这个阶段主要起始于 20 世纪 70 年代末少数企业单项会计业务的电算化。当时我国刚刚开始实行改革开放,人们开始认识到,把计算机应用于复杂的会计体系是计算机带来真正的好处所在。因此,部分企业开始了会计信息化的试验工作。通过许多次探索性的试验总结出:搞会计信息化必须从会计信息处理的过程着手,研究每个单项的会计数据流程,从而以小见大,把整个会计信息化系统开发出来。在这一阶段,只是做一些理论研究和实验准备,具体体现在实现单项会计业务的电算化,最为普遍的是工资核算的电算化。

(2) 自发发展阶段(1983—1989)。1983 年国务院成立了电子振兴小组,在全国掀起了计算机应用的热潮,特别是微型计算机在国民经济各个领域均得到了广泛应用,会计信息化工作已经被广大企业看好。但由于在宏观上缺乏统一的规划指导与管理,在基层缺乏相配套的各种组织管理制度和其他控制制度,采用工程化方法开展会计信息化工作和开发会计信息化软件很少,多数是低水平的重复开发和各自为政。因此,会计信息化工作有了一个自发的发展。

(3) 计划发展阶段(1989—1994)。1989 年 12 月财政部发布了《会计电算化软件管理的几项规定(试行)》,明确了以财政部为中心的会计信息化宏观管理体系正在逐步形成;同时各地财政部门和各主管部门加强了对会计信息化工作的管理,制定了相应的管理制度和发展规划;主管部门组织开发、推广的会计信息化软件取得显著成效;会计信息化软件的开发已向通用化、规范化、专业化、商品化方向发展,许多商品化会计信息化软件专业开发单位和部门相继成立,开发了一批技术较高的专用会计信息化软件,商品化会计信息化软件市场已经形成。与此同时,会计信息化理论研究取得成果,一些高水平的会计信息化专著相继出版,初步培养和形成了一支力量雄厚的会计信息化队伍。

(4) 普及阶段(1994 年至今)。1994 年 6 月中国财政部相继颁发了《会计电算化管理办法》、《商品化会计电算化软件评审规则》、《会计电算化软件基本功能规范》、《关于大力开展会计电算化培训工作》等法规和通知,并制定了我国会计信息化的发展目标。目前,各项目标均得以实现,会计信息化得到普及,并在提高上下工夫。随着国企改革的深入和现代企业制度的建立,企业的科学管理对会计工作的要求日益提高,同时在软件研制开发及其商务竞争的推动下,会计软件由核算型转向管理型势在必行。所谓管理型软件,是指对经济业务进行事前预测、决策、计划和预算,事中管理和控制,事后核算和分析的软件。

纵观三十多年来中国会计信息化的发展,虽然信息系统的功能不断增强,应用也越来越普及,尤其是大、中型企业目前已程度不同地实现了会计信息化,应用了核算型会计软件,但从总体来看,中国会计信息化还处在发展过程中,存在着诸多亟待解决的问题。

1.3.3 会计信息化的发展趋势

现代信息技术的迅猛发展,把人类带进了信息化社会并使信息化工程逐步深入经济生活的各个领域。加快信息化建设是经济发展的必然趋势,是发展经济的必然选择。如何及时、准确地掌握市场信息并运用所获取的信息有效地整合和运用资本、技术和人力资源就成为企业组织的核心竞争力之一。因此,企业应加快管理信息化建设,而企业管理信息化的关键是会计信息化。

会计信息化是基于现代信息技术平台,融物流、资金流、信息流与业务流为一体,反映会计与现代信息技术相结合的高度数字化、多元化、实时化、个性化、动态化的会计信息系统。会计信息化是会计发展史上的一次革命,是会计发展的必然趋势。与手工会计相比,会计信息化不仅是处理工具的变化,在会计数据处理流程、处理方式、内部控制方式和组织机构等方面都与手工处理有许多不同之处。它的产生发展对转变会计职能,提高会计队伍素质和会计工作质量,加速信息传递,加快企业管理现代化,促进会计理论研究和会计实务的发展,提高经济效益和加强国民经济宏观管理等,都具有十分重要的作用。随着社会经济环境的不断变化和信息技术的不断发展,会计信息化将更加不断升级和完善,它在经济管理中也将发挥更大的作用,其应用前景非常广阔。

　　会计信息化由于发挥了计算机的快速、及时和运算正确等特性,使企业的会计工作质量上了一个台阶,做到数据正确、资料完整、反馈迅速和节省劳力,与过去手工记账相比,取得了显著的成绩。当前存在的问题是有些企业仅满足于以电算化代替手工记账,或者认为电算化就是用计算机记账。特别是不少企业在委托外单位定点开发时,是以计算机替代手工记账为开发需求,在鉴定验收通过后,开发人员撤离该单位,今后只能协助搞一些日常维护和小修改,使开发工作到此为止。购买的通用软件也由于升级缓慢,有的企业不愿改变熟悉的操作环境,其发展仅以计算机替代手工记账为主。

　　从系统的角度看,会计信息化系统实际上是管理信息系统的一个子系统。会计信息化系统的发展一般分为三个层次:会计核算信息、会计管理信息、会计决策支持。相应地,会计信息化系统的发展也分为三个层次,如图1-1所示。

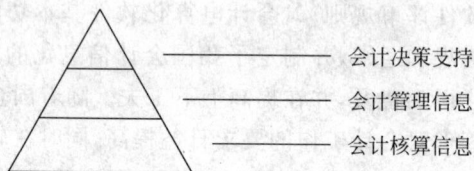

图　1-1

　　(1) 会计核算信息系统。这是计算机应用于会计领域的最初阶段。它的特点是系统被单独使用,彼此没有什么联系,如工资核算、用电子账簿代替手工账簿等。现在很多企业追求的甩掉手工记账大部分属于此类。这个阶段的软件系统主要是面向基层的会计操作人员。

　　(2) 会计管理信息系统。随着会计数据处理系统的应用,企业会计工作中很多手工劳动已被计算机替代,企业在管理上对会计信息化的要求也相应提高。会计管理信息系统在会计数据处理系统的基础上更加系统化,加强各子系统间的联系和数据共享,提供了更多的管理信息。目前许多会计信息化软件都在这方面做了一定的努力,如普通工资管理软件升级到工资人事管理系统、总账系统和业务进销存系统有机地结合等。一般说,这个阶段的软件系统主要是面向财务部门和会计主管。

　　(3) 会计决策支持系统。由于企业在市场上面临着日益激烈的竞争,传统的决策方式已不能满足要求,企业的领导者要求会计信息化系统为企业的决策提供更多、更直接的决策支持。会计决策支持系统根据会计管理信息系统提供的信息,并使用各种模型和方法进一步加工,提供给企业领导者决策帮助。应该说,这个阶段的软件系统主要是面向企业的主要领导。

　　在会计信息化系统的三个层次中,每一层次又都是以较低层次系统为基础的。因此,会计信息化软件的发展方向是高层次的会计决策支持系统。

从近几年我国会计信息化的发展情况和国外会计信息化的情况来看,我国会计信息化有如下发展趋势。

① 由专项处理向完整的会计信息化系统发展;

② 由单机应用向网络应用形式发展;

③ 由会计信息化系统向集成的企业管理系统发展;

④ 由会计信息化向会计信息化发展;

⑤ 由常规的会计管理系统向会计决策支持系统与理财专家系统发展。

实验实训　会计信息化技能训练一

【实训目的】

检查学生对"会计信息化课程"的先导和基础课程"计算机应用基础"的掌握情况,提高"会计信息化课程"必备的计算机操作能力。

【实训环境】

会计信息化实验室,一人一机,主频 800MHz 或以上,256MB 或以上内存,20GB 或以上硬盘,标准系列鼠标,Windows 系统支持可显示 256 色的显示器。Windows XP 及以上操作系统,Office 2000 及以上办公软件。

【实训内容】

1. Windows 操作

在计算机 D 盘根目录下完成如下操作。

(1) 建立 CC 文件夹,在 CC 文件夹中再新建一个文件夹,名为 SUB2。

(2) 建立 DD 文件夹,在 DD 文件夹中新建两个文本文件 X1. txt,X2. txt 和一个批处理文件 B. bat,将 DD 文件夹中的所有文件移到 SUB2 中。

(3) 删除 CC 文件夹中的扩展名为. txt 的文件。

(4) 删除文件夹 DD。

(5) 将文件夹 CC 中文件 B. bat 的属性设置为隐藏。

2. Word 操作

先按照给出的原文录入原文,然后按下面的要求完成 Word 操作。

(1) 将原文中第二段第一行中的"证明"改为"证实","恐惧"改为"恐惧程度"。

(2) 将原文第一段"计算机……生活伴侣!"移到最后,作为最后一段。

(3) 将全文中的所有"计算机",用"电脑"来替换。

(4) 全部正文段落设为段前空 0.5 行,段后空 0.5 行,段中行间距为 1.5 倍行距。

(5) 为本文在开始处添加标题"电脑病毒",标题用红色初号黑体斜体字,并要求居中,标题与正文之间空一行。

（6）将"有一则笑话"所在段设置成首字下沉两行，首字用绿色的黑体（首字前无空格）。

（7）将"有人说，拒计算机于千里以外"一段分为两栏偏右方式排版，栏间加分隔线。

原文如下。

计算机，正大步向中国的家庭和我们每一个人走来；计算机，将永远是一个令人欢喜又令人烦恼的生活伴侣！

有一则笑话可以证明计算机病毒给人们所带来的恐惧。某一个用户家庭计算机上感染了病毒，其妻看到其夫用杀毒软件忙得大汗淋漓，禁不住走到丈夫身边关切地说："千万不要把病毒传染到你的身上，又传给我和孩子，把我们一家都染上了病毒。"

有人说，20 世纪的人们需要拥有三个派司：开汽车、讲英语、会计算机，否则你就无法生存下去。正如不可能因为汽车带来的交通事故而摒弃汽车一样，人们也不可能因为在拥有计算机的同时，也拥有了忧愁和烦恼而拒计算机于千里以外。

3. Excel 操作

Excel 操作样张如图 1-2 所示，按以下要求完成 Excel 操作。

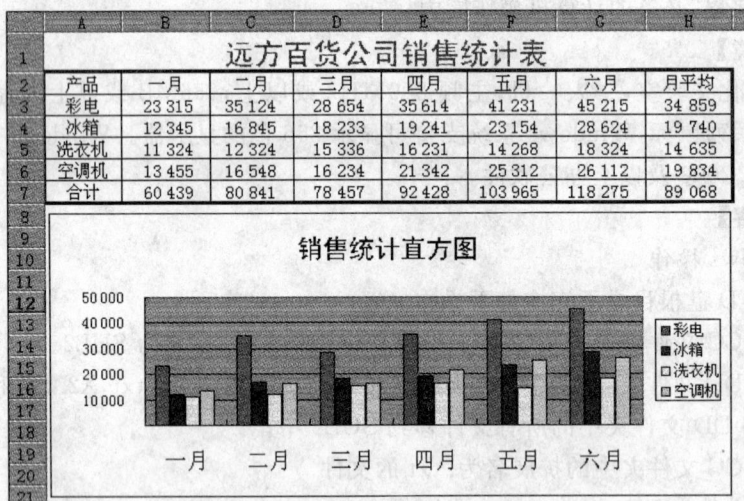

远方百货公司销售统计表

产品	一月	二月	三月	四月	五月	六月	月平均
彩电	23 315	35 124	28 654	35 614	41 231	45 215	34 859
冰箱	12 345	16 845	18 233	19 241	23 154	28 624	19 740
洗衣机	11 324	12 324	15 336	16 231	14 268	18 324	14 635
空调机	13 455	16 548	16 234	21 342	25 312	26 112	19 834
合计	60 439	80 841	78 457	92 428	103 965	118 275	89 068

图 1-2

（1）按样张建立远方百货公司销售统计表。

（2）计算出各月份的合计数。

（3）计算出各产品的月平均数。

（4）全部数据采用千位分隔格式，不保留小数位。

（5）第一行标题采用红色 20 磅黑体，A1：H1 合并居中排列。其他单元的汉字标题要求居中排列。

（6）取消工作表中的框线显示，为第二至第七行的表格添加粗外框与细内框。

（7）在表格下方生成如样张所示的图表。

考证训练

1. 单项选择题

(1) Word 的菜单栏位于(B)下方,分为 9 个菜单项。

　　A. 状态栏　　　　　B. 标题栏　　　　　C. 菜单栏　　　　　D. 工具栏

(2) Word 的(A)位于常用工具栏下面,其中大部分的格式以图标形式列出。

　　A. 格式工具栏　　B. 菜单栏　　　　　C. 标题栏　　　　　D. 状态栏

(3) Word 的常用工具栏位于(C)下面。该栏的工具按钮,是为了使用方便,从菜单中选择出来的常用命令,并以图标形式表示。

　　A. 状态栏　　　　　B. 标题栏　　　　　C. 菜单栏　　　　　D. 格式工具栏

(4) 文档窗口位于 Word 窗口的中间,是 Word 窗口的最大区域,也叫做文档(A)。

　　A. 编辑排版区　　B. 显示区　　　　　C. 视图区　　　　　D. 排版区

(5) (D)位于文档窗口水平滚动条的下方,用来显示文档的页数、总页数、插入光标所在位置,以及所在的行列信息。

　　A. 标题栏　　　　　B. 菜单栏　　　　　C. 工具栏　　　　　D. 状态栏

(6) Word 窗口中,(B)位于工具栏的下方,垂直标尺位于 Word 文档窗口的左侧。

　　A. 标题　　　　　　B. 水平标尺　　　C. 格式工具栏　　D. 图片

(7) (C)是指文档在窗口显示文档的方式,包括"普通"、"大纲"、"页面"和"Web"4 种模式。

　　A. 版面模式　　　B. 窗口模式　　　C. 视图模式　　　D. 以上都不是

(8) 如果输入带有中文标点符号的中文文字,还应将标点符号改为(B)符号,如将标点符号按钮"."改为"。"。

　　A. 英文标点　　　B. 中文标点　　　C. 中文输入　　　D. 以上都不是

(9) 在文档中,如果要输入中文文字,先应将英文输入状态栏转换为(B)状态,同时应该选择一种汉字输入方法。

　　A. 中文字符　　　B. 中文输入　　　C. 西文输入　　　D. 以上都不是

(10) Word 2000 具有(D)功能,即可以在文档窗口的任意空白区,双击鼠标定位光标,输入信息。

　　A. 文字排版　　　B. 文字校对　　　C. 文字输入　　　D. 即点即输

(11) 所谓选择 Word 文本,就是使编辑的那部分文本,在屏幕上成为(C)。

　　A. 重点显示　　　B. A 或 B　　　　C. 反白显示　　　D. 高亮显示

(12) 选定 Word 文本只需将鼠标器指针光标移到要选定的第一个字符,然后(A)要选定的最后一个字符。

　　A. 拖动到　　　　　B. 拖放到　　　　　C. 单击　　　　　　D. 双击

（13）Word 文档的（　D　）是用新文本代替原文本的内容。

　　　　A. 插入　　　　　B. 改写　　　　　C. 删除　　　　　D. 替换

（14）在 Word 文档中（　B　），就是不改变原文，插入一个字或一个字符，也可以是几个字、一个句子、一个段落甚至是一个文档。

　　　　A. 删除文本　　　B. 插入文本　　　C. 改写文本　　　D. 以上都不是

（15）如果要在 Word 文档中删除几行、一段，甚至整页的文字，则应首先选定要删除的文本，再按（　C　）。

　　　　A. 插入键　　　　B. 退格键　　　　C. 删除键　　　　D. 空格键

（16）在 Word 文档中，为了避免重复输入同样的文本，可以使用文本的（　D　）。

　　　　A. 移动功能　　　B. 重输入功能　　C. 修改功能　　　D. 复制功能

（17）要改变 Word 文本的（　B　），可以使用文本的移动功能。

　　　　A. 字体　　　　　B. 前后次序　　　C. 字形　　　　　D. 格式

（18）在 Word 的"剪贴板"中可以存储多达（　C　）次的"剪切"或"复制"内容。

　　　　A. 5　　　　　　　B. 3　　　　　　　C. 12　　　　　　D. 10

（19）如果同一个 Word 文本要复制到多个目标文件或文档的多个位置中可以逐个使用（　A　）命令。

　　　　A. 粘贴　　　　　B. 复制　　　　　C. 移动　　　　　D. 修改

（20）字符和（　D　）的设置是 Word 文档排版工作的一个必经过程。

　　　　A. 字体　　　　　B. 字形　　　　　C. 行间距　　　　D. 段落格式

（21）在 Word 文档中，（　B　）有"加粗"、"倾斜"、"下划线"、"字符边框"、"字符底纹"和"字符缩放"。

　　　　A. 字体　　　　　B. 特殊字形　　　C. 字号　　　　　D. 字形

（22）在 Word 文档中，设置特殊字形的步骤是：选定文本，在（　D　）中根据需要单击加粗、倾斜、下划线、字符边框或字符底纹等选择。

　　　　A. 常用工具栏　　B. 菜单栏　　　　C. 状态栏　　　　D. 格式工具栏

（23）在 Word 2000 中，"字符缩放"工具按钮可以确定字符（　A　）的缩放比例。

　　　　A. 水平　　　　　B. 垂直　　　　　C. 总体　　　　　D. 字体

（24）Word 文档的（　A　）是指从左边的页边距缩进文档，使该段文档的左边与页边距之间形成空白区。

　　　　A. 左页缩进　　　B. 右页缩进　　　C. 段落左缩进　　D. 段落缩进

（25）从纸张的边缘到 Word 文档的开始处的距离叫（　A　）。

　　　　A. 页边距　　　　B. 文档间距　　　C. 行边距　　　　D. 左边距

（26）在 Word 2000 中，段落的格式设置包括段落中各种缩进、对齐、（　B　）的设置。

　　　　A. 段落字体　　　B. 行距和段距　　C. 段落字形　　　D. 以上都是

（27）Word 文档的（　B　）是减少页边距，使文档的某些行向页边距延伸。

　　　A. 向后缩进　　　B. 反向缩进　　　C. 加宽排版　　　D. 超宽排列

(28) Word文档的(　D　)是指文档首行紧靠页边距,其余各行均缩进,使其他行文档悬挂于第一行之下。

　　　A. 首行缩进　　　B. 非首行缩进　　C. 首行排版　　　D. 悬挂缩进

(29) 在Word 2000中,单击"字符缩放"工具按钮右边的三角箭头时,会显示(　C　)的列表。

　　　A. 字体比例　　　B. 字形比例　　　C. 缩放比例　　　D. 字体大小

(30) Word(　C　)就是段落和行,相对于左、右页边距向页面版心缩进的距离。

　　　A. 段落缩进　　　B. 段落排版　　　C. 文档的缩进　　D. 段落行缩进

(31) Word文档中"悬挂缩进"标记为(　C　),位于标尺的左侧。

　　　A. 矩形　　　　　B. 倒三角形　　　C. 正三角形　　　D. 圆形

(32) Word文档中"首行缩进"标记的形状为(　B　)标记。

　　　A. 正三角形　　　B. 倒三角形　　　C. 矩形　　　　　D. 平行四边形

(33) Word文档中"左缩进"标记是使用形状似(　B　)的标记,位于标尺的左侧。

　　　A. 正三角形　　　B. 矩形　　　　　C. 倒三角形　　　D. 平行四边形

(34) Word文档中"右缩进"标记是使用形状似(　C　)的缩进标记,位于标尺的右侧。

　　　A. 倒三角形　　　B. 矩形　　　　　C. 正三角形　　　D. 圆形

(35) Word文本水平对齐分为4种,左对齐、右对齐、居中对齐和(　D　)(也称为分散对齐)。

　　　A. 左右对齐　　　B. 上下对齐　　　C. 两侧对齐　　　D. 两端对齐

(36) Word文档有两种(　A　),一是"水平对齐",二是"垂直对齐"。

　　　A. 对齐方式　　　B. 排列方式　　　C. 组合方式　　　D. 排版方式

(37) Word文档中(　B　)分为三种,靠页面顶端对齐、在上下页宽之间匀分布的两端对齐及居中对齐。

　　　A. 水平对齐　　　B. 垂直对齐　　　C. 对齐方式　　　D. 上下对齐

(38) Word文档中(　C　)分为段前间距和段后间距。

　　　A. 行间距　　　　B. 段落　　　　　C. 段落间距　　　D. 页边距

(39) Word文档中(　C　)是指这一段落的最后一行和下一段落的第一行之间的距离。

　　　A. 段间距　　　　B. 段前间距　　　C. 段后间距　　　D. 段落间距

(40) Word文档中(　B　)是指上一段落的最后一行与这一段落第一行之间的距离。

　　　A. 段落间距　　　B. 段前间距　　　C. 段后间距　　　D. 段间距

2. 判断题(对的写Y,错的写N)

(1) 计算机存储设备中的最小存储单元是比特。　　　　　　　　　　　　　　(N)

(2) 计算机存储设备中的最小信息容量单位是比特。　　　　　　　　　　　　(Y)

(3) 计算机的时钟周期就是计算机的主频。　　　　　　　　　　　　　　　　(Y)

(4) 计算机的运行速度,完全是由 CPU 的主频率所决定的。　　　　　　　　　（Y）

(5) ASCII 码是一种校验码。　　　　　　　　　　　　　　　　　　　　　　（N）

(6) MIPS 是表示计算机运行速度的单位。　　　　　　　　　　　　　　　　（Y）

(7) 存储程序原理明确了计算机硬件组成的 5 大部分。　　　　　　　　　　（Y）

(8) 组成计算机硬件的 5 大部分是运算器、控制器、内存储器、外存储器、输出设备。

　　　　　　　　　　　　　　　　　　　　　　　　　　　　　　　　　　　　（N）

(9) 计算机各模块之间的信息传输是通过导线完成的。　　　　　　　　　　（N）

(10) 硬盘是一种输入输出设备。　　　　　　　　　　　　　　　　　　　　（Y）

(11) CPU 是由运算器和控制器组成的。　　　　　　　　　　　　　　　　　（Y）

(12) ROM 不属于微型计算机的外存储器。　　　　　　　　　　　　　　　　（Y）

(13) CDROM 是属于微型计算机的外存储设备。　　　　　　　　　　　　　　（Y）

(14) DVD 光盘容量可达普通硬盘容量的 7 倍。　　　　　　　　　　　　　（N）

(15) 软磁盘的容量仅仅取决于磁道和扇区两项指标。　　　　　　　　　　（Y）

(16) 硬盘的容量取决于磁道、扇区、磁盘面数(磁头数)等指标。　　　　　　（Y）

(17) 显示器的大小是用荧光屏对角线的长来表示的。　　　　　　　　　　（Y）

(18) 显示器分辨率的大小是用显示器和显示适配器确定的。　　　　　　　（Y）

(19) 唯一能被计算机直接识别的语言程序是机器语言。　　　　　　　　　（N）

(20) Word 属于系统软件。　　　　　　　　　　　　　　　　　　　　　　（N）

(21) 会计信息化软件属于应用软件。　　　　　　　　　　　　　　　　　　（Y）

(22) 程序设计语言一般分为机器语言、汇编语言、高级语言三类,其中以高级语言的执行速度最快。　　　　　　　　　　　　　　　　　　　　　　　　　　　　　　　（N）

(23) 具有声音、图像的电视机、录像机等也属于"多媒体"的范畴。　　　　　（Y）

(24) 多媒体的实质是将自然形式存在的各种媒介数字化。　　　　　　　　（Y）

(25) 自主是指网络中每一台计算机是平等独立的,也就是任意两台计算机之间没有主从之分。　　　　　　　　　　　　　　　　　　　　　　　　　　　　　　　　　（Y）

(26) 网络环境中的分布式数据库把数据的处理和存储能力分散于数据源和目标区域中。　　　　　　　　　　　　　　　　　　　　　　　　　　　　　　　　　　　（Y）

(27) 在网络中可共享的资源包括软件资源和各种数据资源。　　　　　　　（N）

(28) 速度最快的网络传输介质是微波。　　　　　　　　　　　　　　　　　（N）

(29) Internet 的中文意思是广域网。　　　　　　　　　　　　　　　　　　（N）

(30) 收发器有多种类型,它用来将计算机连接到不同的网络协议上。　　　（N）

(31) 网关又称为信关,它是在不同网络之间实现协议转换并进行路由选择的专用网络通信设备。　　　　　　　　　　　　　　　　　　　　　　　　　　　　　　　（Y）

(32) 调制解调器的作用是将计算机发生的数字信号转换成模拟信号,或可将模拟信号还原成数字信号。　　　　　　　　　　　　　　　　　　　　　　　　　　　　（Y）

(33) 到目前为止,家庭上互联网的主要传输介质是电话线。　　　　　　　　　(Y)

(34) 总线型网络的结点增减比较容易,可靠性高,但对信号的要求较高。　　　(Y)

(35) 目前使用最为广泛的网络协议是 TCP/IP。　　　　　　　　　　　　　　(Y)

(36) 网络通信双方为了能正确地传输和接收数据,必须遵循共同的网络传输协议。

　　　　　　　　　　　　　　　　　　　　　　　　　　　　　　　　　　　(Y)

(37) 任何域名本质上都对应着一个 IP 地址。　　　　　　　　　　　　　　　(Y)

(38) WWW.bbb.net 表明该网站属于商业网站。　　　　　　　　　　　　　　(N)

(39) 计算机工作环境湿度宜保持相对湿度为 40%~60%。　　　　　　　　　　(Y)

(40) 计算机工作电压的波动范围允许为 15%。　　　　　　　　　　　　　　　(Y)

思考练习

(1) 名词解释。会计电算化、会计信息化、会计数据、会计信息、会计信息化系统。

(2) 简述会计信息化的意义和任务。

(3) 比较手工会计与会计电算化的异同。

(4) 会计信息化和会计电算化有何区别?

(5) 会计信息化的发展经历了哪几个阶段?

(6) 会计信息化的发展方向是什么? 简述会计信息化的发展趋势。

任务 2　认识 T3-用友通、了解会计信息化考证

讲授演练

1.4　用友财会软件

1.4.1　用友财会软件的系列和版本

用友财会软件分为三个系列: T 系列、U 系列和 NC 系列。

T 系列有 T1、T3、T6,主要针对小型企业进销存管理、小型企业财务业务管理和中小型生产企业的财务、供应链和生产计划管理;U 系列有 U890、U9,主要针对大中型企业的全面管理;NC 主要针对集团型企业的财务管理。

从产品的功能来分析,进行一般的账务处理,T3-用友通标准版、T6 或 U890,都可以满足,客户要考虑产品和公司实力、购买预算及公司形象的匹配度,特别是账表、工资、固定 4 个模块。当然 T6、U890 相对来讲,相关模块的功能要更强一些,用友通最多只能支持 10 个站点,T6 和 U890 最多可以支持 30 个站点,并且应收、应付管理都是独立的,如果考虑到整

体管理的应用,T6 和 U890 的产品线要更全一些,具体要看应用规模和实际需求。

1. T 系列软件功能介绍

1) T3-用友通标准版

T3-用友通标准版-通标准版是用友通系列软件中的最新版本。自 2012 年 1 月上市以来,用友标 T3-标准版软件已经拥有上千家成功用户。用友通系列软件专门面向成长型企业开发设计,致力于提高成长型企业的管理水平,优化企业运营流程,实现全面化、精细化的财务管理与业务控制的一体化管控。同时,软件满足企业决策者和管理者随时对内部信息的需求,提供形式多样的查询和统计表,随时了解企业内部情况。

2) T3-用友通普及版

T3-用友通标准版-通普及版面向成长型企业的资金、存货的日常核算及管理工作,建立畅通的内部财务业务小一体化流转,全面实现会计信息化管理,为成长型企业发展奠定坚实的管理信息平台。功能模块包括总账、现金银行、往来管理、财务报表和核算管理模块。

3) 用友 T6 企业版

用友 T6-企业管理软件系列专门针对成长型企业进行财务链、供应链、生产制造进行有计划管理,满足企业 ERP 的过程,包括总账、UFO 报表、工资、固定资产、财务分析、采购、销售、库存、核算、简单制造、成本管理和 EAI 等。

2. T3-用友通标准版和用友 T6 的对比

(1) 从发展阶段来看,T3 适合刚刚度过初创期进入规模化、快速发展阶段的企业,T6 普及型 ERP 适合进入成长期需要规范化管理的企业;

(2) 从人员规模来看,T3 适合 300 人以下的企业(财务人员一般为 3 人左右),T6 普及型 ERP 适合 300 人以上的企业(财务人员一般为 5 人以上);

(3) 从采购过程来看,T3 一般为财务副总主导(5 万以下),T6 普及型 ERP 一般为老板主导(5 万以上);

(4) 从销售方式来看,T3 一般为传统产品快速销售方式,T6 普及型 ERP 要用项目型快速销售方式;

(5) 从实施交付来看,T3 一般为 7 个工作日以内,T6 普及型 ERP 一般为 15 个工作日以上;

(6) 从市场推广来看,T3 和 T6 普及型 ERP 的财务和进销存的有效受众人群很难分开,T6 普及型 ERP 制造的活动有效受众群基本为老板;

(7) 从区域角度来看,制造部分的内容主要针对制造业发达的珠江三角洲和长江三角洲区域,财务业务一体化则覆盖全国;

(8) 从制造企业来看,T3 适合简单生产管理,动态库存人工经验即可管理,T6 普及型 ERP 适合计划生产,动态库存乱,必须需要系统帮助解决。

中小型企业成长和信息化发展是有阶段、分过程的,每个阶段对信息化的需求和目标各有侧重点,T3、T6 普及型 ERP 正好比较全地覆盖了这些领域。

本书以 T3 用友通标准版为蓝本,是为了满足企事业单位会计信息化应用的实际需要和会计从业资格会计信息化考证的实际要求。

1.4.2　认识 T3-用友通标准版

1. 系统概述

T3-用友通标准版支持成长型中小企业快速应对日益激烈的市场竞争,以客户为核心,集产、供、销、财一体解决方案,实现内部业务流程畅通、智能化管控平台、立体综合统计分析,支持全面科学决策;用友通精算版还为企业财务人员搭建应用、学习、职业发展的个性化关怀门户。

T 的含义。T——领先、信赖、合作、共赢。

产品定位。部门级应用,满足企业中某个部门或几个部门的管理需要(比如说,财务部、销售部)。

产品理念。精细管理,卓越理财。

客户范围。成长型企业,应用范围广泛,以制造业、商贸流通业、服务业、房地产建筑业为主,也包含行政事业单位等。

管理特征。重点解决企业成长过程中存在的管理不规范、核算不清晰的问题,比如说,财务账务核算、存货核算、往来资金核算、客户及销售过程管理规范化、人事管理规范化等问题。

产品特征。T3 产品线具有丰富的部门级应用产品,包括财务通、业务通、人事通、客户通等,适应行业广泛。

2. 功能模块

T3-用友通标准版包括三个系列 12 个产品,覆盖企业财务、业务、决策三个管理层次。T3-用友通标准版模块结构如图 1-3 所示。

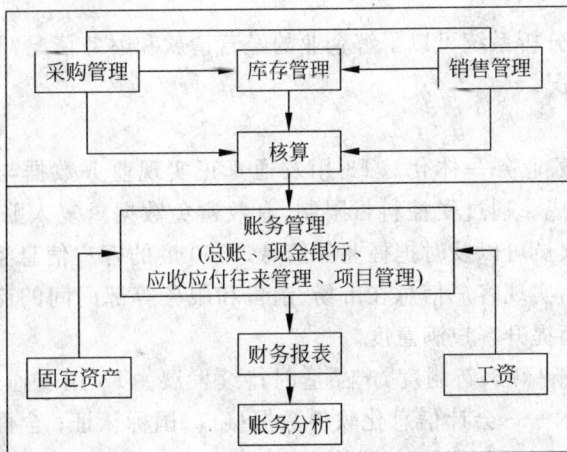

图　1-3

1) 财务软件模块

财务系列类软件以总账系统(含往来、现金项目)为核心,包括工资管理、固定资产等,为企业的会计核算和财务管理工作提供了全面、详细的解决方案。

总账系统。总账系统提供凭证处理、账簿管理、个人往来款管理、部门管理、项目核算和现金银行管理等功能,进行全面财务核算与管理。

工资管理。工资管理系统可以进行企业员工的工资核算和发放,并提供银行代发、代扣税功能。

固定资产。固定资产系统可以有效进行管理企业的各类固定资产,提供计提折旧、资产评估、资产盘亏盘盈等处理功能。

2) 业务软件模块

业务系列软件类包括购销存和核算系统。

库存管理。库存管理系统可以管理日常的存货出入库业务,有效地改善存货的占用情况。

采购管理。采购管理可以全面处理企业采购部门各环节的业务事项,提供采购订单、入库、发票结算等处理功能。

销售管理。销售管理可以全面处理企业销售部门各环节的业务事项,提供销售订单、发货、出库、开票等处理功能。

核算系统。核算系统提供 6 种核算方式,可以精确、及时地核算存活成本,有效地改善存货的占用情况。

3) 决策软件模块

决策系列类软件以财务报表为核心,包括财务分析等。

财务报表。可以制作企业所需的各种报表,例如做财务报表、图标等,并且能够与其他系统交换信息。

财务分析。财务分析系统可以了解企业的经营请款和财务情况,制订预算和计划,并考核预算计划的执行情况。

3. 管理价值

(1) 真正实现财务业务一体化。T3-用友通真正实现业务数据与财务数据及时传递;业务转账凭证自动生成。通过受控科目限制,有效避免数据重复入账;收付款核销与业务活动有机结合,财务人员可以及时把握业务信息。360 度的客户信息整合,对客户信息进行集中管理和共享利用,实现客户信息在市场、销售和服务等部间间的流动和共享,提高面向客户的工作效率,进而提升客户满意度。

(2) 支持各类最新标准、新制度,产品适时持续发展。T3-用友通全面支持财政部和审计署制定的《信息技术——会计信息化软件数据接口》国标认证;全面支持"小企业会计制度"、"民间非营利组织会计制度"与"村集体经济组织会计制度",大力配合我国会计制度改革。

(3) 灵动管理,随需应用。T3-用友通既可以单独使用产品的财务或者业务部分,同时更可集成使用,形成财务业务一体化的高效整合解决方案;灵活的单据模板定义工具,允许界面与套打效果单独设计;强大的流程配置参数,自主控制业务流程。精细化销售行为及过程管理。透视各个正在跟踪的商机进展情况,有效安排和协调公司资源,提高销售赢单率,通过规范销售行为及过程,为企业创造更优异的销售业绩。

(4) 高效智能,成熟易用。T3-用友通整合用友客户服务经营理念和呼叫中心技术,快速响应客户请求,为客户提供个性化服务和客户关怀,不断提高客户满意度和忠诚度。用友公司是微软公司亚太地区唯一的开发合作伙伴,掌握管理软件核心开发技术,产品性能稳定高效;库存自动预警、客户信用控制、财务自动转账……累积用友 16 年产品研发经验,依托近四十万家用户基础,功能设计体贴细致,实用、易用。

(5) 模块灵活组合,配置更方便。T3-用友通无缝集成多种营销工具,通过短信、邮件、会议、直邮、网站等多种方式来加强企业和客户的沟通,对市场营销活动按照计划、执行、效果评估等步骤进行管理,开拓新客户,挖掘老用户,实现用最低的成本获取更多更有效的商机。

4. 适用企业

T3-用友通产品适合大多数成长型工业企业、商业批发企业实现财务业务一体化管理的需求,同时满足多数成长型企业"操作简便,统一登录、流程导航"等需要。产品定位于年销售额 300 万～3000 万,职工 50～300 人的商业和制造企业。财务人员 2～6 人,日常工作业务量较小,产品品种在 200～500 种以内,需要简单,实用,适合管理的软件产品,来满足不同业务的管理需要。

1.4.3　T3-用友通标准版的安装

下面以在一台计算机上安装 MSDE2000 数据库和 T3-用友通标准版软件为例,说明T3-用友通标准版的安装方法。

(1) 在 T3-用友通标准版软件文件夹中,双击 AutoRun 图标,打开如图 1-4 所示界面。

(2) 安装 T3-用友通标准版软件前,首先进行所需系统环境的检测,单击上图左侧列表中的"环境检测"选项,打开如图 1-5 所示界面。此外给出了安装 T3-用友通标准版所需的环境,用户可查看系统环境是否满足需求。

注意:

① 检查计算机名称是否为全英文(或全拼音),若不是,则需要更改名称(计算机名称不能含有汉字、数字或"一")。

② IIS 的安装可通过单击"Windows 控制面板"→"添加/删除程序"→"Windows 组件"来进行。安装时需要插入 Windows 系统盘。

(3) 系统环境满足后,可单击图 1-4 中的 MSDE2000 选项,安装 MSDE2000 数据库。安装 MSDE2000 后,重新启动系统。重新启动后,在屏幕右下角任务栏中会出现一个计算机主机箱一样的标志,并带一个绿色的三角符号,表明 MSDE2000 安装成功。

(4) 再次双击 AutoRun 图标,在打开的窗口中,单击"用友会计信息化专版"选项,开始

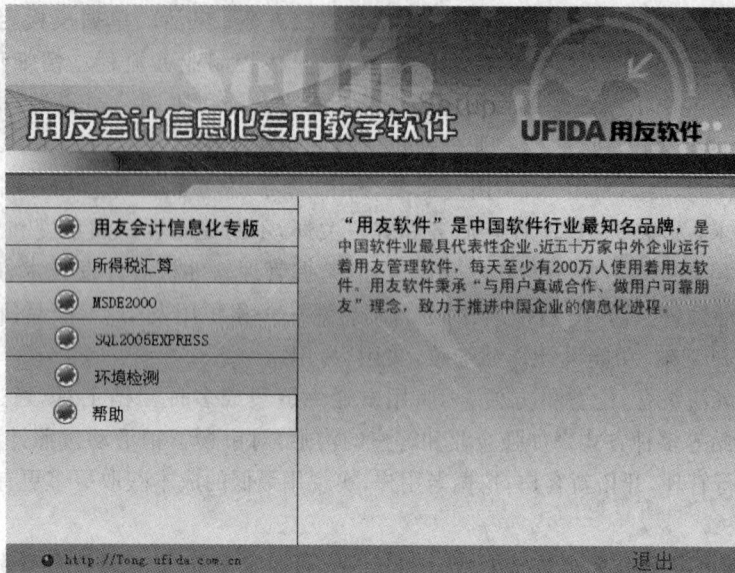

图　1-4

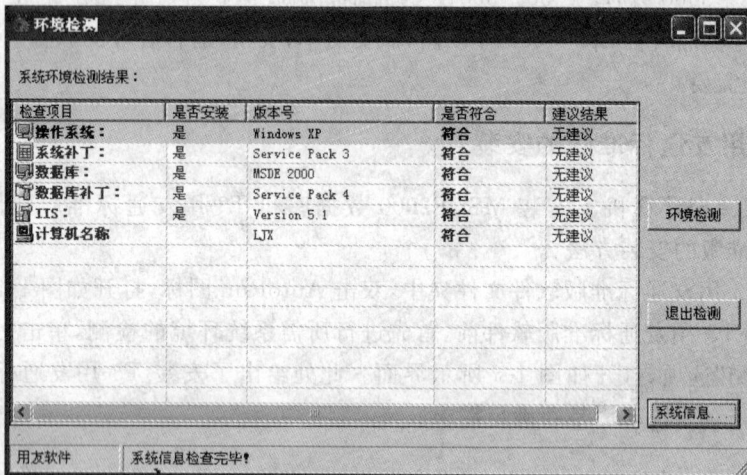

图　1-5

安装 T3-用友通标准版。安装过程中,保持系统默认设置,只需单击"下一步"按钮即可。安装完成后,重新启动系统。

（5）系统启动后,会出现一个窗口,让用户新建账套或进行其他操作。桌面上会添加两个图标:系统管理、T3-用友通标准版。

（6）用户可通过双击桌面快捷图标,或从"开始"菜单中选择相应程序选项,进入用友通系统管理,进行操作。

1.5 会计信息化考证

1.5.1 报名和考试

(1) 考试内容。计算机基础、会计信息化制度、中文 Windows XP、Word 文字处理、Excel 电子表格操作、网络与邮件基本操作、通用账务软件操作。

(2) 考试时间。由各省、自治区、直辖市财政部门负责组织统一考试,时间上各个地方有异,具体咨询当地财政局。

(3) 报名条件。凡符合《会计法》、《会计从业资格管理办法》等有关法律、法规规定,申请取得会计从业资格的人员,均可报名考试。

① 坚持原则,具备良好的道德品质;

② 遵守国家法律、法规;

③ 具备一定的会计专业知识和技能;

④ 热爱会计工作,秉公办事。

被吊销会计从业资格证书的人员,符合重新申请取得会计从业资格条件的,都必须参加会计从业资格考试。因有提供虚假财务会计报告,做假账,隐匿或者故意销毁会计凭证、会计账簿、财务会计报告,贪污、挪用公款,职务侵占等与会计职务有关的违法行为,被依法追究刑事责任的人员,不得取得或者重新取得会计从业资格。

(4) 报名资料。报名需要提供身份证和近期同一底片一寸免冠证件彩照两张。

说明:要取得会计从业资格证必须通过"会计基础"、"财经法规与会计职业道德"、"初级会计电算化"三门课程的考试。会计专业毕业生,可以申请免考"会计基础"、"初级会计电算化",但必须考"财经法规与会计职业道德"。

1.5.2 考证内容纲要

第一章 系统管理

1. 内容提要

系统管理是用友会计信息化软件为各个子系统运行提供的一个公共平台,该平台是用友会计信息化软件运行的基础,是系统应用的开端。

系统管理的内容主要包括系统注册、账套管理、操作员及权限管理、系统运行安全管理。

2. 考试基本要求

1) 掌握的内容

通过学习本章内容,应掌握启动并注册进入系统管理,增加操作员及增加操作员权限,建立账套,备份、删除和恢复账套,启用相关子系统的操作方法。

2）熟悉的内容

通过学习本章内容,应熟悉删除操作员权限的操作方法。

3）了解的内容

通过学习本章内容,应了解修改操作员和删除操作员,修改账套,系统运行安全管理(包括清除系统异常、设置自动备份计划、查阅和删除上机日志)的操作方法。

第二章　　总账系统初始化

1. 内容提要

总账系统是 T3-用友通标准版会计信息化软件的核心子系统。总账系统初始化是总账系统使用的基础,是将通用软件与单位具体的会计核算工作相联系、将手工会计系统与计算机会计系统相衔接的重要环节,掌握本章所叙述的内容具有重要意义。

总账系统初始化的内容主要包括设置基础档案、设置会计科目、录入期初数据、设置选项及明细权限。

2. 考试基本要求

1）掌握的内容

通过学习本章内容,应掌握设置客户、供应商分类及档案,设置凭证类别,设置结算方式,设置部门和职员档案,增加会计科目(包括有余额的科目增加下级科目),修改会计科目(包括有余额的科目)及指定会计科目,录入会计科目期初数据(包括年初启用和年中启用两种情况),期初余额试算平衡的操作方法。

2）熟悉的内容

通过学习本章内容,应熟悉设置开户银行,设置项目档案的操作方法。

3）了解的内容

通过学习本章内容,应了解设置地区分类,设置外币种类,删除会计科目,设置总账选项,设置明细权限的操作方法。

第三章　　总账系统日常业务处理

1. 内容提要

总账系统日常业务处理主要是完成会计基础核算工作,是会计人员使用最频繁的功能,是总账系统中最重要和最核心的应用。

总账系统日常业务处理的内容主要包括填制凭证、审核凭证、记账、凭证与账簿查询。

2. 考试基本要求

1）掌握的内容

通过学习本章内容,应掌握增加、修改记账凭证,审核记账凭证,记账,凭证的基本查询,查询总账、明细账、多栏账和余额表,查询个人往来辅助账、部门辅助账和项目辅助账,查询客户往来辅助账和供应商往来辅助账的操作方法。

2) 熟悉的内容

通过学习本章内容,应熟悉删除凭证,取消审核的操作方法。

3) 了解的内容

通过学习本章内容,应了解生成红字冲销凭证,凭证的高级查询,设置常用摘要,生成常用凭证和调用常用凭证的操作方法。

第四章　现金管理

1. 内容提要

出纳管理是对现金和银行存款业务的管理,是会计工作的重要组成部分。出纳管理可以有效地加强企业对现金、银行存款的管理和控制,提高出纳业务处理的效率。

出纳管理的内容主要包括出纳签字、银行对账、查询日记账、支票登记簿管理。

2. 考试基本要求

1) 掌握的内容

通过学习本章内容,应掌握出纳签字,录入银行对账单,银行对账,查询现金、银行存款日记账和资金日报表,管理支票登记簿,查询银行存款余额调节表的操作方法。

2) 了解的内容

通过学习本章内容,应了解录入银行对账期初数据,查询银行对账情况,核销银行账的操作方法。

第五章　总账系统期末业务处理

1. 内容提要

期末业务处理是指会计人员将本月所发生的日常经济业务全部登记入账后,在每个会计期末需要完成的一些特定的会计工作。由于各会计期间的许多期末业务均具有很强的规律性,因此利用用友会计信息化软件来处理期末会计业务,不但可以规范会计业务的处理,还可以大大提高期末业务处理的工作效率。

总账系统期末业务处理的内容主要包括自动转账定义、自动转账凭证生成、对账、结账。

2. 考试基本要求

1) 掌握的内容

通过学习本章内容,应掌握设置和生成自定义转账凭证,设置和生成期间损益结转凭证,对账、结账的操作方法。

2) 了解的内容

通过学习本章内容,应了解定义和生成对应结转凭证的操作方法。

第六章　财务报表编制

1. 内容提要

财务报表是会计核算工作的最终成果,反映了企业最综合的财务信息。用友会计信息化软件为会计人员提供了较为完善的报表处理功能,掌握这些功能对提高会计报表处理的工作效率具有重要意义。

财务报表编制的内容主要包括报表格式设计、单元公式设置、数据处理、报表输出、报表模板应用。

2. 考试基本要求

1) 掌握的内容

通过学习本章内容,应掌握设置表尺寸、行高列宽、组合单元、单元属性、区域画线和录入报表项目,设置关键字,直接输入单元公式和引导输入单元公式,调用报表模板,表页的插入、追加和删除,录入关键字和报表计算的操作方法。

2) 了解的内容

通过学习本章内容,应了解汇总表页,自定义报表模板,报表输出为其他格式,数据透视的操作方法。

第七章　透过财务看业务

1. 内容提要

企业的财务工作与购销存业务存在着密不可分的联系,透过财务看业务是从财务管理的角度了解购销存业务,并从资金的角度帮助企业对业务进行规划与控制。

购销存管理系统的内容主要包括采购与付款管理、销售与收款管理、存货核算与管理。

2. 考试基本要求

1) 掌握的内容

通过学习本章内容,应掌握根据订单、入库单生成采购专用发票,根据订单、发货单生成销售专用发票,客户往来制单,供应商往来制单,购销单据制单的操作方法。

2) 熟悉的内容

通过学习本章内容,应熟悉手工填制采购专用发票(填制采购专用发票时考虑最高进价控制),填制采购普通发票及运费发票,采购结算(包括采购入库单和发票结算),采购付款与核销(包括填制付款单、核销应付款、填制付款单并全部或部分核销应付款),查询供应商往来总账、余额表、明细账、对账单,查询暂估及在途业务,其他采购账表查询(包括增值税发票抵扣明细表、采购发票核销明细表、结算明细表),手工填制销售专用发票(填制销售专用发票时考虑最低售价控制和信用管理),填制销售普通发票,销售收款与核销(包括填制收款单、核销应收款、填制收款单并全部或部分核销应收款),查询客户往来总账、余额表、明细账、对账单、账龄分析,查询销售统计表。包括查询销售统计表、销售发票应收款统计表(按客户汇总),查询销售账表。包括销售收入明细账、销售成本明细账,查询库存现存量,查询收发存汇总表,查询存货明细账的操作方法。

3)了解的内容

通过学习本章内容,应了解采购运费分摊结算的操作方法。

1.5.3　考证软件操作流程

各省、各地区考证软件不尽相同,这里介绍的仅是一个大概的操作流程。

1. 建立新账套(必需步骤)

必须要新建账套。系统自带[999]演示账套不能用于考试,否则实务题成绩为 0。

(1) 进入系统。

双击桌面上的"系统管理"图标,打开系统管理窗口,选择"系统(S)"→"注册"(以系统管理员 admin 注册,第一次进入密码为空)→"确认",如图 1-6 所示。

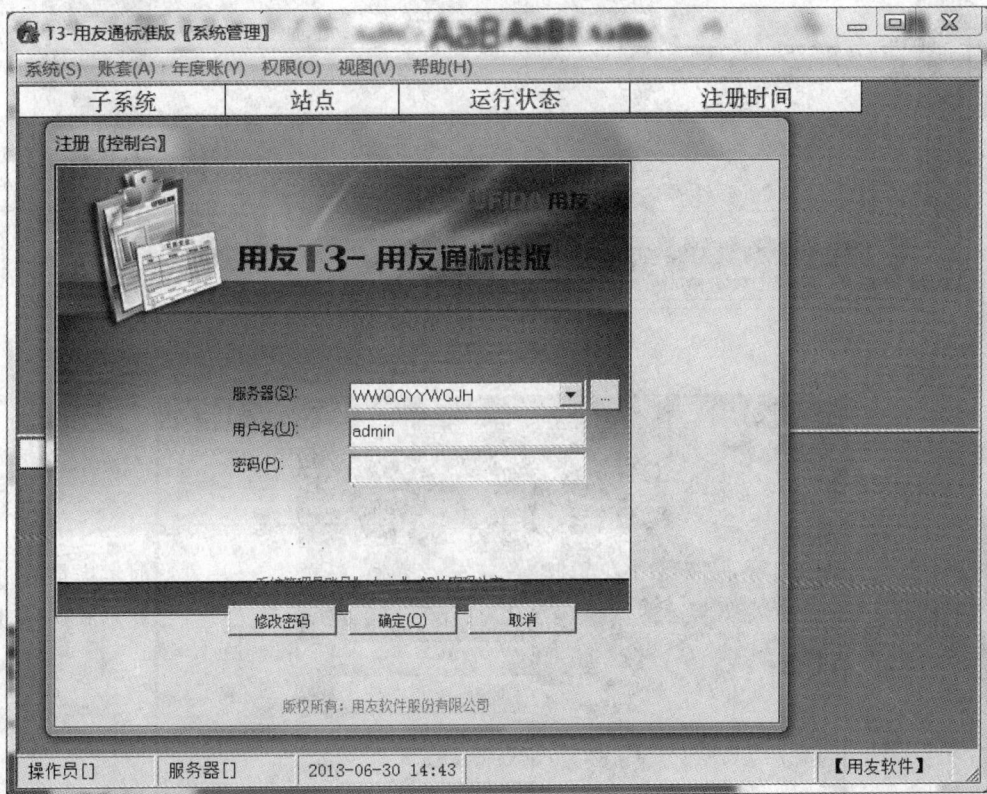

图　1-6

(2) 建立账套并备份,如图 1-7 所示。

(3) 在权限菜单下增加操作员;赋予操作员权限默认账套主管为 demo,密码为 demo 登录软件,如图 1-8 所示。

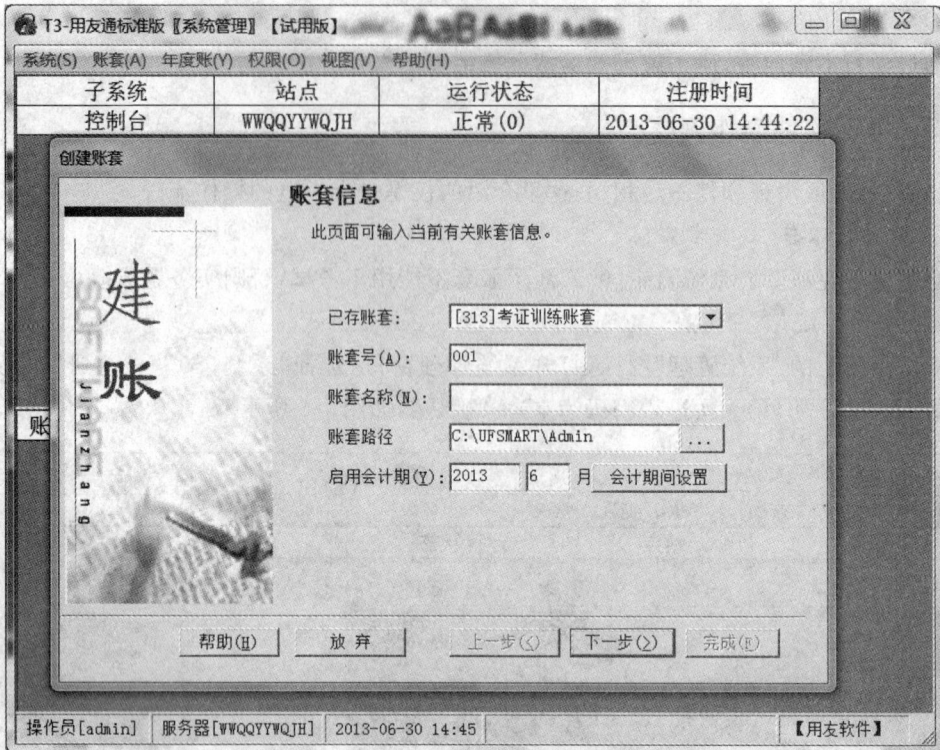

图　1-7

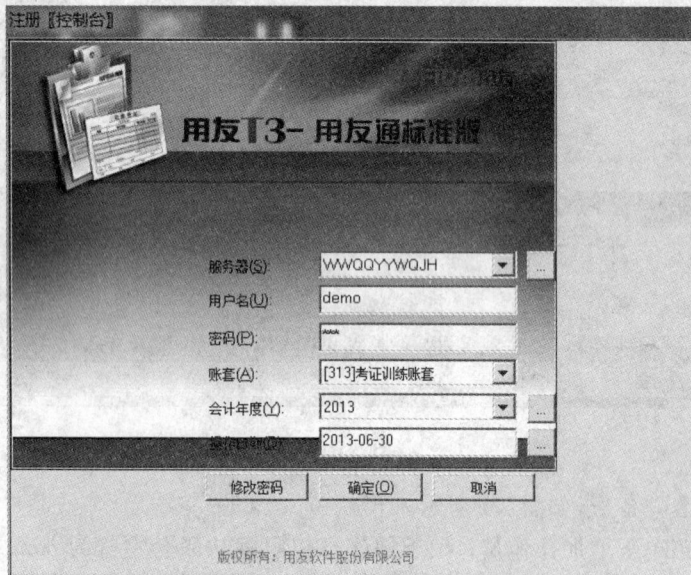

图　1-8

(4) 选择自己建立的账套和会计年度、操作日期(默认的即可),增加会计科目(一级科目已经预置,二级需要设置),如图 1-9 所示。

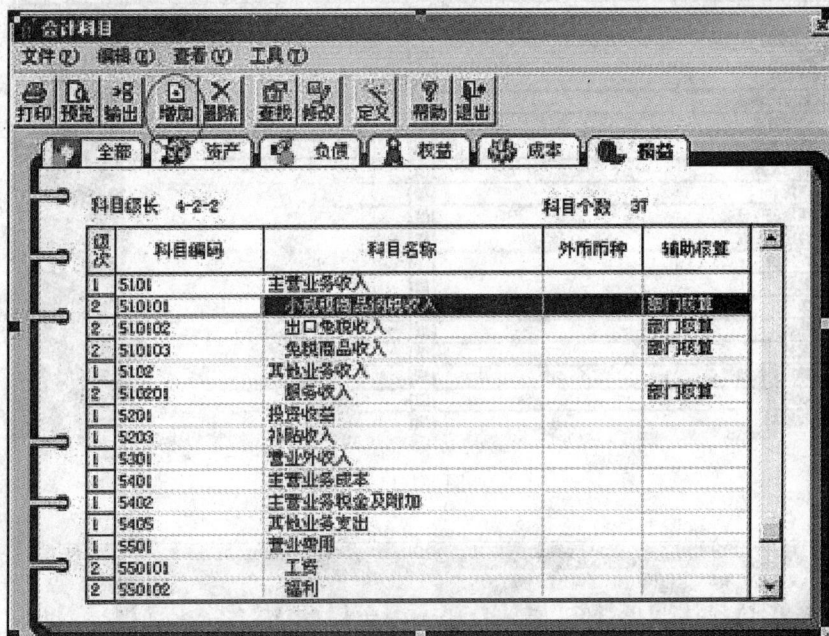

图　1-9

2. 录入期初余额(如图 1-10 所示)

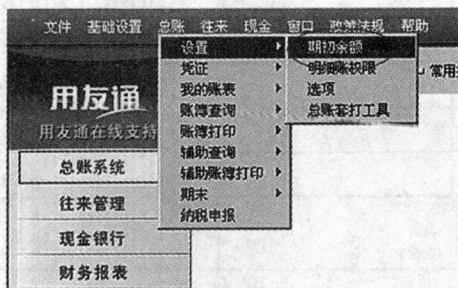

图　1-10

录入完期初余额后,进行试算平衡,如图 1-11 所示。

3. 凭证操作

(1) 填制凭证。

先设置凭证类别,凭证摘要填写没有要求。填制凭证,单击"增加"按钮,如图 1-12 所示。

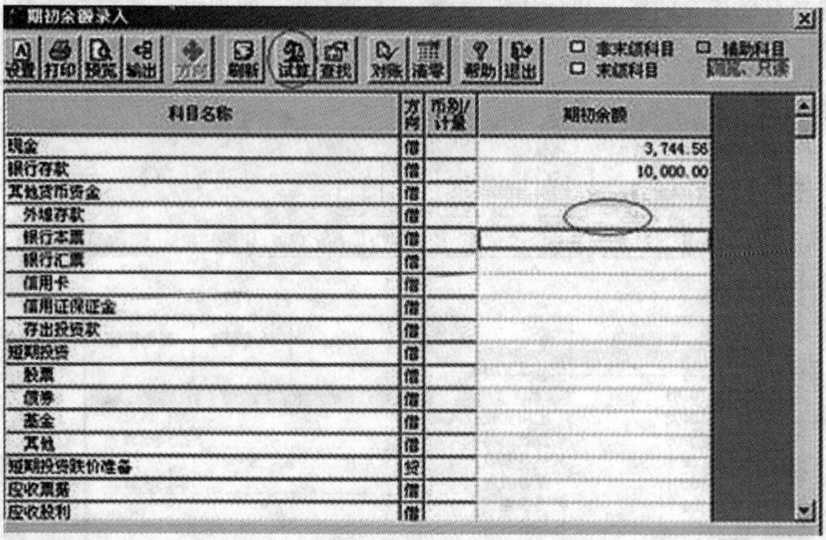

图 1-11

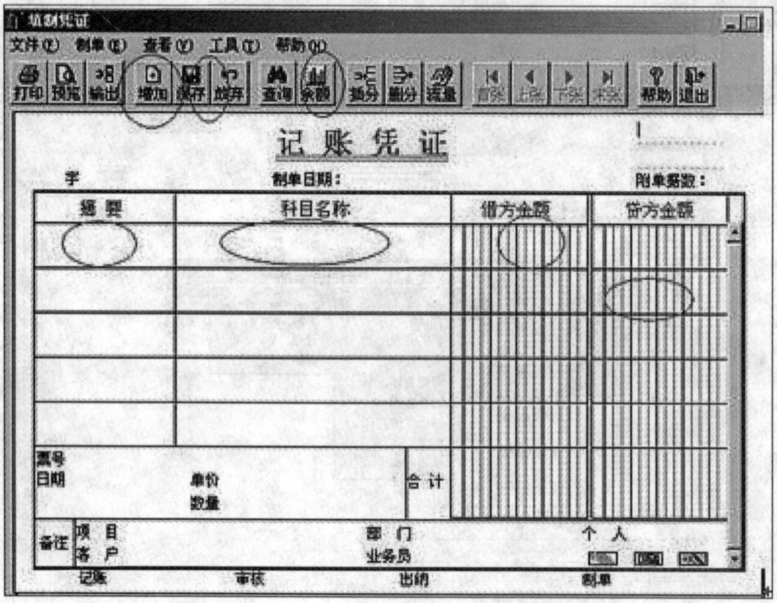

图 1-12

（2）审核凭证。

根据会计法规，审核与制单不能为同一个人。凭证审核需先重新注册更换操作员，由具有审核权限的操作员来进行，如图 1-13 所示。

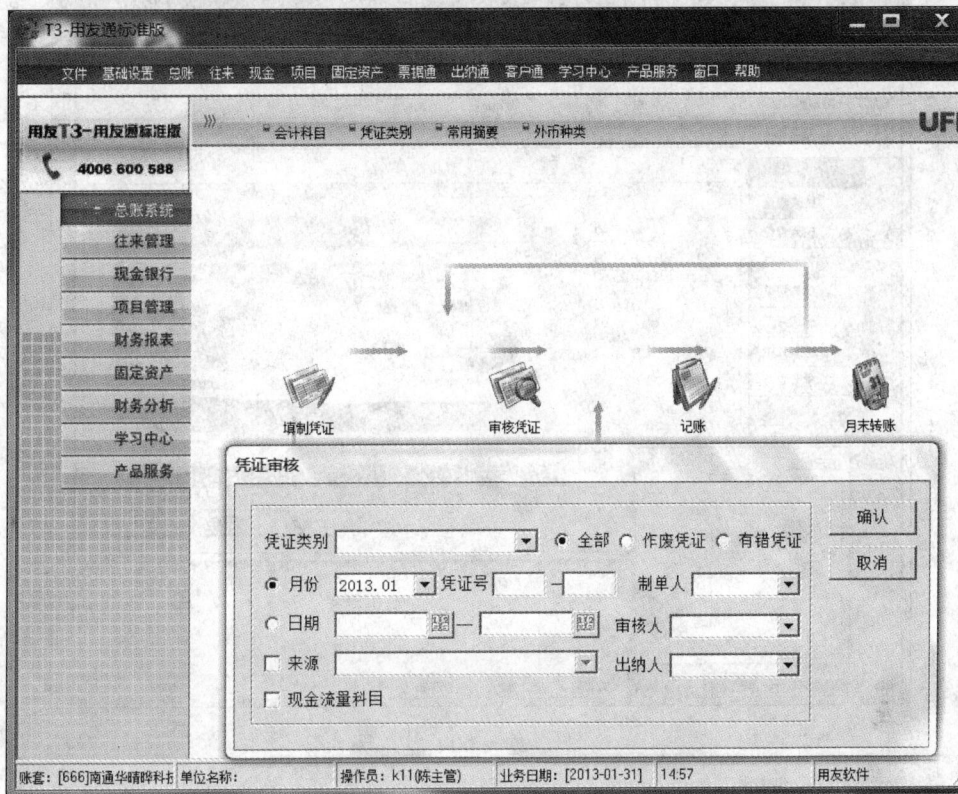

图　1-13

(3) 记账。

单据如图 1-14 所示。

4. 月末转账

操作流程为：选择"总账系统"→"月末转账"→"期间损益结转"→"本年利润"→"确定"命令。

月末转账完成后系统自动生成转账凭证,需要再做记账。月末结账进入下一个月份。

5. 编制财务报表

在文件菜单下选择"新建财务报表"(如图 1-15 所示),在左下角设置格式,单击"数据"→"关键字"→"设置"按钮,设置单位、年、月(设置日期需要和登录时一致),如图 1-16 所示。

切换到"数据"状态,单击"数据"→"关键字"→"录入"按钮。录入单位名称、年度、月、日。

注意：在考试结束时,不论题目答到哪一步,都必须提交报表,退出用友通软件,单击"交卷"按钮,才能正常完成答题。如果只录入了期初余额或者凭证,实务题将不得分。如果录入了期初余额和凭证,但是最后未提交报表,实务题也不得分。

图 1-14

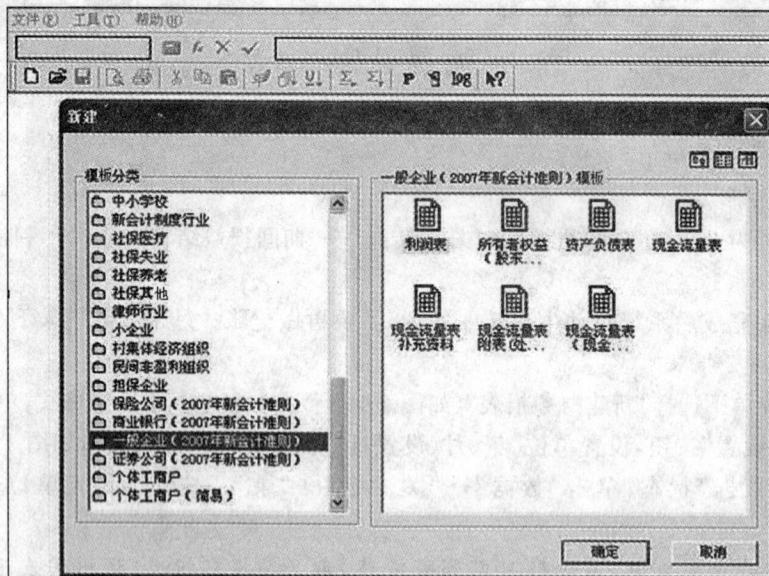

图 1-15

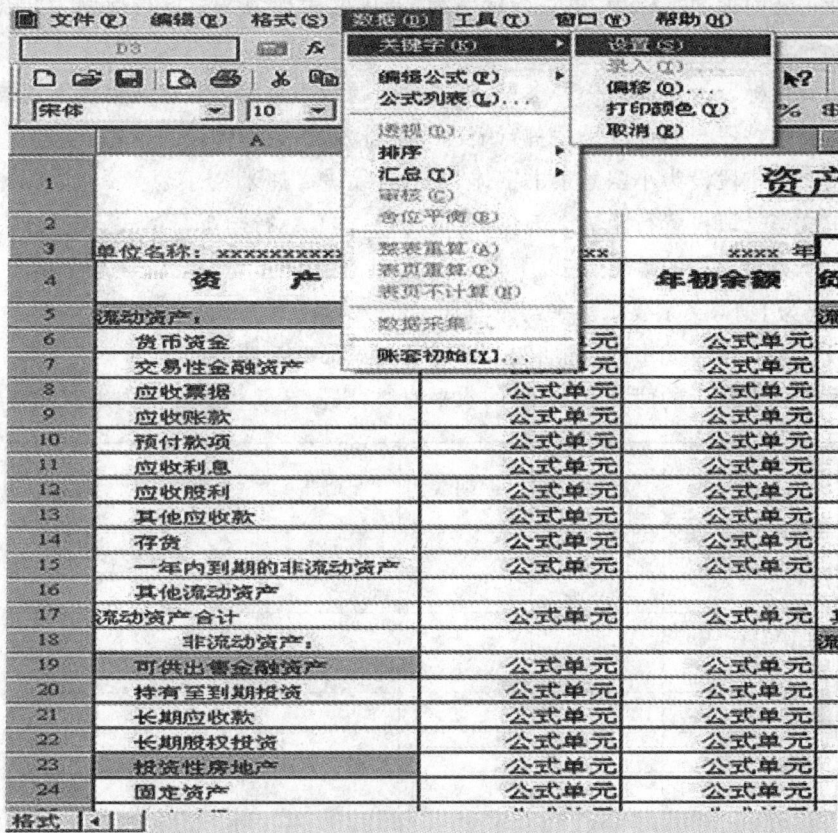

图　1-16

实验实训　会计信息化技能训练二

【实训目的】

复习"会计信息化课程"的先导和基础课程"计算机应用基础",提高"会计信息化课程"必备的计算机操作能力。

【实训环境】

会计信息化实验室,一人一机,主频 800MHz 或以上,256MB 或以上内存,20GB 或以上硬盘,标准系列鼠标,Windows 系统支持可显示 256 色的显示器。Windows XP 操作系统,Office 2000 办公软件。

【实训内容】

1. Word 操作

先按照给出的内容录入原文,然后按如图 1-17 所示的要求完成 Word 操作。

（1）在正文前加两行标题，第一行标题为"音乐的表现力"，第二行标题为"音乐巨匠莫扎特"，两行标题居中排列。

（2）第一行标题为深蓝色一号隶书，第二行标题为四号黑体且带波浪线下划线。

（3）正文第一段与第三段采用首行缩进 2 字符方式，且字体设为楷体。

（4）正文第二段设为小四号隶书字体，左右各缩进 2 厘米。

（5）正文第二段设置行距为 1.5 倍，段前、段后空 0.5 行与 1 行格式。

（6）以下为对表格的编辑，按以下形式设置"上午"和"下行"单元，注意字体为小四号黑体，字体方向为上下，文字要求水平与垂直居中。

（7）设置左上角单元中的"星期"与"课时"，并添加 0.5 磅的斜线。

（8）设置如下所示的两条 0.75 磅的水平双线，以及 3 磅粗的外粗内细双线外框。

星期　课时	星期一	星期二	星期三	星期四	星期五
上午　第1节					
第2节					
第3节					
第4节					
下午　第5节					
第6节					
第7节					

图　1-17

原文如下。

言为心声。言的定义是很广泛的。汉语、英语和德语都是语言，音乐也是一种语言，虽然这两类语言的构成和表现力不同，但都是人的心声。作为音响诗人，莫扎特是了解自己的，他是一位善于扬长避短、攀上音乐艺术高峰的旷世天才。他自己也说过：

"我不会写诗，我不是诗人……也不是画家。我不能用手势来表达自己的思想感情，我不是舞蹈家。但我可以用声音来表达这些，因为，我是一个音乐家。"

莫扎特音乐披露的内心世界是一个充满了希望和朝气的世界。尽管有时候也会出现几片乌黑的月边愁云，听到从远处天边隐约传来的阵阵雷声，但整个音乐的基调和背景毕竟是一派情景无限的瑰丽气象。即使是他那未完成的绝命之笔 d 小调安魂曲，也向我们披露了这位仅活了 36 岁的奥地利短命天才，对生活的执著、眷恋和生生死死追求光明的乐观情怀。

课 程 表

		星期一	星期二	星期三	星期四	星期五
上午	第 1 节					
	第 2 节					
	第 3 节					
	第 4 节					
下午	第 5 节					
	第 6 节					
	第 7 节					

2. Excel 操作

Excel 操作样张如图 1-18 所示。先按样张建立大华公司 2000 年销售统计表,然后按以下要求完成 Excel 操作。

(1) 第一行标题设置 A~F 列合并居中,标题为红色 20 磅隶书。

(2) 在第二行位置插入一行,右端内容为"单位:元",字体为黑体。

(3) 计算全年合计与合计。

(4) 全部数值数据采用千位分隔样式,不保留小数位。

(5) 按样张所示设置文字对齐方式。

(6) 取消工作表中的框线显示,按样张所示设置单元格框线。

(7) 根据表格中数据生成如样张所示的圆锥图,如图 1-18 所示。

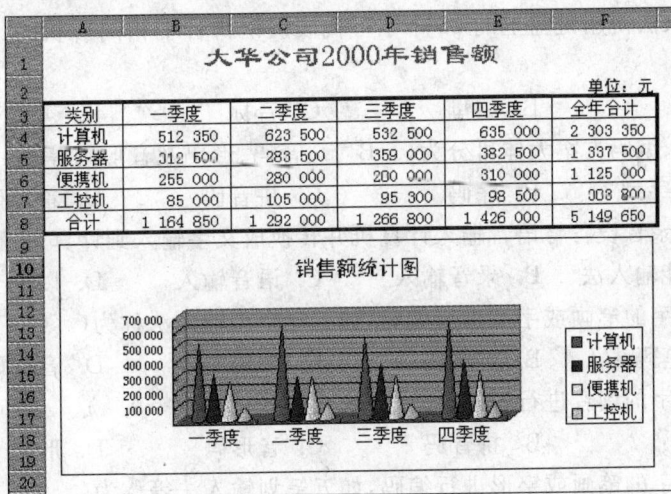

图 1-18

考证训练

1. 单项选择题

(1) GB 2312—80 规定常用的二级汉字按（　D　）排序。

    A. ASCII 顺序　　　B. 使用频度　　　C. 汉语拼音　　　D. 偏旁部首

(2)（　B　）是汉字在计算机内部存储、处理和传输用的信息代码,要求与 ASCII 码兼容但不能相同。

    A. EBCDIC　　　B. 汉字内码　　　C. ASCII　　　D. 汉字外码

(3) GB 2312—80 规定常用的一级汉字按（　C　）排序。

    A. ASCII 顺序　　　B. 使用频度　　　C. 汉语拼音　　　D. 难易程度

(4) GB 2312—80 编码简称国标码,规定每个图形字符由两个 7 位二进制编码表示,即每个编码需要占用（　A　）。

    A. 两个字节　　　B. 一个半字节　　　C. 一个字节　　　D. 三个字节

(5) 为了区分 ASCII 码,CCDOS 等中文操作系统中的汉字信息代码通常作为（　B　）。

    A. 外码　　　B. 汉字内码　　　C. 汉字结构　　　D. 汉字形码

(6) 字形码用在输出时产生汉字型,通常采用（　D　）。

    A. 矢量字型　　　B. 宋体　　　C. 标准字型　　　D. 点阵字型

(7) 汉字输入码又称为（　B　）,是指从键盘上输入汉字时采用的编码规则。

    A. 输出码　　　B. 外码　　　C. 字形码　　　D. 音形码

(8) 全拼输入法使用键盘上的 26 个字母代表汉语拼音中相同形状的（　D　）,直接从键盘输入。

    A. 声母　　　B. 韵母　　　C. 音标　　　D. 声母和韵母

(9) 汉字输入编码方案大体可分为（　B　）、音码、形码及音形码等。

    A. 五笔字型　　　B. 序码　　　C. 拼音码　　　D. 首尾码

(10) 直接用录音设备将语音输入计算机并转换成文字输入到计算机,称为（　C　）。

    A. 智能输入法　　　B. 录音输入　　　C. 语音输入　　　D. 以上全是

(11) 根据汉字的笔画或字型进行编码,如五笔字型输入法称为（　C　）。

    A. 五笔码　　　B. 首尾码　　　C. 形码　　　D. 音形码

(12) 根据汉字的读音进行编码,如拼音输入法等,称为（　A　）。

    A. 音码　　　B. 拼音码　　　C. 音形码　　　D. 形码

(13) 根据汉字的笔画或字形进行编码,如五笔划输入法等称为（　A　）。

    A. 五笔码　　　B. 首尾码　　　C. 形码　　　D. 音形码

(14) 智能 ABC 输入法是一种以拼音为基础,以（　B　）为主的普及型汉字输入法。

    A. 五笔输入　　　B. 词组输入　　　C. 形码输入　　　D. 简拼输入

(15) 通过扫描仪对文稿进行扫描,并将其自动转换成计算机可以识别的文字,称为(C)。

    A. 智能输入　　　B. 快速输入　　　C. 扫描输入　　　D. 简化输入

(16) 对于使用汉语拼音比较熟练且发音较准确的用户,可以使用(D)。

    A. 五笔字型　　　B. 音形码　　　C. 形码输入　　　D. 全拼输入法

(17) 利用专门的书写工具,如手写等将其手写的文字输入到计算机,称为(B)。

    A. 笔画输入　　　B. 手写输入　　　C. 笔式输入　　　D. 以上都不对

(18) 简拼输入依次取组成词语的各个单字音节的(B)组成简拼码,对于包含 zh, ch,sh 等音节,可以取前两个字母。

    A. 前两个字母　　B. 第一个字母　　C. 所有字母　　D. 以上都不对

(19) 利用智能 ABC 输入法,对于汉语拼音拼写不甚准确的用户,可以使用简拼输入方式,但他只适合(C)。

    A. 简化汉字　　　B. 繁体汉字　　　C. 输入词组　　　D. 常用汉字

(20) (B)是构成汉字的最小单位,是一次连续写成的线段。

    A. 字根　　　　　B. 笔画　　　　　C. 偏旁　　　　　D. 部首

(21) 根据构成汉字的各个字根间的位置关系,五笔字型把汉字结构分为三种类型:左右型、上下型和(B)。

    A. 包含型　　　　B. 杂合型　　　　C. A 和 B　　　　D. 以上都不是

(22) 五笔字型输入法是一种根据(C)进行编码的输入方法。

    A. 汉字发音　　　B. 汉字笔画　　　C. 汉字字型　　　D. 汉字特点

(23) 五种笔画组成字根时,笔画之间的关系可分为(C)4 种。

    A. 上下左右　　　B. 上下里外　　　C. 单散连交　　　D. 并叠包穿

(24) 五笔字型的基本思想是将字划分为笔画、(D)和单字三个层次。

    A. 拼音　　　　　B. 偏旁　　　　　C. 部首　　　　　D. 字根

(25) 五笔字型将汉字的基本笔画分为(B)5 种。

    A. 点横竖撇捺　　B. 横竖撇折　　　C. 点横撇捺折　　D. 以上都不是

(26) 通常把组字能力强并且在常用汉字中出现频繁的字根称为(C)。

    A. 常用字根　　　B. 组字单元　　　C. 基本字根　　　D. 以上都不是

(27) 五笔字型中,(B)指构成汉字的基本字根笔画相互交叉重叠。

    A. 连笔结构　　　B. 交叉结构　　　C. 离散结构　　　D. 混合结构

(28) 五笔字型中,(C)指一个基本字根连一个单笔画。

    A. 交叉结构　　　B. 离散结构　　　C. 连笔结构　　　D. 混合结构

(29) 五笔字型中,(C)是组成汉字的基本单位。

    A. 部首　　　　　B. 笔画　　　　　C. 字根　　　　　D. 以上都不是

(30) 五笔字型输入法一共选择了一百三十多个（ C ）。

    A. 基本笔画   B. 常用笔画   C. 基本字根   D. 常用字根

(31) 五笔字型中（ D ）本身就是一个字根，如八、用、手、车、马等，它们的取码方法有专门规定，不需要判断字根。

    A. 笔画   B. 独体字   C. 部首   D. 单体结构

(32) 五笔字型输入法把基本字根安排到（ A ）个区，每区又分为（ A ）个位。

    A. 5，5   B. 5，8   C. 8，5   D. 3，4

(33) 五笔字型将最常用的（ C ）个汉字定为 级简码，又称为高频字。

    A. 24   B. 26   C. 25   D. 588

(34) Word 2000 在文档中不但可创建表格和图形，也可以处理（ B ），能使图文和声像并茂。

    A. 图像   B. 多媒体   C. 声音   D. 文字

(35) Word 2000 可以方便地将表格（ B ）到文档的任何位置，同时增加了斜线表头和在表格制作表格的功能。

    A. 分散移动   B. 整体移动   C. 拆分移动   D. 以上都不是

(36) Word 2000 具有文档的编辑和（ B ）功能，操作简单、直观等特点。

    A. 打印   B. 排版   C. 增删   D. 修改

(37) Word 2000 屏幕上显示的文档是一个（ C ）的，也就说它与打印的最后效果是一致的。

    A. 窗口   B. 纯文字   C. 所见即所得   D. 以上都不是

(38) Word 是目前国际最流行的（ C ）软件之一。

    A. 背单词   B. 打印   C. 字处理   D. 造词

(39) 不论使用哪种方法启动 Word 后，都会打开 Word 文档窗口，这时就可以（ D ）。

    A. 编辑文档   B. 修改文档   C. 打印文档   D. 创建文档

(40) （ B ）直接位于 Word 窗口顶边的下方，包含目前正在处理的文件名。

    A. 状态栏   B. 标题栏   C. 菜单栏   D. 工具栏

2. 判断题（对的写 Y，错的写 N）

(1) 在窗口右上角，标题栏的右边，有三个按钮，中间有方框的按钮是最小化按钮。（N）

(2) 应用程序窗口用于显示文档或数据文件。   （N）

(3) 单击最小化按钮，窗口缩小为桌面上任务栏的一个按钮。   （Y）

(4) 单击窗口恢复按钮或双击窗口的标题栏或单击任务栏上的按钮可恢复窗口。（Y）

(5) 将鼠标指针光标移到滚动框，然后拖动滚动框到滚动条中指定的位置，释放鼠标按钮，可移动文档内容。   （N）

(6) 打开窗口的控制菜单，选择"移动"命令，输入 4 个箭头键将窗口移到指定位置后按 Enter 键，可以使窗口移动。   （Y）

(7) 当一个文档窗口最大化后,不必把它恢复到原来的大小,就能使之最小化。　　　(N)

(8) 将鼠标器指针移到窗口的边框,再拖放边框到指定位置,可改变窗口一个方向的大小。　　(Y)

(9) 有的对话框还有"应用"按钮,单击"应用"按钮,使选择的设置有效,但不关闭对话框。　　(Y)

(10) 从对话框的列表框中选定多个不连续项先按 Ctrl 键,然后单击每一个要选定的项。　　(Y)

(11) 单选按钮表示一些互相排斥的选项,在一组单选按钮中能选定多个,选定的单选按钮内有一个圆点"."。　　(N)

(12) 有些菜单中的菜单命令显示时是灰色的,这表明该菜单命令由于某种原因暂可使用。　　(N)

(13) 在键盘上输入菜单命令中的第一个字母,可执行该命令。　　(Y)

(14) 在桌面的任何对象上右击鼠标,将弹出菜单,提供对该对象的各种操作功能。此菜单称为级联式菜单。　　(N)

(15) 按下 Home 键、End 键可移动光标到行首或行尾。　　(Y)

(16) Windows 2000 的文件名可以有空格,但不能有下列符号: ?、/、＊、"、〈、〉、|。　　(Y)

(17) Windows 资源管理器用于查看系统所有的文件和资源,完成对文件的多种操作。　　(Y)

(18) 在开始菜单中选择"程序"→"附件"命令,然后选择"Windows 资源管理器"命令,即可启动资源管理器。　　(N)

(19) 打开一个应用程序,将启动一个应用程序并显示该文档。　　(Y)

(20) 当一个文件的信息传送到剪贴板后,可以将此信息粘贴到桌面的任何对象上,实现文件的移动或复制。　　(Y)

(21) 方块汉字不同于西方文字,是用不同的笔画构成的,且每个汉字都有自己的发音。　　(Y)

(22) 利用计算机处理中文信息必须解决汉字的输入、输出与存储等问题。　　(Y)

(23) 为简化输入,规定汉语拼音的声母和韵母各用一个字母代替,由此输入汉字称为双拼输入法。　　(N)

(24) 交叉结构指构成汉字的基本字根笔画相互交叉重叠。　　(Y)

(25) 五笔字型编码规定,一个基本字根之前或之后的孤立点,一律看作与基本字根相连,并归类为离散型。　　(N)

(26) 成字字根的输入方法是键名所在键＋首笔画码＋次笔画码＋末笔画码。(如果该字根只有两个笔画,则按空格键结束。)　　(Y)

(27) 键名都是一些组字频度较高而形体上又有一定代表性的字根,它们中大多数本身就是一个汉字。　　(Y)

（28）将较为常用的汉字定义成二级简码，输入时只取其全码的前两个字根编码。二级简码有 588 个。　　　　　　　　　　　　　　　　　　　　　　　　　　　　（Y）

（29）在"页面"视图模式下可以查看文字、图片、表格等在打印时的版式。　　　（Y）

（30）在 Web 版式视图中，还可以看到背景、自选图形和其他 Web 文档及屏幕上查看文档时常用的效果。　　　　　　　　　　　　　　　　　　　　　　　　　　　（N）

（31）在 Web 版式视图中 Microsoft Word 能优化 Web 页面，使其外观与在 Web 或 Internet 上发布时的外观一致。　　　　　　　　　　　　　　　　　　　　　　　（Y）

（32）"页面"视图模式在编辑页眉、页脚、调整页边框、绘制图形以及利用文框时使用。

　　　　　　　　　　　　　　　　　　　　　　　　　　　　　　　　　　　　（Y）

（33）拆分框位于垂直滚动条顶部，光标指针指向它时将变为一个双向箭头。拖动光标，可以将文档拆分为两个窗口。　　　　　　　　　　　　　　　　　　　　　　　（N）

（34）普通视图只显示文档的格式和编排，简化了页面的布局，因而输入和编辑文档速度相对较慢。　　　　　　　　　　　　　　　　　　　　　　　　　　　　　　　（N）

（35）输入文本时，不必注意和担心换行。因为输入字符满一行后，Word 将字符自动地移到下一行。　　　　　　　　　　　　　　　　　　　　　　　　　　　　　　　（Y）

（36）段落结束后，需要另起一行时，应在键盘上按一个 Enter 键。　　　　　　（Y）

（37）选择大块文档时，应单击所选内容的开始，滚动到所选内容的结束，然后按住 Shift 键并单击。　　　　　　　　　　　　　　　　　　　　　　　　　　　　　　（Y）

（38）将鼠标光标移动到任何文档正文的左侧，直到鼠标变成一个指向右边的箭头，然后三击可选择整篇文档。　　　　　　　　　　　　　　　　　　　　　　　　　　　（Y）

（39）Word 可以在文档任意需要的位置插入当前日期和时间。　　　　　　　　（Y）

（40）在 Word 2000 中，"字符缩放"只缩放字符的横向大小，字符的垂直方向不缩放，字体也不改变。　　　　　　　　　　　　　　　　　　　　　　　　　　　　　　（Y）

思考练习

（1）说出用友财会软件的系列和版本及适用场合。

（2）简述 T3-用友通的安装步骤和注意事项。

（3）了解会计信息化考证要求和考证软件操作流程。

第2章　会计信息化的实施与管理(项目二)

学习目标

1. 知识目标

(1) 全面掌握会计信息化系统的实施要求和实施步骤。

(2) 理解会计信息化的外部管理目标和要求。

(3) 熟悉会计信息化的内部管理规范和内容。

2. 技能目标

(1) 提高会计信息化考证的应试能力。

(2) 训练会计信息化应用基础的操作技能。

任务3　掌握会计信息化系统的实施要求和方法

讲授演练

2.1　会计信息化系统的实施

企业会计信息化系统的建设是一项复杂的系统工程,涉及单位的方方面面和诸多业务部门。它既需要软件与硬件的投资,也需要大量的人力投入,这是一项长期的、艰苦的工作。无论企业的规模大小,复杂程度如何,会计信息化系统实施的工作程序都大致相同,如图 2-1 所示。

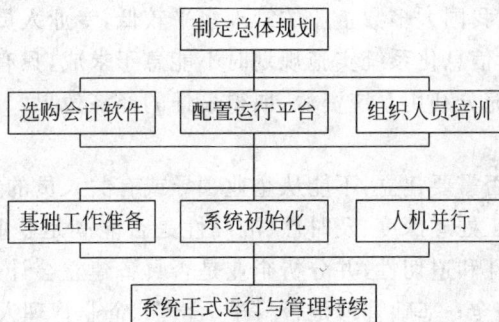

图　2-1

2.1.1　制定实施的总体规划

会计信息化系统总体规划是对会计信息化系统所要达到的目标以及如何有效地、分步骤地实现这个目标所做的规划。它是企业会计信息化系统实施的指南,是开展具体工作的依据,决定了系统实施的成败。因此,会计信息化系统实施规划受到高度重视。

1. 会计信息化系统实施原则

为了保证规划的科学、客观和可行,在制定规划时要坚持下列原则。

1) 整体规划的原则

会计信息化系统是企业管理信息系统的一个重要子系统,因此制定会计信息化系统总体规划时,必须与企业发展的总目标和企业整体信息化建设的目标相一致,按照系统论的观点,综合考虑、统筹安排好各项工作。

会计信息化系统由若干个相互关联的子系统构成,在实施过程中应保证各子系统之间协调一致,要有统一的规范,包括规范的数据、规范的编码、规范的程序设计、规范的文档等,充分实现信息的传递和资源的共享,保证各子系统之间有机地衔接。同时,由于会计信息化系统又是整个企业管理系统中的一个子系统,因此还要考虑它同其他子系统之间的联系,设计统一的数据编码并做好接口设计,为建立全方位的会计信息化系统做好基础工作。

2) 循序渐进的原则

会计信息化系统是一个规模庞大、结构复杂的有机整体,它由若干个相互关联的子系统构成。各单位应根据本单位的具体情况,按照循序渐进、逐步提高的原则分阶段组织实施,对每一个阶段的任务、目标都要做出规定,以指导和协调各阶段的工作,使每一阶段的工作都成为通向总目标的阶梯。

会计信息化系统的功能层次多种多样,子系统的构成也各不相同。不同的系统对使用和管理人员能力素质的要求也各不相同。对于简单的会计核算系统,使用人员通过简单的功能培训即可初步掌握系统的使用方法。对于较高级的会计信息系统,则需要具有较高的管理水平和具备相当的计算机知识、管理知识和会计知识的专业人才使用和管理,才能充分发挥系统的作用。目前,我国大多数企业的管理水平较低,专业人员特别是高层管理人员普遍缺乏。因此,制定会计信息化系统实施规划时不能急于求成,只有根据企业的实际情况循序渐进,不断提高,才能充分利用系统资源,取得最佳的经济效果。

3) 客观需要的原则

判断一个新系统是否需要建立,不能从企业领导或有关人员的主观愿望出发,而应从现行系统对会计信息的加工处理深度、及时性、准确性是否能满足企业管理的实际需求出发,考察新系统建立的必要性和迫切性,并分析企业是否具备建立会计信息化系统的客观条件,如基础数据是否规范、齐全;基础管理是否科学、合理;企业管理人员的知识结构是否能满足系统建设的需要;系统开发所需人、财、物能否有保障等。

每个企业的特点不同,对会计信息化系统的要求也会有不同侧重。有些企业是为了提高数据处理效率,以获得及时和准确的会计信息,而有些企业把重点放在对数据的深加工上,使会计信息能为企业管理的预测和决策活动服务。因此,会计信息化系统的设计应从实际出发,进行认真的调查分析,找出企业存在的关键问题,建立适合本单位的会计信息化系统。这样,即使建成的系统功能不那么全,水平不特别高,但只要能解决一些迫切需要解决的实际问题,产生直接的效益,就是一个成功的系统。

4) 方便实用的原则

实施会计信息化系统的根本目的是为了更好地完成会计工作和提高企业管理的水平,所以应把方便实用,是否能最大限度地满足用户需要放在首位。会计信息化系统实施规划不能超出单位的客观需要和可能条件,如果超过了这一界限,规划就无从落实,就失去了规划对系统实施的统驭作用,失去了规划的意义。应一切从用户的实际出发,包括技术的、设备的、管理基础的。

方便实用的原则是为用户着想。过高的设计会为用户带来浪费与不便,这一原则对希望建立 ERP(企业资源计划)管理信息系统的企业或准备引进外国管理软件的企业尤为重要。因此,不能不顾实际情况,一味追求"高、大、全"。

2. 会计信息化系统实施内容

制定企业会计信息化系统总体规划应立足本单位实际,具体包括以下几项内容。

1) 会计信息化系统实施的目标

会计信息化系统实施的目标应指明企业几年内要建设一个什么样的会计信息化系统,它明确了系统的规模和业务处理范围。

制定目标的基本依据是本企业发展的总目标。这是因为会计信息化系统的建立不仅是解决会计的核算手段问题,更主要的是提高会计信息处理的准确性和实时性,真正做到对会计的事前、事中、事后的有效控制,提高会计的辅助管理和辅助决策能力,全面提升企业的管理水平服务。

2) 会计信息化系统实施的工作步骤

会计信息化系统实施的工作步骤是按照会计信息化系统实施目标的要求和企业实际情况对会计信息化系统实施过程的任务分解,主要规定系统的实施分哪几步进行,每一步的阶段目标和任务,各阶段资源配置情况等。

3) 会计信息化系统实施的资金预算

会计信息化系统实施需要较多的资金投入,因此要对资金统筹安排,合理使用。会计信息化系统实施过程中的资金耗费主要是由系统硬件配置、会计信息化软件取得、人员培训费、咨询费和后期的运行维护费用等项构成。往往人们制定预算时容易重视软硬件购置费而忽视咨询、维护费,但事实上,软件升级及后期的维护费占到系统实施费用的 50%以上。

4) 会计信息化系统实施的组织机构

规划中应明确规定会计信息化系统实施过程中的管理体制及组织机构,以利于统一领导,专人负责,高效率地完成系统实施的任务。

　　会计信息化系统实施过程不仅会改变会计工作的操作方式,还会引起会计业务处理流程、岗位设置,甚至是单位整个管理模式的一系列重大变革。因此,组织机构在系统实施过程中,还要投入大量的时间,组织专门的人员根据本企业的具体情况建设适应新系统的工作流程、管理制度、组织形式以及绩效考核标准等。当然,有条件的企业可以专门聘请管理咨询机构代为设计,但仍需要本企业组织机构的大力配合。

2.1.2　配置会计信息化运行平台

　　会计信息化系统运行平台是指会计信息化系统赖以运行的软硬件环境。它包括两个方面的内容,一是计算机硬件环境;二是运行会计信息化系统的软件环境,包括操作系统、数据库管理系统等。

　　1. 会计信息化的软件平台

　　会计信息化系统运行的软件平台主要包括操作系统及数据库管理系统等。

　　1) 选择操作系统

　　(1) 选择服务器操作系统。

　　随着分布式网络计算技术的发展,计算机网络服务器一般可分为数据库服务器、Web服务器、应用服务器、通信服务器等。网络版会计信息化软件的应用,应根据网络会计信息化软件的体系结构(如二层、三层或多层 C/S 结构、B/S 结构等),购置网络服务器和选择网络操作系统。在通常情况下,可以在 UNIX、Windows NT 和 Novell NetWare 这三种流行网络操作系统之间进行选择。

　　(2) 选择工作站操作系统。

　　网络工作站操作系统主要包括 Windows XP/7/8、OS/2、UNIX、Macintosh 等,工作站操作系统的选择主要是依据会计信息化软件对运行平台的要求确定。DOS 时代已成为历史,而运行于 OS/2、UNIX、Macintosh 上的会计信息化软件少而又少,因此,工作站操作系统主要选择 Windows 2000 以上的操作系统。

　　2) 选择数据库系统

　　数据库系统主要分为服务器数据库系统和桌面数据库系统,服务器数据库主要适合大型企业的使用,代表系统主要有 SQL Server、Oracle、Sybase、Informix 和 DB2 等。服务器数据库系统处理的数据量大,数据容错性和一致性控制好;但服务器数据库系统的操作与数据维护难度大,对用户水平要求高,而且投资大。

　　桌面数据库主要适用于数据处理量不大的中小企业,主要软件产品有 Access、FoxPro、Paradox、Betrive 等,桌面数据库系统处理的数据量要小一些,在数据安全性与一致性控制方面的性能也要差一些,但易于操作使用和进行数据管理,投资较小。

　　2. 会计信息化的硬件平台

　　计算机硬件设备是会计信息化的基石,计算机硬件的配置直接影响到今后会计信息化工作的质量和效率。目前会计信息化系统主要有单机系统、多用户系统、计算机网络系统几种模式。随着计算机技术的发展,计算机的性能价格比日趋合理。因此,硬件的选择不限于讨论单机如何选型,如何配置,而是更侧重于计算机网络的规划和建设。

　　计算机网络系统设计一般要考虑特定企业会计信息化系统技术发展策略、企业管理机构设置、业务处理流程等众多因素。可以说网络解决方案是对每个企业而言的,不可能给出一个标准的方案供大家共同使用。一般来说,缺乏经验的企业可以聘请专业的咨询公司或系统集成商辅助进行网络设计。在制订网络技术方案或审查系统集成商提供的网络设计方案时应该考虑以下原则。

　　(1) 先进性原则。从发展的角度出发,网络建设应采用先进的计算机技术、通信技术、网络设计思想和网络技术,做网络方案都要有一定的前瞻性。如果今年建成的网络明年就要做大的调整,这样的网络方案就是失败的。反之,如果对这种前瞻性提出不切实际的要求,也是不现实的。

　　(2) 可维护原则。作为一个系统,整个网络是由多种设备组成的较为复杂的系统,因此必须着重考虑所选产品具有良好的可管理性和可维护性。

　　(3) 实用性原则。采用成熟的技术和高质量的网络设备,应能适应企业财务、业务、管理一体化的信息服务。特别地,网络带宽应足够大,传输延迟应尽量小。

　　(4) 安全性原则。安全性原则表现在两个方面。一是采用各种有效的安全措施(例如防火墙、加密、认证,数据备份和镜像等),确保网络的安全性,保证内部网不受攻击。二是对网络的关键设备(例如服务器、交换机等)要采取备份措施,保证网络能不间断地工作。

　　(5) 经济性原则。通过高度可伸缩的、灵活的互联解决方案,使网络能够平滑过渡到未来的优化网络,从而有效地保护现有的投资。建网要面向应用,面向需求,照顾到前后步骤的衔接。既要充分利用现有资源,又要使现在的投入成为明天的有机组成部分。在满足上述要求的前提下,追求最小投资额。

　　(6) 开放性原则。网络设备的选择应基于开放的标准和协议,应具有良好的兼容性和可扩展性。

　　(7) 标准化原则。网络设备和服务应能提供单一来源的、标准的、开放的技术,以满足高性能、可用性和互操作性的需求。

　　除计算机外,会计信息化系统还要选配打印机、不间断电源、空气调节器、网络设置和电源设备等。打印机按印字方式分为针式打印机、激光打印机和喷墨打印机。选择时主要考虑其中文打印能力、打印成本、打印行宽和打印速度能否满足需要。每台打印机必须配备500W 以上,应保证在断电后至少维持 10 分钟以上时间的不间断电源(UPS)。UPS 电源的质量直接影响到突然掉电系统能否做好善后工作,对数据的安全极为重要,应认真选购。网络设备和电源设备的选配主要考虑能否满足所选的计算机和会计信息化软件的要求,及今后几年电算化管理发展对网络扩展的要求。

2.1.3 选择合适的会计信息化软件

1. 会计信息化软件的概念和分类

建设会计信息化系统,关键的一步是选择会计信息化软件。所以,对会计信息化软件的概念和市场情况首先要有清晰的认识。

1) 会计信息化软件的概念

会计信息化软件是指专门用于完成会计工作的电子计算机软件,包括采用各种计算机语言编制的一系列指挥计算机完成会计工作的程序代码和有关的文档技术资料。

商品化会计信息化软件是指经过有关部门评审后,用于在市场上销售的通用会计信息化软件。

2) 会计信息化软件的分类

按照不同的分类方式,会计信息化软件分为不同的类型。按适用范围划分可分为通用会计信息化软件和定点开发会计信息化软件;按提供信息的层次划分可分为核算型会计信息化软件和管理型会计信息化软件;按软件开发地域划分可分为国内会计信息化软件与国外会计信息化软件。

(1) 通用会计信息化软件与定点开发会计信息化软件。

通用会计信息化软件是指在一定范围内适用的会计信息化软件。通用会计信息化软件又分为全通用会计信息化软件和行业通用会计信息化软件。通用会计信息化软件的特点是不含或含有较少的会计核算规则与管理方法。其优点是可以由用户自己设定会计核算规则,选择会计核算方法,使会计信息化软件突破空间和时间上的局限,具有真正的通用性。其缺点是软件越通用,企业初始化的工作量就越大,另一方面,软件越通用,就越难兼顾不同用户会计核算的个性细节。为了合理地确定通用程度,人们开发了一些面向行业的通用软件,如面向行政单位、面向商品流通行业和面向制造业等。目前市场上的商品化软件一般为通用会计信息化软件。

定点开发会计信息化软件也称为专用会计信息化软件,是指仅适于个别单位会计业务处理的会计信息化软件。通常由企业针对自身的会计核算和管理特点而自行开发或委托他人开发研制。定点开发会计信息化软件的特点是立足本单位会计核算和企业管理特点,将会计核算规则与管理方法直接固化在程序中。其优点是比较适合使用单位的具体情况,最大程度地减小初始化工作量,使用方便。其缺点是灵活性较差,如会计核算方法一经变动就要修改程序。

(2) 核算型会计信息化软件与管理型财务软件。

核算型会计信息化软件是指专门用于完成会计核算工作的电子计算机应用软件,主要完成会计核算的电算化。会计核算电算化是会计信息化的重要组成部分,它面向事后核算,采用一系列专门的会计方法,实现会计数据处理的电子化,提供会计核算信息,完成会计信息化基础工作。软件主要模块包括总账、工资、固定资产、报表处理等财务部分,模块之间数据独立,主要适合小型企业会计核算使用。从 20 世纪 90 年代中期以后,管理型财务软件的开发和实施成为会计信息化发展的热点,并于 20 世纪 90 年代末具有了 ERP 的雏形。管理型财务软件不仅限于解决企业的会计核算问题,而是要对企业的资金流、物流和信息流进行一体化、集成化管理。从软件结构上看,企业管理信息系统各模块将不仅能独立运行,还能集成一体化运行。从软件功能上来看,不仅包括账务处理、工资管理、固定资产管理、采购与应付账款管理、销售与应收账款管理、库存管理,还要包括对物料需求计划的管理、对生产流程的管理、对成本的管理以及对人力资源的管理。当然,管理型财务软件在技术架构、开发平台等诸多方面都与核算型会计信息化软件存在差异。

(3) 国内软件与国外软件。

我国会计信息化起步于 20 世纪 70 年代末,国外起始于 20 世纪 50 年代,20 年的时间差使得我国目前的软件与国外软件相比,存在以下几方面不足。

① 软件功能。我国财务软件已完成从核算型到管理型的转变,但从管理所能达到的范围来说,管理功能还相对比较薄弱,尤其在生产制造、成本管理等方面。

② 技术平台。我国财务软件已完成从 DOS 平台、单机桌面数据库系统、F/S 或 C/S 结构向 Windows 平台、网络、大数据库系统、C/S 或 B/S 结构的过渡,但目前基于广域网运行的财务软件功能单一,不能满足企业集团全面提升管理水平的要求。

③ 软件稳定性。大型管理软件的开发过程和稳定完善都需要一个较长的时间段,需要在企业使用过程中不断磨砺,逐步改善。

尽管如此,由于国内会计信息化系统中更多地含有本土的文化,其方便实用的功能设计、易于理解和操作的界面设计,均以绝对优势与我国目前的管理模式及管理水平相适应,因此会计信息化软件产业始终是我国信息产业的强劲力量。

2. 会计信息化软件的选择策略

选择合适的应用系统是单位会计信息化系统建设的关键环节。为了多、快、好、省地建设单位自己的信息系统,企业面临几种选择。一是自行开发。二是外购。外购又有两种可能。一种是购买国外会计信息化软件;另 种是购买国内会计信息化软件。三是选择 ASP 软件服务商。这些选择各有利弊,如何规避风险,做出最有利于企业的选择,需要具体问题具体分析。

1) 自行组织开发会计信息化软件

(1) 自行开发的优点。

① 由于多方组成的软件开发人员参与业务需求调研、业务流程优化与重组,因此业务处理及管理功能直接在软件设计中体现。

② 通过调研确定重点,可以从企业最需要信息化的环节入手,先进行必需功能模块的开发,使新系统更有针对性。

③ 可以充分考虑到企业自身的业务需求,而有效避免通用软件中复杂的设置与配置功能,最为贴近企业实际且简单易用。

④ 企业 IT 人员全程参与了会计信息化系统开发的全过程,所以一旦系统运行出现问题或需要改进,企业内部人员都能够进行快速自我支持与维护,从一定程度上也为企业节约了一笔维护费。

⑤ 在软件开发过程中,锻炼了一支 IT 队伍,人员素质在计算机应用、管理水平、团队协作等方面都会有较大的提升。

(2) 自行开发的风险。

① 不能得到领导层的一以贯之的全力支持。企业信息化建设是一把手工程,领导层的全力支持是必不可少的。由于自行开发软件需要相当长的一段时间,企业不能在短时间内看到明显的效益和回报,领导层可能会在中途对自行组织开发的方案产生动摇,在资金、人力的持续投入方面力度减少,系统开发将中途受阻。为了有效规避该项风险,应加强对领导层的管理培训,使领导层了解会计信息化系统的管理理念、应用步骤与效益风险的关系,促使领导层对会计信息化系统整体方案的系统性、条理性和规范性保持持续的理解和信任;仔细斟酌项目组的人选,一旦确定整个项目期间不要轻易变动;认真落实例会制度和文档整理工作,项目负责人定期或不定期,口头或书面向领导汇报项目情况;在考虑解决方案时要兼顾信息共享和数据的安全保密,保证领导层及时准确地得到所需的数据,使领导切身体会新系统所带来的种种改进,同时兼顾企业业务活动的相对独立性。

② 最终用户不能直接参与。最终用户是项目的最终使用者,他们的直接参与是项目成功的重要条件。在整个项目过程中,他们将面临业务流程改变、新旧系统并行、业务技能更新、工作量和工作压力增加等种种挑战,而且由于软件开发周期长,因此最终用户的参与很难保证。针对这项风险的规避途径应积极引导和帮助他们克服暂时的困难,开展有效的宣传活动。例如,通过企业宣传栏、内部报刊、各种会议等形式,大力宣传企业实施新系统的必要性和意义;加强最终用户的培训工作以增强信心;鼓励最终用户对项目的关心和参与,在讨论各种业务解决方案时注意和征求最终用户的需求和看法;在大量整理和校对基础数据时,适当抽调临时人员帮助工作;制定奖惩措施,包括竞争上岗、培训取证、精神奖励和物质奖励等。

③ 项目开发人员协调不善,影响开发进程。在自行组织开发软件的过程中,可能会在技术风格、进度协调方面产生很多问题,处理不当的话,会延误开发过程,挫伤开发人员和用户的积极性,严重的会导致项目中途流产。针对这项风险的规避措施有:任命一个强有力的项目总负责人,他熟悉软件开发的整个流程,有突出的组织能力、协调能力和应变能力。另外,软件开发的每个阶段都要建立规范的文档,明确技术标准及各方的权利义务关系。

④ 项目组人员的变更会影响项目进程。各单位的 IT 部门都是人员相对流动较多的部门。由于软件开发和实施的周期较长,使项目组人员变更的可能增加,新的项目成员接手工作首先要阅读前期文档,了解系统结构和设计风格,因此需要一段相当长的适应期,这样就不可避免地延误了项目进度。为了有效地规避这项风险,所有项目组人员的工作都要有规范的文档记录,经确认的文档由专人保管,包括纸介质和电子介质;所有的需求、承诺和解

决方案等均以书面签字为准,如果需要更改其中的内容,必须通过严格的审批程序进行。这样,新的项目成员可以通过阅读上述文档,很快进入工作状态。企业内部人员在参加会计信息化系统项目开发与实施后,素质与技能提高,人员流动性可能性大大增加,因此,企业应与项目组成员签订某种协议,从一定程度上形成约束力,减少人员流动对企业造成的伤害。

⑤ 在软件的升级方面存在一定风险。随着 IT 技术的发展和应用平台的升级,软件也需要不断地升级换代。自行开发的软件升级依靠企业内部 IT 人员完成,为此,企业 IT 人员要不断进行新技术的学习,以适应软件升级的需要。同时,还要对已经开发完成的软件原代码进行规范化管理。

综上所述,自行组织开发软件需要企业自身有很强的 IT 队伍,而且要保持人员的长期相对稳定,才能保证软件系统的运行和升级维护。这对大多数企业来讲是难以做到的。如果进一步考虑到自行开发的投入成本实际上远远大于购买商品化软件的费用,而且企业自身 IT 人员的技术水平实际上很难达到专业化水平,因此根据产业分工原理,自行组织开发会计信息化系统除了极少数存在特殊需要的企业可以考虑外,绝大多数企业都会选择其他的方案。

2) 选择国外会计信息化软件

(1) 选择国外软件的优点。

① 国外软件往往本身蕴涵了许多先进的管理思想,为企业业务流程优化与重组提供了可借鉴的参考模型,能较为显著地提高业务流程优化与重组的效果。

② 国外软件一般来说具有全面集成、技术稳定、功能灵活、系统开放等诸多优势,为企业的不断发展与管理的持续改善提供了较大空间。

③ 国外软件公司在升级维护方面的支持比较及时,有利于企业会计信息化系统的更新。

④ 国外软件厂商有众多的咨询合作伙伴,由此拓宽了企业寻求服务与支持的范围。

⑤ 国外著名软件开发公司的发展较为稳定,财力、人力都有坚强的支撑,对选用其产品的企业来说,是比较理想的长期合作伙伴。

(2) 选择国外软件的风险。

① 软件购置费用及年维护费用较高。国外软件的购置费用与年维护费用一般高于国内软件数倍到数十倍不等。因此企业应量力而行,如果企业在资金的持续投入上不能及时到位,则软件应用的效果势必大打折扣。进入中国的国外成熟软件有数十种之多,它们有着不同的规模和价位,在功能上也各有千秋。企业在选择国外软件时,首先应对市场有基本的了解。不是所有的会计信息化软件都适合自己的企业的,在选购软件前,最好听听专家的建议,与熟悉会计信息化软件领域的咨询人员、业内人士多做交流,至少也应把自己的规模与国外企业做一个对比,选择适用于目前与将来一段时期发展的软件,不能一味求(模块)多求(价格)贵,为许多根本不必要的功能付费,最后导致企业宝贵资金的大量闲置与贬值。

② 企业的基础管理水平不能适应国外软件的需要。国外软件一般蕴涵着一些先进的管理思想,而我国大多数企业的基础管理比较薄弱,互相不能配比。会计信息化系统在企业的成功实施是有先决条件的。从基础数据的准确与完备、各部门的协同默契程度,到业务人员、IT 人员的素质水平,都会对会计信息化系统的应用效果产生直接的影响。特别是国外会计信息化软件的管理起点比较高,设计比较复杂,这就对企业的基础管理水平提出了更高的要求。企业应清楚地认识到,企业信息化建设是一项长期的工程,将伴随企业未来发展的全过程。在这个长期的过程中,企业要下力气练好"内功",在适当的时机选择与企业管理水平相配套的软件产品。此外,随着 IT 技术的不断发展以及管理技术的持续演进,会计信息化系统也会相应地更新改进,对此,企业应有足够的心理准备。

③ 用户化与二次开发的工作量大。国外会计信息化软件的开发是基于国外的文化和管理背景的,不可能完全考虑到中国的国情和中国企业管理的特色。企业要把一个通用的外国软件用到位,需要对软件进行用户化甚至二次开发的工作。而用户化或二次开发必然要占用一定的时间和费用,延误项目进程,加大建设成本。企业既不应一味地适应软件,软件也不能一味地迁就企业。企业应该在业务流程优化与重组的基础上,利用软件手段把经过优化的流程确定下来,成为各部门自觉遵守的工作处理规程和方法。寻求企业现状与国外会计信息化软件通用模式之间的"平衡点"是一项困难的工作。由于切身利益的关系,由企业或软件供应商来决定用户化或二次开发工作的范围都是难以成立的,所以往往由既熟悉中国企业管理,又了解国外软件设计思想的咨询中介机构介入,帮助企业完成企业信息化改造工程。

④ 软件文档或资料没有汉化,企业人员学习与掌握起来难度大。国外会计信息化软件的界面、文档以及其他的支持资料存在一个汉化的问题。有些国外软件虽然有汉化的资料,但粗制滥造,行文令人不解。而且企业人员要掌握软件精要,必须有内容翔实、逻辑清晰的文字资料,这也是对软件供应商的基本要求。

因此,选购国外会计信息化软件时,用户应该对其所能提供的汉化文档的数量和质量进行考察,如果不齐备,用户有权提出异议。

3) 选择国内会计信息化软件

(1) 选择国内软件的优点。

① 国内会计信息化软件的支持网点众多,企业可以得到当地服务机构的快速响应。

② 国内会计信息化软件复杂程度低,符合国人的使用习惯,在易学易用方面比较出色。

③ 国内会计信息化软件的使用文档齐全,简明易懂。

④ 国内会计信息化软件对企业管理的基础水平及人员素质等要求较低,对于基础相对薄弱的企业来讲最为适用。

⑤ 国内会计信息化软件在适合我国企业管理规范与处理惯例方面有较多的考虑,因而用户化工作量会很少。

⑥ 国内会计信息化软件在购置和维护方面的费用相对较低,企业资金投入的压力小。

(2) 选择国内软件的风险。

① 软件功能的全面集成性、稳定性尚不能满足某些企业的需要。国内会计信息化软件的发展历史比较短,仍在不断积累企业管理方面的经验。当企业认为软件功能不满足需要时,原因也可能是多方面的。企业有的需求是迁就了传统的、不经济的处理方式或模拟落后的手工业务处理流程,对于这种需求,应该是"改企业",而不是"改软件";企业有的需求可以通过软件现有的功能加以变通来实现,实际上是可以满足的。

② 某些国内会计信息化软件开发商发展不是十分稳健,长期合作存在隐患。较之国外著名会计信息化软件开发商,国内某些会计信息化软件开发商规模偏小,是否能长期稳健持续发展还未有定论。企业在购买会计信息化软件的同时,也决定了一定时间内要购买同一家会计信息化软件开发商的服务,一旦软件开发商的经营出现问题,那么企业只有自尝苦果。因此,企业在选择会计信息化软件产品时,还要关注会计信息化软件开发商的信誉程度以及发展态势。另外,在与软件提供商签订购买软件协议时,还应就服务条款等达成共识。

③ 随着 IT 技术的发展,软件经常会面临更新换代问题。国内会计信息化软件在动态适应企业变化方面,有待于进一步提高。当企业的管理方式、业务规模有了较大的发展和改变之后,可能会发现原有的会计信息化软件不能适应企业新情况下的需求。

4) ASP 的选择

全球 IT 产业继硬件产业和软件产业的蓬勃发展之后,服务产业迅速崛起,而 ASP 是继 ISP、ICP 之后,互联网经济的最新发展趋势。ASP 是 Application Service Provider 的缩写,可直接翻译为应用服务提供商,具体是指:在共同签署的外包协议或合同基础上(协议内容包含价格,服务水平,商业机密问题等),客户将其部分或全部与业务流程相关的应用委托给服务商,服务商将保证这些业务流程的平滑运作,即不仅要负责应用程序的建立,维护与升级,还要对应用系统进行管理,所有这些服务的交付则是基于网络的,客户将通过网络远程获取这些服务。

(1) 选择 ASP 的好处。

① 先进的技术架构,全面支持电子商务。

ASP 采用最先进的计算体系和 IT 技术,基于 B/S 结构、Java 技术、大型数据库、跨平台、多层结构保证系统安全性。强大的数据中心和标准化的数据库结构设计作为后台数据平台,可以支持用户海量数据存储和并发存取,并支持在数据中心的基础上,进一步实现数据仓库和联机分析处理等应用,对于中小企业而言,这种方式使代价昂贵的数据仓库应用变得不再是大型企业的专利。

② 一次性投资少。

对于 ASP 的使用者,用户一旦通过注册成为合法用户,只需要一次登录,就可以遍览 ASP 提供的全部应用服务。用户不必购买昂贵的计算机、不必经历错综复杂的系统选型、不必聘请专门的 IT 技术人员、不必担心系统的维护和升级、不必承受系统实施的各种风险,用户只要拥有浏览器并具备基本的上网能力,根据自己享受的服务内容和等级支付非常低廉的租金费用,就可以方便地使用。

③ 功能强,多分支机构的集中式管理。

按照统一的数据接口和先进科学的系统架构,根据中国中小企业运营和管理的实际要求,提供面向中小企业的财务、会计、进销存、客户关系管理和人力资源等系统,并将这些系统以标准化方式在统一的数据中心进行配置,用户可以通过网络直接访问这些应用。用户只需在本地录入自己的各种业务数据,通过在线运行各个系统,得到需要的结果,包括经营过程中的各种数据、报表以及辅助支持决策信息。它还支持多分支机构的集中式管理。

④ 全天候服务,支持多种访问方式。

由于全部应用和服务都通过 Internet 提供,因此对用户的服务不再有时间和地点的限制。用户可以在任何时间、任何地点,享受统一应用和服务,这些应用可以跨越地域的限制保持统一的应用服务水准,支持各种关键应用和快速服务响应。

根据不同形式的应用要求,用户可以采用各种方式获取应用和服务,如标准的台式计算机、笔记本计算机、掌上计算机(PDC)、无线应用设备(WAP 手机)等。在平台方面,除了满足用户的拨号访问、专线访问、无线访问外,也会根据应用的需要与面向客户服务和支持的 Call Center(呼叫中心)相集成,形成功能强大的综合 ASP 服务平台。

(2) 选择 ASP 要注意的问题。

① ASP 的应用依赖我国的宽带网建设。

在我国 IT 应用相对落后的现状下,ASP 模式的广泛应用尚需时日。究其原因,除了观念跟不上外,始终制约着中国互联网络发展的主干网络带宽、拨号带宽、上网费用的问题与 ASP 的发展不无关系。我们现在已可喜地看到,国家下大决心解决制约网络发展的瓶颈问题,最近的网络交换中心的建立、带宽出口的扩容,初步解决了目前上网的主干网络带宽问题,及上网费用的降低和低价包月制的出现,都为企业上网租用和使用提供了一个很好的时机,也给提供网络应用软件租赁的 ASP 一个很好的机会。

② ASP 是一种全新的应用模式。

我国中小企业的信息系统建设经历了自行开发软件、购买商品化软件两种离线应用方式,从思想上形成了一种模式,改变人们长期以来形成的思维定势是要有一个过程的。但随着信息技术的不断发展,各种宣传的全面铺开,ASP 终将成为我国 100 万中小企业信息系统建设的主要选择方式之一。

③ 安全性因素及相关制度体系的建设。

安全性是矗立在用户和 ASP 之间的高山,尽管技术的进步已经可以把危险系数降低到很低的水平,但是没有绝对的安全,用户把至关重要的数据交给 ASP,免不了提心吊胆。

④ 行业准则和相应的法律保障。

除了安全因素之外,没有公认的行业准则和相应的法律保障也是 ASP 不被接受的主要原因。如果用户的数据被泄露、被破坏,怎么办? ASP 肯定是要赔偿的,但怎么赔? 赔多少? 有什么标准? 由谁来监督? 这些问题都悬而未决,谁敢轻易就相信了 ASP。ASP 都表示要赔偿,但大家都是各自为政,虽然多数是想通过第三方——保险公司来介入,但具体的赔偿办法还是各不相同,没有准则可依,也没有一个科学的说法,监督更是无从谈起。在这种状况下,纠纷一旦发生,扯起皮来就会没完没了,其结果只会给众多的用户树立一个反面的榜样,没人再敢相信 ASP。看来尽快使 ASP 规范化、法制化是首当其冲的任务,也是让 ASP 真正走出概念圈子最重要的一步。

任何一件新生事物都会经历从起步到成熟的过程,对软件应用产品来说更是如此,它不仅涉及技术,还涉及网络安全、商业秘密等敏感问题,因此,应从技术、法律等诸多方面,建设相应的管理制度,确保用户的数据安全和服务质量。

3. 国产电算化会计信息化软件的选购要点

我国的会计信息化软件商品化的发展,是与会计信息化事业的发展同步的。在 20 世纪 80 年代末,首先在北京由一批会计信息化系统软件的开发者,根据市场的需要,成立了首批专门经营商品化会计信息化软件的软件公司。以后在深圳、上海等地也相继成立了类似的公司,随着会计信息化业务在各行各业的开展,软件公司像雨后春笋一样越办越多。

近年来,我国会计信息化软件市场已初具规模,出现群雄竞争的局面。迄今为止,通过评审的商品化会计信息化软件已近三百家,而且大多数专业化软件公司开发的会计信息化软件产品既通用,又稳定实用。因此,购买商品化软件建立企业会计信息化系统已成为多数企业的首选。然而,面对为数众多的国产商品化会计信息化软件,应怎样选择呢?

一般来说,选择国产商品化会计信息化软件要从以下几方面着手。

1) 检查软件功能是否满足本单位业务处理的要求

明确企业业务处理要求并了解软件功能能否满足这些要求,是企业选择会计信息化软件时首先需要考虑的问题。用户首先应明确本企业所属行业,不同的软件可能适应不同的行业。目前市场上销售的会计信息化软件,大方面的功能大同小异,在细微处却略有不同,而企业的功能需求也主要在细节上见真章,这就要求企业在选购软件时,应了解软件在功能细节上能否满足自己的特殊要求,特别是,有些软件从表面上或宣传上具有某项功能,但实际上根本不是企业真正需要的,也就是说软件在功能实现的准确性方面不一定能全部到位。最后还要了解软件的功能完整性,企业可能需要分阶段建立会计信息化系统,例如,先实现总账、报表、工资、固定资产的计算机管理,再考虑购销存业务处理,最后解决成本核算问题,在这种情况下,企业购买某一家的软件时,应考虑软件是否具有上述所有功能。

2) 考察软件的灵活性、开放性与可扩展性

会计信息化系统的建立实际上是在现代管理理论的指导下,用现代技术加强、改造、完善或建立全新的信息管理系统。因此,在应用软件系统运行后还必须考虑,由于信息技术的飞速发展所引起的商业活动方式的变化,对企业经营管理方式提出的要求,包括机构变革和业务流程重组,以及随着经营活动范围的扩大和方式的多样化,产生了许多新的市场机会,企业抓住这些机会的必要条件之一就是要进一步调整、增强和完善信息管理系统的功能。这就要求软件系统的设置具有一定的灵活性,以便调整软件操作规程和适应新的业务处理

流程的变化。同时,软件在与其他信息系统进行数据交换,以及进行二次开发方面的功能对于适应企业不断变化中的管理工作是非常重要的。

3) 检查会计信息化软件的网络体系结构能否适应企业的规模

企业当月凭证量以及业务票据的多少对于选择特定结构体系的网络会计信息化软件是非常重要的。对单一企业而言,如果企业规模比较大,业务量和凭证量也比较大,则应考虑选择基于大型数据库开发的软件和客户/服务器(C/S)结构体系的网络版软件。对于跨地域经营的集团型企业,为了实现财务的集中化管理,在选择软件时还要考虑软件系统是否支持 Internet 技术,如选用基于广域网浏览器/服务器(B/S)结构体系的会计信息化软件。一般地,基于小型数据库或采用文件/服务器(F/S)结构体系的会计信息化软件只适用于企业规模小、业务量少的企业。

4) 考察会计信息化软件的运行稳定性和易用性

软件运行的稳定性是软件质量和技术水平的体现,如果软件在运行时经常死机或非法中断,势必会影响会计信息化系统的运行效果和数据的安全性。一般而言,软件开发至少需要一年以上的时间才能形成产品;而在软件推向市场时,还需要一年时间的磨合,经过众多用户的实际运行考验才能趋向稳定;再需要半年至一年时间才能趋向成熟。用户可以从软件开发与投放市场的时间长短初步判断软件的稳定性,再通过一些实际操作或试运行进一步确定其稳定性。软件的易学易用对人员培训的工作量,以及软件系统的应用效果是有直接影响的,也是企业在选购软件时应该考虑的。

5) 考察会计信息化软件的开发商和服务商

软件开发商的技术实力和发展前景也是企业在选择会计信息化软件时应该考虑的一个重要方面。如果软件开发商的技术实力有限或者根本没有稳定的开发队伍,则今后软件版本的升级和软件功能的改进都将存在问题,用户后续服务支持将无从保证。此外,某一软件的售后服务体系是否健全,服务水平高低以及服务态度如何影响到软件能否顺利投入使用,今后软件在运行过程中出现问题能否得到及时解决是至关重要的。需要特别注意的是,最好选用的软件在企业所在城市或地区设立售后服务部门,这是软件长期稳定运行的一个重要保障。

6) 分析会计信息化软件的通用性、保密性、操作认同性和专业维护水平

商品化会计信息化软件一般具有通用性、保密性、操作认同性、专业维护等特点。通用性是商品化会计信息化软件的决定性因素之一,会计信息化软件既能适应一个单位在不同时期变化的需要,又能为不同单位提供各自会计核算的需要。保密性是指商品化会计信息化软件不向用户提供源程序代码,只提供经过加密的软件。商品化软件由于在开发时已考虑到满足不同单位不同会计人员的使用,因而他们的操作顺序基本相同,使用过一种商品化软件后,再去学习使用其他的商品化软件将会很快入门,因此商品化软件具有操作认同性。商品化软件的维护一般由开发商负责,这是由于软件公司在销售时已提供终身维护的承诺,另外软件具有保密性,一般用户无法打开源程序,再加上软件公司对软件的升级也负有责

任,因此商品化软件一般实行专业维护。

综上所述,国产商品化会计信息化软件的选购要点如下。

(1) 会计信息化软件是否通过财政部的评审。商品化软件有的是通过财政部评审的,有的是通过省市级评审的,有的只通过项目评审。一般说来,通过财政部评审的商品化软件功能全,性能优;而在各省市通过评审的商品化软件,功能相对要少。因此,需要考虑企业发展的状况选择价格性能比优的软件。

(2) 会计信息化软件是否具有实用价值。商品化软件的通用性只是就普遍性而言的,对某个使用单位来讲,还要看各种编码是否允许使用人员重新定义,各种自定义功能能否符合使用单位的要求等。商品化软件在运行过程中,画面要清晰,操作简单易行,具有容错能力,不管出现何种误操作,都能由计算机恢复至最近状态,不会出现使财务数据大量丢失的严重错误。

(3) 会计信息化软件是否体现先进性。商品化软件由于开发的时期不同,采用的平台不同,适用的汉字环境不同,开发人员的专业水平不同,版本更新的速度不同等原因,往往体现出该软件的先进程度。因此,用户单位选择会计信息化软件时,应结合本单位的实际运行环境,尽可能地选择新版本的原版软件。

(4) 会计信息化软件是否通用。商品化软件是通用软件,用户单位有时需要根据本单位的特点增加一些特殊功能,有可能购买几个厂家的软件结合起来使用,软件与软件之间的数据与信息需要交换,这些就必须考虑商品化软件的接口。此外,随着信息化事业的发展,必然会使会计信息化软件向管理型、决策型发展,这就需要有接口来连接,才能使商品化会计信息化软件发挥更大的作用。

(5) 会计信息化软件商是否有良好的商誉和售后服务。在选购商品化软件时,必须对软件商的商誉和售后服务进行考查。商誉的考查主要看软件商,是否重信誉、守合同;售后服务主要看软件商是否有较强的培训力量与较高的培训水平,是否对用户负责应用指导与排除故障的维护工作,软件出现损坏时能否得到及时修理与更换,能否根据会计制度的变化和用户单位具体问题及时调换软件与更新版本。

2.1.4　配备实施会计信息化的人员

会计信息化信息系统是一个人机系统,要使系统正常运行,必须提高人员的素质,培养造就会计信息化人才队伍,这是实施会计信息化的关键。培养会计信息化人才,应该多层次、多形式、多渠道地进行。既要在大中专学校及职业中专的财会专业开设电算化课程,又要有短期的操作使用培训和较长期的开发维护学习,以便培养出一批初级、中级和高级的既懂计算机又熟悉财务专业知识的复合型人才。

对于自行开发会计信息化软件的单位,下面表 2-1 所示的各个层次人员均要配置,如果本单位计算机技术力量不强,系统分析员、系统设计员及程序设计员也可委托软件公司派人员参与。

对于购买商品化软件的单位,因软件的开发和维护均由软件商承担,单位本身可只配置系统操作员和系统管理员。其中系统管理员的财会业务知识和计算机知识要达到相当的程度,一般由会计信息化机构负责人担任。操作员相当于原来的一般会计人员,但其分工职责与原来有所不同。在不配备专职系统维护员的情况下,系统管理员一般还要担任系统维护的任务。

在会计信息化系统的人才建设中,会计信息化需要不同层次的人员,如表 2-1 所示。

表 2-1　会计信息化各层次人员

职务	职　责	知 识 结 构
系统分析员	明确使用单位的要求,确定运行方案、系统的需求及逻辑模型	财会业务、企业管理、系统分析和设计技术、计算机基础、数据处理理论
系统设计员	设计出数据的存储结构及数据处理流程,提出系统的物理模型和系统设计说明书	数据结构、数据库理论、系统开发、系统软件、计算机语言、财会业务
程序设计员	按照系统设计说明书的要求,使用特定的程序设计语言,具体实现系统设计阶段提出的物理模型	程序设计、数据结构、计算机知识、财会业务、系统开发及软件知识
硬件维护员	主要负责计算机房、网络系统、计算机硬件等设备的维护与管理	计算机原理、汇编语言、操作系统、无线电基础
软件维护员	负责解决应用程序故障的排除,对数据进行备份,并能解决操作系统升级和软件本身升级带来的问题,保证系统的正常运行	财会业务、企业管理、数据库、数据结构、系统开发与程序设计
系统管理员	负责系统开发项目的组织与系统运行过程中的管理工作	财会业务、企业管理、系统开发、计算机知识、数据处理、项目管理
系统操作员	负责系统日常运行中的经常性工作,包括数据的录入、会计账表及其他数据的打印输出、简单故障排除	财会业务基础、计算机操作应用、汉字输入技术

2.1.5　规范实施会计信息化的基础工作

1. 会计基础工作规范化的依据和意义

规范的基本含义是制定统一的规则和严格遵守执行规则。由于会计在经济管理过程中的重要地位,对会计工作始终存在着规范化的要求,并制定了相应的规范体系。由于各企业的管理水平、会计人员的素质差别和手工处理的局限性,各企业在不同程度上存在基础工作不规范的问题。计算机引入会计工作,改变了原有的数据处理方法和处理流程,需要建立与之相适应的规范。

1) 会计基础工作规范化的依据

(1) 会计基础工作规范化符合国家法律、法令的规定。《中华人民共和国会计法》作为会计工作的根本法,是所有企业必须严格遵守的第一层次的会计规范。《会计法》科学地概括了会计工作的职能和基本任务,要求一切发生会计事务的企业都必须依法进行会计核算、会计监督,这有利于保证各企业的会计工作在统一的法律规范下,加强会计基础工作,建立健全企业内部的管理制度,解决当前会计工作中普遍存在的会计监督乏力,会计信息失真的问题。依法进行会计核算和会计监督,是《会计法》对各企业会计工作的基本要求,也是各企业强化管理、提高效益的内在要求。

(2) 会计基础工作规范化符合《企业会计准则》和据此制定的行业制度。《企业会计准则》和据此制定的行业制度是会计工作应遵守的第二层次规范。社会主义市场经济的建立与发展,客观上要求会计信息化系统必须为多层次的信息使用者服务。这些使用者包括国家及政府各部门、企业所有者和债权人、企业的经营管理者和与企业有经济往来的其他部门。企业的会计核算方法和会计信息牵扯到与企业有关的各集团或个人的经济利益,为了使社会各有关利益集团能够取得其决策所需要的会计信息,必须对企业的会计工作进行约束,以便保证企业提供的会计信息符合社会的标准。由于经济活动的复杂性,存在着大量的不确定因素和主观任意因素,使得企业提供的会计信息的真实性和精确性受到限制,因此需要制定一系列的指导会计工作的制度规范,使这种真实性和精确性尽量得到保证。《企业会计准则》和行业制度对会计核算的一般原则和会计基本业务及特殊行业的会计核算做出了具体规定,因此是指导我国会计工作的规范。

2) 会计基础工作规范化的意义

(1) 满足企业管理的需要。企业处于市场经济的大潮中,随时面对着残酷的市场竞争。在这决定兴衰成败的关键时刻,迫切需要一个信息面广、真实准确、敏锐迅捷的信息系统,会计在这个信息系统中占据着核心的地位。会计工作不仅要完成基本的核算工作,而且要为加强经济管理、提高经济效益服务。会计信息化系统的建设为实现这一职能创造了良好的条件。为了满足管理的需要,在规范会计的基础工作时,不能仅仅是把原有的手工会计工作固化在先进的平台上,而应在准则和制度规定的各种核算方法中,选择最科学、最准确、最能为管理服务的核算方法。例如,发出存货的计量采用移动加权平均法比全月一次平均法更为准确,计提折旧时个别折旧法比综合折旧法更科学。通过优化核算方法,提高核算的精度、深度和广度,从而提供高质量的会计信息。

(2) 适合计算机的工作特点。计算机数据处理有其自身的特点,这些特点对会计的基础工作提出了一定的规范化要求。

① 要有规范化的数据处理流程和相关的核算方法,以便在企业应用面向管理的会计信息化软件。

② 通用的商品化软件,一般都有大量的初始设置要求。通过系统初始化,将一个通用软件改造为适合本企业特点的软件。因此,必须根据软件的要求对会计基础工作包括科目体系、凭证类别、各种核算方法等一系列内容进行规范,以便高质量完成初始设置工作。

③ 计算机环境中，最重视输入环节，输入环节中需要人工进行大量的数据录入，为了保证录入正确，还设置了严格的检验措施。为了方便录入，会计信息化软件设有标准的输入格式，并允许用户存储大量的数据词典，如常用摘要、常用凭证等，以提高录入速度。因此必须严格按照规定的格式和要求输入数据，从而对基础工作提出了按所要求格式进行组织的规范要求。

会计基础工作规范化的内容包括会计工作程序的规范化、会计数据处理的规范化、会计输出信息的规范化。

2. 会计科目体系的规范化

会计科目是对会计对象的具体内容进行分类核算的指标体系。会计科目体系设置的好坏直接影响系统提供的会计信息的科学性、系统性，从而决定管理的科学性。因此，建设会计信息化系统时必须对会计科目的设置进行规范化。这种规范首先是对原有手工系统的科目体系进行识别，找出其中不规范、不适用之处；其次是对科目体系进行优化，使其适合会计信息化系统的需要，提高提供会计信息的深度和广度。

会计科目体系的规范化应考虑以下几方面的要求。

(1) 设置会计科目必须满足会计核算的要求。科目的设置首先要满足会计核算的要求，要根据不同企业经济业务的特点，本着全面核算其经济业务的全过程及结果的目的来确定，使全部经济业务在所设的科目中都能得到反映。

(2) 设置的会计科目必须满足管理的要求。科目应能提供管理所需要的信息，从而为考核、分析企业的经营状况，实施控制，做出预测、决策提供依据，这也是实施会计信息化的根本目的。在手工会计条件下，由于受到手工处理能力的限制，科目往往不能设得过细，使用也不够规范。由于多年来重核算轻管理的影响，很多企业的科目设置难以方便地提供有关的管理信息。在会计信息化条件下，"工作量"问题基本不存在，这就为科目体系的设置提供了良好的条件。例如，费用科目按部门设置明细，可以考核各部门的费用开支情况；销售类科目按地区设置明细，可以了解企业的市场情况；应收账款按供销人员设置二级科目，可加强应收款的管理，尽量避免坏账、呆账的发生。这种对会计科目的细化、优化是规范会计科目体系的重要内容。

(3) 设置会计科目必须满足报表的需要。会计核算的基本成果是会计报表。一个好的会计信息化软件，其报表数据应能方便地从计算机内账中自动生成。报表中的各个要素应能从各级会计科目中找到，这些要素可以直接对应于一个或多个完整的科目。如果一个报表要素的内容只对应一个科目的部分内容，将会给报表的编制带来极大的困难。

(4) 设置会计科目要保持相对稳定性。保持科目的稳定性是会计核算的基本要求。在会计信息化系统中，会计数据的处理是计算机自动完成的，处理的依据是会计科目。为了保证数据处理的正确性，在系统投入使用后，只有年末结账后才允许修改科目。日常业务中一般只允许少量地增加同级科目。因此进行科目设置时必须考虑企业经营活动的前景，留出较充分的余地。

(5) 设置会计科目要满足会计制度的要求。我国的会计规范体系具有很强的统一性特点,对一级科目的名称、编码使用范围都有明确的规定,不允许企业随意修改,只能在制度允许的条件下进行适当的增删,这是确定科目体系时必须注意的问题。

3. 会计业务核算方法的规范化

会计业务的具体核算方法在《企业会计准则》和有关的制度中都有原则性的规定,会计业务核算方法的规范化主要指在制度允许的各种核算方法中,确定企业选用的具体会计核算方法和工作程序,并使之相对稳定。

会计业务核算方法的规范化可以按照以下几个步骤进行。

(1) 分析企业原有的业务核算方法。分析原有的会计核算方法首先要看其是否满足现行会计制度和其他财经法规的规定,不符合规定的必须坚决纠正。其次分析原有核算方法是否满足企业管理的需要。在会计制度中,往往对一些业务的核算提供几种可选方案,以保证一些企业在人员、条件有限的情况下有一些简便易行的方法可用,使核算工作能正常进行。因此这种分析主要是找出企业在管理中想要达到,限于条件而未能达到的一些要求,为选择会计信息化条件下的核算方法提供依据。

(2) 对有关的基础工作进行整理。这些整理包括生产工艺过程的整理,材料进出库的计量、检验工作的整理,固定资产归口分级管理及购置、建造、调入、调出、封存、报废等工作的整理。各种会计核算与企业的生产过程密切相关,例如,企业的成本核算与企业的生产工艺过程密切相关,只有弄清楚生产工艺过程的特点,如产品加工工序、每工序定额工时和材料消耗定额、产品的结构情况等,才能确定出科学合理的成本核算方法。因此,必须对企业的一系列工作进行认真的整理,才能根据企业的实际需要和可能选定合理的核算方法,使这些核算方法能够得以执行。

(3) 确定会计信息化条件下的核算方法。确定会计信息化条件下的核算方法应在前两步的基础上进行。应根据管理的需要和企业的实际状况选择尽量精确的核算方法。例如,采用分品种材料成本差异,采用个别折旧法核算固定资产折旧等。

考虑会计信息化核算的特点,制定相应的会计核算方法以及组织这些核算工作的先后次序。如根据软件对成本核算的特殊要求,决定成本核算采用什么方法,并制定出成本核算如何组织、如何开展,财会部门与各车间或具体核算单位之间的关系,以及他们之间的信息传递和信息流向等。另外,各种核算之间的关系和次序,也必须做出明确的规定。只有会计业务流程处于连续而有序的标准化之中,才能为会计应用软件的开发和使用打下良好的基础。

会计信息化后的会计核算水平比手工方式有所提高,主要指成本核算方法的优化,核算的深度和广度的提高,核算的合理性与管理性的提高。基于这一点,在设计电算化方式下成本核算方法时,首先要将本单位各产品的生产工艺过程整理好,然后从企业管理的实际要求出发,选择合理的成本核算方法,而不再顾及人的计算能力。

会计信息化方式下的其他核算方法,包括工资核算,材料核算,固定资产核算,销售核算与银行对账方法等的确定都是如此,不必考虑人自身的因素,只需从管理的需要出发即可。

4. 会计数据处理的规范化

会计数据处理的规范化主要包括会计数据收集的规范化和基础数据、历史数据的规范化。

1) 数据收集规范化

会计对经济活动的反映和监督的第一步是对经济活动发生时的各种原始数据进行收集。为了满足不同管理层次对会计信息的不同需求,数据的收集必须制定明确的制度,对原始数据收集的渠道、需收集的数据内容等做出规定,并设计制作符合需要的各种单据、凭证,以保证收集数据的真实、系统和完整。

对数据收集的规范化工作可以按以下步骤进行。

(1) 分析企业管理对信息的具体要求。企业的类型、规模、经营性质不同,对会计信息的具体要求也不同。为了满足各方面对会计信息的需要,必须对这些需要的具体内容进行了解和分析。通过这种分析,从企业参与竞争,强化经济管理,提高经济效益这一根本需要出发,充分利用现有数据进行财务分析,使最终输出的会计信息满足宏观管理和微观管理各方面的不同要求。

(2) 分析现有会计系统数据收集、存储和流转的情况。对现有会计系统数据收集、存储和流转的情况进行调查分析的主要目的是发现数据存储的冗余原因并加以改进。由于现行管理体制和历史原因,数据在企业内部多以部门内的纵向流动为主,部门间的横向流动较少。同一经济活动数据在不同部门归口、收集、汇总、使用,数据重复多,其他部门又往往难以得到必要的相关数据,造成各部门提供的数据遗漏、脱节、重复、交叉现象严重,产生较大的差异,各部门无法提供完整的信息。因此必须搞清楚数据的冗余、遗漏和脱节的原因,采取措施理顺数据收集的方式、传递的渠道和存储的责任部门,保证数据的完整、系统和及时。

(3) 设计科学合理的凭证单据。原始数据的基本载体是各种凭证。科学、合理的凭证是数据收集质量的基本保证,因此应对企业原有的凭证类别进行规范,对凭证上应有的内容如数量、单价、银行结算方式、结算单据号、币别、汇率、外币值及凭证的时效性等内容进行整理,对原有的不规范的做法进行纠正,必要时重新设计所使用的凭证。由于各单位的会计原始数据不仅来源于企业内部,对大量来自企业外部的凭证,虽然在内容和结构上无法要求,但也有规范化问题。这种规范化主要是加强对原始凭证的审核,凭证上应有的内容要求必须完整。尤其对凭证上不具备,但又是企业管理必需的内容,如往来单位的联系人、地址、电话、邮政编码等内容,应采取必要的措施补充记录。为保证数据的系统、完整,这些需要补充的内容也应制定必要的制度,设置必要的凭证进行规范。

2) 基础数据规范化

基础数据主要有两类。一类是进行管理和会计监督所必需的能源,工时材料等耗用的定额和费用开支的标准和预算;另一类是应用计算机进行会计核算必不可少的各种材料、零配件、产成品、固定资产等的名称和编码。对第一类基础数据,要结合制度的制定编制出科学、合理、完整的标准,并规定相应的审核、批准权限。第二类基础数据是计算机进行数据处理的基本要求,也是系统高效运行的基本保证,必须对原有数据做全面的认真整理。

(1) 整理手工系统的会计科目。明确每一个会计科目的经济意义,对不再使用的会计科目应予以清除,对需要细化的会计科目应明确划分。总之,应从本单位具体情况出发,遵照国家的统一规定,并充分考虑到单位的变化和发展,建立规范的管理和辅助核算科目体系。

(2) 完善各项定额。定额是计算机会计进行预测、计划、核算、分析的依据,是评价经济效益的标准,与计算机会计有关联的各项定额有原料及主要材料、辅助材料、原料及动力、修理用备件等消耗定额、管理费用定额、工程项目预算定额等,这些定额是系统中设置控制的依据之一。

(3) 制定企业内部价格。企业内部价格是计算机会计进行核算的必要条件之一,也是电算会计与责任会计有机结合的基础。在制定企业内部价格时,要结合责任单位的成本水平,确定互供的材料、燃料、动力、半成品、劳务等内部价格的合理性。这样既便于成本核算及费用分配,也利于在电算化环境下推行责任会计,划清经济责任,进一步深化会计管理,提高经济效益。

(4) 完善各项编码。如材料、产成品等的名称和编码必须要统一、科学、合理,并应尽量采用国家有关部门的统一规定。

3) 历史数据规范化

为了保证会计信息化系统正常投入使用,还需要对有关的历史数据进行必要的规范。

(1) 凭证规范化。凭证上的摘要是对经济业务的概要说明,其内容既要简单扼要又要说明问题。对经常发生的经济业务的说明要制定相应的规范摘要,这样一方面在凭证录入时可以利用会计信息化软件中事先预置的摘要短语解决常用摘要的快速录入问题;另一方面,规范摘要可以使得对相同经济业务的描述口径一致,便于特殊账类的对账、核销和管理。凭证内容填制的规范化应根据本单位使用的会计信息化软件要求来设计。例如,如果软件只允许每张凭证一个摘要,每张凭证就只能处理一笔经济业务,填制时就不能把不同的经济业务放在一张凭证上。另外还应特别注意凭证内容的完整,因为凭证是账务处理模块数据的唯一入口,应该提供账务核算的所有原始资料,因此填制记账凭证时内容一定要完整,数量、银行结算方式、结算号、币种、汇率、币值等都要有所反映。

(2) 往来账户的清理。由于企业经营情况变化等原因,可能产生一些呆账、乱账和难账,对于这些问题应组织整理,以免会计信息化系统中往来账户过于庞大的弊病。不同的会计信息化软件中对往来账的管理是不同的。有些会计信息化软件将往来账设成辅助账,系统在登记往来账户明细账、总账的同时,还按单位名称或个人姓名在辅助账数据文件中,按辅助账的特点进行汇总登记和明细登记;有些会计信息化软件只把往来账当作普通明细账管理;也有的会计信息化软件为了加强往来账管理,将其单独列作一个模块。不论采用哪一种方式,都有必要清理手工方式下的往来账户,为建立电算化会计信息化系统打好基础。如果不对往来账进行清理,企业名称和个人姓名使用不规范,将会发生记串账的情况。因此,还应对往来账户的有关资料,如企业名称、个人姓名、地址、电话、邮政编码等资料进行认真的清理,做到名称使用规范,相关资料齐全。

(3) 银行账的清理。银行账的清理就是将单位自己的银行账与银行对账单进行核对,并查清未达账项的原因,这是一项日常性会计核算工作。许多会计信息化软件中都提供了银行对账的功能。在正式使用电算化会计信息化系统之前,有必要对银行账进行清理,以保证计算机会计信息化系统中银行账初始数据的准确性。对于因种种原因留有大量未达账项的单位,一定要组织力量清理,同时制定相应可行的报账制度,限制未达账项的笔数,以配合电算化会计信息化系统的顺利运行。

(4) 准备期初数据。计算机会计信息化系统的期初数据包括:

① 各科目的年初数、累计发生数、期末数。

② 若通用总账系统提供了辅助账处理功能,还需要准备辅助账的期初余额。如待清理的往来款项、数量金额账的数量和单价,外币金额账的外币和汇率等。

③ 总账系统中一般都含有银行对账模块,因此还需要整理出各个银行往来账户的企业未达账、银行未达账及余额等。

初始数据准备完毕之后,应进行正确性校验,以保证电算化会计系统有一个良好的运行基础。

5. 会计信息输出的规范化

会计信息化输出的主要内容是记录在账簿和报表中的各种经济活动信息。其中报表又可分为对外报送的财务会计报表和满足企业内部管理的内部报表。会计信息输出的规范化主要包括账簿体系的规范、财务报表体系的规范和管理报表体系的规范。

由于账簿和报表中的大部分数据都是在输入的原始数据的基础上处理产生的,因此账簿和报表数据的规范主要依靠数据收集和数据处理程序的规范化来保证。

1) 账簿体系的规范化

《企业会计准则》和有关行业制度对账簿体系的格式和内容都有详尽和严格的规定。在电算化条件下,账簿体系的规范化主要指要严格遵照有关制度的规定来进行系统的程序设计,使输出账簿的内容、格式等满足制度的要求。

需要注意的是,由于目前有关会计制度基本是基于手工方式制定的,尤其是有关格式问题的规定,在电算化条件下实现有一定困难。具有代表性的例子是多栏账的处理,由于打印机打印宽度有一定限制,随着管理的细化,有关科目的栏目越来越多。目前使用的多数商品化软件对多栏账都有一些变通处理方法,这些处理方法不完全符合制度的规定,但并不违反会计核算的基本原则,这从一个侧面反映了现行制度不够完善。

2) 财务报表的规范化

财务报表的格式和内容在现行会计制度中也有严格的规定,因此财务报表的规范也应严格遵守会计制度的规定。由于大多数商品化软件的报表管理子系统都要求用户自己定义报表数据的计算公式,因此应该根据软件对生成报表的要求,结合本企业的具体情况,确定报表要素的数据来源、取值范围和运算关系。在确定报表生成方法时,应与确定科目体系和核算方法一起综合考虑,选择合理方案。尤其是一些报表上要求明细反映,而科目上往往不按明细设置的位置,要确定具体的生成途径。

3) 管理报表的规范化

管理报表的格式和内容在会计制度上未做特别规定,它的规范化主要是依据企业各管理层次对会计信息的要求来确定的,一般可按下列步骤进行。

(1) 分析企业原有管理报表体系是否满足需要。主要分析在提供会计信息的深度、广度、时效性和准确性上是否满足企业及时、准确地进行预测和决策的需要;能否满足及时实施控制和加强管理的需要;能否满足提高经济效益的需要,并应了解不能满足的原因,找出解决的办法。

(2) 确定会计信息化条件下管理报表的种类、格式和内容。对需要定时编制、定范围报送的常规管理报表,在以上分析的基础上,确定这些报表的构成要素、时效要求和组织格式,并制定相应的编制报送制度。对有些报表体系无法提供管理的信息,尤其是实施控制和加强管理需要的非常规信息,应结合数据收集和处理程序的规范化,制定出解决的办法。

(3) 报表格式和计算公式的设置。按照确定的报表体系要求,根据软件的工作特点进行报表格式和报表计算公式的设置,以便根据管理的需要,及时、准确地提供有关信息。

2.1.6　实现系统的转换

基础工作准备就绪,就要完成系统的转换。系统转换过程包括信息化系统的初始设置、系统试运行。

1. 信息化系统的初始设置

信息化系统的初始设置是为信息化系统建立一个良好的工作环境和账务环境。初始设置工作通过调用信息化系统的初始化功能进行,设置的主要内容如下。

(1) 建立本单位的账套;

(2) 进行财务分工,设置操作员和操作权限;

(3) 建立会计科目及各科目的期初余额;

(4) 建立辅助核算项目;

(5) 设置凭证类别和结算方式。

通过了检查,用户予以确认后,初始化工作完成,系统可进入日常的账务处理工作。

2. 系统试运行

会计信息化信息系统建立后,计算机与手工会计业务核算处理要并行运行一个阶段。这个阶段的主要任务是:通过计算机与手工的并行运行,检查建立的会计信息化信息系统是否满足要求,使用人员对软件的操作是否存在问题,对运行中发现的问题是否应进行修改。

系统试运行主要验证会计信息化信息系统的正确性、可靠性与安全性。发现问题，应及时分析与解决。

3. 系统转换

系统转换是在试运行成功的基础上进行的。在试运行阶段，如果确认电算化系统运行良好，会计核算工作符合要求，计算机处理结果与手工处理结果完全一致，就可以进入系统转换阶段，甩掉手工记账，真正实现会计工作电算化。

（1）全部甩账的条件。

甩账分为全部甩账和部分甩账，全部甩账是指一个会计单位所设立的全部账簿在账务处理模块中都能够打印输出，包括日记账、分类账和总账等；部分甩账指使用除账务处理模块以外的其他会计核算模块打印输出一部分明细账。按照财政部 1994 年 6 月颁布的《会计信息化管理办法》中第九条的规定，采用电子计算机替代手工记账的单位，应当具备以下基本条件。

① 使用的会计信息化软件达到财政部发布的《会计信息化软件基本规范》的要求。

② 配有专门或主要用于会计核算工作的电子计算机或电子计算机终端并配有熟练的专职或者兼职操作人员。

③ 用电子计算机进行会计核算与手工会计核算同时运行三个月以上，取得相一致的结果。

④ 建立了严格的操作管理制度。有上机操作制度、硬件软件管理制度、会计档案管理制度。

（2）计算机替代手工记账的程序。

① 向主管单位提出申请，提出申请的同时应提供有关材料，如会计信息化信息系统使用单位的会计信息化内部管理制度；替代手工记账会计科目代码和其他有关代码及编制说明；使用单位试运行简况；打印输出的凭证、账簿和报表等；以及甩账审批单位要求的其他资料。

② 审批单位审核使用单位甩账资格，并给予正式批复，如同意甩账单位甩账，则同时将批复抄送有关税务、审计等部门。

③ 使用单位在得到同意甩账的批复后，可开始甩掉手工账的工作。

甩账是会计信息化系统实施成功的标志，只有甩掉手工账，会计信息化信息系统才进入正规运行阶段。

实验实训　会计信息化技能训练三

【实训目的】

检查学生对"会计信息化课程"的先导和基础课程"计算机应用基础"的掌握情况，复习

"计算机应用基础"的知识和技能,提高"会计信息化课程"必备的计算机操作能力。

【实训环境】

会计信息化实验室,一人一机,主频 800MHz 或以上,256MB 或以上内存,20GB 或以上硬盘,标准系列鼠标,Windows 系统支持可显示 256 色的显示器。Windows XP 操作系统,Office 2000 办公软件。

【实训内容】

1. Word 操作

先按照给出的内容录入原文,然后按下面的要求完成 Word 操作。

(1) 加标题:"网上求职",二号字、居中、楷体、加下划线、蓝色。

(2) 正文第二、第三两段首行缩进 2 字符,并将第一段行间距调整为 1.5 倍。

(3) 将正文中所有的"信息"改成"Information"。

(4) 将第一段首字下沉两行,设置首字为红色黑体。

(5) 第三段文本设置为二栏等宽格式,加分隔线。

(6) 计算表格中的合计数,按以下表格设置 20% 的底纹。

(7) 表格第一行标题为 3 号黑体,表格外框为 3 磅单线。

苏果商厦 2000 年销售计划　　　　　　单位:万元

分类 季度	家电	化妆品	服装	食品
一季度	31 000	2500	4500	4700
二季度	87 410	8200	4400	4800
三季度	56 431	7800	6451	7820
四季度	68 100	5400	8721	5000
合　计				

原文如下。

说起求职,我们首先会想到人才招聘会。现在,有一种全新的求职方式,可以让你在家中轻松获得招聘信息,这就是网上求职。这种求职方式新生不久,却传播很快,吸引了众多求职者参与。

网上人才市场受到众多求职者的青睐,自然有其独到之处。其优势突出表现为信息查询快,针对性强,有效度高。通过对网上招聘信息进行分类处理,辅以计算机强大的搜索能力,查询极其方便。只要提出应聘职位的条件,计算机就会替你将有用的信息挑选出来,无关的信息则不显示,提高了信息的有效程度,将大海捞针变得轻而易举。只要能联上网络,就可以参加网上人才市场,无论你身在何处,都会免去奔波之劳。更为重要的是,网上求职突破了时间的限制,你可以随时查询招聘信息。

一位大学毕业生通过网络找到了信息采编的工作。他说当初上网的时候并没有什么把握，只是想试一试，照着报纸上提供的网址去找，还真有合适的。和招聘单位一联系，人家就要了。一切快得让他难以置信，他说这要归功于网上信息丰富，查找迅速。

苏果商厦 2000 年销售计划   单位：万元

分类 季度	家电	化妆品	服装	食品
一季度	31 000	2500	4500	4700
二季度	87 410	8200	4400	4800
三季度	56 431	7800	6451	7820
四季度	68 100	5400	8721	5000
合　计				

2. Excel 操作

Excel 操作样张如图 2-2 所示。先按样张建立东方公司一季度汽车销售统计表，然后按以下要求完成 Excel 操作。

(1) 计算 4 个牌号汽车的季度合计。

(2) 计算 B8～E8 的合计数。

(3) 计算 F 列中 4 个牌号汽车的季度合计占总销售额的百分比(保留两位小数)。

(4) 第一行标题 A～F 列合并居中，标题用 20 磅黑体。

(5) 将 F 列的列宽取自动匹配，第二行副标题右对齐。

(6) 取消框线显示，第三至第七行的数据加粗线表格框，表格内全部数据水平居中。

(7) 生成如样张所示的饼图。

图　2-2

考证训练

1. 单项选择题

(1) 美国宾夕法尼亚大学于(A)年研制成第一台电子计算机,采用了(A),计算速度每秒(A)次。

  A. 1946,电子管和电子线路,5000

  B. 1943,晶体管,几十万

  C. 1948,集成电路,5000

  D. 1945,晶体管,几十万

(2) 计算机时代的到来是以(A)为标志的。

  A. 第一台计算机的发明   B. 微处理器的出现

  C. 半导体的应用   D. 人工智能

(3) 计算机分类中,(D)称为桌上型超级计算机。

  A. 巨型机   B. 台式机   C. 小型机   D. 小巨型机

(4) (D),主存储器采用半导体,每秒运行超亿次使计算机的应用大型化微型化两级发展。

  A. 电子管   B. 晶体管   C. 集成电路   D. 大规模集成电路

(5) 微型计算机又称(A)。

  A. 个人计算机   B. PC   C. 苹果机   D. 裸机

(6) (D)不属于传统的计算机应用领域。

  A. 数值计算   B. 信息处理   C. 过程控制   D. 人工智能

(7) 计算机软件设计发展方向是(C)。

  A. 数据处理   B. 信息处理   C. 知识处理   D. 网络处理

(8) 计算机系统是由(B)组成的。

  A. 程序和数据   B. 硬件和软件   C. 主机和外设   D. 运算和控制

(9) 计算机的神经中枢和指挥中心是指(B)。

  A. 运算器   B. 控制器   C. 存储器   D. 调制配调器

(10) CPU 最主要的性能指标是(A)。

  A. 类型与主频   B. 运算能力   C. 时钟周期   D. 字长

(11) 关于内存不正确的说法是(C)。

  A. RAM 即随机存储器

  B. ROM 即只读存储器

  C. 关机后内存中内容自动消失,开机即可恢复

  D. 空间越大,计算机功能越强

(12) 关于显示器说法不正确的是（ B ）。

     A. 分辨率大小由显示器决定

     B. 笔记本计算机极少采用液晶显示器

     C. 显示存储器越大,显示的色彩就越丰富,显示速度也越快

     D. 由监视器和显示控制适配器组成

(13) 常见系统软件包括（ A ）。

     A. 操作系统、程序设计语言和数据管理系统

     B. 操作系统和文字处理软件

     C. 汇编语言、高级语言和机器语言

     D. DOS、Windows 98/2000/NT

(14) 关于打印机说法不正确的是（ C ）。

     A. 激打精度最高,速度快

     B. 点阵式性能价高,耗材便宜

     C. 喷打效果突出,耗材便宜,但价较高

     D. 针式打印机属于点阵式打印机

(15) 多媒体系统基本构成中既可由软件实现,也可由硬件实现的系统是（ A ）。

     A. 实时压缩和解压系统   B. 应用系统

     C. 创作系统   D. 系统软件

(16) 下列（ D ）不属于多媒体系统输入输出系统。

     A. 电视、电话   B. 录像机、摄像机

     C. 扫描仪、打印机   D. 软件采集视频

(17) 反映网络技术本质的网络划分标准是（ D ）。

     A. 拓扑结构   B. 传到访问方

     C. 交换方式   D. 分布距离

(18) 计算机网络可分为（ A ）。

     A. 局域网、都市网、广域网和互联网

     B. 广播方式和点对面方式

     C. 总线、星型、环型、网状

     D. 教学网、校园网

(19) 影响网络的三要素是（ A ）。

     A. 距离,速度和技术细节   B. 高度

     C. 细节   D. 硬件

(20) 下列说法错误的是（ B ）。

     A. 计算机应尽量避免磁场干扰

     B. 灰尘对计算机不会造成影响

  C. 计算机对电源要电压要稳

  D. 计算机工作环境湿度宜在 40%~60%

(21) 既破坏硬件又能破坏软件的病毒是(D)。

  A. 磁盘杀手病毒   B. 大麻病毒

  C. 2708 病毒   D. CIH 病毒

(22) 计算机病毒与正常病毒的本质区别为(A)。

  A. 传染性   B. 破坏性   C. 潜伏性   D. 衍生性

(23) 不属于计算机防毒措施的是(D)。

  A. 制作系统启动盘   B. 重要磁盘保护

  C. 备份   D. 系统升级

(24) 下列病毒分类不正确的是(C)。

  A. 引导型   B. 文件型   C. 程序型   D. 复合型

(25) 对标题栏不能实现操作的是(D)。

  A. 移动   B. 双击最大化   C. 双击还原   D. 缩放

(26) 窗口切换不可以通过(C)。

  A. 任务栏   B. 按 Alt+Tab 键

  C. 按 Ctrl+Tab 键   D. 直接单击

(27) 窗口恢复按钮和(C)按钮可以互相转化。

  A. 最小化   B. 关闭   C. 最大化   D. 移动

(28) 窗口分为文档窗口和(A)。

  A. 应用程序   B. 菜单   C. 帮助   D. 工作区

(29) 快捷菜单调用可以使用(B)的方法。

  A. 双击   B. 右键   C. 拖动   D. 单击

(30) 文件夹树中单击"+"是指(A)文件夹。

  A. 展开   B. 折叠   C. 删除   D. 新建

(31) 文件夹树中单击"一"是指(B)文件夹。

  A. 展开   B. 折叠   C. 删除   D. 新建

(32) 选定文档后,按右键菜单不能实现(D)。

  A. 发送   B. 删除   C. 更名   D. 格式化

(33) 在用拖动的方法在同一个驱动器中移动文件拖动时(D)。

  A. 按 Ctrl 键   B. 按 Shift 键   C. 按 Alt 键   D. 无须功能键

(34) 关于菜单说法正确的是(C)。

  A. 灰色表示永不可用   B. 带△表没有下级菜单

  C. 菜单项上有 X,表示正在用   D. 带...表示有下级菜单

(35) 段落结束另起一行应(A)。

  A. 按 Enter 键   B. 编辑→换行   C. 按 Esc 键   D. 按光标移动键

(36) 10 行 D 列表示为（　A　）。

　　A. D10　　　　　　B. D：10　　　　　C. 10D　　　　　D. 法规

(37) 电算化信息系统不包括（　D　）。

　　A. 数据　　　　　　B. 软件　　　　　C. 规程　　　　　D. 法规

(38) 在会计核算功能模块中处于核心地位的是（　B　）。

　　A. 进销存　　　　　B. 账务处理　　　C. 工资校对　　　D. 报表

(39) 会计信息化软件在输入方法上还必须提供（　A　）。

　　A. 键盘输入　　　　B. 软盘输入　　　C. 网络传输　　　D. 扫描输入

(40) 保证软件的正常运行是（　D　）的职责。

　　A. 电算主管　　　　B. 电算审查　　　C. 软件操作　　　D. 电算维护

2. 判断题（对的写 Y，错的写 N）

(1) 方块汉字不同于西方文字，是用不同的笔画构成的，且每个汉字都有自己的发音。
（Y）

(2) 利用计算机处理中文信息必须解决汉字的输入、输出与存储等问题。　　　　（Y）

(3) 为简化输入，规定汉语拼音的声母和韵母各用一个字母代替，由此输入汉字称为双拼输入法。　　　　　　　　　　　　　　　　　　　　　　　　　　　　　　　（Y）

(4) 交叉结构指构成汉字的基本字根笔画相互交叉重叠。　　　　　　　　　　（Y）

(5) 五笔字型编码规定，一个基本字根之前或之后的孤立点，一律看作与基本字根相连，并归类为离散型。　　　　　　　　　　　　　　　　　　　　　　　　　　　（N）

(6) 成字字根的输入方法是键名所在键＋首笔画码＋次笔画码＋末笔画码，如果该字根只有两个笔画，则按空格键结束。　　　　　　　　　　　　　　　　　　　　（Y）

(7) 键名都是一些组字频度较高而形体上又有一定代表性的字根，它们中大多数本身就是一个汉字。　　　　　　　　　　　　　　　　　　　　　　　　　　　　　（Y）

(8) 将较为常用的汉字定义成二级简码，输入时只取其全码的前两个字根编码。二级简码有 588 个。　　　　　　　　　　　　　　　　　　　　　　　　　　　　　（Y）

(9) 在"页面"视图模式下可以查看文字、图片和表格等在打印时的版式。　　　（Y）

(10) 在 Web 版式视图中，还可以看到背景、自选图形和其他 Web 文档及屏幕上查看文档时常用的效果。　　　　　　　　　　　　　　　　　　　　　　　　　　（N）

(11) 在 Web 版式视图中 Microsoft Word 能优化 Web 页面，使其外观与在 Web 或 Internet 上发布时的外观一致。　　　　　　　　　　　　　　　　　　　　　（Y）

(12) "页面"视图模式在编辑页眉、页脚、调整页边框、绘制图形以及利用文框时使用。
（Y）

(13) 拆分框位于垂直滚动条顶部，光标指针指向它时将变为一个双向箭头。拖动光标，可以将文档拆分为两个窗口。　　　　　　　　　　　　　　　　　　　　（N）

(14) 普通视图只显示文档的格式和编排，简化了页面的布局，因而输入和编辑文档速

度相对较慢。　　　　　　　　　　　　　　　　　　　　　　　　　　　　　　　　(N)

(15) 输入文本时,不必注意和担心换行。因为在输入字符满一行后,Word 将字符自动地移动到下一行。　　　　　　　　　　　　　　　　　　　　　　　　　　　　　(Y)

(16) 段落结束后,需要另起一行时,应在键盘上按一个 Enter 键。　　　　　　　(Y)

(17) 选择大块文档时,应单击所选内容的开始,滚动到所选内容的结束,然后按住 Shift 键并单击。　　　　　　　　　　　　　　　　　　　　　　　　　　　　　　(Y)

(18) 将鼠标光标移动到任何文档正文的左侧,直到鼠标变成一个指向右边的箭头,然后三击可选择整篇文档。　　　　　　　　　　　　　　　　　　　　　　　　　　　(Y)

(19) Word 可以在文档任意需要的位置插入当前日期和时间。　　　　　　　　　(Y)

(20) 在 Word 2000 中,"字符缩放"只缩放字符的横向大小,字符的垂直方向不缩放,字体也不改变。　　　　　　　　　　　　　　　　　　　　　　　　　　　　　　(Y)

(21) 如果已启动了 Word,当在菜单栏中单击"文件"项时,在下拉的子菜单下部会列出最近使用过的文档清单。　　　　　　　　　　　　　　　　　　　　　　　　　　(Y)

(22) 工作簿窗口由标题栏和工作区两部分组成。　　　　　　　　　　　　　　　(Y)

(23) 启动 Excel 2000 之后,屏幕上出现 5 个区域:工作簿窗口、菜单栏、工具栏、编辑栏以及状态栏。　　　　　　　　　　　　　　　　　　　　　　　　　　　　　(Y)

(24) 工作表区中有下列元素:行号、列标、全选按钮、单元格、网格线、滚动条、工作表标签和标签滚动按钮。　　　　　　　　　　　　　　　　　　　　　　　　　　　(Y)

(25) 在 Excel 工作区中,全选按钮用于选定工作表中的所有单元格。　　　　　　(Y)

(26) 在 Excel 工作区中,单击列标可选定工作表的整行单元格。　　　　　　　　(N)

(27) 单击工作表标签将激活相应工作表,用鼠标右击标签则显示与工作表操作相关的快捷菜单。　　　　　　　　　　　　　　　　　　　　　　　　　　　　　　　(Y)

(28) 用户在编辑栏中输入信息时,活动单元格中的内容不会相应改变。　　　　　(N)

(29) 在 Excel 工作区中,单击行号可选定工作表的整列单元格。　　　　　　　　(N)

(30) 状态栏中间的窗格称为自动计算窗格。　　　　　　　　　　　　　　　　　(Y)

(31) 当编辑栏不活动时,用户单击名称框右边的箭头可以显示出为前工作簿定义的所有名称。　　　　　　　　　　　　　　　　　　　　　　　　　　　　　　　　(Y)

(32) 状态栏最右边的窗格称为键盘状态窗格,显示了几个可以打开或关闭的键盘模式。　　　　　　　　　　　　　　　　　　　　　　　　　　　　　　　　　　(Y)

(33) 子菜单就是普通菜单的下一级菜单,有时也称为层叠式菜单,使用子菜单可以使用户获得更好的层次感。　　　　　　　　　　　　　　　　　　　　　　　　　　(N)

(34) Excel 工具栏系统的一个显著特点就是灵活的定位方式,用户可以根据需要将工具栏放置在屏幕的任何区域。　　　　　　　　　　　　　　　　　　　　　　　　(Y)

(35) 会计信息化软件在电算化会计信息系统中处于核心地位。　　　　　　　　　(Y)

(36) 仅适用于个别单位的定点开发会计信息化软件不列入财政部《会计信息化软件基

本功能规范》的管理范畴。　　　　　　　　　　　　　　　　　　　　　　　　　　（Y）

　　（37）账务处理系统是整个计算机会计系统的核心。　　　　　　　　　　　　（N）

　　（38）按一般理解，会计电算化是一种会计方式的变革，以电子计算机取代了传统手工操作。　　　　　　　　　　　　　　　　　　　　　　　　　　　　　　　　　　（Y）

　　（39）在我国，实现会计电算化的单位，可以用一级科目汇总表代替总账。　　　（Y）

　　（40）电算化后，账表资料虽然已在磁介质上做了保存，但还是应该每天把日记账和明细账打印出来。　　　　　　　　　　　　　　　　　　　　　　　　　　　　　　　（N）

思考练习

　　（1）简述会计信息化实施的规划原则。

　　（2）实施会计信息化总体规划包括哪些内容？

　　（3）简述会计信息化软件的选择因素和购置要点。

　　（4）会计信息化系统的人员分哪些层次？相应的职责是什么？

　　（5）会计基础工作规范化的意义和依据是什么？

　　（6）会计基础工作规范化包括哪些内容？

　　（7）如何实现会计手工系统到会计信息化系统的转换？

任务 4　了解会计信息化的外部管理要求

讲授演练

2.2　会计信息化的外部管理

　　会计信息化的外部管理是指各级财政部门和各级业务主管部门对本地区、本系统、本行业的会计信息化工作的管理，包括会计信息化规划、规范、标准的制定，人员培训、考证的管理及软件、系统的评审等管理活动。

2.2.1　会计信息化外部管理的职责

　　根据会计信息化管理的有关规定，财政部管理全国的会计信息化工作，地方各级财政部门管理本地区的会计电算工作，同时规定国务院业务主管部门按照本办法规定，依据业务分工具体负责本部门的会计信息化管理工作，中国人民解放军总后勤部财务部具体负责军队的会计信息化管理工作。在明确了各部门的会计信息化工作领导和管理范围后，明确了财政部门在管理会计信息化工作中的职责。

1. 研究制订会计信息化发展计划,并组织实施

制订好会计信息化发展宏观规划,不仅有利于企事业单位顺利开展会计信息化活动,而且也是适时建立区域性乃至全国会计信息中心的一个重要工作环节。财政部又提出了我国会计信息化发展总目标的构想,各级财政部门和业务主管部门在摸清本地区、本部门的会计信息化现状的基础上,结合经济发展对会计信息化工作的需要,也制定了本地区本部门的会计信息化发展规划。

2. 制定会计信息化管理规章制度及专业标准、规范

制定会计信息化管理规章制度,是提高信息质量、实现总体规划的基本保证。财政部门在总结经验的基础上重新制定了一套管理制度,这套制度包括《会计信息化管理办法》、《商品化会计信息化软件评审规则》和《会计信息化软件基本功能规范》等。一些地方财政部门已据此制定出相应的地方管理制度。此外,在我国的一些会计法规中也陆续制定了关于会计信息化的管理条例,逐步形成一套从软件开发、软件评审到系统实施的完整管理制度体系。

3. 评审会计信息化软件

会计信息化软件既是会计信息化的基本内容,又是一项特殊产品。软件的运行过程就是对会计信息化系统中的数据处理过程,它的正确与否直接涉及国家财政法规、会计准则、会计制度等会计规范是否得到正确地贯彻执行,直接关系到与之相关的国家、投资者及债权人等各方面的经济利益。而这一处理过程又是集中的、自动的、看不见摸不着的,因此,必须加强对会计信息化软件的管理,即在其投入使用之前,对其基本功能及其合法性、安全性等方面组织有关专家进行评审,引导会计信息化软件质量不断提高;在其投入使用后,还需对会计信息化的实施情况进行检查评审,在确保软件合法、系统安全、数据准确可靠的前提下,允许开展会计信息化单位甩掉手工记账。

4. 组织和管理会计信息化人才培训工作

会计信息化是一项集计算机、会计、管理、信息、系统工程等多学科于一体的交叉学科,需要拥有不同知识的多层次复合型人才,这些人才概括起来可分为两类:系统开发人才和系统应用人才。目前制约我国会计信息化事业发展的主要问题之一就是人才缺乏,尤其是应用人才缺乏。为使现有在职会计人员在这场会计变革过程中能跟上形势,目前会计信息化知识培训应立足于在职会计人员,从基础知识抓起,分层次由低级向高级逐层培训。使会计信息化知识逐步成为在职会计人员必须具备的知识之一,并将逐步纳入会计专业技术资格考试范围。

5. 会同有关部门管理会计信息化软件市场

计算机软件重复开发,不仅造成人力、财力和物力等资源的大量浪费,而且也不利于提高软件质量,降低了软件的实用性。会同有关部门管理会计信息化软件市场,一方面促进会计信息化软件开发向专业化、通用化和商品化方向发展,另一方面引导会计信息化软件咨询和服务向社会化迈进。这样不仅可以降低软件成本,提高软件质量,而且可以引导基层单位

开展会计信息化,切实解决他们的后顾之忧,树立他们开展会计信息化的信心。通用商品化会计信息化软件,是加速会计信息化普及应用进程的根本出路。

6. 总结、交流、推广会计信息化经验

虽然会计信息化事业发展在我国已经历了起步、发展和普及三个阶段,但这项工作在全国不同地区、不同行业发展还很不平衡,而且与我国现代化经济管理要求和发达国家的发展水平相距甚远。及时总结经验、加强相互交流、促进技术合作、推动我国会计信息化事业加速发展仍将是今后一段时期宏观管理的一项重要工作。当然,对会计信息化的开展还很落后的地区,还要做好宣传引导工作,创造条件,鼓励支持一些基础条件相对好的企事业单位积极开展会计信息化工作;对已经有一定电算化基础、一般通用会计信息化软件不能满足其经济管理要求的单位,应鼓励其自行开发或委托开发适应本单位的会计信息化软件;对全面实现会计信息化的单位,应协助其向企业综合管理信息系统方向推进;此外,如何促使实现会计信息化单位尽快甩掉手工账,提高应用单位的甩账率,也将是今后宏观管理的一项重要工作。

2.2.2　会计信息化人员的培训管理

1. 会计信息化人才培训目标

实现会计信息化的先决条件是要有一大批既懂会计又懂计算机的复合型人才。我国1994 年以前,会计信息化管理人员和操作人员的培训都是依靠会计信息化软件经销单位的售后培训来解决的。这种培训一般针对相应软件的操作,不成体系,缺乏理论指导,很难培养出会计信息化所需的多层次专门人才。因此,只有通过科学、正规、全面、系统地专业培训,才能从数量上、质量上造就出大批的合格人才,加快会计信息化进程。会计信息化人才培训必须正规,要有组织、有计划、有步骤地进行。要大力培训会计信息化人才,培训可在操作人员、系统维护人员、程序设计人员和系统设计人员等层次进行。从基本知识抓起,逐步提高。

2. 会计信息化人员培训内容

目前由各省、自治区、直辖市和计划单列市财政部门负责统一组织的会计信息化人员培训考证有初级、中级两个层次。

1) 会计信息化初级培训

会计信息化初级培训面向系统操作人员,通过培训,使广大会计人员能够掌握计算机和会计信息化软件的基本操作,其培训内容主要包括以下几种。

(1) 会计信息化的发展前沿;

(2) 计算机会计信息化系统的基本理论,介绍会计信息化系统功能、特点、系统工作原理及单位实施会计信息化的工作程序;

(3) 操作系统及网络的基本知识;

(4) 商品化会计信息化软件的操作使用;

(5) 掌握我国关于会计信息化制度、法规的基本内容;

(6) 会计信息化系统的实施与管理。

2) 会计信息化中级培训

会计信息化中级培训面向系统维护人员和系统实施人员,其中实施人员按照工作内容的侧重又分为技术实施人员与功能实施人员,不同的培养目标决定了培训内容的不同。

系统维护人员的任务是在系统建设过程中能够为系统正常运行提供技术支持;其培训内容主要包括以下几种。

(1) 网络原理、组网;

(2) 系统诊断与维护;

(3) 大型数据库基本知识:包括安装和配置等;

(4) 网络安全管理与维护;

(5) 会计信息化系统的实施与管理;

(6) 会计信息化系统操作规程、运行管理与技术维护。

系统实施人员既可以作为软件公司的咨询顾问为客户方提供软件实施服务,也可以作为企业项目组的一员,配合实施方开展实施,最终目的都是为了辅助企业信息系统的建设,其培训内容包括以下几种。

(1) 项目管理的基本知识;

(2) 业务流程重组的基本知识;

(3) 企业管理软件的总体结构及工作流程;

(4) 相关工具软件的使用;

(5) 实施的理念、流程和工作内容;

(6) 会计信息化系统建设与管理。

3. 会计信息化培训管理办法

财政部规定,会计信息化初级、中级培训考试由各省、自治区、直辖市和计划单列市财政部门负责统一组织。一般都是采用"定点培训、统一教材、统一考试、统一发证"的管理办法,该办法囊括了从培训点的审批到合格证发放的全过程。

会计信息化培训不同于一般的会计知识培训,它要求培训单位有较好的师资、设备和管理条件。各培训点的初级师资培训、统一教材编写、统一考试都由财政局统一组织管理,考试合格颁发财政部统一印制的"会计信息化合格证"。

2.2.3　会计信息化软件的评审管理

会计信息化软件是一种比较特殊的技术产品,关系到财务会计制度的贯彻执行和会计信息的合法、安全、准确。因此,无论是软件开发单位还是软件使用单位都希望有一个权威机构来证明或认可。

财政部在商品化会计信息化软件评审规则中规定,商品化会计信息化软件必须经过评审后才准予在我国市场上销售,其销售范围不受地区限制。对于自行开发或委托他人开发的定点软件也要经过评审,但评审程序可适当简化,可结合脱离手工账的审批一起进行。会计信息化软件的评审管理是会计信息化管理的重要内容,各级会计事务管理部门应该切实做好会计信息化软件的管理工作,以便引导和推动会计信息化的发展,确保会计信息处理与保存的合法、安全、准确、可靠,促进会计信息化软件设计和使用的规范化。

1. 对会计信息化软件管理部门的基本要求

会计信息化是会计工作改革的一项重要内容和必然趋势,各级领导务必积极而又稳妥地领导这项工作的开展,既要反对消极观望,也要反对不顾实际情况,一哄而起。根据《会计法》第五条"地方各级人民政府的财政部门管理本地区的会计工作"的规定,我国财政部所属的各级会计事务管理部门负责主管本地区的会计信息化工作。对会计信息化软件管理部门的基本要求如下。

(1)各级财政厅(局)的会计事务管理部门应设置专门人员负责会计信息化软件管理工作。财政厅(局)所属的各级有关部门,根据财政监督工作的分工,应指定专人负责具体的管理和监督工作。具体负责人员必须是既懂电子计算机技术,又懂会计业务知识的复合型人才,同时还应是责任心强,善于管理的专门人才。

(2)会计信息化涉及面广,技术难度高,会计信息化软件管理部门要注意协调好各方面关系。应统筹规划,落实方案,组织好人才、资金、设计及软件硬件等必要条件的配合与疏导,帮助基层单位在会计信息化方面疏通财会部门与技术、设备、生产、计划、人事等部门之间的联系,落实分工与配合责任。

(3)为了加快会计信息化的进程,提高会计信息化的质量,会计信息化软件管理部门应经常地研究会计信息化的重大问题,沟通国内外有关渠道;收集与提供会计信息化的有关信息;鼓励与支持财会人员和专家、学者进行科学研究;审查与制定会计信息化软件管理的原则、步骤、标准、规范、鉴定和管理制度。

(4)为了加强统一领导,保证会计信息化建立在真实、完整、及时、可靠地反映企业单位生产经营的基础上,会计信息化软件管理部门有权检查会计信息化软件管理制度的执行情况和了解反馈意见,适时地修改与完善会计信息化软件管理办法,提供会计信息化的咨询服务。

(5)为防止会计信息化软件的低水平重复开发,会计信息化软件管理部门应有计划地组织权威机构和人员对拟作商品销售或行业系统内推广的应用会计信息化软件,进行技术鉴定和审查评价。

(6)为引导企业单位提高会计信息化工作水平,会计信息化软件管理部门还应组织研制或评定示范会计信息化软件;组织人力编写培训教材;培训会计信息化专门人才;推广应用通用型会计信息化软件;考核电子计算机会计人员的业务能力,及完成财政厅(局)等主管部门委托的相关事项。

2. 会计信息化软件的评审

会计信息化软件必须运用软件工程的方法,经过权威机构和人员的严格审查和鉴定,办理正式审批手续后,才能正式投入使用或转让给其他单位使用。评审不仅仅指会计信息化软件的验收鉴定过程,而且还应包括软件投入使用前的试运行、文件整理和验收鉴定三个阶段。

1) 投入使用前的试运行

投入使用前的试运行是指软件设计工作完成以后,开发部门配合使用部门用手工和计算机并行作业的方式对整个程序进行试运行,检查两种作业的差异,对存在的问题随时进行完善和优化。

试运行期间,单项核算不得少于三次,月度核算不少于三个月,其中可兼作季度或年度核算的应包括季末或年末的最后一个月度。若拟作商品销售或系统内推广的会计信息化软件,必须在两个以上单位与手工作业并列运行三个月以上,并保存完整的与手工处理相一致的数据。试运行期间,应同时抓好操作培训,与会计信息化有关的会计制度的制定、操作管理制度和控制制度的建立及基础工作的健全等各项工作。

试运行结束后,应总结编写试运行报告,其主要内容有试运行时间、范围、参加设计人员、计算机与手工操作并列作业的差异,试运行中完善和优化源程序的记录,试运行后的评价等。

2) 会计信息化软件的文件整理

文件整理是指会计信息化软件的开发部门配合使用部门,在申请评审之前,以投入使用前的试运行报告为基础所进行的申请评审资料的准备工作。

文件整理应包括管理性和技术性两个部分文件的整理。管理性文件包括对会计信息化软件使用单位的基本要求中规定的各项制度文本;技术性文件包括计算机硬件技术文件、软件技术文件和试运行报告文件。具体地说,申请评审的会计信息化软件应由开发部门提交下列技术性文件。

(1) 软件需求说明书;

(2) 软件概要设计说明书;

(3) 用户操作手册;

(4) 项目开发总结报告;

(5) 用户意见书;

(6) 试用单位打印输出的凭证、账簿和报表样本。

前 4 项资料需要按国标 GB 8567—88 的《计算机软件产品开发文件编制指南》编写。

软件需求说明书主要应包括设计任务或委托任务书、有关协议书、上级指示文件和系统分析说明等文件内容。

软件概要设计说明书主要包括程序设计框图及功能说明;带注释的源程序主要功能模块的名称及作用;各种指令功能注释、输入输出文件说明;各种计算公式及方法的说明和有关逻辑关系、符号、代码与汉字码的对照表等。

用户操作手册主要含有会计信息化软件运行环境及操作界面说明;软件安装方法说

明；软件维护手段说明；用户操作方法说明等。

　　3）会计信息化软件的验收鉴定

　　验收鉴定是指用实验的手段，对被评审的会计信息化软件予以权威性的评价和确认。这项工作是会计信息化软件评审工作的关键环节，也是会计信息化软件管理的重要内容，无论从技术性还是从政策性来看，都具有极大的严肃性。因此，国家规定这项工作的主持单位必须由财政部门或其会同国务院业务主管部门负责，由主持单位组织有会计和计算机专家组成的评审委员会（或评审小组）对被审软件及使用单位进行测试和审查鉴定，只有通过审查鉴定的会计信息化软件方能正式投入使用。

　　会计信息化软件的评审主持单位按不同对象规定如下。属于商品化软件，由财政部或省、自治区、直辖市、计划单列市财政厅（局）主持；属于国务院各部（委）在直属单位或军队内部推广应用的会计信息化软件，由国务院各部（委）或解放军总后勤部主持；属于在全国、省（区、市、单列市）、地（市）的两个以上行业系统范围内推广应用的会计信息化软件，分别由其同级财政部门主持；属于在全国、省（区、市、单列市）、地（市）一个行业系统范围内推广应用的会计信息化软件，分别由国务院业务主管部门、各省（区、市、单列市）、地（市）业务主管部门会同同级财政部门主持。

　　主持评审鉴定单位在收到评审申请报告后，应对申请评审的会计信息化软件及有关资料进行初步审查，并在一个月内做出是否评审的决定。若决定评审，主持评审鉴定单位应组成评审委员会或在其领导下设立评审工作组，该工作组由 3～7 名在会计信息化方面具有较丰富理论和实践经验的专家组成。

　　评审委员会及其工作组的主要工作任务是检查被评审会计信息化软件是否达到《会计信息化软件基本功能规范》的要求；会计信息化软件使用单位是否达到了应具备的基本要求；审查申请评审单位提交的评审资料；拟定测试大纲，并按大纲要求对被审软件进行检测；根据检测结果和调查论证提出鉴定报告，拟定通过或不通过评审意见书。财政部对从事会计信息化软件评审工作的人员，将逐步实行通过考试、考核认定资格的制度。只有确保评审人员的质量，才能保证评审工作质量有较高的水平。不设立评审工作组的评审委员会，评审鉴定工作全部由评审委员会组成人员完成。对被评审软件的评审方法，除查阅资料之外还必须采用实地调查和发调查表的方法进行模拟数据测试。对评审鉴定意见的通过方式，可在召开委员会全体会议讨论后以无记名投票方式通过，或用其他方式表示通过，但通过票数以必须达到三分之二方为有效。主持评审单位对评审鉴定委员会提交的评审意见书应进行认真的审核。

　　评审意见书的主要内容包括软件的设计是否达到规定的基本要求；软件试用情况及试用单位的主要意见；软件进一步改进的方向；评审鉴定委员会成员的主要保留意见。评审意见书经主持评审单位审核同意后，由主持评审单位颁发合格证书。已通过评审的会计信息化软件经过重要或大量更改后软件开发单位应重新向评审单位提出评审申请。主持评审单位如果发现评审意见书的内容有重大缺陷，应当责成评审委员会重新审议，进行补充修改。发现评审意见弄虚作假或者评审工作不认真,流于形式,有权驳回评审意见,另行组织评审委员会重新评审。

通过评审的商品化会计信息化软件,应由主持评审单位在一个月内填制"商品化会计信息化软件评审备案表",报财政部备案。财政部将采用适当的方式公布商品化会计信息化软件名单和设计单位,以便用户选用。

3. 会计信息化软件通过评审后的管理

会计信息化软件通过了评审只能说明达到了基本要求,评审后还有许多工作要做,如用户培训、日常维护等,这些问题往往也是使用单位最为关心的问题。因此,加强商品化软件评审后的各项管理工作是非常必要的。

1) 对软件开发销售单位的监督

《商品化会计信息化软件评审规则》指出,商品化会计信息化软件经销单位必须遵守下列规定。

(1) 软件的价格应合理,并明码标价;

(2) 应当承担用户培训、软件维护、版本更新和应用咨询等售后服务工作,对其分支机构和代理销售机构的售后服务承担同样的责任;

(3) 向用户单位提供财政部门印制的商品化会计信息化软件用户证;

(4) 据实进行广告宣传,不得采用不正当手段进行市场竞争;

(5) 每年 2 月底之前,将上一年度用户情况报财政部门,以便财政部门对用户使用会计信息化软件的情况进行调查;

(6) 每两年向组织评审的财政部门报告软件版本更新的情况。

2) 取消评审资格

商品化会计信息化软件评审规则中指出,有下列情况的,财政部门可以取消其评审资格,收回颁发的商品化会计信息化软件评审合格证。

(1) 售后服务水平较差,经限期整顿后仍无明显改进的;

(2) 进行不实的广告宣传,采用不正当手段进行市场竞争,且不听从劝告,情节严重的;

(3) 连续两次不按照规定报送用户情况和会计信息化软件版本更新情况及其他情况的;

(4) 有二分之一的用户对其会计信息化软件不满意的;

(5) 对会计信息化软件进行了错误的改进,造成用户不能正常进行会计核算的。

2.2.4　计算机替代手工记账的审核管理

会计信息化在信息载体、组织体制、人员配置和内部控制等方面都与手工系统存在很大差别。企事业单位脱离手工记账后能否保持会计资料的安全可靠,输出信息的格式和内容是否符合会计、审计的习惯和会计制度的要求,各项管理制度是否完善,能否有效防范计算机病毒、计算机故障和人为舞弊等,诸如此类的问题都应严格审查,给予足够重视,以防患于未然。因此,建立计算机替代手工核算的审查制度意义重大。

1. 计算机替代手工记账的审批程序

(1) 使用单位符合计算机替代手工记账条件方可提出申请;

(2) 委托会计师事务所进行替代手工记账的审查,最终取得会计师事务所审查后出具的审查合格报告;

(3) 将会计师事务所出具的审查合格报告抄送同级财税部门和上一级业务主管部门备案;

(4) 通过了审批的单位,出现如下情况,应申请重新审批,但审批程序可适当简化。

① 更换使用了其他会计信息化软件;

② 对所用会计信息化软件进行了重大修改。

2. 计算机替代手工记账的审查项目

1) 会计信息化软件的审查

(1) 审查范围。会计信息化软件的审查范围包括凡依据会计原始数据或记账凭证输入,按会计制度有关规定进行会计数据处理,形成会计凭证、会计账簿、会计报表等其他会计资料的所有会计核算独立模块。

(2) 审查标准。会计师事务所对会计单位使用经过财政部门评审的商品化会计信息化软件,按财政部《会计信息化管理办法》第九条的规定进行审查,并出具完整的审查报告。对会计单位使用定点开发的专用会计信息化软件或未经财政部门评审的通用会计信息化软件,要先按照财政部《会计信息化软件基本功能规范》进行模拟数据测试,并对测试结果出具评审报告,然后再按本规定进行替代手工记账的审查。会计师事务所出具替代手工记账的审查报告,由会计师事务所抄报市财政局一份备案。市财政局对不符合本规定内容的审查报告,有权退回会计师事务所重新办理。

(3) 评审内容。评审报告包括测试大纲、模拟测试数据和测试结果;对会计信息化软件的评审意见;提出改进意见;其他需要说明的问题等。

2) 基础工作的审查

(1) 检查近三个月人机并行情况,抽查一部分数据,并取得相一致的运行结果;

(2) 检查该单位有无合格的操作人员和系统管理员等;

(3) 检查单位的各种管理制度的制定及执行情况,包括机房管理制度、操作管理制度、档案管理制度及其他内部控制制度等。

3) 审查报告的内容

(1) 单位计算机会计信息化系统的运行环境;

(2) 三个月人机并行运转情况;

(3) 打印输出的证、账、表的样张;

(4) 该单位的会计信息化管理制度和结合使用的会计信息化软件建立的岗位责任制和内部控制制度;

(5)审查报告中需要说明的其他问题。

3．甩账后的其他工作

财政部门、税务部门和上级业务主管部门对已实现计算机替代手工记账的甩账单位负有监督和检查的责任。发现会计信息化需要改进的问题,应及时向甩账单位提出书面改进意见。甩账单位采纳改进意见后,若对会计信息化软件做出重大修改,应报同级财税部门和上一级业务主管部门备案。

4．对不按规定申请审批而自行甩账的单位的处理

为保证会计信息化系统运行安全,各级财政部门应和税务、审计、工商等部门密切协作,共同做好监督工作。

如果单位不按规定申请审批,则对该单位由计算机输出的各类会计资料不予承认,因此发生的一切损失,由有关责任人和负责人承担法律责任。

实验实训　会计信息化技能训练四

【实训目的】

检查学生对"会计信息化课程"的先导和基础课程"计算机应用基础"的掌握情况,提高"会计信息化课程"必备的计算机操作能力。

【实训环境】

会计信息化实验室,一人一机,主频 800MHz 或以上,256MB 或以上内存,20GB 或以上硬盘,标准系列鼠标,Windows 系统支持可显示 256 色的显示器。Windows XP 操作系统,Office 2000 办公软件。

【实训内容】

1．Word 操作

先按照给出的原文录入原文,然后按下面的要求完成 Word 操作。

(1)插入标题行,内容为"再绣姑苏繁华图",设置为红色三号黑体居中,字符缩放 150%。

(2)正文第一段设置首字下沉两行,首字为蓝色楷体。

(3)将正文中第二段开始的所有段落设置成首行缩进 2 字符的格式。

(4)正文第二段文字设置为黑体,并为该段落添加 1.5 磅紫色带阴影的边框,且框内有 10%灰度底纹。

(5)将第五段文字设为绿色楷体,并在"君到姑苏见,人家尽枕河"的下方加着重号。

(6)将第六段设置成 1.5 倍行距。

(7)将第七段设置成两栏偏右的排版方式,栏间加分隔线。

(8)将最后一段的内容,即"拿出绣花功夫治水……河面上少有漂浮物。"往上移一段,成为第八段。

原文如下。

苏绣,苏州的传统特色工艺品。将一根细如发丝的丝线劈成48缕,何等功夫!而双面绣更堪称绝活,能在一块布的两面同时绣出两幅不同色彩、不同图案的画来,真是巧夺天工。

据说不少外商选择苏州投资,原因之一是看了苏绣。苏绣折射出苏州人办事的一种精神——认真、执著、精细、灵巧。

这几天在古城区的所见所闻,记者感到,一个绣字最能体现苏州创建文明城市的精神。一针针、一线线,绣出了新的姑苏繁华图——一幅传统与现代和谐结合、物质与精神协调发展的双面绣。

四年前有记者问刚当苏州市长的陈德铭:"你最关心的是什么?"他答道:"我最关心的是空气和水。"最近又有记者问刚当市委书记的陈德铭同样的问题,得到的却是同样的回答。

水,苏州城的灵魂,苏州人的骄傲。君到姑苏见,人家尽枕河。小桥、流水、人家,如诗如画,水城名扬天下。

水又让苏州人头痛、心痛。14平方千米的古城区最多时曾承载35万人口,还有众多工厂、商店等。总长35.8千米的河道被严重污染、淤塞,流水变成了死水、黑水、臭水,水城失去了本来的灵秀之气。

让河水变活、变清,整治水环境工程拉开了帷幕。一条条小河抽干,河底见天大曝光,餐馆倾倒的骨头堆,单位抛下的破沙发……件件令枕河人家汗颜。一位老大妈看了艰苦的清淤场面为之动容地说:"我们再也不忍心往河里扔垃圾了。"

治水工程仍在进行。据苏州市建委负责人介绍,目前注入内河的是大运河的水,水质时好时差。"十五"期间,苏州将实施总投资达11亿元的治水计划,到时可调太湖水入城,水会更清。

拿出绣花功夫治水。一米多深的淤泥被彻底清除,河底铺上了一块块网格水泥板。这种水泥板既便于今后清淤,网格里又能长水生植物,可谓动足了脑筋。古城区四周建起了12座泵站,每天向内河注水,水流起来了,变清了。小桥、人家倒映水中,还有河边垂钓者。旧景重现来之不易,市民倍加珍惜。记者留心看了几条河,河面上少有漂浮物。

2. Excel 操作

Excel 操作样张如图 2-3 所示。先按样张建立学生成绩登记表,然后按以下要求完成 Excel 操作。

(1) 计算每个学生的平均分,保留一位小数。

(2) 分别合并最高分与最低分所在的前两列单元。

(3) 分别计算三门课程的最高分及平均分中的最高分。

(4) 分别计算三门课程的最低分及平均分中的最低分。

(5) 第一行标题 A~F 列合并居中,标题用红色 20 磅楷体。

(6) 取消网格线显示,添加如图所示的细边框,单元格中的内容水平居中排列。

(7) 画出各学生平均成绩的平面直方图。

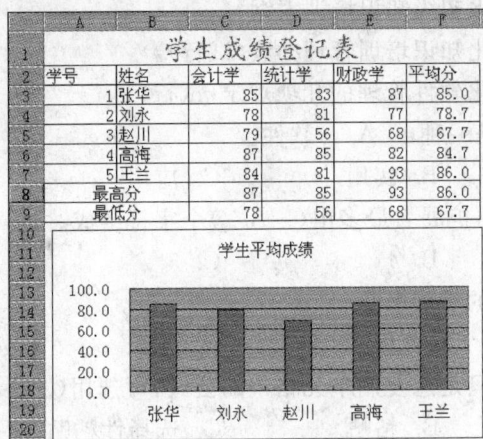

图　2-3

考证训练

1. 单项选择题

(1)(　C　)具体负责电算化系统的日常运行管理和监督进行系统重要数据的维护,操作人员及其权限管理,负责系统安全保密工作。

       A. 系统维护员　　B. 系统操作员　　C. 系统管理员　　D. 系统审核员

(2)(　D　)负责数据软盘、系统软盘及各类账表、凭证的存档保管工作。

       A. 电算主管　　B. 软件操作员　　C. 审核记账员　　D. 档案保管员

(3)"编辑"菜单中的"复制"、"剪切"命令和(　D　)命令配对使用,才能完成文件或文件夹的移动或复制。

       A. 打开　　　　B. 移动　　　　C. 拷贝　　　　D. 粘贴

(4)"账务初始化"是指(　A　)。

       A. 把当前手工账簿上的账目、账面数据输入计算机中

       B. 财务人员工作及权限的分配、建立适合本单位核算的账务结构体系等

       C. 提供决策

       D. 提供数据恢复和备份

(5)1954 年,(　B　)国通用电气公司运用计算机进行工资的计算处理,这是计算机在会计领域的首次应用。

       A. 中国　　　　B. 美国　　　　C. 日本　　　　D. 英国

(6)1994 年,我国颁布了(　A　)。

       A.《会计电算化管理方法》

B.《会计电算化初级知识培训大纲》

C.《会计电算化知识培训管理办法(试行)》

D.《会计信息化软件管理的几项规定(试行)》

(7) DOS 操作系统是一种(A)软件。

    A. 系统   B. 实用   C. 应用   D. 编译

(8) DOS 操作系统的扩展名最多由(A)个字符组成。

    A. 3   B. 4   C. 5   D. 6

(9) Excel 文件默认的扩展名是(B)。

    A. .ecl   B. .xls   C. .doc   D. .xel

(10) Excel 中,我们只是想复制单元格中的公式,可选用(C)。

    A. 剪切   B. 粘贴   C. 选择性粘贴   D. 清楚内容

(11) Windows 软件中每个窗口的右角上都有一个×按钮,单击该按钮可以(D)。

    A. 还原窗口   B. 最大化窗口   C. 最小化   D. 关闭窗口或退出程序

(12) Windows 中打开文件夹后,按(D)键可以返回到上一级文件夹。

    A. Esc   B. Alt   C. Enter   D. Backspace

(13) 安装新的中文输入法的操作是在(C)窗口中进行的。

    A. 我的电脑   B. 资源管理器

    C. 控制面板   D. 文字处理程序

(14) 操作过程中发现问题,应记录故障情况并及时向系统管理员报告属于(B)的职责。

    A. 硬件维护员   B. 软件操作员   C. 数据录入员   D. 数据审核员

(15) 当处于中文输入法状态时,按(C)键可以进行中文全角/半角切换。

    A. Alt+空格   B. Esc+空格   C. Shift+空格   D. Ctrl+空格

(16) 会计电算化输入的方式有多种,下面(C)不是。

    A. 键盘输入方式   B. 软盘输入方式

    C. 笔输入方式   D. 网络输入方式

(17) 电算化会计系统内部控制一般分为总体控制和应用控制,属于总体控制的是(D)。

    A. 组织控制   B. 硬件控制

    C. 系统操作实用控制   D. B 和 C

(18) 电算化会计中,岗位分工最好是(B)。

    A. 按会计事务   B. 按会计数据所处形态

    C. 按原有手工不便   D. 随意设置

(19) 多用户计算机系统缺点是(D)。

    A. 对主机要求低,费用低   B. 对主机要求低,费用高

　　　　C. 对主机要求高,费用低　　　　　D. 对主机要求高,费用高

(20) 防止计算机(A),应该避免使用来历不明的软盘和各种非法复制的软件,以及在计算机上玩游戏。

　　　　A. 病毒　　　　　B. 病菌　　　　　C. 流毒　　　　　D. 病源

(21) 根据财政部规定,电算化会计核算信息系统必须提供(C)和恢复功能。

　　　　A. 数据保存　　　B. 数据转移　　　C. 数据备份　　　D. 数据销毁

(22) 关于会计电算化意义的说法错误的是(D)。

　　　　A. 提高工作效率

　　　　B. 促进会计工作职能转变

　　　　C. 提高会计工作职能

　　　　D. 仅仅是替代手工完全记账、编表工作

(23) 管理型电算化会计系统有如下功能,(A)不属于。

　　　　A. 计划功能　　　B. 控制功能　　　C. 预算功能　　　D. 分析功能

(24) 会计电算化初始化设置包括(C)和系统初始化。

　　　　A. 硬件初始化　　B. 软件初始化　　C. 环境初始化　　D. 会计初始化

(25) 会计电算化工作一般有(B)种模式。

　　　　A. 1　　　　　　B. 2　　　　　　C. 3　　　　　　D. 4

(26) 会计电算化后的工作岗位可分为(A)会计岗位和电算化会计岗位。

　　　　A. 基本　　　　　B. 基础　　　　　C. 一般　　　　　D. 特殊

(27) 会计电算化系统中核心子系统是(A)子系统。

　　　　A. 账务处理　　　B. 存货　　　　　C. 报表处理　　　D. 工资

(28) 会计软件主要包括以下几种,其中(D)不是。

　　　　A. 核算型软件　　　　　　　　　　B. 决策型软件

　　　　C. 管理型软件　　　　　　　　　　D. 实时控制软件

(29) 基本会计岗位可分为(B)、出纳、会计核算各岗位、稽核、会计档案管理等工作。

　　　　A. 法人代表　　　B. 会计主管　　　C. 核算主管　　　D. 业务主管

(30) 计算机病毒是一种(B)。

　　　　A. 幻觉　　　　　B. 程序　　　　　C. 生物体　　　　D. 化学物

(31) 计算机的内存比外存(A)。

　　　　A. 存取速度快　　　　　　　　　　B. 更便宜

　　　　C. 虽然贵但能存储更多的信息　　　D. 存储容量大

(32) 键盘上的换档键是(D)。

　　　　A. Caps Lock　　B. Back Space　C. Esc　　　　　D. Shift

(33) 具有磁盘、打印机、显示比例等按钮的工具栏称为(B)工具栏。

　　　　A. 格式　　　　　B. 常用　　　　　C. 窗体　　　　　D. 审阅

(34) 决策支持系统是（　C　）。

 A. 完成事中控制   B. 完成事后核算

 C. 完成事前辅助决策   D. 完成事前预测、事中控制和事后核算

(35) 决策支持型会计电算化软件有许多功能,但（　C　）不是该类系统所特有的。

 A. 为财务决策提供数据支持   B. 提供模型支持

 C. 为领导服务   D. 提供知识支持

(36) 计算机的字节是常用的单位,它的英文名字是（　A　）。

 A. Byte   B. Bit   C. Baud   D. Bout

(37) 利用键盘在对话框中的不同项目组间移动光标用（　A　）键。

 A. Tab   B. Esc   C. Shift   D. Ctrl

(38) 批处理文件的建立可以用文字处理编辑器中的（　B　）来建立。

 A. Type   B. Copy   C. Date   D. Time

(39) 任务栏中一般不包括（　D　）。

 A. 开始菜单   B. 数字时钟

 C. 汉字输入法按钮   D. 打印机设置

(40) 商品化会计软件对（　A　）环境的要求主要指对操作系统的要求、对中文环境的要求、对数据库的要求。

 A. 计算机软件   B. 计算机硬件   C. 办公   D. 卫生

(41) 数据审核员不能由（　A　）兼任。

 A. 系统操作员   B. 系统管理员   C. 数据录入员   D. 数据审核员

(42) 手工会计数据处理流程是（　A　）。

 A. 收集原始数据、会计数据处理、会计信息报告、会计数据存储

 B. 原始凭证、记账凭证、会计信息报告、会计数据存储

 C. 整理记账凭证、登记账簿、会计数据存储

 D. 收集原始数据、会计数据处理、会计数据存储、会计住处报告

(43) 首次启动 Excel,默认的工作簿基本名称是（　A　）。

 A. Book1   B. 工作簿 1   C. 表格 1   D. Sheet1

(44) 通常所说的一个完整的计算机系统应包括（　C　）。

 A. 主机、键盘和显示器   B. 计算机及其外部设备

 C. 硬件系统和软件系统   D. 系统硬件和系统软件

(45) 退出 Word 的热键是（　A　）。

 A. Alt＋F4   B. Shift＋F8   C. F4   D. F8

(46) 下面（　D　）不是应用软件。

 A. 消毒软件,主要用于杀计算机病毒

B. 辅助设计软件,例如用于机械和电子等计算机辅助设计软件

C. 管理软件,例如用于会计业务的会计软件

D. 数据库软件,如 FoxPro 6.0

(47) 下面(　C　)不属于计算机的应用。

A. 计算机在数据和信息处理方面的应用

B. 计算机在过程控制方面的应用

C. 计算机病毒

D. 计算机在逻辑加工方面的应用

(48) 下面(　C　)是不正确的。

A. 财务软件中的初始化包括系统初始化和账务初始化,这是不一样的两个概念

B. 年中结转工作属于初始化要解决的问题

C. A 和 B 都不正确

D. A 和 B 都正确

(49) 下面(　B　)不属于会计电算化的实施中必需的费用。

A. 软件和硬件费用 　　　　　　　B. 网络通信费

C. 资料费用培训费 　　　　　　　D. 售后服务费、网络软件费

(50) 下面说法中,(　B　)是不正确的。

A. 管理型电算化系统的使用者包括企业管理者乃至企业最高层领导

B. 控制功能是核算型电算化系统的功能

C. 决策支持型会计电算化的会计目标是提供会计上的非结构化决策问题的支持
环境

D. 核算型电算化会计系统的会计目标与手工会计的会计目标没什么差异

(51) 现金日记账和银行存款日记账要每(　A　)登记并打印输出,做到日清月结。

A 日 　　　　　　B. 旬 　　　　　　C. 月 　　　　　　D. 周

(52) 小写字母状态下想要输入大写状态,可配合(　A　)键实现。

A. Shift 　　　　B. Ctrl 　　　　C. Alt 　　　　D. Esc

(53) 选定相应的单元格区域,在状态栏上可以查看到该单元格区域中的(　C　)。

A. 注释 　　　　B. 引用 　　　　C. 数值之和 　　　　D. 行列标志

(54) 一般把软件分成两大类,(　D　)。

A. 字处理软件和数据库管理软件 　　B. 操作系统和数据库管理软件

C. 程序和数据 　　　　　　　　　　D. 系统软件和应用软件

(55) 在电算化会计信息系统中,对凭证审核的方式一般有(　B　)。

A. 静态审核 　　　B. 对照式审核 　　　C. 屏幕审核 　　　D. 二次录入

2. 判断题（对的写 Y，错的写 N）

（1）一般通过使用不间断供电电源（UPS）来防止停电造成损失。　　　　　（Y）

（2）防止软盘霉变只能用专用干燥箱储存的方法。　　　　　　　　　　（N）

（3）非法复制和散发不拥有版权的计算机软件不构成犯罪，但违反了社会治安处罚条例。　　　　　　　　　　　　　　　　　　　　　　　　　　　　　（N）

（4）计算机病毒的产生是由一种人为因素造成的。　　　　　　　　　　（Y）

（5）传染性是计算机病毒最根本的特征，也是计算机病毒与正常程序的本质区别。（Y）

（6）计算机病毒的类型包括引导型和文件型两种。　　　　　　　　　　（N）

（7）最为有效的病毒预防措施是管理预防。　　　　　　　　　　　　　（Y）

（8）对于一些重要的文件（资料），当发现其被病毒感染时应尽快进行备份。　（N）

（9）一旦买了杀毒软件，就不用担心被病毒感染。　　　　　　　　　　（N）

（10）为了防止装有系统盘和重要文件的软磁盘被病毒感染，要对其进行写保护。（Y）

（11）通常可以通过鼠标器指针的形状判别在鼠标器指针所指位置上能做哪些操作。

　　　　　　　　　　　　　　　　　　　　　　　　　　　　　　　（Y）

（12）当鼠标器移动时，鼠标器指针也跟着鼠标器移动的方向在屏幕上移动。　（Y）

（13）按住鼠标器按键不松开，同时移动鼠标器，称作"移动"。　　　　　（N）

（14）只有当屏幕提示可以关机时，用户才能关掉计算机的电源，否则有可能丢失数据。

　　　　　　　　　　　　　　　　　　　　　　　　　　　　　　　（Y）

（15）如果想退出 Windows 2000 系统，只需要单击"开始"按钮，然后单击最下面的"关闭"命令。　　　　　　　　　　　　　　　　　　　　　　　　　　　（Y）

（16）用鼠标双击"我的电脑"图标，即可打开"我的文档"文件夹。　　　　（N）

（17）当多人共享一台计算机时，一个用户可以通过"我的文档"看到另一个用户的文档。　　　　　　　　　　　　　　　　　　　　　　　　　　　　　（N）

（18）Windows 包括 Windows 95、Windows 98、Windows NT、Windows 2000 以及 Windows XP 等多个操作系统产品。　　　　　　　　　　　　　　　　（Y）

（19）为保证关闭 Windows 2000 时不丢失信息，用户在单击"开始"菜单的"关闭系统"（应关闭所有的应用程序）。　　　　　　　　　　　　　　　　　　　（Y）

（20）用鼠标双击桌面上"我的电脑"图标，可以打开"我的电脑"窗口。　　（Y）

（21）使用"我的电脑"窗口可以查看和操作用户计算机所有驱动器的文件，但不能设置计算机的各种参数。　　　　　　　　　　　　　　　　　　　　　（N）

（22）当用户后悔删除已放进回收站的文件时，可以从回收站恢复这些已经删除的文件。　　　　　　　　　　　　　　　　　　　　　　　　　　　　　（Y）

（23）显示栏用于显示一些提示信息，如汉字输入方式、当前时间等。　　　（N）

(24) "开始"菜单中的"文档"命令功能用于显示最近打印过的 15 个文档清单。　　(N)

(25) 任务栏用于显示正在运行的应用程序和打开的窗口的对应按钮。　　(Y)

(26) 在"开始"按钮的右边,有三个小图标,用户不可以将常用的程序放置在该区域来快速启动程序。　　(N)

(27) "开始"菜单中的"查找"命令功能用于查找文件/文件夹、计算机或在 Internet 上查找。　　(Y)

(28) 打开"开始"菜单的方法是:按 Alt+S 或 Ctrl+Esc 键,或按 Tab 键使虚线框显示在开始按钮上,再按 Enter 键。　　(N)

(29) 当选择了菜单中带有省略号(…)的命令,将弹出一个对话框。　　(Y)

(30) 单击"开始"菜单中带有省略号(…)的命令,将出现另一个菜单。　　(N)

(31) 有些菜单命令后面跟一个省略号(…),这表示用户必须提供更多的信息才能执行该命令。　　(Y)

(32) 写字板可以编辑较复杂的文档,但不允许插入图像,声音等其他信息。　　(N)

(33) 使用画图程序可以将一个图片插入到其他文档中,也可以将一个图片设置成桌面背景。　　(Y)

(34) "开始"菜单中的"设置"命令功能用于显示能更改系统设置的组件清单。　　(Y)

(35) "开始"菜单中的"关机"命令功能用于关机,重启动计算机或退出网络重新登录。　　(Y)

(36) 超级终端是一个通信软件,使用超级终端软件通过网络可以连接一台远程计算机。　　(Y)

(37) 通信附件中的 Internet 连接向导提供连接 Internet 的方法。　　(Y)

(38) 使用记事本可以编辑文本文件,但不能编辑格式化文件,而且文件长度不能超过64KB。　　(Y)

(39) 图像处理是用于绘制图画,建立和编辑图像的软件。　　(N)

(40) 通过标题栏下面的菜单栏列出的可用菜单命令,用户可完成各种功能。　　(Y)

思考练习

(1) 会计信息化外部管理的职责是什么?

(2) 会计信息化培训分几个层次,各层次的培训内容和培训目标是什么?

(3) 会计信息化软件评审管理的要求和内容有哪些?

(4) 简述计算机替代手工记账的审批程序。

(5) 对申请计算机替代手工记账的会计单位的基本要求是什么? 其审查报告的内容有哪些?

任务5 熟悉会计信息化的内部管理规范

讲授演练

2.3 会计信息化的内部管理

2.3.1 加强会计信息化内部管理的必要性

财政部制定的关于会计信息化工作规范中指出,开展会计信息化的单位应根据工作需要,建立健全包括会计信息化岗位责任制、会计信息化操作管理制度、计算机软硬件管理制度和数据管理制度、电算化会计档案管理制度的会计信息化内部管理制度。实践证明,良好的会计管理工作是会计信息化工作顺利进行的重要保障,制定和执行会计信息化内部管理制度,是会计信息化工作成功的基础。之所以要建立会计信息化管理制度,主要是由于单位采用会计信息化系统后与手工会计业务处理过程有了很多不同,具体表现在以下几方面。

1. 会计工作流程和内部控制的重点发生了变化

建立会计信息化系统后,会计人员只需输入凭证,登记各类账簿和编制报表等各类工作由计算机完成。因此,控制的重点放在输入这一环节上,会计人员可以从繁重的重复性工作中解脱出来,参与企业的经营管理和决策。在财务与业务一体化软件中,有效地实现了物流、资金流和信息流的同步,原手工流程应根据不同的软件产品做出相应调整,大量的核对控制工作有所简化,但对操作规程、业务规范等要求有所提高。

2. 要求系统使用人员的协作性更好

会计信息化系统通常由多个相互关联的功能模块组成,每个模块处理特定的会计信息,各功能模块间通过信息传递相互联系,完成日常的会计核算和管理工作。如果流程上的一个节点出现问题,就会影响其他工作的顺利进行,这就要求各岗位间要加强协作。

3. 会计人员的分工和职责发生变化

建立会计信息化系统后,会计人员必须改变原来手工方式下形成的工作习惯,以适应新系统的要求。新的环境下,有些岗位是全新的,如电算化的维护人员,同时也要对原有的岗位进行调整,并对新环境下的岗位责任进行规定。

4. 对会计人员的素质要求提高

会计信息化软件中提供了许多灵活的自定义功能,要求会计人员定义各种转账公式、数据来源公式、费用分配公式等,这就要求会计人员既要熟悉本岗位的业务,又要对软件的功能有相当的了解。另外,计算机的使用把会计人员从繁重的手工计算中解脱出来,使他们有更多的时间和精力参与企业的经营管理和决策,相应地要求他们具有会计信息综合分析与利用的能力。

5. 会计档案的形式和内容发生了变化

会计信息化系统中的会计档案包括单元内输出的各种账簿、报表、凭证和存储在计算机硬盘和其他存储介质中的会计数据、程序以及软件开发过程中编制的各种文档资料以及其他会计资料。这些存放在磁性介质中的会计档案,更容易被损坏和修改,必须建立严格的管理制度。

针对以上不同和变化,手工条件下制定的有关会计工作的内部管理制度也必须随之进行完善和相应的调整。如果没有一套健全的管理制度,工作上会出现很多漏洞,必然会对正常的会计工作秩序带来不利的影响。因此,建立会计信息化系统后,建立健全会计信息化内部管理制度是十分必要的,加强会计信息化内部管理迫在眉睫。

2.3.2　会计信息化人员岗位责任制

实行会计信息化的单位,要建立会计信息化岗位责任制,要明确每个岗位的职责范围,切实做到事事有人管,人人有专责,办事有准则,工作有检查。建立会计信息化岗位责任制,有利于会计工作规范化、程序化,有利于落实责任,提高工作效率、工作质量和业务水平。

按照会计信息化的工作特点,会计信息化系统建设的过程中,各单位可以按照新的工作流程和内部牵制制度的要求,重新划分工作岗位。电算化后的工作岗位可分为基本会计岗位和电算化会计岗位。基本会计岗位可分为会计主管、出纳、会计档案管理等;电算会计岗位是指直接操作、管理、维护、信息系统的工作岗位,具体可分为电算主管、软件操作、审核记账、电算维护、电算审查、数据分析、软件开发等。其中软件操作又分为总账会计、应收会计、应付会计、存货核算会计、成本会计等;电算化维护人员也可再分为硬件维护人员(包括网络管理人员)、软件维护人员(包括系统管理员)。对中小型企业来说,一般不设置开发人员,如果需要设置,开发人员中又分为系统分析员、系统设计员和程序员。

一般来说,对会计信息化信息系统人员的管理采用的基本方法是按照"责、权、利相结合"的原则,在保证会计信息真实、准确、可靠的前提下,建立健全岗位责任制。

1. 系统开发人员

(1) 系统分析员的主要职责有以下几点。

① 了解现行系统的情况和用户的需求,在会计人员与系统开发人员之间发挥衔接作用;

② 通过了解情况、经济状况、技术条件,对业务处理过程、数据流程等情况的分析,确定各种可行方案,并选择最优方案;

③ 确定新系统的目标与逻辑模型,建立与系统设计人员之间的桥梁。

(2) 系统设计人员的主要职责有以下几点。

① 确定系统的物理结构;

② 进行系统的概要设计、详细设计和数据库设计等。

(3) 系统编程与调试人员的主要职责有以下几点。

① 按系统设计人员设计的系统规格,编制程序;

② 测试编制的各个子程序，及时发现错误、改正错误；

③ 将编制好的子程序联结起来，进行综合测试，尽量将错误消灭在使用之前。

2. 系统使用人员

（1）系统管理员。系统管理员一般由具备条件的财务部门负责人担任，也可指定专人担任，对系统的运行总负责。系统管理员主要有以下职责。

① 负责电算化系统的日常管理工作，监督并保证系统的有效、安全、正常运行，在系统发生故障时，应及时到场，监督与组织有关人员恢复系统的正常运行；

② 协调系统各类人员之间的工作关系；

③ 负责组织和监督系统运行环境的建立，以及系统建立时的各项初始化工作；

④ 负责系统各有关资源（包括设备、软件、数据及文档资料）的调用、修改和更新的审批；

⑤ 负责系统操作运行的安全性、正确性和及时性的检查；

⑥ 负责计算机输出的账表、凭证数据正确性和及时性的检查和审批；

⑦ 负责做好系统运行情况的总结，提出更新软件或修改软件的需求报告；

⑧ 负责规定系统各使用人员的权限等级；

⑨ 负责系统内各类人员的工作质量考评，以及提出任免意见。

系统管理员的权限很大，一般可调用所有的功能和程序，但不能调用系统源程序及详细的技术资料。系统管理员不能由软件的开发人员（包括分析员、设计员、编程员）担任。

（2）系统操作员。一般由经过计算机和会计专业培训的会计人员或计算机专业人员担任，对所调用功能的安全运行，负有一定的责任。系统操作员的主要职责包括以下几点。

① 负责系统数据的登录、数据备份和输出账表的打印工作；

② 严格按照系统操作说明进行操作；

③ 负责系统维护操作，包括环境库的修改和更新操作；

④ 负责各类备份数据和存档数据；

⑤ 系统操作过程中发生故障，应及时报告系统管理员，并做好故障记录及上机记录等事项；

⑥ 当天的日记账数据，做到当天登录，登录后即打印出当天的账表，做到当日账当日清；

⑦ 月底打印系统所有的明细账、总分类账和会计报表，以及自动转账凭证。

操作员是系统运行中的关键人员，其不能由系统开发人员担任，不能调用非自己权限内的功能。

（3）系统维护员。系统维护员可由软件开发人员或相应的合格人员担任。系统维护员的主要职责包括以下几点。

① 定期检查软件、硬件设备的运行情况；

② 负责排除系统运行中软件、硬件的故障；

③ 负责系统的安装和调试工作;

④ 按规定的程序实施软件的完善性、适应性和正确性的维护。

系统维护员了解所用的软件,所以不能从事系统的任何操作使用工作。

3. 档案管理员

档案管理员是负责保管各类数据的人员,一般应具备计算机常识,例如软磁盘的使用与保护等。档案管理员应由能做好安全保密的人员担任,主要职责包括以下几点。

① 负责系统的各种开发文档、各类数据软盘、系统软盘及各类账表、凭证、资料的备份的存档保密工作;

② 做好各类数据、资料、账表、凭证的安全保密工作,不得擅自出借;

③ 按规定期限,向各类有关人员催交备份数据及存档数据;

④ 按有关规定和程序,定期销毁已无保存价值的过期存档数据。

4. 财务管理人员

财务管理组是实施会计信息化后会计部门中的核心单位之一,主要负责会计信息的分析、整理、参与决策、参与管理等工作。该机构由总会计师负责。各类人员可由原手工会计时熟悉会计业务、有经验、水平较高的人员组成。各类人员的职责分别如下。

① 计划员。主要负责各类计划、预算的编制工作,同时还与本部门和本单位的人员一起负责计划的组织与实施;

② 分析员。主要负责会计信息的分析工作,并负责向领导提出参考性意见;

③ 费用分析员。主要负责计划的预算实施,信息反馈和控制等工作;

④ 基础工作员。主要负责各类财产的检查、定额、标准等的制定与实施工作;

⑤ 项目评估员。主要负责参与本单位新产品的开发、新技术的改进、大型设备的更新改造等重大项目的可行性研究等工作。

该机构是一个全新的部分,各单位实施会计信息化后,可根据本单位的特点组织与设立该部门的工作岗位。

2.3.3　会计信息化系统的运行管理

会计信息化系统运行管理的任务是保证系统正常运行完成预定任务,保证系统内各类资源信息的安全与完整。虽然电算化会计信息化系统的运行管理主要是日常管理工作,但是,它是系统正常、安全、有效运行的关键。如果单位的操作管理制度不健全,工作实施不得力,就会给各种非法舞弊行为以可乘之机。如果操作不正确就会造成系统内的数据破坏或丢失,影响系统的正常运行。如果各种数据不能及时备份,就有可能在系统发生故障时,使得会计工作不能恢复正常运行。如果各种差错不能及时记录下来,就有可能使系统错误运行,输出不正确、不真实的会计信息。

会计信息化系统的运行管理主要包括网络中心的管理、上机操作的管理、软硬件维护的管理等。

1. 网络中心的管理

网络中心是企业 Intranet 的管理中心，是企业内部网的枢纽。设立网络中心的目的如下。一是给网络设备创造一个良好的运行环境，保证网络系统的安全运行；二是防止各种非法人员进入，保护网络设备、机内的程序与数据的安全。对网络中心的管理主要是通过制定与贯彻执行相应的管理制度来实施的。网络中心管理的主要内容包括以下几点。

(1) 有权进入网络中心人员的资格审查。一般说来，为便于管理，网络中心在企业中地理位置独立，只有网络管理人员、系统维护人员和电算主管有权进入网络中心。

(2) 网络中心内的各种环境应达到相应要求，如机房的卫生要求、防水要求、温度要求和湿度要求。

(3) 与数据安全有关的环境要求，如为保证会计数据安全，应配备稳压电源和不间断电源，还应设置屏蔽等。

(4) 网络中心明令禁止的活动或行为，例如严禁吸烟、喝水等。

(5) 设备和材料进出网络中心的管理要求。

(6) 保持机房和设备的整洁。

2. 会计信息化系统的操作管理

操作管理是指对网络设备、计算机及软件系统操作运行的管理，主要通过建立和完善各项操作管理制度来实现。操作管理的任务是按照会计信息化系统的运行要求，按规定开启应用服务，录入数据，执行各子模块的运行操作，输出各类信息，做好系统内有关数据的备份及系统发生故障时的恢复工作，确保计算机系统的安全、有效、正常运行。操作管理制度主要包括以下内容：上机运行系统的规定，操作使用人员的职责，操作权限及操作程序。

(1) 上机运行系统的规定。

上机运行系统的规定主要是指明哪些人员能上机运行系统，哪些人员不能上机运行系统。一般说来包括以下内容。

系统管理员、系统操作员、系统维护员、数据录入员、数据审核员及其他经系统管理员批准的有关人员，有权上机运行系统，非指定人员不能上机运行系统。

(2) 操作人员的职责。

各类操作人员的职责如前所述。

(3) 操作权限。

操作权限是指系统的各类操作人员所能运行系统的权限，主要包括以下内容。

① 明确规定上机操作人员对会计信息化软件的操作范围及权限，对操作密码要严格管理，杜绝未经授权人员进入系统的可能。

② 数据录入员应预防已输入计算机的原始凭证和记账凭证等会计数据未经审核而登记机内账簿。应严格按照凭证输入数据，不得擅自修改凭证数据（由专职会计兼任的例外）并保证录入数据与凭证数据的一致性。如果发现差错，应在输入计算机前及时反映给凭证编制人员或系统管理员。

③ 除了系统维护员之外,其他人员不得直接打开库文件进行操作。

④ 系统管理员应查看上机操作记录,对不正确的使用适时提醒操作人员,并予以更正。每天上机完毕,应及时做好重要数据的备份工作,以防发生意外事故。

⑤ 存档的数据软盘、账表、凭证各文档资料等,由档案管理员按规定统一复制、核对、保管。

(4) 操作规程。

操作规程指操作运行系统时应注意的事项,这是保证系统正确、安全运行,防止各种差错的有力措施,主要包括以下内容。

① 操作人员的操作密码应注意保密不能随意泄露;

② 操作人员必须严格按操作权限操作,不得越权擅自上机操作;

③ 按规定的程序、规范使用计算机及应用系统;

④ 操作人员离开计算机时,应执行相应的命令退出会计信息化软件,一是让出占用的系统资源,二是不给无关人员操作系统留下可乘之机;

⑤ 网络管理员应考虑必要的防范计算机病毒和保证网络安全的措施;

⑥ 所有人员不能使用来历不明的软盘和进行各种非法复制工作,以防止计算机病毒的传入。

3. 硬件维护的管理

硬件维护的目的是尽量减少硬件的故障率,当故障发生时,能在尽可能短的时间内恢复工作。为此,使用单位在配置硬件时,要选购高质量的硬件设备,配备过硬的维护人员,同时还要建立完善的管理制度。

(1) 系统硬件维护的任务。

① 实施对系统硬件设备的日常检查和维护,做好检查记录,以保证系统的正常运行。

② 在系统发生故障时,及时进行故障分析,排除故障,恢复系统运行。硬件维护工作中,小故障一般由本单位的电算维护人员负责,较大的故障应及时与硬件供应商联系解决。

③ 在设备更新、扩充、修复后,由系统管理员与维护员共同研究决定,并由系统维护人员负责安装和调试,直到系统运行正常。

④ 在系统环境发生变化时,随时做好适应性的维护工作。

(2) 系统硬件维护的承担人员。

在硬件维护工作中,较大的维护工作一般是由销售厂家进行的,使用单位一般只进行一些小的维护工作,硬件维护员可由网络管理员担任。

4. 软件维护管理

(1) 软件维护的内容。

会计信息化软件维护是会计信息化软件系统维护的重要工作,包括操作维护和程序维护两个方面。操作性维护实质上是一种适应性维护,主要是利用软件的各种自定义功能来修改软件,以适应会计工作的变化;程序维护主要是指需要修改程序的各项维护工作。

操作维护属于日常维护工作,在日常使用过程中发现的问题,如果不及时解决,将影响到企业正常的会计工作,由于操作不当引起的故障,系统维护人员应尽量设法解决,如果是软件功能的漏洞,应及时求助于软件供应商或企业中的开发人员。

(2) 软件的修改手续。

对正在使用的软件进行修改、对通用软件进行升级等应有审批手续。修改手续主要包括以下内容。

① 由系统管理员提出软件修改请求报告;

② 由有关领导审批请求报告;

③ 源程序清单存档;

④ 手续完备后,实施软件的修改;

⑤ 软件修改后形成新的文档资料;

⑥ 发出软件修改后使用变更通知;

⑦ 进行软件修改后的试运行;

⑧ 根据运行情况做总结调整并修改文档资料;

⑨ 发出软件修改后正式运行通知;

⑩ 软件作新的备份,并同定稿的文档资料存档,这里的文档主要应包括以下内容。维护的审批人,提请人,维护人的姓名,维护时间,修改原因,修改的内容,修改后的现状。

(3) 软件维护的承担人员。

对于使用商品化软件的单位,程序维护工作是由销售厂家负责,单位负责操作维护,单位可不配备专职维护员,而由指定的系统操作员兼任。对于自行开发软件的单位一般应配备专职的系统维护员,系统维护员负责系统的硬件设备和软件的维护工作,及时排除故障,确保系统的正常运行,负责日常的各类代码、标准摘要、数据及源程序的改正性维护、适应性维护,有时还负责完善性维护。

2.3.4　会计信息化系统的档案管理

1. 会计信息化系统档案管理的意义

会计信息化系统的档案主要包括打印输出的各种账簿、报表、凭证;储存会计数据和程序的软盘及其他存储介质;系统开发过程中产生的各种文档以及其他会计资料。会计信息化系统的档案管理在整个会计信息化工作中起着重要的作用。

(1) 良好的档案管理是电算化后会计工作连续进行的保障。

会计信息化系统的档案是会计档案的重要组成部分。会计档案是各项经济活动的历史记录,也是检查各种责任事故的依据。只有会计档案保存良好,才能了解单位经营管理过程的各种弊端、差错、不足;只有会计信息保存良好,才能保证信息前后期的相互利用;只有各种开发及用户文档保存良好,才能保证系统操作的正确性、可继续培训性和系统的可维护性。

(2) 良好的档案管理是会计信息化系统维护的保证。

在电算化后的会计档案中,各种开发文档是其中的重要内容。对会计信息化系统来说,其维护工作有以下特点。

① 理解别人精心设计的程序通常非常困难,而且软件文档越不全、越不符合要求,理解就越困难。

② 当要求对系统进行维护时,不能依赖系统开发人员。由于维护阶段持续的时间很长,因此,当需要解释系统时,往往原来写程序的人已经不在该单位了。

③ 会计信息化系统是一个非常庞大的系统,即使是其中的一个子系统也是非常复杂的,而且还兼容了会计与计算机两方面的专业知识,了解与维护系统非常困难。

由上面会计信息化系统维护的特点决定了没有保存完整的系统开发文档,系统的维护将非常困难,甚至不可能。如果出现这样的情况,将很可能带来系统的长期停止运转,严重影响会计工作的连续性。

(3) 良好的档案管理是保证系统内数据信息安全的关键环节。

当系统程序、数据出现故障时,往往需要利用备份的程序与数据进行恢复;当系统需要处理以前年度或计算机内没有的数据时,也需要将备份的数据复制到机内;系统的维护也需要各种开发文档。因此,良好的档案管理是保证系统内数据信息安全完整的关键环节。

(4) 良好的档案管理是会计信息得以充分利用,更好地为管理服务的保证。

让会计人员从繁杂的事务性工作中解脱出来,充分利用计算机的优势,及时为管理人员提供各种管理决策信息,是会计信息化的最高目标。俗话说,"巧妇难为无米之炊"。对计算机来说也一样,计算机内若没有大量的数据,就不可能进行财务分析。因此,要实现会计信息化的根本目标,必须要有保存完好的会计数据档案。只有良好的档案管理,才可能在出现各种系统故障的情况下,及时恢复被毁坏的数据;只有保存完整的会计数据,才能利用各个时期的数据,进行对比分析、趋势分析、决策分析等。所以说,良好的档案管理是会计信息得以充分利用,更好地为管理服务的保证。

2. 会计信息化系统档案管理的任务

会计信息化系统档案管理的任务主要包括以下几点。

(1) 监督、保证按要求生成各种档案。

按要求生成各种档案是档案管理的基本任务。一般说来,各种开发文档应由开发人员编制,会计部门监督开发人员提供完整、符合要求的文档;各种会计报表与凭证应按国家的要求打印输出;各种会计数据应定期备份,重要的数据应强制备份,计算机源程序应有多个备份。

(2) 保证各种档案的安全与保密。

会计信息是加强经济管理,处理各方面经济关系的重要依据,绝不允许随意泄露、破坏和遗失。各种会计信息资料的丢失与破坏,自然会影响到会计信息的安全与保密,各种开发文档及程序的丢失与破坏,都会危及运行的系统,从而危及系统中会计信息的安全与完整。所以,各种档案的安全与保密是与会计信息的安全密切相关的,我们应加强档案管理,保证各种档案的安全与保密。

（3）保证各种档案得到合理、有效的利用。

档案中的会计信息资料是了解企业经济情况、进行分析决策的依据；各种开发文档是系统维护的保障；各种会计信息资料及系统程序是系统出现故障时恢复系统，保证系统连续运行的保证。

3. 会计信息化系统档案的生成与管理办法

电算化代替手工记账后，会计档案除指手工编制的凭证、账簿和会计报表外，还包括计算机打印输出的会计凭证、会计账簿、会计报表，存有会计信息的磁性介质及其他介质，会计信息化系统开发的全套文档资料。对手工形成的会计凭证、会计账簿和会计报表等会计档案，在此不再论述，这里主要论述后者对象。

1）关于记账凭证的生成与管理

计算机代替手工记账单位的记账凭证有两种方式。

（1）由原始凭证直接录入计算机，由计算机打印输出。在这种情况下，记账凭证上应有录入员的签名或盖章（录入员的姓名也可由计算机按进入系统前登记的录入员姓名生成），稽核人员的签名或盖章（在计算机上进行稽核的，也可由计算机按进入系统前登记的稽核人员姓名生成），会计主管人员的签名或盖章。收付款记账凭证还应由出纳人员签名和盖章（由出纳人员直接上机操作生成的收付款记账凭证，也可由计算机按进入系统前登记的姓名生成）。打印生成的记账凭证应视同手工填制的记账凭证，按《会计人员工作规则》、《会计档案管理办法》的有关规定立卷归档保管。

（2）手工事先做好记账凭证，计算机录入记账凭证然后进行处理。在这种情况下，保存手工记账凭证与机制凭证皆可，如保存手工记账凭证，其处理与保管办法可按《会计人员工作规则》、《会计档案管理办法》的有关规定进行处理与保管；如保存机制记账凭证，其处理与保管办法与由计算生成记账凭证的处理与保管办法相同。需要强调的是，在计算机记账后发现记账凭证录入错误的，保存手工记账凭证的同时也要保存为进行冲账处理而编制的手工记账凭证；保存机制记账凭证的，需同时保存进行冲账处理的机制记账凭证。

2）关于会计账簿、报表的生成与管理

已由计算机全部或部分代替手工记账的，其会计账簿、报表以计算机打印的书面形式保存，对此财政部有明文规定。这主要是考虑到当前磁性或其他存储介质的可靠性较差和保存条件要求较高等情况，其保存期限按《会计档案管理办法》的规定办理。但财政部的规定同时考虑到计算机打印的特殊情况，在会计资料生成方面作了一些灵活规定，除日记账要求每天打印外，一般账簿可以根据实际情况和工作需要按月或按季、按年打印，发生业务少的账簿，可满页打印，现金账、银行账可采用计算机打印输出的活页账页装订。

3）关于磁性介质及其他介质的管理

存有会计信息的磁性介质及其他介质，在未打印成书面形式输出之前，就应妥善保管并留有副本。一般说来，为了便于利用计算机进行查询及在电算化系统出现故障时进行恢复，这些介质都应视同会计资料或档案进行保存,直至其中会计信息完整为止。

4)关于会计信息化系统开发的文档资料的管理

会计信息化系统开发的全套文档资料,视同会计档案保管,保管期截至该系统停止使用或大更改之后的三年。

4.会计信息化系统档案管理制度

档案管理一般是通过制定与实施档案管理制度来实现的。档案管理制度一般包括以下内容。

(1)存档的手续。主要是指审批手续,例如打印输出的账表,必须有会计主管、系统管理员的签章才能存档保管。

(2)各种安全保证措施。例如备份软盘应贴上标签,存放在安全、洁净、防潮的场所。

(3)档案管理员的职责与权限。

(4)档案的分类管理办法。

(5)档案使用的各种审批手续。例如调用源程序应由有关人员审批,并应记下调用人员的姓名、调用内容、归还日期等。

(6)各类文档的保存期限及销毁手续。例如打印输出的账簿应按《会计档案管理办法》规定的保管期限进行保管。

(7)档案的保密规定。例如任何伪造、非法涂改、变更、故意毁坏数据文件、记录、软盘等的行为都应有相应的处理办法。

实验实训　会计信息化技能训练五

【实训目的】

复习巩固学生"会计信息化课程"的先导和基础课程"计算机应用基础"的知识和技能,训练提高"会计信息化课程"必备的计算机操作能力。

【实训环境】

会计信息化实验室,一人一机,主频 800MHz 或以上,256MB 或以上内存,20GB 或以上硬盘,标准系列鼠标,Windows 系统支持可显示 256 色的显示器。Windows XP 操作系统,Office 2000 办公软件。

【实训内容】

1. Word 操作

先按照给出的内容录入原文,然后按下面的要求完成 Word 操作。

(1)给文章加标题:"鸟类的飞行",要求:

① 红色、三号、楷体、斜体、居中、加波浪型下划线。

② 标题行加 20% 的底纹。

③ 标题字符缩放 120%。

④ 标题行的段前、段后间距为 1 行。

(2) 正文第一段设置 1.5 倍行距。

(3) 第一段中部采用文绕图的图文混排方式,插入一幅图片,图片在 C:\word 目录中,文件名为 Bird. wmf。

(4) 将第二段与第三段合并,成为第二段。

(5) 将第二段采用首行缩进 2 字符的特殊格式。

(6) 将第二段中的所有的"鸟"替换成"BIRD"。

(7) 将第二段分成等宽两栏,栏间使用分隔线。

(8) 将第三段的首字"燕"下沉 2 行,设置字体为黑体,字形为斜体。

原文如下。

任何两种鸟的飞行方式都不可能完全相同,变化的形式千差万别,但大多可分为两类。横渡太平洋的船舶一连好几天总会有几只较小的信天翁伴随其左右,它们可以跟着船飞行一个小时而不动一下翅膀,或者只是偶尔抖动一下。沿船舷上升的气流以及与顺着船只航行方向流动的气流产生的足够浮力和前进力,托住信天翁的巨大翅膀使之飞翔。

信天翁是鸟类中滑翔之王,善于驾驭空气达到目的,但若遇到逆风则无能为力了。在与其相对的鸟类中,野鸭是佼佼者。野鸭与人类自夸用来征服天空的发动机有点相似。

野鸭及与之相似的鸽子,其躯体的大部分均长着坚如钢铁的肌肉,它们依靠肌肉的巨大力量挥动短小的翅,迎着大风长距离飞行,直到精疲力竭。它们中较低级的同类,例如鹨鸹,也有相仿的顶风飞翔的冲力,但不能持久。如果海风迫使鹨鸹作长途飞行的话,你可以从地上拣到因耗尽精力而堕落地面的鹨鸹。

燕子在很大程度上则兼具这两类鸟的全部优点。它既不易感到疲倦也不自夸其飞翔力,但是能大显身手,往返于北方老巢飞行 6000 英里,一路上喂养刚会飞的雏燕,轻捷穿行于空中。即使遇上顶风气流,似乎也能助上一臂之力,飞越而过,御风而驰。

2. Excel 操作

Excel 操作样张如图 2-4 所示。先按样张建立光明铅笔厂生产情况表,然后按以下要求完成 Excel 操作。

(1) 在第一行处插入两空行,其中第一行为正标题,内容为光明铅笔厂生产情况表,要求 A1:G1 列合并居中,标题用红色黑体 20 号。

(2) 在插入的第二行的 G2 单元,输入副标题单位:万元,靠右对齐。

(3) 计算各产品的实际产值,保留两位小数。

(4) 计算第 G 列的各产品完成百分比,保留一位小数。

(5) 按实际产值从高到低的顺序排列全部产品数据。

(6) 将第三行中的各单元设置成水平居中排列方式,字体设为蓝色黑体。

(7) 将实际产值在 35 万元以上产品的计划产量与实际产量进行如图所示的产量分析(见条形图)。

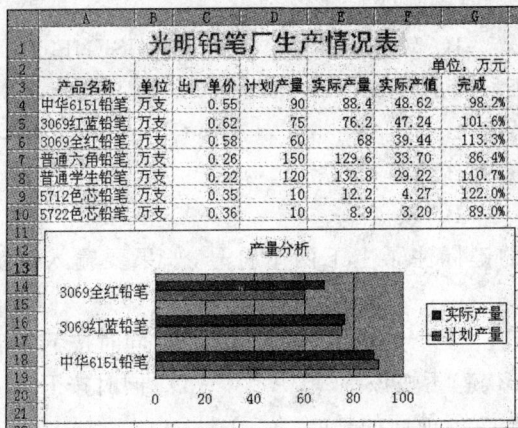

图　2-4

考证训练

1. 单项选择题

(1) 计算机中,CAI 的含义是(　B　)。

　　A. 计算机辅助设计　　　　　　　　B. 计算机辅助教学

　　C. 计算机辅助工程　　　　　　　　D. 计算机辅助测试

(2) 根据冯·诺依曼原理,计算机硬件的基本组成是(　A　)。

　　A. 输入设备、输出设备、运算器、控制器、存储器

　　B. 磁盘、软盘、内存、CPU、显示器

　　C. 打印机、触摸屏、键盘、软盘

　　D. 鼠标、打印机、主机、显示器、存储器

(3) 计算机中的中央处理器(CPU)由(　B　)构成。

　　A. CPU 和控制器　　　　　　　　　B. 运算器和控制器

　　C. CPU 和存储器　　　　　　　　　D. 硬盘和内存

(4) 下列设备中不能作为输出设备的是(　C　)。

　　A. 显示器　　　　B. 打印机　　　　C. 键盘　　　　D. 中央处理器

(5) 下列设备中,不能作为输出设备的是(　D　)。

　　A. 显示器　　　　B. 打印机　　　　C. 扫描仪　　　　D. 鼠标

(6) 对软盘进行写保护后,软盘中的数据(　D　)。

　　A. 不能写也不能读　　　　　　　　B. 可以写也可以读

　　C. 可以写但不能读　　　　　　　　D. 可以读但不能写

(7)（　A　）英文代表电子邮件。

　　A. E-mail　　　　　　B. Veronica　　　　　C. USENET　　　　D. Telnet

(8) 代表中国的顶级域名是（　C　）。

　　A. com　　　　　　　B. JP　　　　　　　　C. cn　　　　　　　D. Telnet

(9) 系统启动后,操作系统常驻（　C　）。

　　A. 硬盘　　　　　　　B. 软盘　　　　　　　C. RAM　　　　　　D. ROM

(10) 在键盘上,有的键标注了上下两个符号,如果要输入该键上边表示的符号,应该（　B　）。

　　A. 直接按该键　　　　　　　　　　　　　B. 同时按下 Shift 键和该键

　　C. 按一下 Shift 键,再按该键　　　　　　D. 同时按下 Alt 键和该键

(11) 在 E-mail 地址中,@前面的是（　A　）。

　　A. 用户名　　　　　　　　　　　　　　　B. 用户所在国家名

　　C. 计算机资源　　　　　　　　　　　　　D. 域名

(12) 一台计算机的配置标有 PⅢ800,其中 800 代表（　A　）。

　　A. CPU 主频　　　B. 计算机价格　　　　　C. 硬盘容量　　　D. 以上均不是

(13) 常用的 CD-ROM 光盘能进行的操作是（　A　）。

　　A. 读　　　　　　　B. 写　　　　　　　　C. 读/写　　　　　D. 删除

(14) 对一个文件来说,必须有（　A　）。

　　A. 文件主名　　　　B. 文件扩展名　　　　　C. 文件连接符　　D. 文件分隔符

(15) 按照 Windows 98 中的文件命名规则,下列（　D　）为非法文件名。

　　A. my filel　　　　B. Basic Program　　　　C. card"1"　　　　D. class. \data

(16) 在 Windows 98 中,文件夹的组织结构是一种（　B　）。

　　A. 表格结构　　　　B. 树状结构　　　　　　C. 网状结构　　　D. 线性结构

(17) "开始"按钮,通常位于桌面的（　A　）。

　　A. 底行左侧　　　　B. 底行右侧　　　　　　C. 左上侧　　　　D. 右上侧

(18) 关闭一台运行 Windows 98 的计算机之前应先（　A　）。

　　A. 关闭所有已打开的程序　　　　　　　　B. 关闭 Windows 98

　　C. 断开服务器连接　　　　　　　　　　　D. 关闭主机电源

(19) 在 Windows 98 中,按下鼠标左键在不同驱动器的文件夹之间拖动某一个文件后,其结果是（　A　）。

　　A. 复制该文件　　　B. 移动该文件　　　　　C. 删除该文件　　D. 无任何结果

(20) 在 Windows 98 中,可以启动多个应用程序,通过（　D　）在应用程序之间切换。

　　A. 资源管理器　　　B. 我的电脑　　　　　　C. 程序菜单　　　D. 任务栏

(21) Windows 98 是多任务操作系统,所谓"多任务"的含义是（　C　）。

　　A. 可以同时复制多个文件　　　　　　　　B. 可以同时移动多个文件

　　C. 可以同时运行多个任务程序　　　　　D. 可以允许多个用户同时使用

(22) 汉字输入编码方案中的区位码属于(A)类编码。

　　A. 数字　　　　B. 字音　　　　　　C. 字形　　　　　D. 混合

(23) 汉字输入编码方案中的自然码属于(D)类编码。

　　A. 数字　　　　B. 字音　　　　　　C. 字形　　　　　D. 混合

(24) Word 文档的默认类型是(B)。

　　A. dot　　　　B. doc　　　　　　C. txt　　　　　D. word

(25) Word 软件处理的主要对象是(B)。

　　A. 表格　　　　B. 文档　　　　　　C. 图片　　　　　D. 数据

(26) 下列操作不能关闭 Word 应用程序的操作是(B)。

　　A. 双击标题栏左边的 W

　　B. 单击"文件"菜单中的"关闭"命令

　　C. 单击标题栏右边的"关闭"按钮

　　D. 单击"文件"菜单中的"退出"命令

(27) 在 Word 编辑状态,插入点置于某行开始位置,按下(D)键,可以在当前行的上方将插入一个页面分隔符。

　　A. Ctrl＋Space　　B. Alt＋Space　　　C. Alt＋Enter　　D. Ctrl＋Enter

(28) 在默认方式下,Excel 97 工作簿中的第一张工作表命名为(B)。

　　A. 表1　　　　B. Sheet1　　　　　C. Book1　　　　D. 任意的表名

(29) 在默认方式下,新打开的 Excel 97 工作簿中含有(A)张工作表。

　　A. 3　　　　　B. 4　　　　　　　C. 15　　　　　D. 255

(30) 要在 Excel 工作表区域 A1:A10 输入等比数列 2、4、8、16、…、1024,可以在 A1 单元输入数字 2,在 A2 单元输入公式(B),然后选中 A2 单元,用鼠标拖动填充柄至 A10 单元即可。

　　A. ＝2＊A1　　　　　　　　B. ＝2＊A1

　　C. ＝2＋A1　　　　　　　　D. ＝2＋A1

(31) 在 Excel 中,要使活动单元格跳转到 A1 单元格,可以通过(A)键实现。

　　A. Ctrl＋Home　　B. Alt＋Home　　　C. End＋Home　　D. Home

(32) 在 Excel 中,要使活动单元格跳转到第一列,可以通过(D)键实现。

　　A. Ctrl＋Home　　B. Alt＋Home　　　C. End＋Home　　D. Home

(33) 在 Excel 中,通过 Ctrl＋End 键可以实现将活动单元格立即跳转到工作表中(B)单元。

　　A. 数据区域的右下角　　　　　　B. 已使用过区域的右下角

　　C. 当前行的最左侧　　　　　　　D. 当前行的最右侧

(34) 在 Excel 中,通过(B)键可以实现将活动单元格下移一页。

    A. Page Up　　　　　B. Page Down　　　　　C. Ctrl+Home　　D. End

(35) 在 Excel 中,修改工作表名字的操作可以通过(B)工作表标签中相应工作表名实现。

    A. 用鼠标左击

    B. 用鼠标右击

    C. 按住 Ctrl 键同时用鼠标左击

    D. 按住 Shift 键同时用鼠标左击

(36) 在会计报表系统中,公式定义某科目余额采用借贷方余额的代数和,原因是不能确定该余额一定在(D)。

    A. 借方　　　　　　B. 贷方　　　　　　C. 借贷双方　　　D. 借方或贷方

(37) 会计报表系统中,某月某表公式编制计算正确,那么(A)一定正确。

    A. 公式语法格式　　　　　　　　B. 当月数据

    C. 报表中的数据　　　　　　　　D. 审核公式

(38) 会计报表系统中,无论是一次性定义一张完整的空表格式,还是分表头、表体、表尾三部分定义,最好采用(C)。

    A. 行编辑　　　　　B. 列编辑　　　　　C. 全屏幕编辑　　D. 固定填列

(39) 会计信息化软件中,会计报表的编制一般有报表定义和(A)两个具体过程。

    A. 报表实际编制　　　　　　　　B. 报表审核

    C. 报表制作　　　　　　　　　　D. 报表打印

(40) 将不同区域或同一个区域的不同计算机连接起来的一种方式叫(C)。

    A. 客户机-服务器　　　　　　　B. 单用户

    C. 网络　　　　　　　　　　　　D. 多用户

(41) 商品性会计软件比自行开发的会计软件(A)。

    A. 通用性强,开发水平高　　　　B. 维护量小,购置成本高

    C. 成本高,开发水平高　　　　　D. 通用性差,维护量大

(42) 下列工作中,(C)一定不是录入员的工作。

    A. 录入凭证　　　B. 汇总账簿　　　C. 审核凭证　　　D. 打印账簿

(43) 会计核算单位以磁盘方式保存会计档案资料的,应(C)对磁盘进行数据备份。

    A. 每年　　　　B. 每两年　　　　C. 每月　　　　D. 每季度

(44) 在会计电算化系统中,全部会计信息都存放在计算机内的(B)中。

    A. 原始凭证库　　B. 凭证库　　　　C. 明细账库　　　D. 总账库

(45) 对软盘存放环境的湿度要求应为(B)。

    A. 5%～60%　　　B. 8%～83%　　　C. 40%～60%　　D. 14%～40%

(46) 计算机应用中的不安全因素来自计算机(B)、软件故障和人的因素。

A. 病毒
B. 硬件故障

C. 系统错误
D. 外部设备故障

(47) 自行开发的会计软件比商品性会计软件(D)。

A. 通用性强,开发水平高
B. 维护量小,购置成本高

C. 成本高,开发水平高
D. 通用性差,专用性强

(48) 下列职责中,(C)岗位是不相容职责。

A. 电算化主管与审核
B. 凭证录入与修改

C. 凭证录入与审核
D. 电算化主管与记账

(49) 计算机会计核算系统主要包括(D)。

A. 账务处理系统
B. 报表系统

C. 工资核算系统
D. 以上全部

(50) 会计核算单位对会计软件的基本要求应为(D)。

A. 高效
B. 符合计算机标准

C. 稳定
D. 以上全部

(51) 在会计电算化信息系统的开发与应用中,(A)是电算化系统的应用阶段。

A. 系统运行与维护
B. 系统调查

C. 系统实施
D. 系统设计

(52) 企业实现会计电算化以后,(A)是保障会计电算化顺利进行的最重要的一环。

A. 建立各种管理制度
B. 会计信息化软件

C. 代替手工记账
D. 试运行

(53) 当使用会计信息化软件进行数据备份时,若驱动器中未插入软盘或软盘处于写保护状态,则该软件应(C)。

A. 不予提示,继续进备份
B. 退出备份状态

C. 予以提示,并保持正常运行状态
D. 造成死机

(54) 计算机账务处理系统中,记账后的凭证不能(B)。

A. 查询　　　B. 修改　　　C. 打印　　　D. 审核

(55) 在账务处理系统中,数据备份功能是将计算机内的(B)复制到软盘上予以保存。

A. 程序
B. 凭证、科目和账簿

C. 系统
D. 命令

(56) 有会计科目编码如此定义:一级为 3 位,二级为 3 位,三级为 2 位,五级为 2 位,请问编码 5210011009 表示的是(A)级代码。

A. 四　　　B. 三　　　C. 五　　　D. 六

(57) 经过审核但还没有记账凭证,发现有错误应该(B)。

A. 直接进行
B. 取消审核后修改

C. 不能修改
D. 用红字冲销法修改

(58) 在账务处理系统中,系统管理员有权进行的工作是(A)。

    A. 分配每个人的工作权限　　　　B. 设置每个人的密码

    C. 查阅其他人的密码　　　　　　D. 代替其他人进行工作

(59) 在账务处理系统中,只要有凭证审核权,就可以审核(C)。

    A. 自己输入的凭证　　　　　　　B. 任何人输入的凭证

    C. 自己以外其他人输入的凭证　　D. 以上全部

(60) 当用户使用相同的操作员姓名登录,并对其编制的凭证进行审核时,系统会(A)。

    A. 给予提示,要求更换为其他操作人员　　B. 发生死机

    C. 自动退出凭证审核操作　　　　　　　　D. 给予提示后审核通过

(61) 财务系统第一次投入使用时也有类似手工的建账工作,这就是(D)。

    A. 设置会计科目　　　　　　　　B. 设置账套

    C. 设置凭证类别　　　　　　　　D. 系统初始设置

(62) Excel 工作表 B6 单元的内容为公式"＝A5 \$ C \$ 2",若用命令将 B6 单元的内容复制到 D8 单元,则 D8 单元的公式为(C)。

    A. ＝5A ＊ \$ E \$ 4　　　　　　B. ＝A5 ＊ \$ C \$ 2

    C. ＝C7 ＊ \$ C \$ 2　　　　　　D. ＝C5 ＊ \$ C \$ 2

(63) Excel 工作表 B6 单元的内容为公式"＝A5 ＊ \$ C \$ 2",若用命令将 B6 单元的内容移动到 D8 单元,则 D8 的单元的公式为(B)。

    A. ＝5A ＊ \$ E \$ 4　　　　　　B. ＝A5 ＊ \$ C \$ 2

    C. ＝C7 ＊ C \$ 2　　　　　　　D. ＝C5 ＊ \$ C \$ 2

(64) 国内商品性会计软件报价一般应包含(A)。

    A. 软件价格和售后服务与培训价格　　B. 会计软件价格

    C. 操作系统和会计软件价格　　　　　D. 操作系统和服务价格

(65) 电算操作人员有权(C)。

    A. 修改数据库内容　　　　　　　B. 请人代输

    C. 拒输未审凭证　　　　　　　　D. 更改程序

2. 判断题(对的写 Y,错的写 N)

(1) 只有硬件没有软件的计算机通常称为"裸机"。　　　　　　　　　　　　　(Y)

(2) 指令是指挥计算机硬件工作的命令,一组有序的指令集合就构成了程序。　　(Y)

(3) 计算机硬件系统由中央处理器、硬盘、显示器、键盘和鼠标 5 大基本部件构成。(N)

(4) 运算器和控制器构成了中央处理器(CPU)。　　　　　　　　　　　　　(Y)

(5) 存储器的主要功能是保存信息。存储器分为两大类型:内存储器和外存储器。

                                                                    (Y)

(6) 存储器分为软盘和硬盘两种。　　　　　　　　　　　　　　　　　　　(N)

(7) 常用的外存储器有软盘、硬盘、光盘和磁带等。　　　　　　　　　　　　(Y)

(8) 外存储器是计算机的外部设备。　　　　　　　　　　　　　　　　　　　(Y)

(9) CPU 和 RAM 是计算机的外部设备。　　　　　　　　　　　　　　　　　(N)

(10) 一台计算机必备的输入设备是 CPU、键盘和显示器。　　　　　　　　　(N)

(11) 外存储器既是计算机的输入设备，又是计算机的输出设备。　　　　　　(Y)

(12) 通常把计算机软件分为两大类：系统软件和应用软件。　　　　　　　　(Y)

(13) Windows 98 操作系统是应用软件。　　　　　　　　　　　　　　　　　(N)

(14) 操作系统是软件系统的核心。　　　　　　　　　　　　　　　　　　　(Y)

(15) 操作系统的主要功能是管理计算机资源。　　　　　　　　　　　　　　(Y)

(16) 传播是指病毒从一个程序或数据文件侵入另一个程序或数据文件的过程。　(Y)

(17)《信息交换用汉字编码字符集·基本集》中的汉字根据其使用频率和用途分为
两级。　　　　　　　　　　　　　　　　　　　　　　　　　　　　　　　　(Y)

(18) 国际码是把区位码中的区码和位码变为十六进制后，再分别加上 20H 而形成的。
　　　　　　　　　　　　　　　　　　　　　　　　　　　　　　　　　　　(Y)

(19) 汉字输出码也称为汉字字形码。　　　　　　　　　　　　　　　　　　(Y)

(20) 微软拼音输入法支持南方模糊音输入。　　　　　　　　　　　　　　　(Y)

(21) 微软拼音输入法不具备自学习功能。　　　　　　　　　　　　　　　　(N)

(22) 在 Word 应用程序的编辑窗口中，常用工具栏和格式工具栏必须出现，否则某些
操作将无法完成。　　　　　　　　　　　　　　　　　　　　　　　　　　　(N)

(23) 在 Word 编辑状态下，可以通过双击状态栏上的"改写"按钮将系统的插入状态转
换为改写状态。　　　　　　　　　　　　　　　　　　　　　　　　　　　　(Y)

(24) 在 Word 编辑状态下，可以通过键盘上 Back Space 键将已选项中的文本块删除。
　　　　　　　　　　　　　　　　　　　　　　　　　　　　　　　　　　　(N)

(25) 在 Word 编辑状态下，可以通过键盘上 Back Space 键将已选中的文本块删除。
　　　　　　　　　　　　　　　　　　　　　　　　　　　　　　　　　　　(Y)

(26) 在 Word 编辑状态下，当鼠标指针指向选定文本任何位置时，按住 Ctrl 键的同时，
拖动鼠标到目标位置，可以实现文本的移动。　　　　　　　　　　　　　　　(N)

(27) 在 Excel 中，使用 Ctrl＋Home 键可以使活动单元格快速移动到 A1 单元。　(Y)

(28) 在 Excel 中，单击某行的行号可以选择整行。　　　　　　　　　　　　(Y)

(29) 在 Excel 中，可以通过"视图"菜单显示或隐藏工具栏，但编辑栏却不可以被隐藏。
　　　　　　　　　　　　　　　　　　　　　　　　　　　　　　　　　　　(N)

(30) 当 Excel 屏幕底部状态栏中显示 Caps 时，表示系统处于小写状态。　　(N)

(31) 选择会计软件时，软件的可恢复性不是十分重要的功能。　　　　　　　(N)

(32) 自行编制的会计软件，程序编制人员可以进行凭证录入工作。　　　　　(N)

(33) 选择会计软件时，软件的可恢复性不是十分重要的功能。　　　　　　　(N)

(34) 在任何情况下，都可以总分类账户本期发生额对照表替代总分类账。　　(N)

（35）在选择会计软件时，应优先考虑软件的实用性，其次考虑合法性。　　　　　　　（N）

（36）建立良好的电算化信息系统的重要基础之一是会计业务的规范化。　　　　　　（Y）

（37）归档用的软盘用后应及时贴好写保护标签。　　　　　　　　　　　　　　　　（Y）

（38）会计信息化软件以凭证处理为核心，包括多种功能的有机组合体。　　　　　　（Y）

（39）商品性会计信息化软件通用性较强，不需要在会计部门作任何调整。　　　　　（N）

（40）选择商品化会计软件的前提条件是软件是否通过财政部或省市财政厅局的评审。

　　　　　　　　　　　　　　　　　　　　　　　　　　　　　　　　　　　　　　　（Y）

（41）一个主机带几个荧光屏和键盘，从而供多个用户使用，这叫计算机联网。　　　（N）

（42）在选择会计软件时，应首先考虑软件的安全性。　　　　　　　　　　　　　　（N）

（43）在选择商品化会计软件需要考虑的诸因素中，软件是否经济是最先考虑是最先考虑的因素。　　　　　　　　　　　　　　　　　　　　　　　　　　　　　　　　　　　　（N）

（44）系统初始化的目的是把商品化通用会计软件变成适合本单位使用的专用会计软件。　　　　　　　　　　　　　　　　　　　　　　　　　　　　　　　　　　　　　　（Y）

（45）会计软件的系统使用人员可以由系统工程开发人员兼任。　　　　　　　　　　（N）

（46）数据录入员通常由会计人员结合本人所负责的核算业务承担其录入工作，并对录入数据的正确性负责。　　　　　　　　　　　　　　　　　　　　　　　　　　　　　　（Y）

（47）数据审核员可以由数据录入员同时兼任。　　　　　　　　　　　　　　　　　（N）

（48）电算化会计信息系统使用时，可以用"总分类账户本期发生额及余额对照表"替代当期总分类账。　　　　　　　　　　　　　　　　　　　　　　　　　　　　　　　　　（Y）

（49）选用已通过评审的会计软件必须鉴定版本号。　　　　　　　　　　　　　　　（Y）

思考练习

（1）会计信息化系统中，应设哪些工作岗位，其岗位职责是什么？

（2）会计信息化系统操作管理的主要内容是什么？

（3）简述会计信息化系统维护管理的主要规定。

（4）会计信息化系统档案管理的主要任务是什么？

第3章　系统管理(项目三)

学习目标

1. 知识目标

全面掌握 T3-用友通系统管理的功能和应用。

2. 技能目标

(1) 能熟练启动 T3-用友通的系统管理,熟悉系统管理中的菜单和功能。

(2) 学会账套的建立、修改、启用、备份和恢复的操作方法。

(3) 能运用系统管理增减操作员,设置操作员的权限。

(4) 能利用系统管理进行年度账的新建和结转。

任务6　掌握系统管理的功能和应用

讲授演练

3.1　系统管理的启动

在 Windows 操作系统中,单击"开始"→"所有程序"→"用友 T3 系列管理软件"→"用友 T3"→"系统管理",打开 T3-用友通标准版系统管理界面。

在系统管理界面,单击"系统"→"注册"按钮,进入"注册【控制台】",如图 3-1 所示。

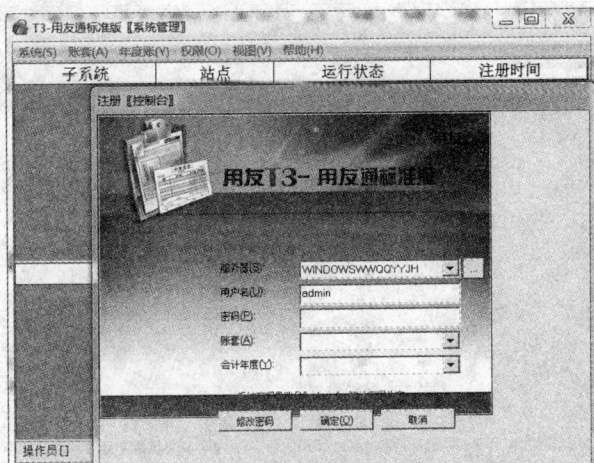

图　3-1

在"用户名"中输入 admin(大小写均可),单击"确定"按钮,系统管理就启动成功了,如图 3-2 所示。

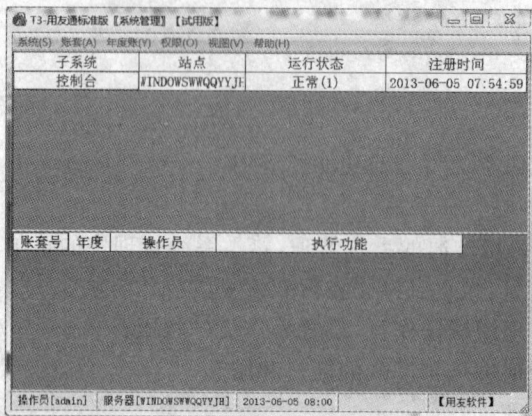

图　3-2

3.2　建立账套

3.2.1　账套的建立

启动系统管理后,单击"账套"→"建立"按钮,输入账套号(001～998)、账套名称,选择会计启用期,如图 3-3 所示。

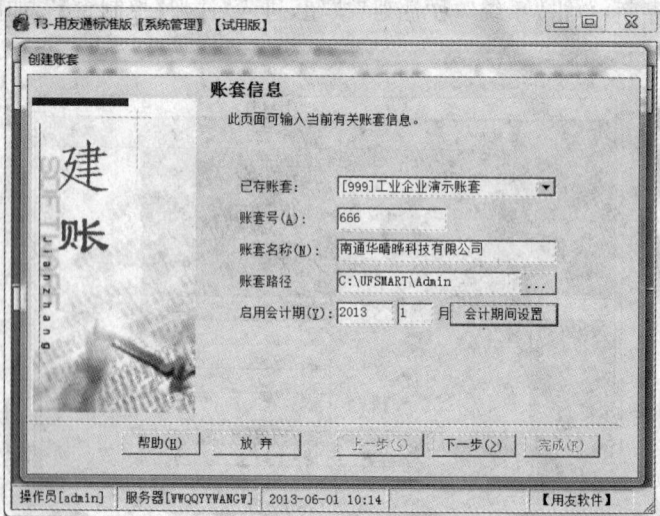

图　3-3

单击"下一步"按钮,输入单位名称、单位简称等资料,如图 3-4 所示。

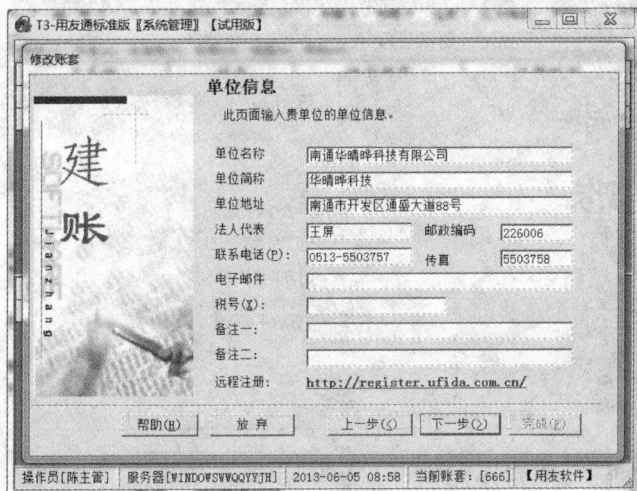

图　3-4

单击"下一步"按钮,选择本币代码、本币名称、企业类型、行业性质、账套主管,如图 3-5 所示。

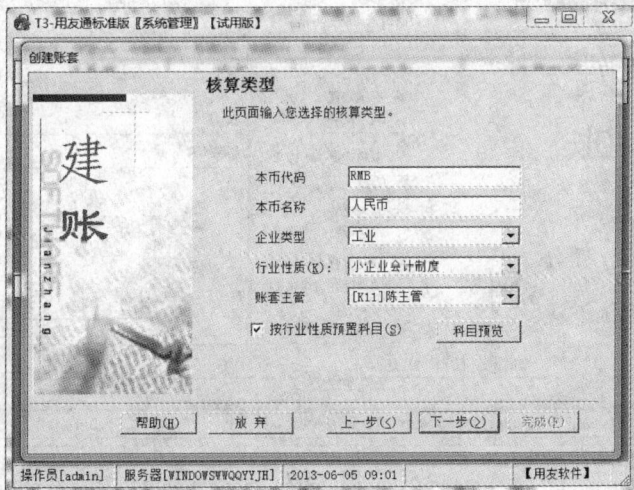

图　3-5

单击"下一步"按钮,选择存货是否分类、客户是否分类、供应商是否分类打√(若有外币,把有无外币核算打√),如图 3-6 所示。

单击"下一步"→"完成"按钮,出现"创建账套"对话框,如图 3-7 所示。

单击"是"按钮会出现分类编码方案和数据精度设置,设置好相关内容后保存。

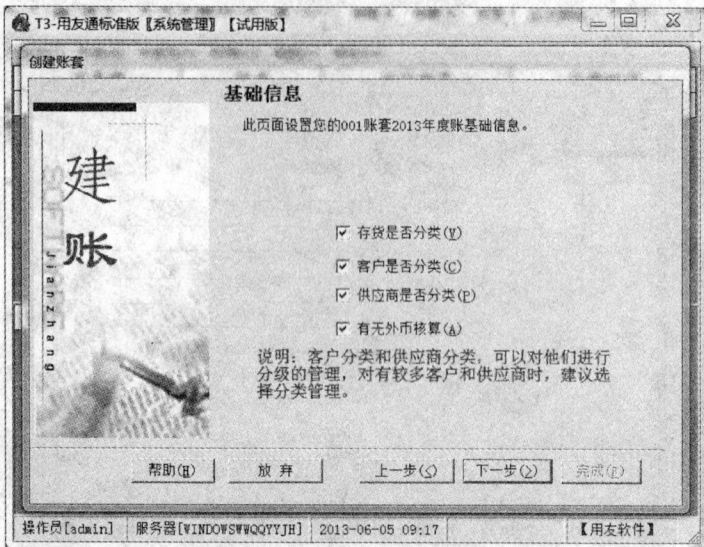

图　3-6

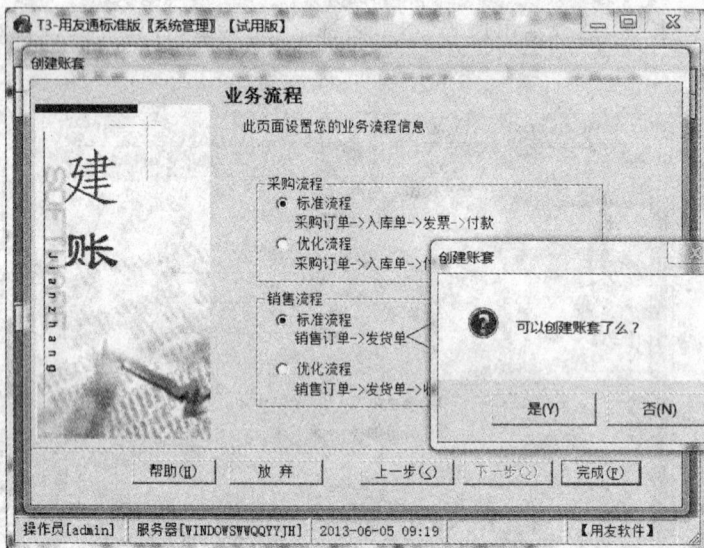

图　3-7

这样,新账套就建好了。

3.2.2　账套的启用

1. 建完账套后直接启用

创建账套时在保存完数据精度后提示"是否立即启用账套",如图 3-8 所示。

图　3-8

单击"是"按钮,在系统启用界面勾选"GL 总账"、选择启用日期(可选择任意年度与月份,但启用日期为通常为启用月的 1 日),完成系统启用。

2. 在系统管理中启用

启动系统管理(以账套主管注册)后,单击"账套"→"启用"按钮,在系统启用界面勾选"GL　总账"、选择"启用日期",单击"确定"按钮,如图 3-9 所示。

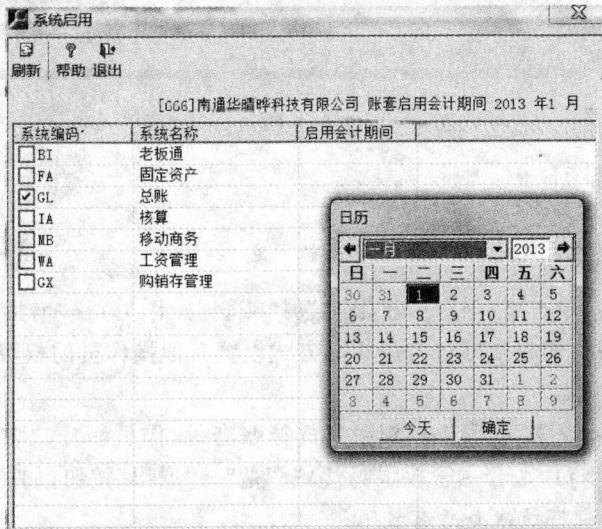

图　3-9

3.3 设置操作员

3.3.1 增加操作员

启动系统管理后,单击"权限"→"操作员"→"增加"按钮,输入编码、姓名、口令等,再增加下一个操作员,如图 3-10 所示。

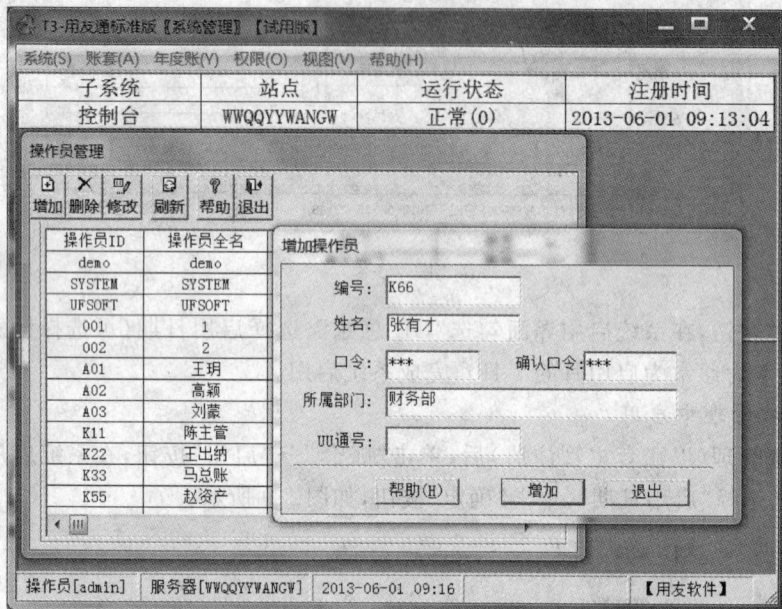

图 3-10

3.3.2 设置操作员权限

1. 普通操作员权限设置

启动系统管理后,单击"权限"→"权限"(选择账套、操作员)→"增加"按钮,在明细权限选择对话框中选择对应的权限即可。用相同方式设置其他操作员的权限,如图 3-11 所示。

2. 账套主管权限设置

启动系统管理后,单击"权限"→"权限"(选择账套、操作员,勾选"账套主管"选项,出现提示"设置操作员:[K11]账套主管权限吗?")→"是"→"退出"按钮,如图 3-12 所示。

注意:账套主管拥有该账套所有权限。

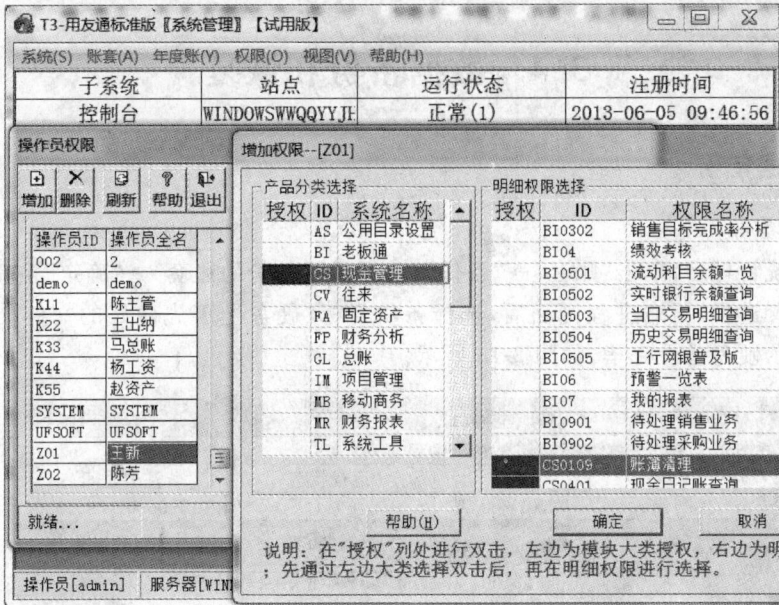

图　3-11

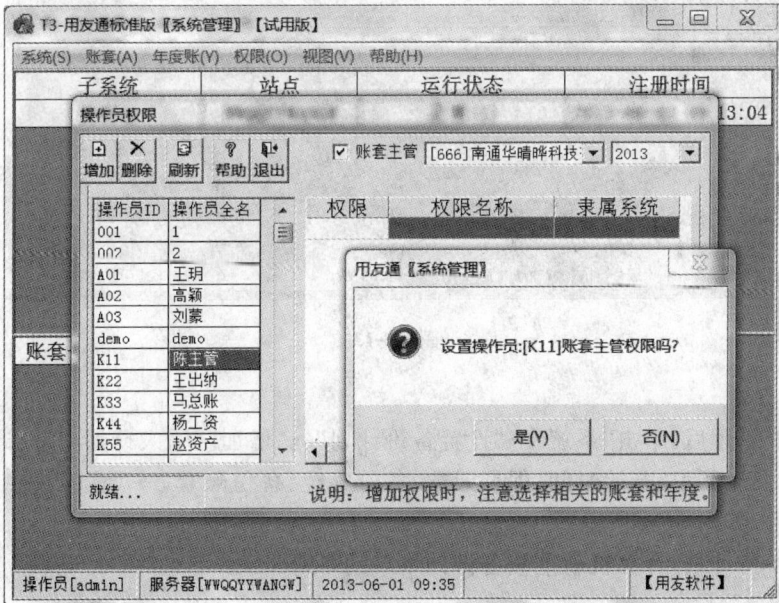

图　3-12

3.4　数据备份和恢复

3.4.1　数据备份

1. 人工备份

启动系统管理后,单击"账套"→"备份"(选择需要备份的账套)→"确定"按钮。

出现拷贝进程、压缩进程画面后,选择备份目标(硬盘上事先建好的文件夹),单击"确定"按钮,提示硬盘备份完毕,如图 3-13 所示。

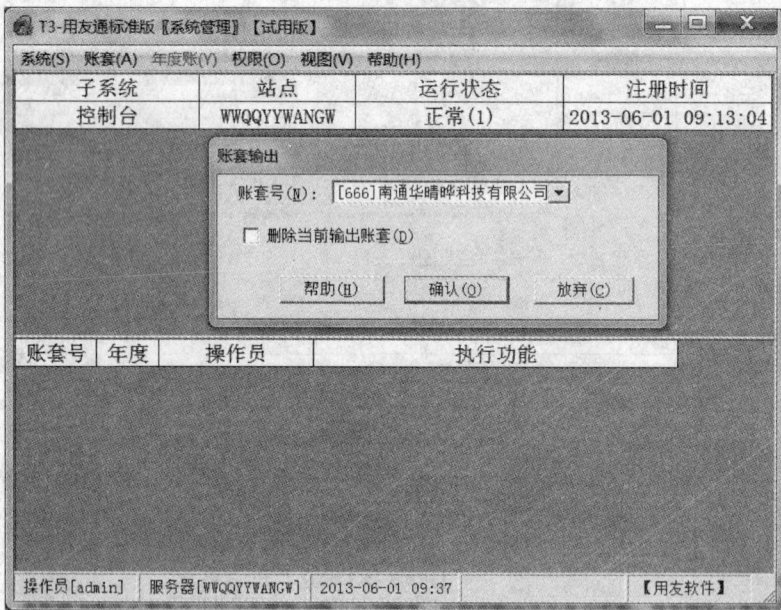

图　3-13

2. 自动备份

启动系统管理后,单击"系统"→"设置备份计划"→"增加"(输入计划编号、计划名称,选择备份类型、发生频率、开始时间、保留天数、备份路径、备份账套)→"增加"按钮,即可完成备份计划设置,如图 3-14 所示。

设置好备份计划,计算机就能按备份计划自动备份了。

3.4.2　数据恢复

启动系统管理后,单击"账套"→"恢复"(选择备份该账套文件夹中的 UF2kAct. Lst 文件)→"打开"按钮。系统将自动恢复数据并提示"恢复完毕",如图 3-15 所示。

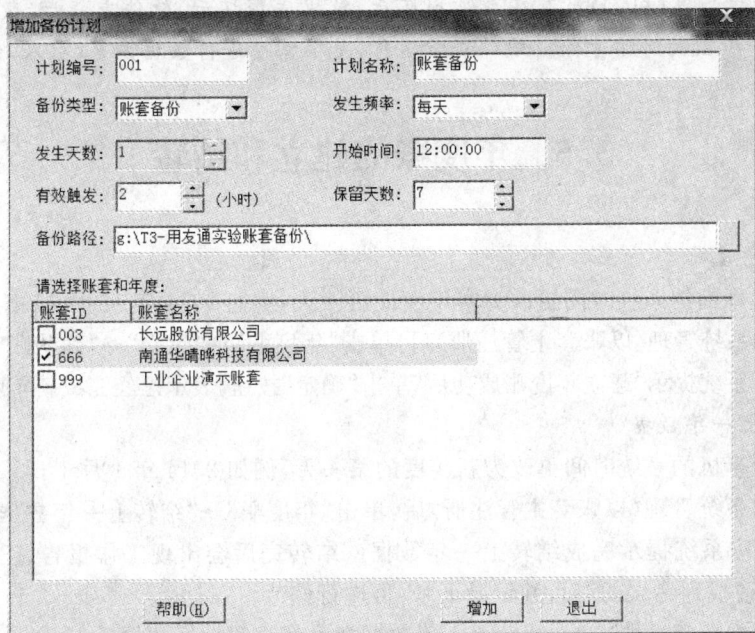

图 3-14

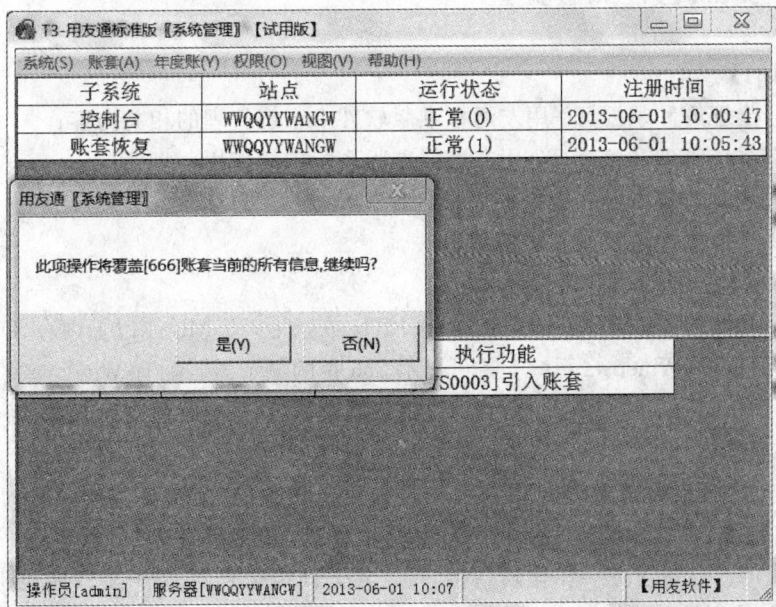

图 3-15

　　注意：数据恢复(引入)只有在系统损坏后、数据库损坏后、软件重装后、数据做错后而又不想修改等原因的时候才做。软件正常运行，是不需要进行数据恢复(引入)的。

3.5　年度账的建立和结转

　　1．新建年度账

　　(1) 将计算机的系统时间更改为本年度最后一天，例如 2014 年 12 月 31 日。

　　(2) 启动系统管理(以账套主管注册)后，单击"年度账"→"建立"→"确认账套及年度"→"确定"按钮。系统提示"建立年度账成功后"单击"确定"按钮，表示已经完成新年度账的建立。

　　2．结转上一年数据

　　(1) 将计算机的系统时间更改为新年度的第一天，例如 2014 年 1 月 1 日。

　　(2) 启动系统管理(以账套主管注册)后，单击"年度账"→"结转上一年数据"→"总账系统的结转"→按系统提示完成结转上一年数据。结转完后会出现工作报告、正确数及错误数，若有错误请找到错误的科目并记录下来，再进行修改。

　　(3) 在建立新年度账之前、结转上一年数据之后都必须做好数据备份。

实验实训　系统管理综合实验

　　【实验目的】

　　(1) 进一步理解和掌握 T3-用友通标准版软件中系统管理的相关内容；

　　(2) 认识系统管理在整个 T3-用友通标准版系统中的作用；

　　(3) 学会账套数据备份和恢复的操作；

　　(4) 熟练掌握操作员及权限设置的方法。

　　【实验环境】

　　会计信息化实验室。一人一机，主频 800MHz 或以上，256MB 或以上内存，20GB 或以上硬盘，标准系列鼠标，Windows 系统支持可显示 256 色的显示器。配有 Windows XP 及以上操作系统，SQL 2000，T3-用友通标准版(或 T3-用友通教学版，系统时间改为 2013 年 1 月 1 日)。

　　【实验准备】

　　在计算机 D 盘根目录下建立"T3-用友通实验账套备份"文件夹，打开"T3-用友通实验账套备份"文件夹，在其中建立"系统管理"、"总账管理"、"工资管理"、"固定资产管理"、"财务报表(UFO)"、"财务业务一体化随堂指导"、"考证训练账套"7 个子文件夹；打开"总账管理"文件夹，在其中分别建立"公用档案设置"、"总账初始化"、"日常处理"、"现金管理"、"期末处理"5 个子文件夹；打开"财务业务一体化随堂指导"文件夹，在其中分别建立"一体化公用信息"、"一体化初始设置"、"一体化日常处理"、"一体化期末处理"4 个文件夹。

【实验内容】

(1) 启用系统管理;

(2) 注册系统管理;

(3) 增加操作员;

(4) 建立单位账套;

(5) 设置操作员权限;

(6) 备份账套数据;

(7) 删除账套数据;

(8) 恢复账套数据;

(9) 修改账套数据;

(10) 清除锁定信息。

【实验资料】

1. 操作员资料

操作员资料如表 3-1 所示。

表 3-1　操作员资料

编号	姓名	密码	岗位	所属部门
K11	陈主管	K11	账套主管	财务部
K22	王出纳	K22	出纳	财务部
K33	马总账	K33	总账会计	财务部
K44	杨工资	K44	工资会计	财务部
K55	陈资产	K55	固定资产会计	财务部

2. 账套资料

1) 账套信息

账套号:666。账套名称:南通华晴晔科技有限公司。采用默认账套路径。启用会计期:2013 年 1 月 1 日。会计期间设置:2013 年 1 月 1 日—2013 年 12 月 31 日。

2) 单位信息

单位名称:南通华晴晔科技有限公司。单位简称:华晴晔科技。单位地址:南通市开发区通盛大道 88 号。法人代表:王屏。

3) 核算类型

该企业的记账本位币为人民币(RMB);企业类型为工业;行业性质为小企业会计制度;账套主管为 K11(陈主管);按行业性质预置会计科目。

4) 基础信息

该企业有外币核算,进行经济业务处理时,需要对存货、客户、供应商进行分类。

5) 分类编码方案

科目编码级次:4222。

其他：默认。

6）数据精度

该企业对存货数量、单价小数位定为 4 位。

7）系统启用

总账系统模块的启用日期为 2013 年 1 月 1 日。

3．操作员权限设置

（1）陈主管——账套主管。负责财务软件运行环境的建立，以及各项初始设置工作；负责财务软件的日常运行管理工作，监督并保证系统的有效、安全、正常运行；负责总账系统的凭证审核、记账、账簿查询、月末结账工作；负责报表管理及其财务分析工作。具有系统所有模块的全部权限。

（2）王出纳——出纳。负责现金、银行账管理工作，具有"总账-出纳签字"权限，具有"现金管理"的全部操作权限。

（3）马总账——总账会计。负责总账系统的凭证管理工作、客户往来和供应商往来管理工作及报表管理工作，具有"总账"、"往来"、"财务报表"的全部权限。

（4）杨工资——工资会计。负责工资管理的日常业务工作，具有"工资"系统的日常工作所有权限。

（5）陈资产——固定资产会计。负责固定资产系统的日常业务工作，具有"固定资产"系统的日常工作所有权限。

【实验指导】

1．启动系统管理

在 Windows 操作系统中，单击"开始"→"所有程序"→"T3-用友通标准版系列管理软件"→"T3-用友通标准版"→"系统管理"，进入"T3-用友通标准版系统管理"窗口。

2．注册系统管理

（1）在 T3-用友通标准版系统管理窗口中，单击"系统"→"注册"，打开"注册控制台"对话框。

（2）输入数据。用户名为 admin；密码为空。

（3）单击"确定"按钮，以系统管理员（admin）身份注册进入系统管理。

3．增加操作员

（1）单击"权限"→"操作员"，进入"操作员管理"窗口。窗口中显示系统预设的几位操作员，即 demo、SYSTEM 和 UFSOFT。

（2）单击工具栏中的"增加"按钮，打开"增加操作员"对话框。

（3）输入数据。

编号为 K11；姓名为陈主管；密码为 K11；确认密码为 K11。

（4）单击"保存"按钮，输入其他操作员资料。最后单击"退出"按钮。

注意：只有系统管理员才有权限设置操作员。操作员编号在系统中必须唯一，即使是不同的账套,操作员编号也不能重复。设置操作员密码时,为保密起见,输入的密码字以"＊"号在屏幕上显示。所设置的操作员用户一旦被引用,便不能被修改和删除。

4. 建立账套

(1) 单击"账套"→"建立",打开"创建账套"对话框。

(2) 输入账套信息。

系统将已存在的账套以下拉列表框的形式显示,用户只能查看,不能输入或修改。"[999]演示账套"是系统内置的。

账套号。必须输入。本实验输入为 666。

账套名称。必须输入。本实验输入"南通华晴晔科技有限公司"。

账套路径。用来确定新建账套要被放置的位置,系统默认的路径为 C:\ UFSMART\ Admin,用户可以人工更改,也可以利用"..."按钮进行参照输入,本实验采用系统的默认路径。

启用会计期。必须输入。系统默认为计算机的系统日期,更改为"2013 年 1 月"。

输入完成后,单击"下一步"按钮,进行单位信息设置。

(3) 输入单位信息。

单位名称为用户单位的全称,必须输入。企业全称只在发票打印时使用,其余情况全部使用企业的简称。本实验输入"南通华晴晔科技有限公司"。

单位简称为用户单位的简称,最好输入。本实验输入"华晴晔科技"。

其他栏目都属于任选项。

输入完成后,单击"下一步"按钮,进行核算类型设置。

(4) 输入核算类型。

本币代码。必须输入。本实验采用系统默认值 RMB。

本币名称。必须输入。本实验采用系统默认值人民币。

企业类型。用户必须从下拉列表框中选择输入。系统提供了工业、商业两种类型。如果选择工业模式,则系统不能处理受托代销业务;如果选择商业模式,委托代销和受托代销都能处理。本实验选择"工业"。

行业性质。用户必须从下拉列表框中选择输入,系统按照所选择的行业性质预置科目。本实验选择行业性质为"小企业会计制度"(关于"2007 年新会计制度"的实验,详见本书的第 8 章的实验)。

账套主管。必须从下拉列表框中选择输入。本实验选择 K11 (陈主管)。

按行业预置科目。如果用户希望建立会计科目时预置所属行业的标准一级科目,则选中该复选框。本实验选择"按行业性质预置科目"。

输入完成后,单击"下一步"按钮,进行基础信息设置。

(5) 确定基础信息。

如果单位的存货、客户、供应商相对较多,可以对他们进行分类核算。

按照本实验要求,选中"存货是否分类"、"客户是否分类"、"供应商是否分类"、"有无外币核算"4 个复选框,单击"完成"按钮,弹出系统提示"可以创建账套了么?",单击"是"按钮,就会打开"分类编码方案"对话框。

(6) 确定分类编码方案。

为了便于对经济业务数据进行分级核算、统计和管理,系统要求预先设置某些基础档案的编码规则,即规定各种编码的级次及各级的长度。

根据实验资料,修改科目编码方案为"4222",其他采用默认值,单击"确认"按钮,打开"数据精度定义"对话框。

(7) 数据精度定义。

数据精度是指定义数据的小数位数,如果需要进行数量核算,需要认真填写该项。本实验数据精度定义方案,小数位全部修改为 4 位,单击"确认"按钮,弹出系统提示"创建账套成功!"和"现在进行系统启用的设置吗?"。单击"是"按钮,弹出"系统启用"对话框。

(8) 系统启用。

选中"GL　总账"复选框,弹出"日历"对话框,选择日期"2013 年 1 月 1 日",单击"确定"按钮,单击"退出"按钮。

5. 操作员权限设置

(1) 在系统管理界面,单击"权限"→"权限",进入"操作员权限"窗口。

(2) 选择 666 账套,2013 年度。

(3) 从操作员列表中选择陈主管,"账套主管"复选框已被选中,确定陈主管已具有账套主管权限。

注意:由于在建立账套时已指定 K11(陈主管)为账套主管,此处无须再设置。一个账套可以设置多个账套主管;账套主管自动拥有该账套的所有权限。

(4) 选择王出纳,单击工具栏中的"增加"按钮,打开"权限增加"对话框,双击"现金管理"权限,双击"总账"下的"出纳签字"权限,单击"确定"按钮。

用同样的方法,设置操作员马总账的"总账"、"往来管理"、"财务报表"权限。

(5) 单击工具栏中的"退出"按钮,返回系统管理。

6. 备份账套数据

(1) 以系统管理员的身份注册,进入系统管理。

(2) 在系统管理界面,单击"账套"→"备份",打开"账套输出"对话框,选择需要输出的账套 666,单击"确认"按钮。

(3) 系统压缩完成所选账套数据后,弹出"选择备份目标"对话框。

(4) 单击下拉列表框,选择事先在 D 盘建好的空文件夹,单击"确认"按钮。

(5) 系统开始进行备份,备份完成后,弹出系统提示"备份完毕!",单击"确定"按钮,将新建的账套备份在"D:\T3-用友通实验账套备份\系统管理"文件夹中。

注意:只有系统管理员才能进行账套备份。若要删除选中的账套数据,则在输出账套时,选中"删除当前输出账套"即可。正在使用的账套是不允许删除的。在实际工作中,因各种原因,为防止系统数据丢失,需定期对账套数据做备份,备份好的账套数据文件最好存放于移动硬盘中,或存放在更为安全的地方。

7. 删除账套

(1) 以系统管理员的身份注册,进入系统管理。

(2) 在系统管理界面,单击"账套"→"备份",打开"账套输出"对话框,选择需要输出的账套 666,选中"删除当前输出账套",单击"确认"按钮。出现"拷贝进程" 和"压缩进程"。

(3) 系统压缩完成所选账套数据后,弹出"选择备份目标"对话框。

(4) 单击下拉列表框,双击选择需要将账套数据输出的驱动器及所在文件夹,单击"确认"按钮。

(5) 系统开始进行备份,备份完成后,弹出系统提示"硬盘备份完毕!",单击"确定"按钮返回。

(6) 出现"真的删除该账套吗?",单击"是"按钮,该账套被删除。

8. 账套数据恢复

(1) 以系统管理员的身份注册,进入系统管理。

(2) 在系统管理界面,单击"账套"→"恢复",打开"恢复账套数据"对话框,选择需要引入的账套路径,选择账套文件"UF2KAct. Lst",单击"打开"按钮。

(3) 系统提示"恢复进程",随即出现"账套恢复"页面。

(4) 最后提示"账套恢复成功!",单击"确定"按钮。

注意:只有系统管理员才能进行账套引入。在实际工作中,若系统中的账套数据受损,可引入备份好的账套数据,以继续工作。

9. 修改账套数据

如果账套启用后需要修改部分账套参数,需要以账套主管的身份注册,进入系统管理。

(1) 在"系统管理"窗口,单击"系统"→"注册",打开"注册系统管理"对话框。

注意:如果此前是以系统管理员的身份注册进入的系统管理,那么需要首先执行"系统"→"注销"命令,注销当前系统操作员,再以账套主管的身份登录。

(2) 输入用户名(K11);密码(K11)。选择账套"666 南通华晴晔科技有限公司";会计年度为 2013;日期为 2013.01.01。

(3) 单击"确定"按钮,进入"系统管理"窗口,菜单中显示为黑色字体的部分为账套主管可以操作的内容。

(4) 单击"账套"→"修改",打开"修改账套"对话框,可修改的账套信息以白色显示,不可修改的账套信息以灰色显示。

(5) 修改完成后,单击"完成"按钮,弹出系统提示信息"确认修改账套了么?",单击"是"按钮,确定"分类编码方案"和"数据精度定义",单击"确认"按钮,弹出系统提示"修改账套成功!"。

注意：只有账套主管才能进行账套修改。账套中的很多参数都不能修改，若不能修改的账套参数输入错误，则只能删除此账套再重新建立。因此，建立账套，确定账套参数时要小心谨慎。

10. 清除锁定信息

(1) 单击"视图"→"清除异常任务"；

(2) 单击"视图"→"清除单据锁定"。

注意：单击后若无反应，说明账套无锁定信息，不需要清除。若清除单据锁定操作后有页面出现，说明有账套被锁定，需要单击页面中的锁定信息，再确认。有多条信息，需要多次重复操作"清除单据锁定"。

考证训练

【考证训练环境】

会计信息化实验室。一人一机，主频 800MHz 或以上，256MB 或以上内存，20GB 或以上硬盘，标准系列鼠标，Windows 系统支持可显示 256 色的显示器。配有 Windows XP 及以上操作系统，SQL 2000，T3-用友通标准版（或 T3-用友通教学版，系统时间改为 2013 年 1 月 1 日）。

(1) 建立账套。

账套号：313。

账套名称：考证训练账套。

会计期间：2013.01.01—2013.12.31。

启用日期：2013.01.01。

单位名称：南京新华科技有限公司，联系电话：025-62436688。

本币：人民币。

企业类型：工业。

行业性质：新会计制度科目，按行业性质预置科目。

存货、客户、供应商无分类。

无外币核算。

科目编码级次：4222，部门编码级次 12，其他编码级次默认。

启用"总账"模块，启用日期均为 2013.01.01。

操作员：Z01（王新），权限为账套主管（密码为 Z01 ）。

        Z02（陈芳），具有总账所有权限（密码为 Z02 ）。

操作提示如下。

① 进入系统管理，以 admin 注册，单击"账套"→"建立"按钮，输入相关题目账套信息后，单击"确定"→"退出"按钮。

② 进入系统管理,以 admin 注册,单击"权限"→"操作员"→"增加",输入相关题目内容后,单击"增加"→"退出"按钮。

③ 进入系统管理,以 admin 注册,单击"权限"→"设置权限"。

(2) 增加操作员,编号为 Z32;姓名为乔峰;密码为 Z32;所属部门为财务部。

操作提示:进入系统管理,以 admin 注册,单击"权限"→"操作员"→"增加",输入相关内容后退出。

(3) 增加 Z02(陈芳)的权限,使其具有"313 账套"中工资管理和固定资产的操作权限。

操作提示:进入系统管理,以 admin 注册,单击"权限"→"权限",选择 Z02(陈芳)、账套名,单击"增加",在工资管理和固定资产左侧授权位置双击,单击"确定"→"退出"按钮。

(4) 将"313 考证训练账套"备份在"D:\T3-用友通实验账套备份\考证训练账套"文件夹中。

操作提示:进入系统管理,以 admin 注册,单击"账套"→"备份"(选择"313 考证训练账套")→"确定"(选择备份文件夹)→"确定"。

思考练习

(1) 如何修改用户信息? 例如,将 K44(杨工资)的所属部门修改为"人事部";设置密码为 KK88。

(2) 如何修改账套信息?

(3) 如何修改操作员的权限?

(4) 如何删除账套?

(5) 如何恢复账套?

第4章 总账管理(项目四)

学习目标

1. 知识目标

(1) 全面掌握 T3-用友通总账系统的功能、操作流程和使用方法。

(2) 理解 T3-用友通总账模块在整个会计信息系统中的地位和作用。

(3) 熟悉 T3-用友通总账系统的初始化、日常处理、出纳现金、期末处理的流程和操作方法。

2. 技能目标

(1) 能熟练操作 T3-用友通总账系统软件。

(2) 能使用 T3-用友通总账系统处理财务工作。

任务7 学会建立公用信息档案

讲授演练

T3-用友通总账系统流程如图 4-1 所示。

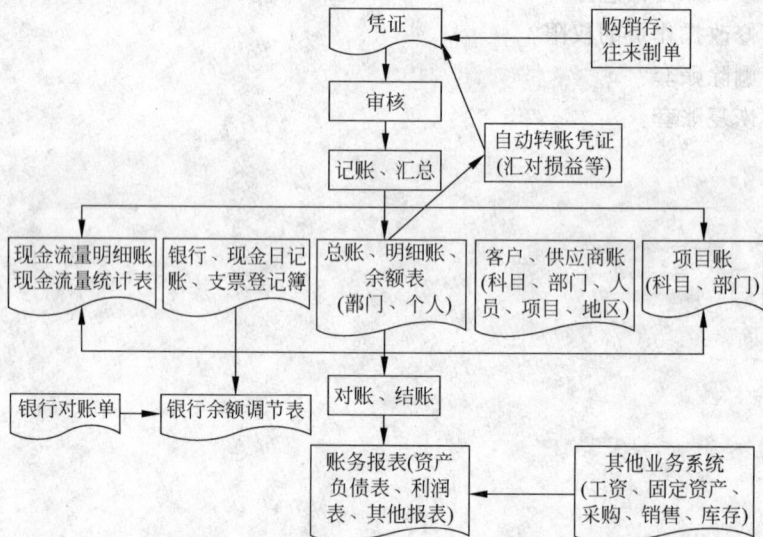

图 4-1

新用户操作流程：启动系统管理→以系统管理员身份登录→新建账套→增加角色和设置角色权限→增加用户和设置用户权限→启用总账管理系统。

老用户操作流程:启动系统管理→以账套主管注册登录→建立下一年度账→结转上一年数据→启用总账管理→进行新年度操作。

进入 T3-用友通标准版总账系统的操作流程如下。

(1) 单击"开始"→"所有程序"→"用友 T3 系列管理软件"→"用友 T3"→"用友 T3 会计信息化软件",打开"注册控制台"对话框(也可以直接双击桌面上的"用友 T3 会计信息化软件"的快捷方式)。

(2) 输入用户名、密码并选择账套,设置系统操作日期,如图 4-2 所示。

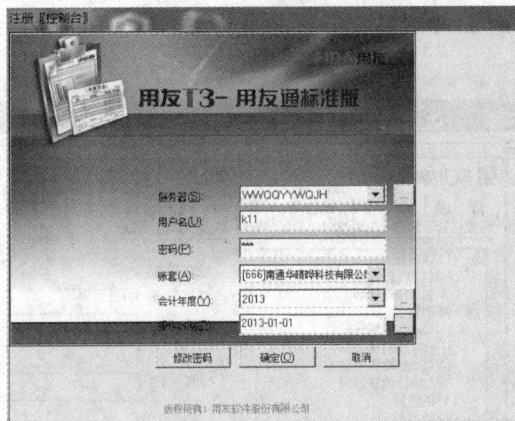

图　4-2

(3) 单击"确定"按钮。

(4) 将"下一次登录时,显示本页面"前面的"√"去掉。

(5) 单击窗口右上角的×按钮,进入 T3-用友通标准版总账系统的主界面,如图 4-3 所示。

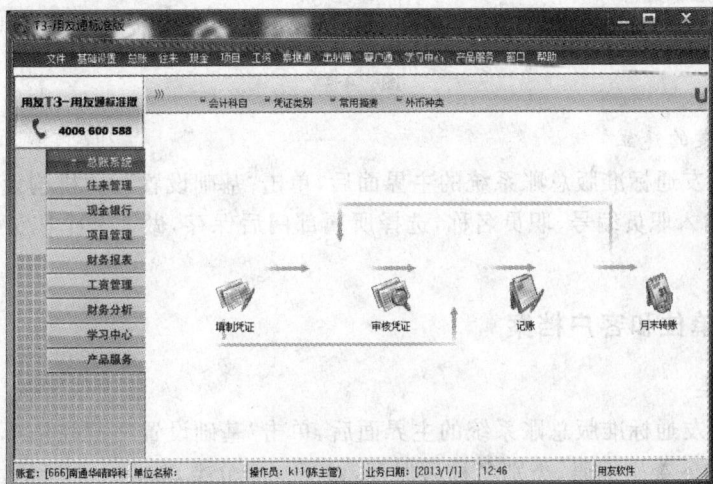

图　4-3

4.1　公用信息档案的建立

4.1.1　机构和人员档案

1. 部门档案的建立

进入 T3-用友通标准版总账系统主界面后,单击"基础设置"→"机构设置"→"部门档案"→"增加",输入部门编码、部门名称等资料后保存,录入下一个部门资料,如图 4-4 所示。

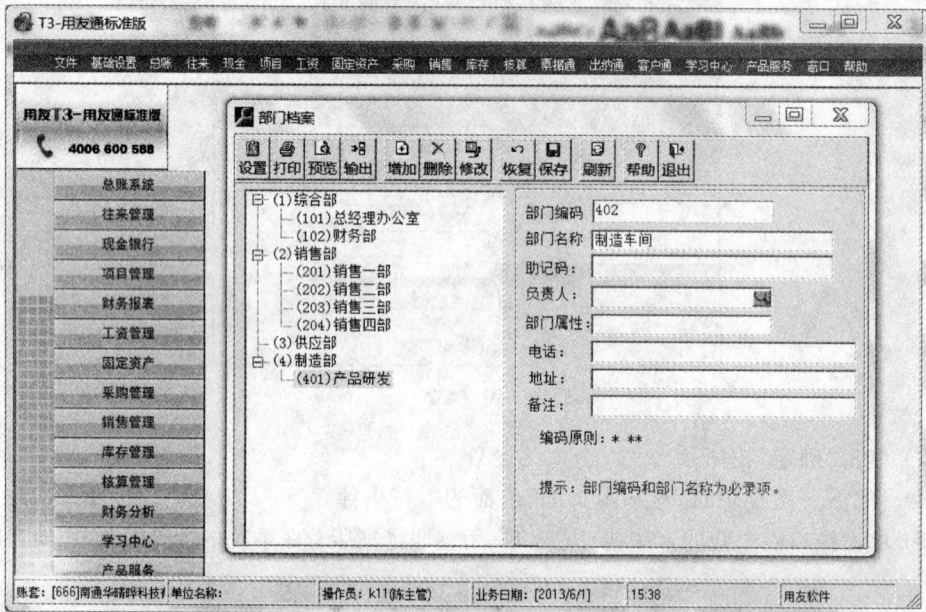

图　4-4

2. 职员档案的建立

进入 T3-用友通标准版总账系统的主界面后,单击"基础设置"→"机构设置"→"职员档案"→"增加",输入职员编号、职员名称,选择所属部门后保存,做下一个职员档案,如图 4-5 所示。

4.1.2　往来单位和客户档案

1. 客户分类

进入 T3-用友通标准版总账系统的主界面后,单击"基础设置"→"往来单位"→"客户分类"→"增加",输入类别编码、类别名称后保存,做下一个分类,如图 4-6 所示。

注意:类别编码按编码规则编制,类别名称根据实际分类。

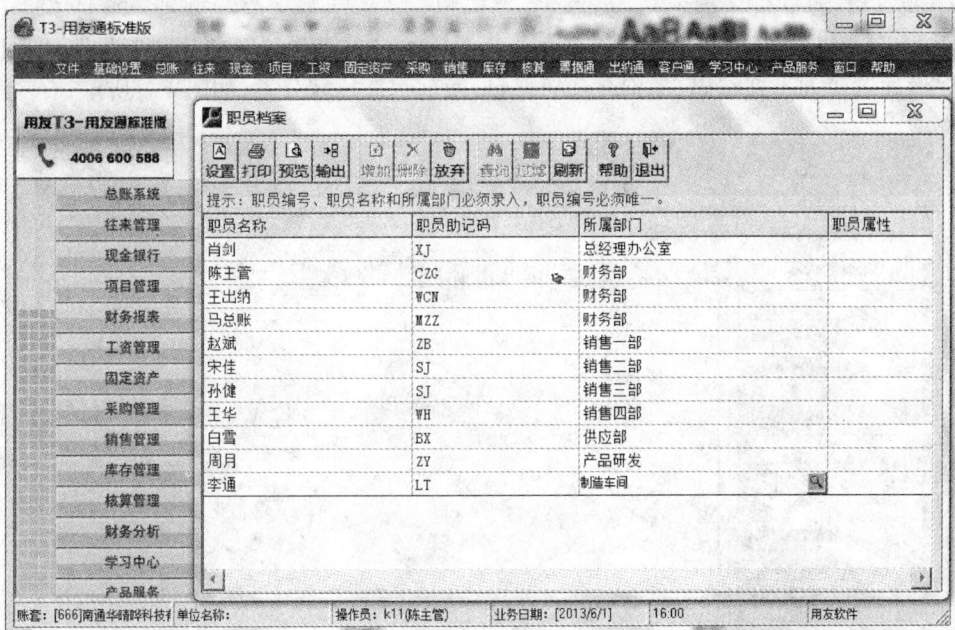

图　4-5

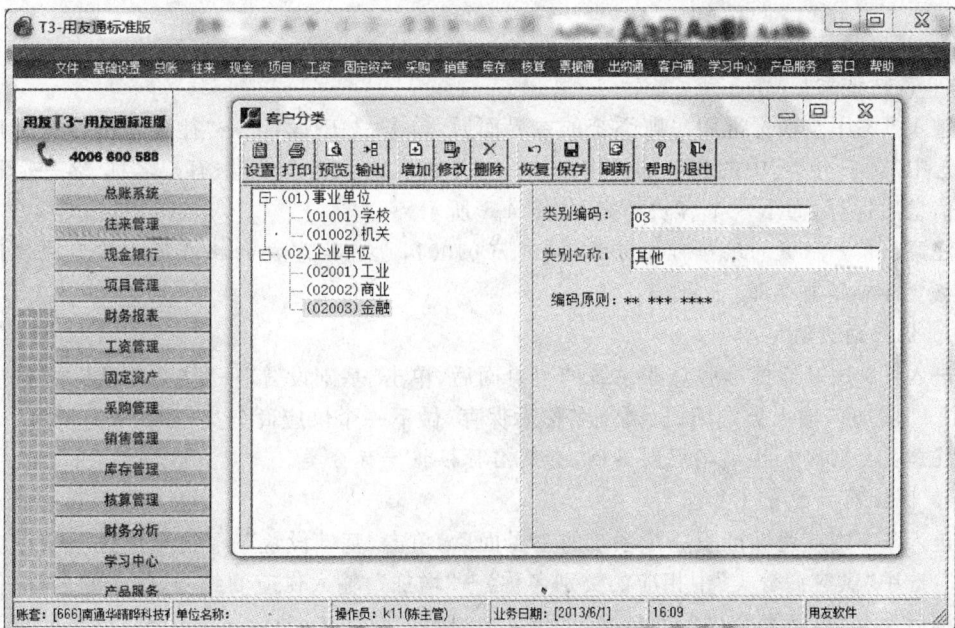

图　4-6

2. 地区分类

进入 T3-用友通标准版总账系统的主界面后，单击"基础设置"→"往来单位"→"地区分类"→"增加"，输入类别编码、类别名称后保存，做下一个地区分类，如图 4-7 所示。

图　4-7

3. 客户档案

进入 T3-用友通标准版总账系统的主界面后，单击"基础设置"→"往来单位"→"客户档案"（选中"客户分类"中的相应的类别名称）→"增加"，输入客户编号、客户名称、客户简称等客户信息后保存，做下一个客户档案，如图 4-8 所示。

注意：客户档案的编码可按分类编，例如 01001，也可按客户的拼音编。档案中其他信息根据实际可填可不填。

4. 供应商分类

进入 T3-用友通标准版总账系统的主界面后，单击"基础设置"→"往来单位"→"供应商分类"→"增加"，输入类别编码、类别名称后保存，做下一个供应商分类，如图 4-9 所示。

注意：类别编码按编码规则编制，类别名称根据实际分类。

5. 供应商档案

进入 T3-用友通标准版总账系统的主界面后，单击"基础设置"→"往来单位"→"供应商档案"（选中"供应商分类"中相应的类别名称）→"增加"，输入供应商编号、供应商名称、供应商简称后保存，做下一个供应商档案，如图 4-10 所示。

注意：供应商档案的编码可按分类编，例如 01001，也可按供应商的拼音去编。档案中其他信息根据实际可填可不填。

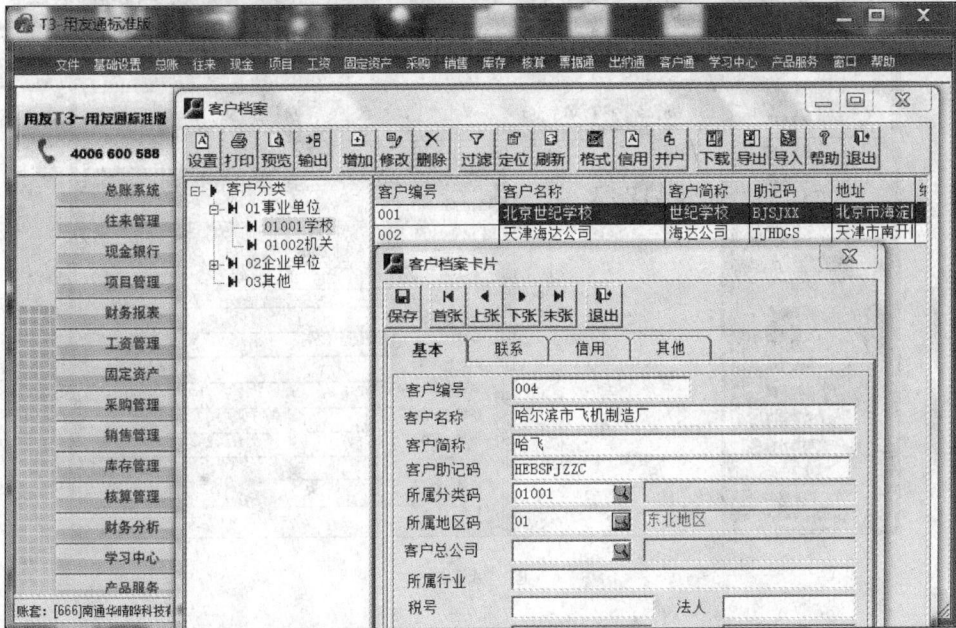

图　4-8

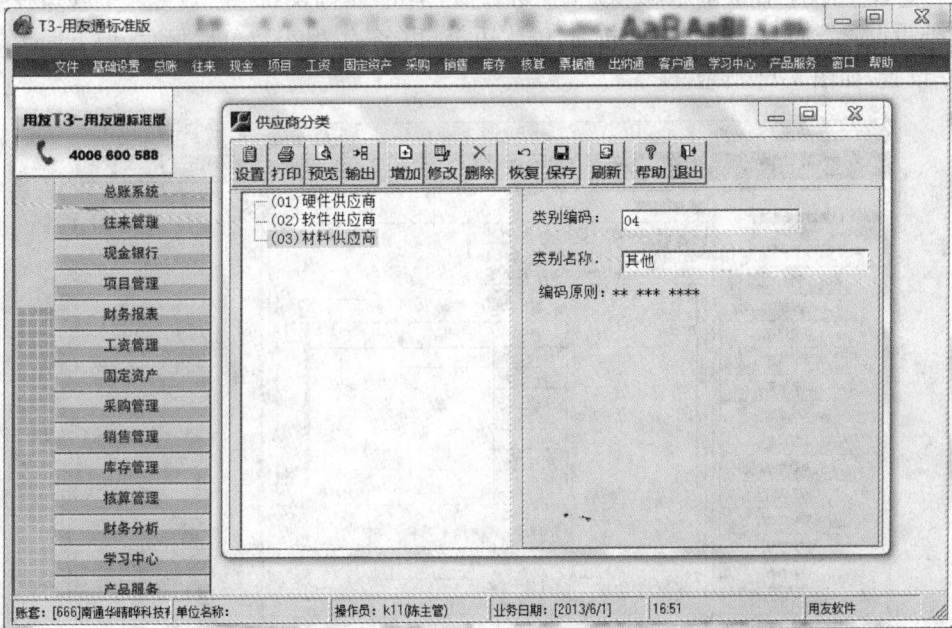

图　4-9

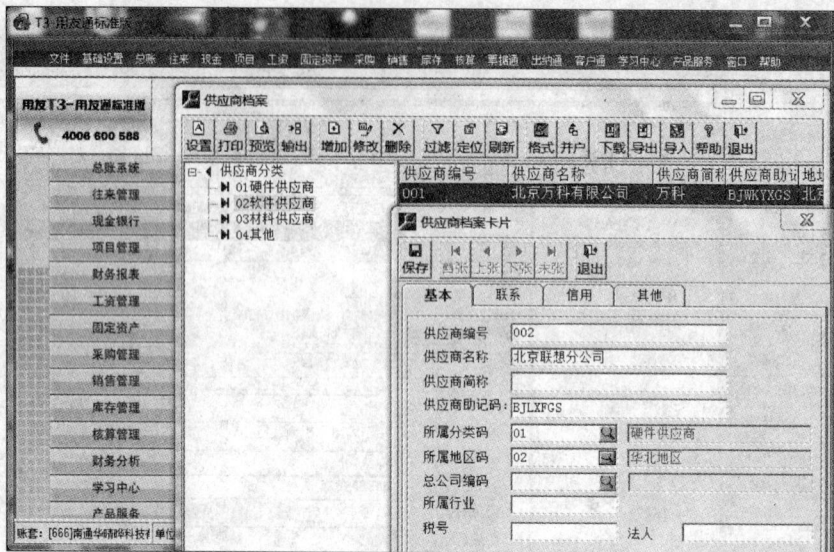

图　4-10

4.1.3　外币和汇率设置

进入 T3-用友通标准版总账系统的主界面后,单击"基础设置"→"财务"→"外币种类",打开"外币设置"窗口,单击"增加"按钮,输入币符、币名、汇率小数位后保存,做下一个外币和汇率设置,如图 4-11 所示。

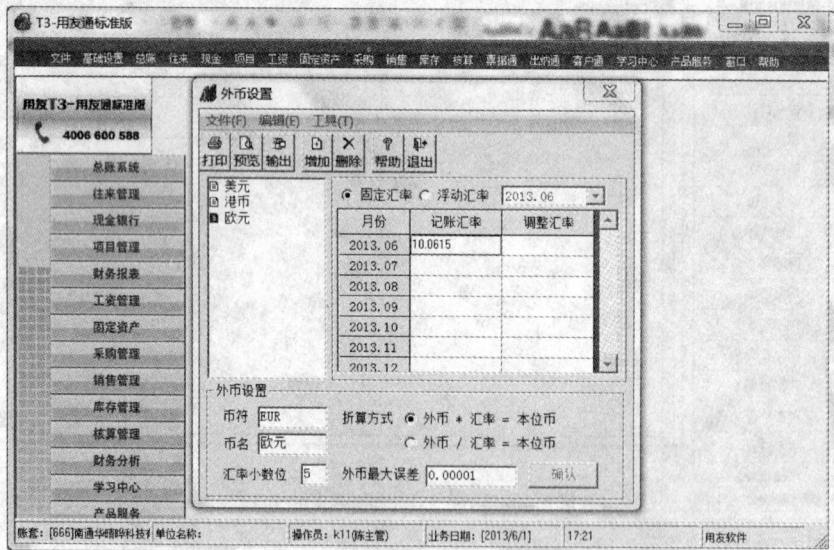

图　4-11

4.1.4　收付结算设置

1. 结算方式设置

进入 T3-用友通标准版总账系统的主界面后,单击"基础设置"→"收付结算"→"结算方式",打开"结算方式"窗口,单击"增加"按钮,输入结算方式编码、结算方式名称、选择票据管理标志后保存,做下一个结算方式设置,如图 4-12 所示。

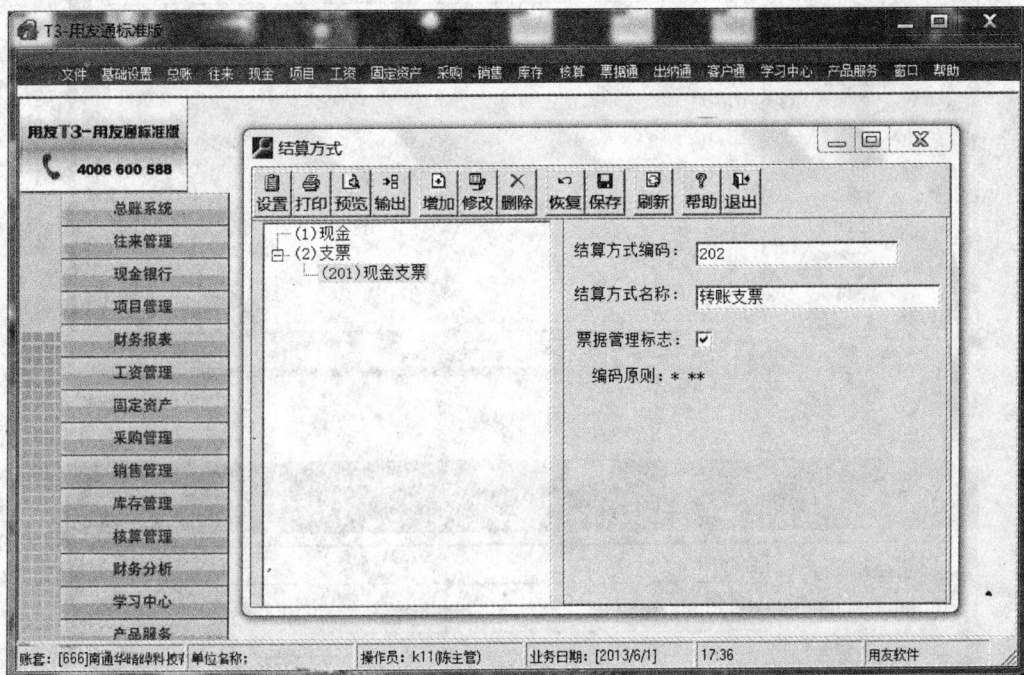

图　4-12

2. 付款条件设置

进入 T3-用友通标准版总账系统的主界面后,单击"基础设置"→"收付结算"→"付款条件"→"增加",输入付款条件编码、信用天数、优惠天数、优惠率后保存,做下一个付款条件设置,如图 4-13 所示。

3. 开户银行设置

进入 T3-用友通标准版总账系统的主界面后,单击"基础设置"→"收付结算"→"开户银行"→"增加",输入开户银行编号、开户银行名称、银行账号后保存,做下一开户银行设置,如图 4-14 所示。

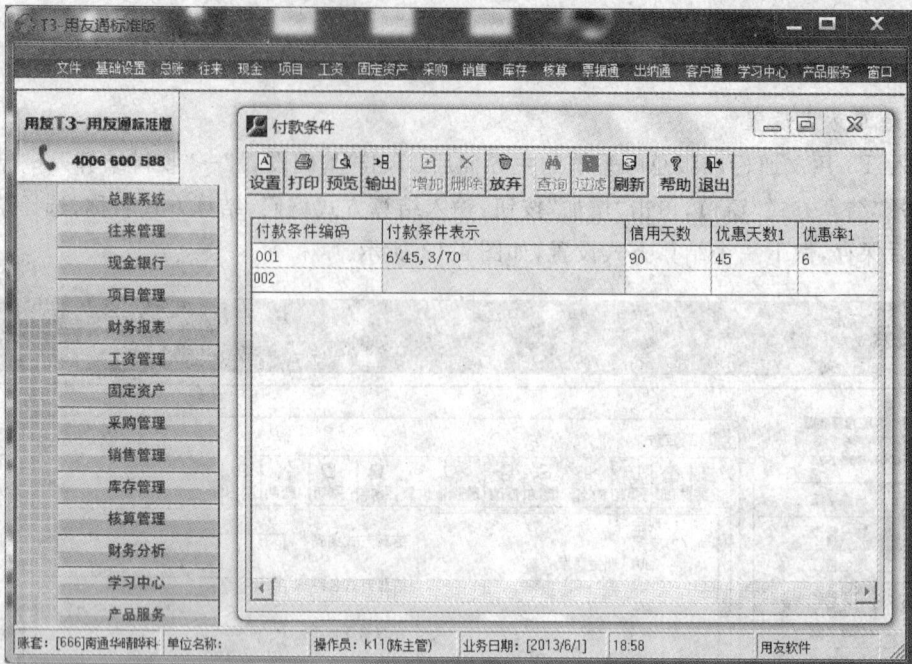

图 4-13

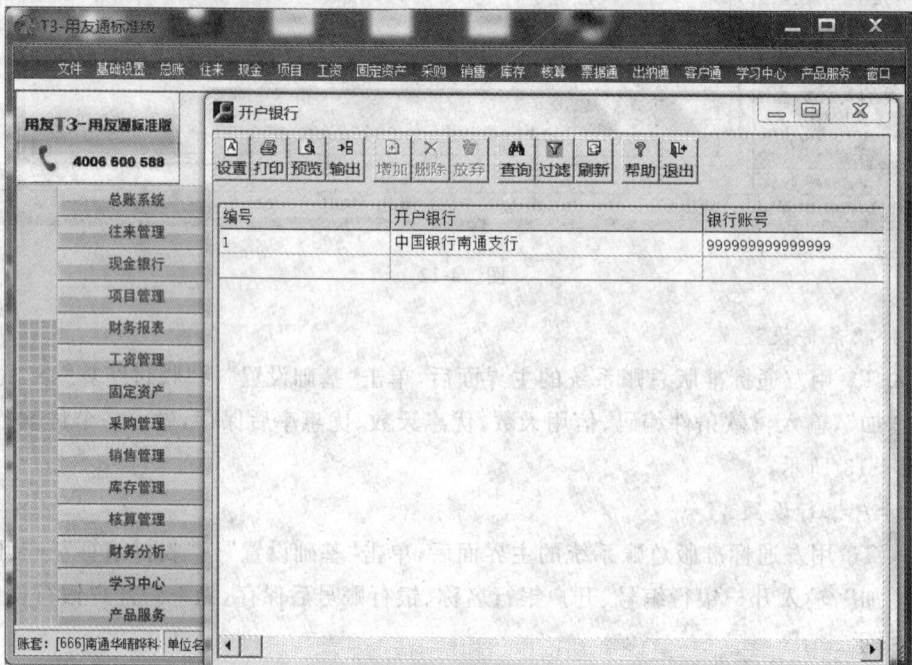

图 4-14

实验实训 总账管理实验一 公用信息档案的建立

【实验目的】

掌握 T3-用友通标准版软件中有关公用档案设置的相关内容和操作方法;认识公用档案设置在整个系统中的作用;理解公用档案设置的数据对日常业务处理的影响。

【实验环境】

会计信息化实验室。一人一机,主频 800MHz 或以上,256MB 或以上内存,20GB 或以上硬盘,标准系列鼠标,Windows 系统支持可显示 256 色的显示器。配有 Windows XP 及以上操作系统,SQL 2000,T3-用友通标准版(或 T3-用友通教学版,系统时间改为 2013 年 1 月 31 日)。

【实验准备】

正确做完上一个实验,或引入"D:\T3-用友通实验账套备份\系统管理"中的账套数据。

【实验内容】

设置基础档案,包括部门档案、职员档案、客户分类、供应商分类、地区分类、客户档案、供应商档案、外币及汇率、结算方式。

【实验资料】

南通华晴晔科技有限公司档案资料如下。

(1) 部门档案如表 4-1 所示。

表 4-1 部门档案

部 门 编 码	部 门 名 称	部 门 编 码	部 门 名 称
1	综合部	203	销售三部
101	总经理办公室	204	销售四部
102	财务部	3	供应部
2	销售部	4	制造部
201	销售一部	401	产品研发
202	销售二部	402	制造车间

(2) 职员档案如表 4-2 所示。

表 4-2 职员档案

职 员 编 号	职 员 名 称	所 属 部 门
101	肖剑	总经理办公室
102	陈主管	财务部
103	王出纳	财务部

续表

职员编号	职员名称	所属部门
104	马总账	财务部
201	赵斌	销售一部
202	宋佳	销售二部
203	孙健	销售三部
204	王华	销售四部
301	白雪	供应部
401	周月	产品研发部
402	李通	制造车间

（3）客户分类如表 4-3 所示。

表 4-3　客户分类

分类编码	分类名称	分类编码	分类名称
01	事业单位	02001	工业
01001	学校	02002	商业
01002	机关	02003	金融
02	企业单位	03	其他

（4）客户档案如表 4-4 所示。

表 4-4　客户档案

客户编号	客户名称	客户简称	所属分类码	所属地区	客户地址	邮政编码
001	北京世纪学校	世纪学校	01001	02	北京市海淀区上地路 9 号	100088
002	天津海达公司	海达公司	02002	02	天津市南开区华苑路 3 号	300009
003	上海万邦证券公司	万邦证券	02003	03	上海市徐汇区天平路 8 号	200031
004	哈尔滨市飞机制造厂	哈飞	02001	01	哈尔滨市平房区和平路 7 号	150009

（5）供应商分类如表 4-5 所示。

表 4-5　供应商分类

分类编码	分类名称	分类编码	分类名称
01	硬件供应商	03	材料供应商
02	软件供应商	04	其他

(6) 供应商档案如表 4-6 所示。

表 4-6　供应商档案

供应商编号	供应商名称	供应商简称	所属分类码	所属地区	供应商地址	邮政编码
001	北京万科有限公司	万科	02	02	北京市朝阳区十里堡 8 号	100045
002	北京联想分公司	联想	01	02	北京市海淀区开拓路 108 号	100036
003	南京多媒体教学研究所	多媒体研究所	04	03	南京市沿江区湖北路 100 号	230187
004	上海信息记录纸厂	记录纸厂	03	03	上海市浦东新区东方路 1 号	200332

(7) 地区分类如表 4-7 所示。

表 4-7　地区分类

地区分类	分 类 名 称	地区分类	分 类 名 称
01	东北地区	04	华南地区
02	华北地区	05	西北地区
03	华东地区	06	西南地区

(8) 外币及汇率。

币符 USD；币名美元；固定汇率 1：6.8376。

币符 HKD；币名港币；固定汇率 1：0.8758。

币符 EUR；币名欧元；固定汇率 1：10.0615。

(9) 结算方式如表 4-8 所示。

表 4-8　结算方式

结算方式编码	结算方式名称	票 据 管 理
1	现金	否
2	支票	否
201	现金支票	是
202	转账支票	是
3	其他	否

【实验指导】

1. 启动 T3-用友通标准版

(1) 单击"开始"按钮,执行"所有程序"→"用友 T3 系列管理软件"→"用友 T3"→"用友 T3 会计信息化软件"命令,或双击桌面上的"用友 T3 会计信息化软件"的快捷方式,打开"注册控制台"对话框。

(2) 输入并选择账套。用户名为 K11；密码为 K11；账套为 666 南通华晴晔科技有限公司；会计年度为 2013；日期为 2013.01.01。

（3）单击"确定"按钮，进入 T3-用友通标准版总账系统的主界面。

2. 设置部门档案

（1）进入 T3-用友通标准版总账系统的主界面后，单击"基础设置"→"机构设置"→"部门档案"，进入"部门档案"窗口。

（2）单击"增加"按钮。

（3）输入数据：部门编码为 1；部门名称为综合部。

（4）单击"保存"按钮。

（5）根据实验资料输入其他部门档案后退出。

3. 设置职员档案

（1）进入 T3-用友通标准版总账系统的主界面后，单击"基础设置"→"机构设置"→"职员档案"，进入"职员档案"窗口。

（2）单击"增加"按钮。

（3）输入数据：职员编码为 101；职员名称为肖剑；所属部门为总经理办公室。

（4）根据实验资料输入其他职员档案后退出。

注意：输入一个职员的档案信息之后，可通过"刷新"按钮在职员档案列表中查看最新输入的职员信息；输入一个职员的档案信息之后，必须按 Enter 键换行后才能保存。

4. 设置客户分类

（1）进入 T3-用友通标准版总账系统的主界面后，单击"基础设置"→"往来单位"→"客户分类"，进入"客户分类"窗口。

（2）单击"增加"按钮。

（3）输入数据：类别编码为 01；类别名称为事业单位。

（4）单击"保存"按钮。

（5）根据实验资料输入其他客户分类后退出。

注意：在建账时，如果选择了进行客户分类，在此必须进行客户分类，否则将不能输入客户档案。

5. 设置供应商分类

（1）进入 T3-用友通标准版总账系统的主界面后，单击"基础设置"→"往来单位"→"供应商分类"，进入"供应商分类"窗口。

（2）单击"增加"按钮。

（3）输入数据：类别编码为 01；类别名称为硬件供应商。

（4）单击"保存"按钮。

（5）根据实验资料输入其他供应商分类后退出。

6. 设置地区分类

（1）进入 T3-用友通标准版总账系统的主界面后，单击"基础设置"→"往来单位"→"地区分类"，进入"供应商分类"窗口。

(2) 单击"增加"按钮。

(3) 输入数据：类别编码为 01；类别名称为东北地区。

(4) 单击"保存"按钮。

(5) 根据实验资料输入其他地区分类后退出。

7. 设置客户档案

(1) 进入 T3-用友通标准版总账系统的主界面后，单击"基础设置"→"往来单位"→"客户档案"，进入"客户档案"窗口。

(2) 选择"01 事业单位"中的"01001 学校"。

(3) 单击"增加"按钮，进入"客户档案卡片"对话框。

(4) 分别在"基本"、"联系"页中输入如下数据。

客户编码为 001；客户名称为北京世纪学校；客户简称为世纪学校；所属地区为 02；地址为北京市海淀区上地路 1 号；邮政编码为 100077。

(5) 单击"保存"按钮，单击"退出"按钮。

(6) 根据实验资料输入其他客户档案后退出。

注意：客户档案必须建立在客户分类的最末级分类下。

8. 设置供应商档案

(1) 进入 T3-用友通标准版总账系统的主界面后，单击"基础设置"→"往来单位"→"供应商档案"，进入"供应商档案"窗口。

(2) 选择"02 软件供应商"。

(3) 单击"增加"按钮，进入"供应商档案卡片"对话框。

(4) 分别在"基本"、"联系"页中输入如下数据。

供应商编码为 001；供应商名称为北京万科有限公司；供应商简称为万科；所属地区为 02；地址为北京市朝阳区十里堡 8 号；邮政编码为 100045。

(5) 单击"保存"按钮，单击"退出"按钮。

(6) 根据实验资料输入其他供应商档案后退出。

9. 设置外币及汇率

(1) 进入 T3-用友通标准版总账系统的主界面后，单击"基础设置"→"财务"→"外币种类"，进入"外币设置"窗口。

(2) 输入数据：币符为 USD；币名为美元。

(3) 单击"确认"按钮。

(4) 在"2013 年 1 月的记账汇率"栏中输入 6.8376，按 Enter 键确认。

(5) 用同样的方法设置其他外币及汇率后退出。

10. 设置结算方式

(1) 进入 T3-用友通标准版总账系统的主界面后，单击"基础设置"→"收付结算"→"结算方式"，进入"结算方式"窗口。

（2）单击"增加"按钮。

（3）输入数据：结算方式编码为1；结算方式名称为现金。

（4）单击"保存"按钮。

（5）根据实验资料输入其他结算方式后退出。

注意：若某种结算方式需要进行票据管理，应选中"票据管理标志"选项。

11. 备份

用 admin 注册，进入系统管理界面，备份本次实验数据到"D:\T3-用友通实验账套备份\总账管理\公用档案设置"文件夹中。

考证训练

【考证训练环境】

会计信息化实验室。一人一机，主频 800MHz 或以上，256MB 或以上内存，20GB 或以上硬盘，标准系列鼠标，Windows 系统支持可显示 256 色的显示器。配有 Windows XP 及以上操作系统，SQL 2000，T3-用友通标准版（或 T3-用友通教学版，系统时间改为 2013 年 1 月 1 日）。正确建立了 313 考证训练账套或恢复了 313 考证训练账套。

（1）用户名为 Z01；账套为 313；操作日期为 2013 年 1 月 1 日。设置供应商档案（供应商无分类）。

供应商编号：205。

供应商名称：南通同创公司。

供应商简称：南通同创。

地址：南通市开发区中华路 13 号。

操作提示：用 Z01 注册进入 T3-用友通标准版总账系统界面，单击"基础设置"→"往来单位"→"供应商档案"→"增加"（输入供应商档案信息）→"保存"→"退出"。

（2）用户名为 Z01；账套为 313；操作日期为 2013 年 1 月 1 日。设置部门档案。

部门编码：3。

部门名称：行政部。

部门属性：行政管理。

操作提示：用 Z01 注册进入 T3-用友通标准版总账系统界面，单击"基础设置"→"机构设置"→"部门档案"（输入部门档案信息）→"保存"→"退出"。

（3）用户名为 Z01；账套为 313；操作日期为 2013 年 1 月 1 日。设置外币及汇率，币符为 EUR；币名为欧元；1 月记账汇率为 7.5。

操作提示：用 Z01 注册进入 T3-用友通标准版总账系统界面，单击"基础设置"→"财务"→"外币种类"→"增加"（输入币符、币名）→"确定"，在 1 月的记账汇率栏中输入 7.5 后退出。

思考练习

(1) 如何设置部门档案和职员档案？如何修改相关的档案信息？

(2) 说出设置往来单位和客户的步骤和操作要点。

(3) 如何设置外币和汇率？

(4) 怎样设置结算方式、开户银行和付款条件？

任务 8　完成总账系统初始化工作

讲授演练

4.2　总账系统初始设置

4.2.1　总账系统控制参数设置

进入 T3-用友通标准版总账系统的主界面后,单击"总账"→"设置"→"选项",打开"选项"对话框。单击相应的标签,设置系统控制参数。设置完成后,单击"确定"按钮,如图 4-15 所示。

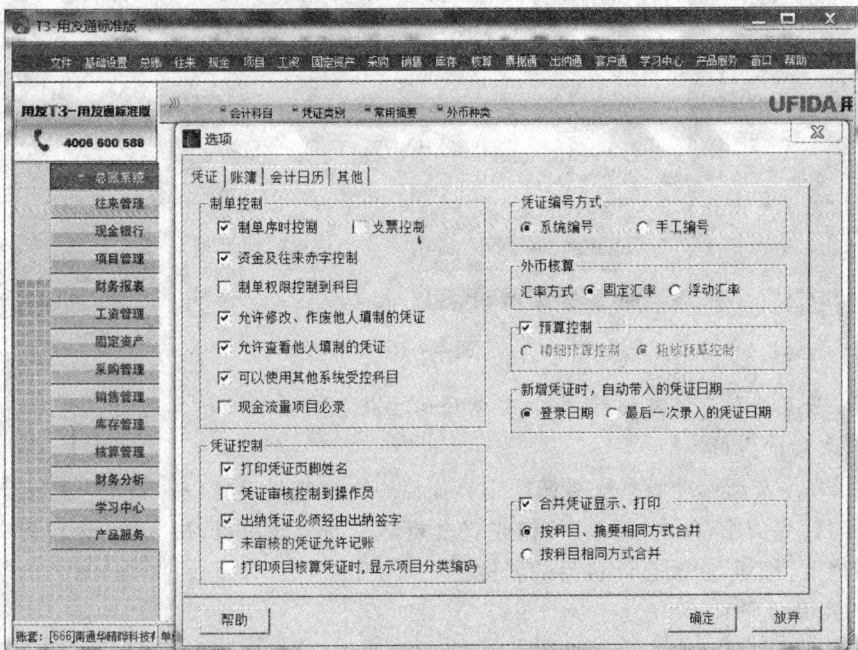

图　4-15

注意：应注意理解这些控制参数设置的意义及对后续操作所产生的影响。

4.2.2　会计科目设置

1. 编辑会计科目

1）增加会计科目

进入 T3-用友通标准版总账系统的主界面后，单击"基础设置"→"财务"→"会计科目"。在"会计科目"界面中，单击"增加"按钮，在"会计科目_新增"窗口中输入科目编码、科目中文名称，如图 4-16 所示。

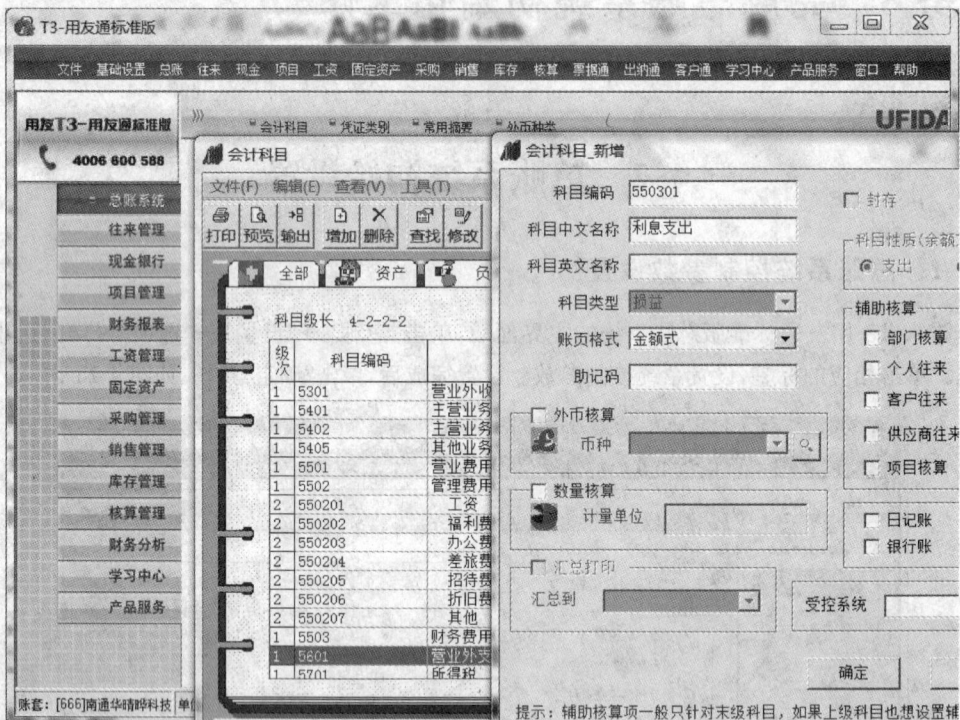

图　4-16

注意：若某些科目涉及辅助核算，在新增时要将各对应辅助核算选上。

2）修改会计科目

进入 T3-用友通标准版总账系统的主界面后，单击"基础设置"→"财务"→"会计科目"。在"会计科目"界面中，单击"修改"按钮或双击要修改的会计科目，进入"会计科目_修改"窗口，单击"修改"按钮，修改会计科目的属性。

2. 指定会计科目

进入 T3-用友通标准版总账系统的主界面后，单击"基础设置"→"财务"→"会计科目"。在"会计科目"窗口中，单击"编辑"→"指定科目"（将待选科目双击选到已选取科目中（例如现金总账科目中的现金与银行总账科目中的银行存款))→"确定"。

4.2.3　凭证类别设置

进入 T3-用友通标准版总账系统的主界面后,单击"基础设置"→"财务"→"凭证类别"(选择分类方式,根据要求设置限制类型、限制科目)→"退出",如图 4-17 所示。

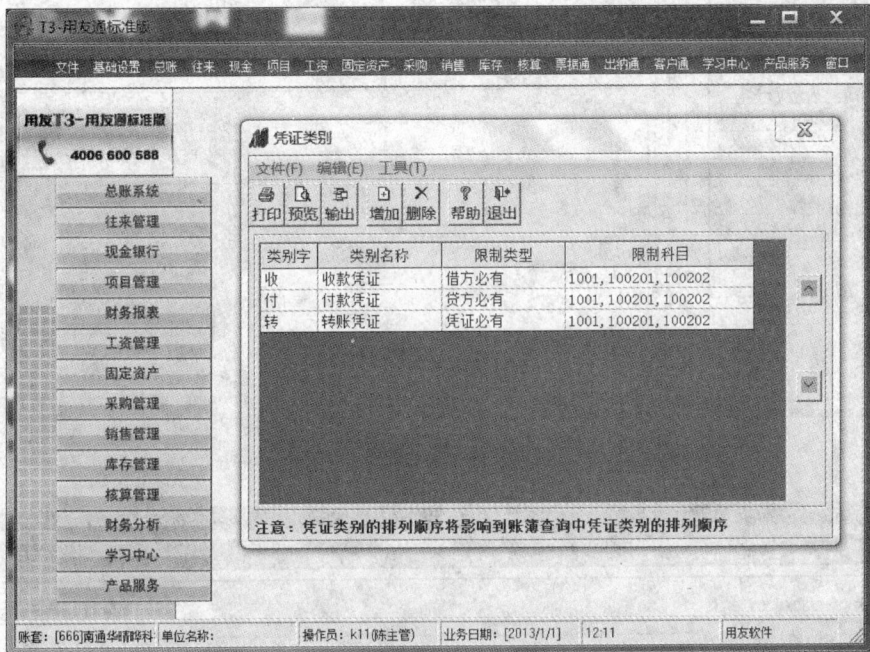

图　4-17

4.2.4　项目目录设置

1. 设置项目大类

进入 T3-用友通标准版总账系统的主界面后,单击"基础设置"→"财务"→"项目目录",进入"项目档案"界面。单击"增加"按钮,打开"项目大类定义_增加"对话框,输入新项目大类名称(如"生产成本"),单击"下一步"按钮,设置其他属性。最后单击"完成"按钮,返回"项目档案"界面,如图 4-18 所示。

注意：项目大类的名称是该类项目的总称,而不是会计科目名称。

2. 指定核算科目

进入 T3-用友通标准版总账系统的主界面后,单击"基础设置"→"财务"→"项目目录",进入"项目档案"界面。在"项目档案"界面中,选择"核算科目"页签,选择项目大类,分别选择要参加核算的科目,单击">"按钮,单击"确定"按钮,如图 4-19 所示。

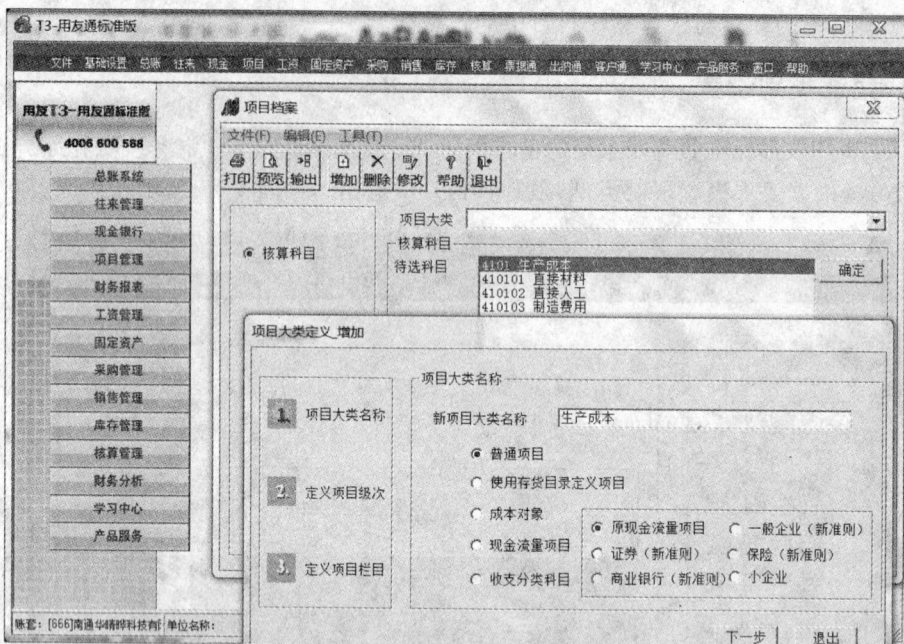

图　4-18

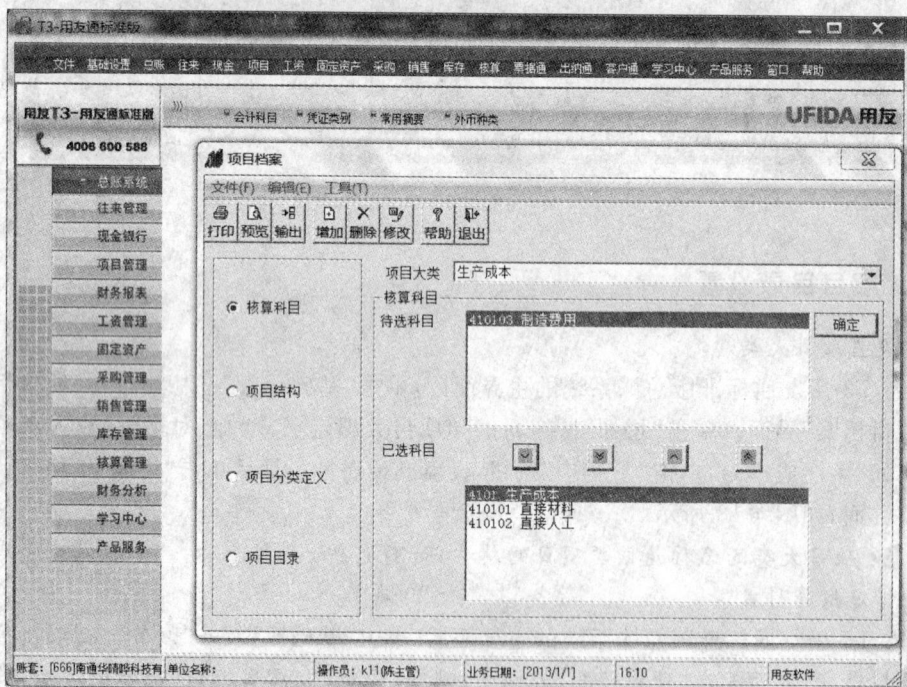

图　4-19

注意：一个项目大类可指定多个科目，一个科目只能指定一个项目大类。

3. 定义项目分类

进入 T3-用友通标准版总账系统的主界面后，单击"基础设置"→"财务"→"项目目录"，进入"项目档案"界面。在"项目档案"界面中，选择"项目分类定义"页签。单击右下角的"增加"按钮，输入分类编码、分类名称后，单击"确定"按钮，如图 4-20 所示。

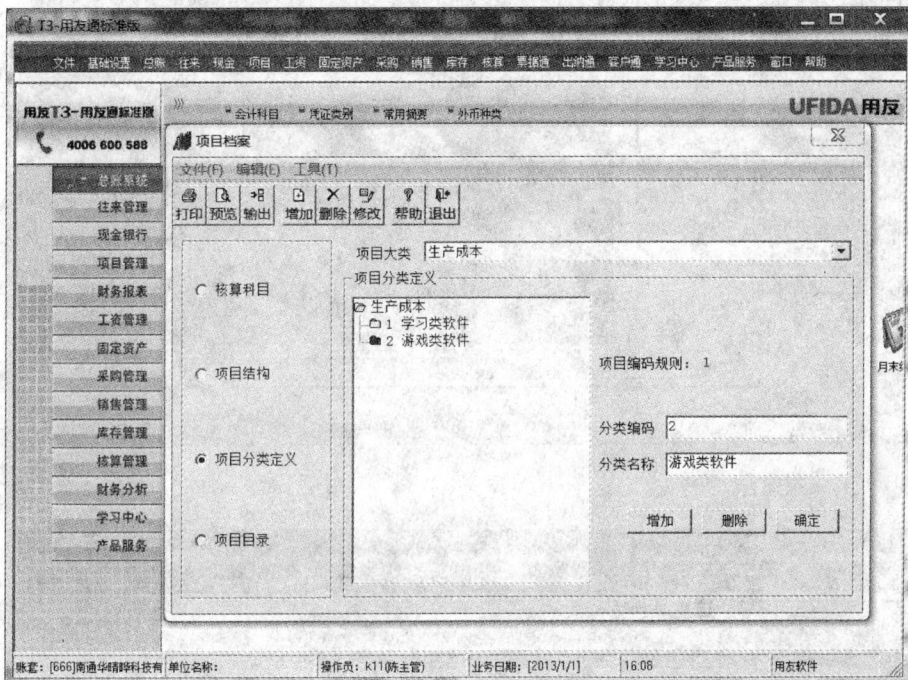

图 4-20

注意：为了便于统计，可对同一项目大类下的项目进行进一步划分，即定义项目分类。若无分类，也必须定义项目分类为"无分类"。

4. 维护项目目录

进入 T3-用友通标准版总账系统的主界面后，单击"基础设置"→"财务"→"项目目录"，进入"项目档案"界面。在"项目档案"界面中，选择"项目目录"页签。单击"维护"按钮，进入"项目目录维护"界面，单击"增加"按钮，输入项目编号、项目名称，选择所属分类码，如图 4-21 所示。

4.2.5 期初余额录入

1. 录入总账期初余额

进入 T3-用友通标准版总账系统的主界面后，单击"总账"→"设置"→"期初余额"，进入"期初余额录入"界面。输入总账科目的期初余额，按 Enter 键确认，如图 4-22 所示。

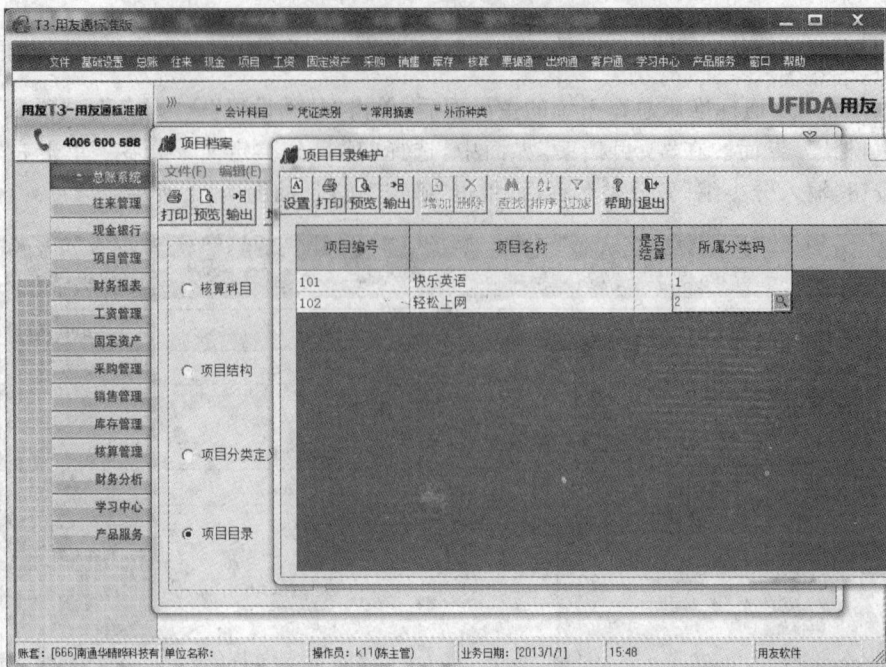

图　4-21

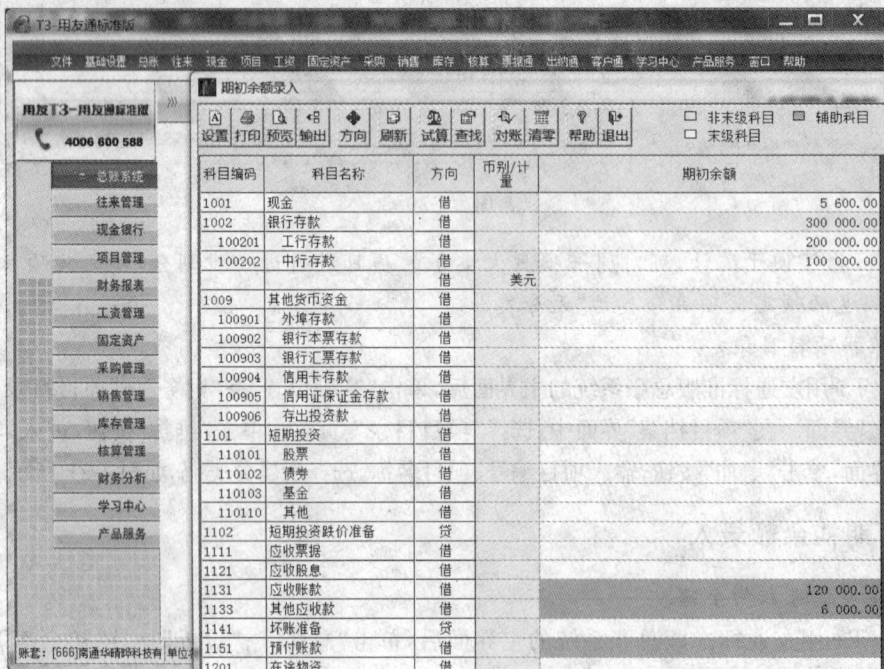

图　4-22

注意：期初余额只能在最末级明细科目上输入，上级科目的期初余额将自动计算生成。

2．录入辅助账期初余额

进入 T3-用友通标准版总账系统的主界面后，单击"总账"→"设置"→"期初余额"，进入"期初余额录入"界面。例如，输入辅助账"其他应收款"的余额，双击"其他应收款"的期初余额栏，进入"客户往来期初"窗口，单击"增加"按钮。输入辅助核算期初余额信息，单击"退出"按钮，如图 4-23 所示。

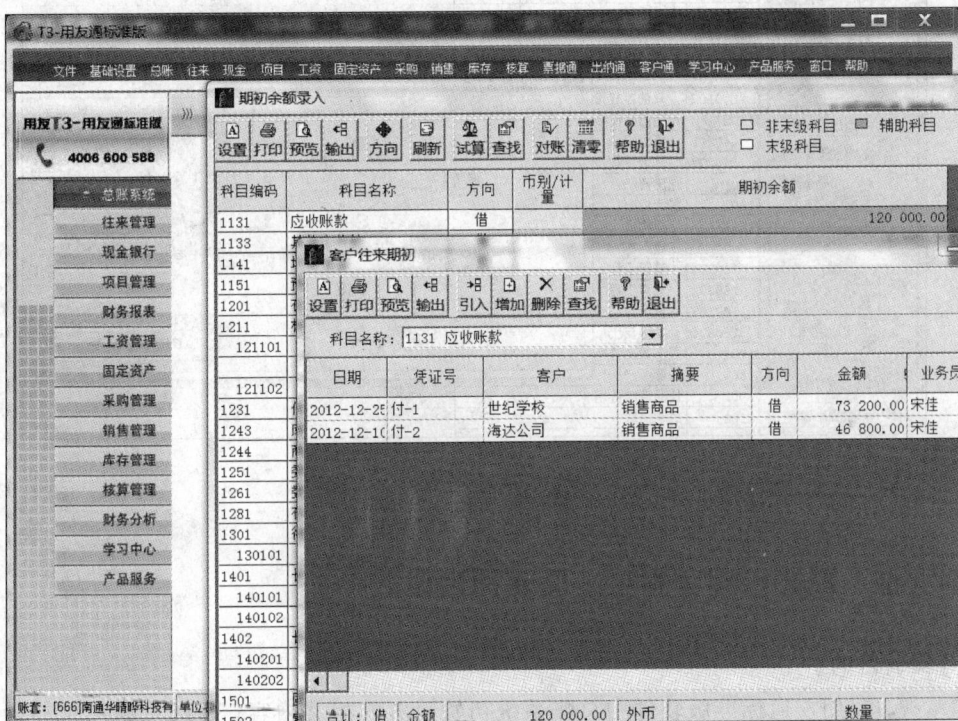

图　4-23

注意：当不想输入某项内容而系统又提示必须输入时，可按 Esc 键取消输入。此操作在本软件中很多地方都是适用的。输入诸如"直接材料(410101)"等有项目核算科目的期初余额，在进行项目参照选择时，应将"显示已结算项目"前面的"√"去掉，这样才能看到要选择的项目名称。

3．期初试算平衡

输完所有科目余额后，在"期初余额录入"界面，单击"试算"按钮，打开"期初试算平衡表"对话框，单击"确认"按钮，若期初余额不平衡，则修改期初余额直到平衡为止，如图 4-24 所示。

注意：期初余额试算不平衡，将不能记账，但可以填制凭证。已经记过账，则不能再输入、修改期初余额，也不能执行"结转上一年余额"功能。

图 4-24

实验实训　总账管理实验二　总账初始设置

【实训目的】

掌握 T3-用友通标准版软件中总账系统初始设置的相关内容；理解总账系统初始设置的意义；学会总账系统初始设置的操作方法。

【实训环境】

会计信息化实验室。一人一机，主频 800MHz 或以上，256MB 或以上内存，20GB 或以上硬盘，标准系列鼠标，Windows 系统支持可显示 256 色的显示器。配有 Windows XP 及以上操作系统，SQL 2000，T3-用友通标准版（或 T3-用友通教学版，系统时间改为 2013 年 1 月 1 日）。

【实验准备】

正确做完上一个实验，或引入"D:\T3-用友通实验账套备份\公用档案设置"中的账套数据。

【实训内容】

（1）总账系统控制参数设置；

（2）设置会计科目；

（3）设置凭证类别；

（4）设置项目目录；

（5）期初余额录入。

【实验资料】

（1）设置总账控制参数，出纳凭证必须经由出纳签字。

（2）会计科目及期初余额。

① 总账会计科目及期初余额如表 4-9 所示。

表 4-9　总账会计科目及期初余额一

科 目 名 称	辅 助 核 算	方向	币别计量	期初余额
现金（1001）	日记	借		5600
银行存款（1002）	银行日记	借		300 000
工行存款（100201）	银行日记	借		200 000
中行存款（100202）	银行日记	借	美元	100 000
应收账款（1131）	客户往来	借		120 000
其他应收款（1133）	个人往来	借		6000
预付账款（1151）	供应商往来	借		
原材料（1211）		借		56 800
生产用原材料（121101）	数量核算	借	张	30 000
其他原材料（121102）		借		26 800
库存商品（1243）		借		180 000
待摊费用（1301）		借		1200
报刊费（130101）		借		1200
固定资产（1501）		借		750 000
累计折旧（1502）		贷		125 000
无形资产（1801）		借		250 000
应付账款（2121）	供应商往来	贷		168 000
预收账款（2131）	客户往来	贷		
应付福利费（2153）		贷		8200
其他应付款（2181）		贷		3600
实收资本（3101）		贷		1 000 000
资本公积（3111）		贷		
其他资本公积（311107）		贷		
利润分配（3141）		贷		661 000
未分配利润（314115）		贷		661 000
生产成本（4101）	项目核算	借		45 000
直接材料（410101）	项目核算	借		5000
直接人工（410102）	项目核算	借		25 000

科 目 名 称	辅 助 核 算	方向	币别计量	期初余额
制造费用(410103)	项目核算	借		15 000
制造费用(4105)		借		
工资(410501)		借		
折旧费(410502)		借		
其他(410503)		借		
营业费用(5501)		支出		
销售人员工资(550101)		支出		
折旧费(550106)		支出		
管理费用(5502)		支出		
工资(550201)	部门核算	支出		
福利费(550202)	部门核算	支出		
办公费(550203)	部门核算	支出		
差旅费(550204)	部门核算	支出		
招待费(550205)	部门核算	支出		
折旧费(550206)	部门核算	支出		
其他(550207)	部门核算	支出		
财务费用(5503)		支出		
利息支出(550301)		支出		

说明：由于一级会计科目在建账时由系统预置，表中只列出了需要修改或增加的会计科目及有期初余额的科目。

② 指定会计科目。

指定"1001 现金"为现金总账科目；指定"1002 银行存款"为银行总账科目。

③ 辅助账期初余额表如表 4-10—表 4-13 所示。

表 4-10　辅助账期初余额表 1

会计科目：1131 应收账款　　　　　　余额：借 120 000 元

日期	客户	摘要	方向	金额	业务员
2012-12-25	世纪学校	销售商品	借	73 200	宋佳
2012-12-10	海达公司	销售商品	借	46 800	宋佳

表 4-11　辅助账期初余额表 2

会计科目：1133 其他应收款　　　　　　余额：借 6000 元

日期	部门	个人	摘要	方向	期初余额
2012-12-26	总经理办公室	肖剑	出差借款	借	4000
2012-12-27	销售一部	赵斌	出差借款	借	2000

表 4-12　辅助账期初余额表 3

会计科目：2121 应付账款　　　　　　　　余额：贷 168 000 元

日期	供应商	摘要	方向	金额	业务员
2012-11-20	万科	购买商品	贷	168 000	白雪

表 4-13　辅助账期初余额表 4

会计科目：4101 生产成本　　　　　　　　余额：借 45 000 元

科目名称	快乐英语	轻松上网	合　计
直接材料(410101)	3000	2000	5000
直接人工(410102)	15 000	10 000	25 000
制造费用(410103)	8500	6500	15 000
合　计	26 500	18 500	45 000

④ 凭证类别如表 4-14 所示。

表 4-14　凭证类别

凭证类别	限制类型	限制科目
收款凭证	借方必有	1001,100201,100202
付款凭证	贷方必有	1001,100201,100202
转账凭证	凭证必无	1001,100201,100202

⑤ 项目目录如表 4-15 所示。

表 4-15　项目目录

项 目 设 置	设 置 内 容
项目大类	生产成本
核算科目	直接材料(410101) 直接人工(410102) 制造费用(410103) 折旧费 (410104) 其他 (410105)
项目分类	① 学习类软件 ② 游戏类软件
项目名称	快乐英语（所属分类　1） 轻松上网（所属分类　1）

【实验指导】

1. 以 K11(陈主管)的身份启动并注册 T3-用友通标准版

用户名为 K11；密码为 K11；账套为 666；会计年度为 2013；日期为 2013.01.01。

2. 设置总账控制参数

进入 T3-用友通标准版总账系统的主界面后，单击"总账"→"设置"→"选项"，打开"选项"对话框。打开"凭证"选项卡，选择"出纳凭证必须经由出纳签字"。设置完成后，单击"确定"按钮。

3. 设置会计科目

提示：应根据实验资料表 4-9 给出的会计科目的顺序来对照账套中的会计科目，若账套中存在此科目，则看是否需要修改；若账套中无此科目，则需要增加。

① 增加会计科目

进入 T3-用友通标准版总账系统的主界面后，单击"基础设置"→"财务"→"会计科目"，进入"会计科目"窗口，显示所有根据账套选择的会计制度预置的科目。单击"增加"按钮，进入"会计科目"→"新增"窗口，输入明细科目相关内容。

例如，输入科目编码"100201"、科目名称"工行存款"；选择"日记账"、"银行账"，单击"确定"按钮。

继续单击"增加"按钮，输入实验资料中其他明细科目的相关内容。全部输完后，单击"退出"按钮。

② 修改会计科目

进入 T3-用友通标准版总账系统的主界面后，单击"基础设置"→"财务"→"会计科目"，进入"会计科目"窗口。在"会计科目"窗口中，单击"修改"按钮或双击要修改的科目，进入"会计科目_修改"窗口，单击"修改"按钮，修改选中的会计科目的信息，单击"确定"按钮。

例如，单击要修改的会计科目"1001 现金"，进入"会计科目_修改"窗口，选中"日记账"复选框，单击"确定"按钮。按实验资料内容修改其他科目的辅助核算属性，修改完成后，单击"返回"按钮。

③ 删除会计科目

进入 T3-用友通标准版总账系统的主界面后，单击"基础设置"→"财务"→"会计科目"，进入"会计科目"窗口。在"会计科目"窗口中，选择要删除的会计科目，单击"删除"按钮，弹出"记录删除后不能修复！真的删除此记录吗?"的提示框，单击"确定"按钮，即可删除该科目。

④ 指定会计科目

进入 T3-用友通标准版总账系统的主界面后，单击"基础设置"→"财务"→"会计科目"，进入"会计科目"窗口。在"会计科目"窗口中，单击"编辑"→"指定科目"，进入"指定科目"窗口，选中指定会计科目。

例如，选中"1001 现金"科目，单击"＞"按钮，将"1001 现金"科目由待选科目选入已选科目。用同样的方法，将"1002 银行存款"由待选科目选入已选科目。

4. 设置凭证类别

进入 T3-用友通标准版总账系统的主界面后，单击"基础设置"→"财务"→"凭证类别"，打开"凭证类别"对话框，单击"收款凭证、付款凭证、转账凭证"单选按钮，单击"确定"按钮，进入"凭证类别"窗口。

例如,单击收款凭证"限制类型"的下三角按钮,选择"借方必有";在"限制科目"栏输入1001,100201,100202。用同样的方法,设置付款凭证的限制类型"贷方必有"、限制科目1001,100201,100202;转账凭证的限制类型"凭证必无"、限制科目 1001,100201,100202。设置完后,单击"退出"按钮。

5. 设置项目目录

① 定义项目大类

进入 T3-用友通标准版总账系统的主界面后,单击"基础设置"→"财务"→"项目目录",进入"项目档案"窗口。单击"增加"按钮,打开"项目大类定义_增加"对话框,输入新项目大类名称"生产成本",单击"下一步"按钮,其他设置均采用系统默认值。最后单击"完成"按钮,返回"项目档案"窗口。

② 指定核算科目

进入 T3-用友通标准版总账系统的主界面后,单击"基础设置"→"财务"→"项目目录",进入"项目档案"窗口。在"项目档案"窗口中,选择"核算科目"页签,选择项目大类"生产成本",分别选择待选科目 410101 直接材料、410102 直接人工、410103 制造费用,单击">"按钮,使之成为已选科目,单击"确定"按钮。

③ 定义项目分类

进入 T3-用友通标准版总账系统的主界面后,单击"基础设置"→"财务"→"项目目录",进入"项目档案"窗口。在"项目档案"窗口中,选择"项目分类定义"页签。单击右下角的"增加"按钮,输入分类编码 1,分类名称为学习类软件,单击"确定"按钮。

以同样的方法定义"2 游戏类软件"项目分类。

④ 定义项目目录

进入 T3-用友通标准版总账系统的主界面后,单击"基础设置"→"财务"→"项目目录",进入"项目档案"窗口。在"项目档案"窗口中,选择"项目目录"页签。单击"维护"按钮,进入"项目目录维护"窗口,单击"增加"按钮,输入项目编号 101,输入项目名称快乐英语;选择所属分类码为 1。

以同样的方法,继续增加"102 轻松上网"项目目录案。

6. 输入期初余额

① 录入总账期初余额

进入 T3-用友通标准版总账系统的主界面后,单击"总账"→"设置"→"期初余额",进入"期初余额录入"窗口。

例如,输入"1001 现金"科目的期初余额 5600,按 Enter 键确认。以同样的方法,根据实验资料输入其他总账科目的期初余额。

② 录入辅助账期初余额

进入 T3-用友通标准版总账系统的主界面后,单击"总账"→"设置"→"期初余额",进入"期初余额录入"窗口。

例如,双击"其他应收款"的期初余额栏,进入"个人往来期初"窗口,单击"增加"按钮,输入实验资料中的"其他应收款"的辅助核算信息,单击"退出"按钮。以同样的方法,根据实验资料输入其他辅助账科目的期初余额。

③ 期初试算平衡

输完所有科目余额后,在"期初余额输入"窗口,单击"试算"按钮,打开"期初试算平衡表"对话框,单击"确认"按钮。若期初余额不平衡,则找出造成不平衡的期初余额修改,直到平衡为止。

7. 备份

备份本次实验数据到"D:\T3-用友通实验账套备份\总账管理\总账初始化"文件夹中。

考证训练

【考证训练环境】

会计信息化实验室。一人一机,主频 800MHz 或以上,256MB 或以上内存,20GB 或以上硬盘,标准系列鼠标,Windows 系统支持可显示 256 色的显示器。配有 Windows XP 及以上操作系统,SQL 2000,T3-用友通标准版(或 T3-用友通教学版,系统时间改为 2013 年 1 月 1 日)。正确建立了 313 考证训练账套或恢复了 313 考证训练账套。

(1) 用户名为 Z01;账套为 313;操作日期为 2013 年 1 月 1 日。设置"应收票据"科目有供应商往来辅助核算属性。

操作提示:用 Z01 注册进入 T3-用友通标准版总账系统界面,单击"基础设置"→"财务"→"会计科目",进入"会计科目"窗口。在"会计科目"窗口中,双击"应收票据"科目,进入"会计科目_修改"窗口,单击"修改"按钮,勾选辅助核算中的"供应商往来",单击"确定"按钮。

(2) 用户名为 Z01;账套为 313;操作日期为 2013 年 1 月 1 日。输入"应收票据"科目的期初余额。日期为 2012-11-30,客户为南通同创,摘要为销售商品,方向为借,金额为35 000。

操作提示:用 Z01 注册进入 T3-用友通标准版总账系统界面,单击"总账"→"设置"→"期初余额",双击"应收票据"的期初余额,单击"增加"(输入题目给出的辅助科目的相关信息)→"退出"。

(3) 用户名为 Z01;账套为 313;操作日期为 2013 年 1 月 1 日。增加会计科目,科目编码为 100203,科目名称为农行存款。

操作提示:用 Z0I 注册进入 T3-用友通标准版总账系统界面,单击"基础设置"→"财务"→"会计科目"→"增加"(输入要增加的会计科目的相关信息)→"确定"→"退出"。

(4) 用户名为 Z01;账套为 313;操作日期为 2013 年 1 月 1 日。设置"收款凭证、付款凭证、转账凭证"的凭证类别。收款凭证的限制类型为"借方必有",限制科目为"1001,100203"。

操作提示:用 Z01 注册进入 T3-用友通标准版总账系统界面,单击"基础设置"→"财务"→"凭证类别"(选择"收款凭证、付款凭证、转款凭证"类别)→"确定"(设置凭证限制类型和限制科目)→"退出"。

思考练习

(1) 怎样增加会计科目的? 怎样修改会计科目? 怎样指定会计科目?

(2) 什么样的会计科目不能直接删除?

(3) 如何设置凭证类别?

(4) 说出设置项目目录的方法。

(5) 怎样录入总账期初余额? 怎样录入辅助账期初余额?

任务9　训练总账系统日常处理的操作技能

讲授演练

4.3　总账系统的日常处理

4.3.1　凭证管理

1. 填制凭证

进入 T3-用友通标准版总账系统的主界面后,单击"总账"→"凭证"→"填制凭证"→"增加",进入填制凭证窗口,设置制单日期、输入附单据数、录入摘要、选择科目名称、输入借方金额、贷方金额,借贷平衡后,单击"增加"做下一份凭证,如图 4-25 所示。

注意:

- 采用时序控制时,制单日期应大于等于启用日期,不能超过业务日期。
- 凭证一旦保存,其凭证类别、凭证编号不能修改。
- 凭证中不同行的摘要可以相同也可以不同,但不能为空。每行摘要将随相应的会计科目在明细账、日记账中出现。
- 科目编码必须是末级的科目编码,既可以手工直接输入,也可利用右边的放大镜按钮选择输入。
- 金额不能为"零";红字以"—"号表示。
- 可按"="键取当前凭证借贷方金额的差额到当前光标位置。
- 可支持多借多贷、一借多贷、多借一贷。

2. 查询凭证

(1) 进入 T3-用友通标准版总账系统的主界面后,单击"总账"→"凭证"→"查询凭证",

图 4-25

打开"凭证查询"对话框。

（2）选择查询条件，如"付款凭证"、"未记账凭证"等可查询符合条件的凭证。单击"辅助条件"或"自定义项"按钮，可设置更多的查询条件。

（3）单击"确认"按钮，进入"查询凭证"窗口。

（4）双击"查询凭证"窗口中某一凭证行，则屏幕可显示出此张凭证。

3．修改凭证

（1）进入 T3-用友通标准版总账系统的主界面后，单击"总账"→"凭证"→"填制凭证"，进入"填制凭证"窗口。

（2）单击"查询"按钮，输入查询条件（例如收款凭证 0001 号），找到要修改的凭证。

（3）对于凭证的一般信息，将光标放在要修改的地方，直接修改；如果要修改凭证的辅助项信息，首先选中辅助核算科目行，然后将光标置于备注栏辅助项，待鼠标变形时双击，弹出"辅助项"对话框，在对话框中修改相关信息。

（4）单击"保存"按钮，保存相关信息。

注意：

- 未经审核的错误凭证可通过"填制凭证"功能直接修改；已审核的凭证应先取消审核后，再进行修改。

- 若已采用制单时序控制,修改后的制单日期,不能在上一张凭证的制单日期之前。
- 若选择"不允许修改或作废他人填制的凭证"权限控制,则不能修改或作废他人填制的凭证。
- 如果涉及银行科目的分录已录入支票信息,并对该支票做过报销处理,修改操作将不影响"支票登记簿"中的内容。
- 外部系统传过来的凭证不能在总账系统中进行修改,只能在生成该凭证的系统中进行修改。

4. 作废凭证

(1) 进入 T3-用友通标准版总账系统的主界面后,单击"总账"→"凭证"→"填制凭证",进入"填制凭证"窗口。

(2) 在"填制凭证"窗口,先查询到要作废的凭证。

(3) 单击"制单"→"作废/恢复"。

(4) 凭证的左上角显示"作废",表示该凭证已作废。

注意:

- 作废凭证仍保留凭证内容及编号,只显示"作废"字样。
- 作废凭证不能修改,不能审核。
- 在记账时,已作废的凭证应参与记账,否则月末无法结账,但不对作废凭证做数据处理,相当于一张空凭证。
- 账簿查询时,查不到作废凭证的数据。
- 若当前凭证已作废,可单击"制单"→"作废/恢复",取消作废标志,并将当前凭证恢复为有效凭证。

5. 整理凭证

(1) 进入 T3-用友通标准版总账系统的主界面后,单击"总账"→"凭证"→"填制凭证",进入"填制凭证"窗口。

(2) 在"填制凭证"窗口中,单击"制单"→"整理凭证",出现"选择凭证期间"对话框。

(3) 选择要整理的"月份"。

(4) 单击"确定"按钮,出现"作废凭证表"对话框。

(5) 选择真正要删除的作废凭证。

(6) 单击"确定"按钮,系统将这些凭证从数据库中删除,并对剩下凭证重新排号。

注意:

- 如果作废凭证不想保留时,则可以通过"凭证整理"功能,将其彻底删除,并对未记账凭证重新编号。
- 只能对未记账凭证做凭证整理。
- 已记账凭证做凭证整理,应先恢复本月月初的记账前状态,再做凭证整理。

4.3.2　出纳签字

本月所有凭证制单完成后,用有出纳签字权限的操作员注册进入 T3-用友通标准版总账系统的主界面,单击"总账"→"凭证"→"出纳签字"(选择月份)→"确认",进入"出纳签字"窗口,单击"出纳"→"成批出纳签字"→"确定"→"退出",如图 4-26 所示。

图　4-26

若要取消出纳签字,则在"出纳签字"窗口,单击"出纳"→"成批出纳取消签字"→"确定"→"退出"。

注意:

- 凭证填制人和出纳签字人可以为不同的人,也可以为同一个人。
- 在进行出纳签字之前,通常需先更换操作员。
- 涉及指定为现金科目和银行科目的凭证才需出纳签字。
- 凭证一经签字,就不能被修改、删除,只有取消签字后才可以修改或删除,取消签字只能由出纳自己进行。
- 凭证签字并非审核凭证的必要步骤。若在设置总账参数时,不选择"出纳凭证必须经由出纳签字",则可以不执行"出纳签字"功能。
- 可以执行"成批出纳签字"功能对所有凭证进行出纳签字。

4.3.3　审核凭证

本月所有凭证制单完成后,用有审核权限的操作员注册进入 T3-用友通标准版总账系统的主界面后,单击"总账"→"凭证"→"审核凭证"(选择月份)→"确认",进入"审核凭证"窗口后单击"确定"按钮,在出现的"审核凭证"页面中,单击"审核"→"成批审核凭证"(出现"成批审核结果表")→"确定"→"退出",如图 4-27 所示。

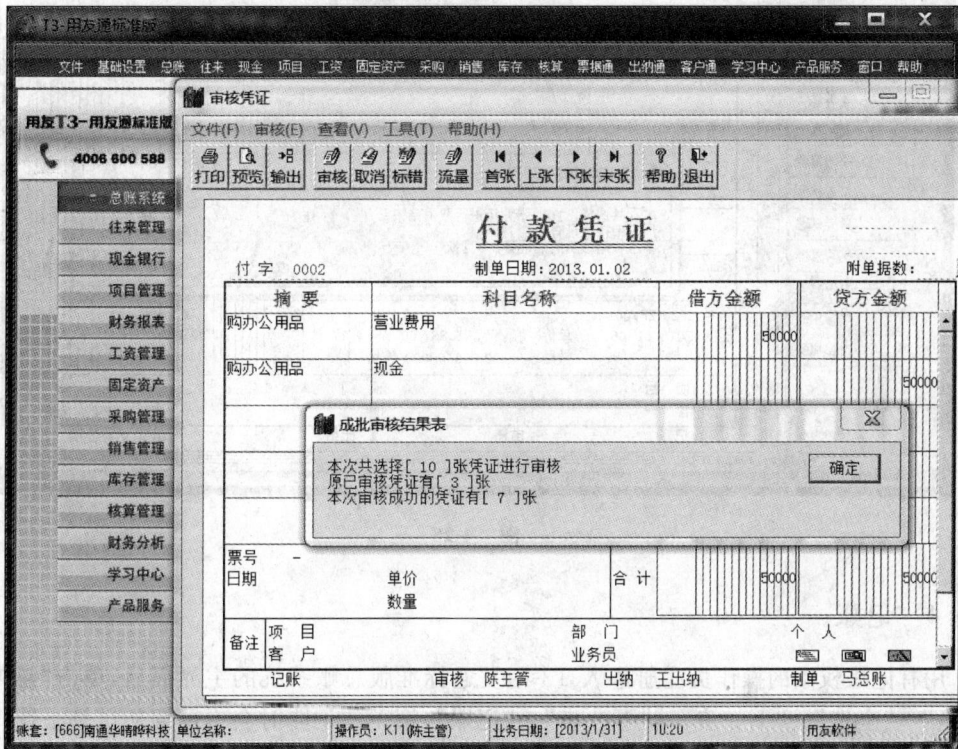

图　4-27

若要取消审核,则在"审核凭证"窗口,选择月份,单击"审核"→"成批取消审核"(出现"成批取消审核结果表")→"确定"→"退出",如图 4-28 所示。

注意:

- 所有填制的凭证必须经过审核。
- 审核人必须具有审核权。
- 审核人和制单人不能是同一个人。
- 凭证一经审核,不能被修改、删除,只有取消审核后才可修改或删除。已标记作废的凭证不能被审核,需先取消作废标记后才能被审核。

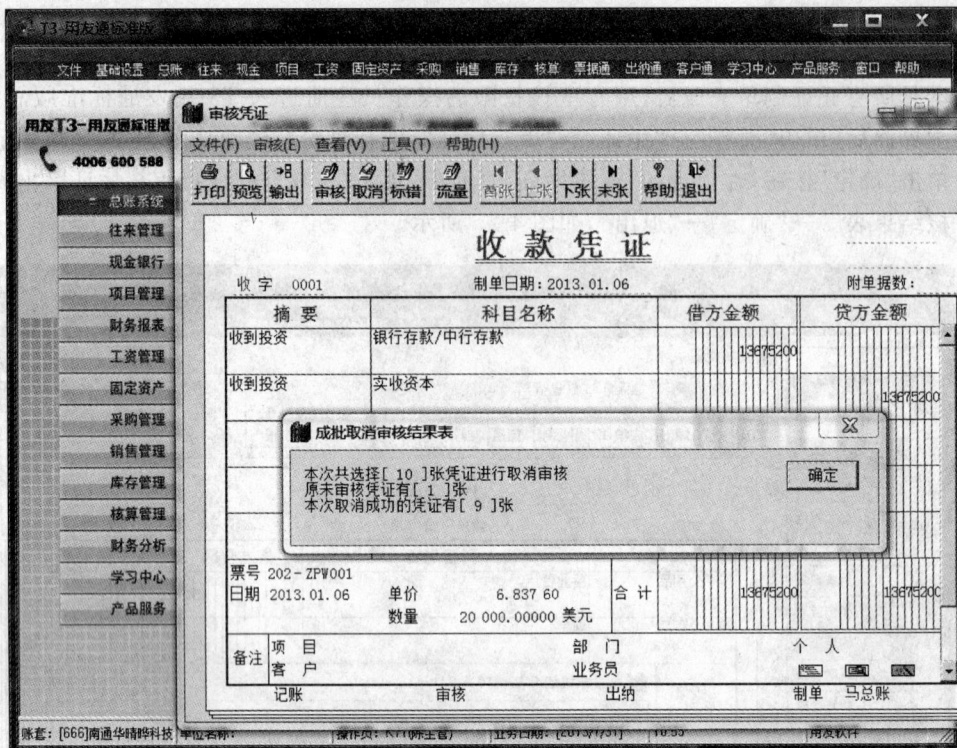

图　4-28

4.3.4　记账

　　用有记账权限的操作员注册进入 T3-用友通标准版总账系统的主界面后,单击"总账"→"记账"→"全选"→"下一步"→"下一步"→"记账",第一次记账时会提示期初试算平衡,单击"确认"按钮即可。提示记账完毕后,单击"确定"按钮,完成记账工作,如图 4-29 所示。

　　若要取消记账,则同样用有记账权限的操作员注册进入 T3-用友通标准版总账系统的主界面后,单击"总账"→"期末"→"对账",在"对账"对话框,同时按下 Ctrl+H 键,出现"恢复记账前状态功能已被激活"的提示,如图 4-30 所示。

　　回到 T3-用友通标准版的主界面,单击"总账"→"凭证"→"恢复记账前状态",选择月份(例如,2013 年 1 月),输入主管的口令后单击"确认"按钮,提示恢复记账完毕,如图 4-31所示。

　　注意:

　　• 第一次记账时,若期初余额试算不平衡,不能记账。

　　• 上一个月未记账,本月不能记账。

　　• 未审核凭证不能记账,记账范围应小于等于已审核范围。

图　4-29

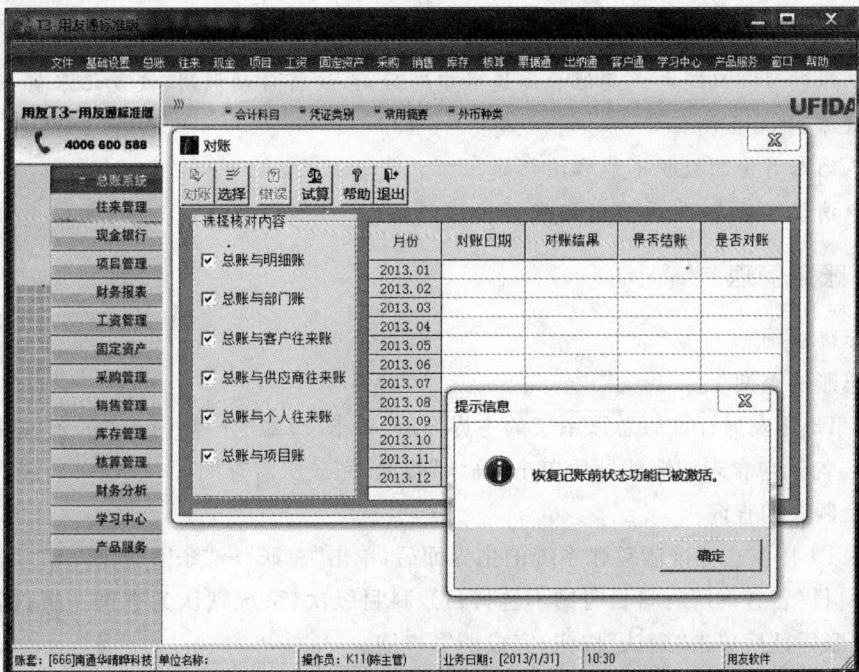

图　4-30

图   4-31

- 记账过程一旦断电或其他原因造成中断后,系统将自动调用"恢复记账前状态"恢复
  数据,然后重新记账。
- 已结账月份的数据不能取消记账。
- 取消记账后,一定要重新记账。

4.3.5 账簿管理

1. 账簿查询

1)总账的查询

进入 T3-用友通标准版总账系统的主界面后,单击"总账"→"账簿查询"→"总账",选择
对应科目,勾选包含未记账凭证后单击"确认"按钮,完成所需查询。

2)余额表的查询

进入 T3-用友通标准版总账系统的主界面后,单击"总账"→"账簿查询"→"余额表",选
择月份、科目(若查询所有科目时则不选科目)、科目级次(系统默认为查询一级科目),勾选
包含未记账凭证后单击"确认"按钮,完成所需查询。

3)明细账的查询

进入 T3-用友通标准版总账系统的主界面后,单击"总账"→"账簿查询"→"明细账",选择科目(若不选择科目时,可查询所有科目)、月份,勾选包含未记账凭证后单击"确认"按钮,完成所需查询。

4)多栏账查询

(1)定义多栏账

进入 T3-用友通标准版总账系统的主界面后,单击"总账"→"账簿查询"→"多栏账"→"增加",进入多栏账定义窗口,选择核算科目、编制(自动编制或人工编制)查询栏目,完成多栏账的定义。

(2)查询多栏账

进入 T3-用友通标准版总账系统的主界面后,单击"总账"→"账簿查询"→"多栏账"→"查询",选择已定义好的多栏账,完成所需查询。

5)往来账查询

进入 T3-用友通标准版总账系统的主界面后,单击"往来"→"账簿",选择查询的账表,确认查询条件,完成往来账查询。

6)现金银行查询

进入 T3-用友通标准版总账系统的主界面后,单击"现金"→"现金管理",选择查询的账表,确认查询条件,完成现金银行查询。

7)其他账表的查询

根据账表的性质查询,方法大同小异。

2.账簿打印

1)打印格式设置

进入 T3-用友通标准版总账系统的主界面后,单击"总账"→"设置"→"总账套打工具",分别设置凭证、账簿的打印格式。

2)打印

(1)凭证打印

进入 T3-用友通标准版总账系统的主界面后,单击"总账"→"凭证"→"打印凭证",设置相应的后预览、打印。

(2)账簿打印

进入 T3-用友通标准版总账系统的主界面后,单击"总账"→"账簿打印",选择要打印的账簿,设置相应的后预览、打印。

实验实训 总账管理实验三 总账日常处理

【实验目的】

理解 T3-用友通标准版软件中总账系统日常业务处理的相关内容；熟悉总账系统日常业务处理的各种操作；掌握凭证管理和填制凭证、出纳签字、审核凭证、凭证记账的具体内容和操作方法。

【实验环境】

会计信息化实验室。一人一机，主频 800MHz 或以上，256MB 或以上内存，20GB 或以上硬盘，标准系列鼠标，Windows 系统支持可显示 256 色的显示器。配有 Windows XP 及以上操作系统，SQL 2000，T3-用友通标准版（或 T3-用友通教学版，系统时间改为 2013 年 1 月 1 日）。

【实验准备】

正确做完上一个实验，或引入"D：\T3-用友通实验账套备份\总账管理\总账初始化"中的账套数据。

【实验内容】

填制凭证、出纳签字、审核凭证、凭证记账。

【实验资料】

2013 年 1 月经济业务如下。

(1) 2 日，销售一部赵斌购买了 500 元的办公用品，以现金支付(附单据一张)。

(付款凭证)摘要：购办公用品

借：营业费用(5501) 500

　贷：现金(1001) 500

(2) 4 日，财务部王出纳从工行提取现金 8000 元，作为备用金(现金支票号 XP001)。

(付款凭证)摘要：提现

借：现金(1001) 8000

　贷：银行存款/工行存款(100201) 8000

(3) 6 日，收到泛美集团投资资金 20 000 美元，汇率 1：6.8376(转账支票号 ZPW001)。

(收款凭证)摘要：收到投资

借：银行存款/中行存款(100202) 136 752

　贷：实收资本(3101) 136 752

(4) 7 日，供应部白雪采购空白光盘 1000 张，每张 2 元，材料直接入库，货款以银行存款支付(转账支票号 ZPR001)。

(付款凭证)摘要：购空白光盘

借：原材料/生产用原材料（121101）　　　　　　　　　2000

　　贷：银行存款/工行存款（100201）　　　　　　　　　　　2000

（5）11 日，销售二部宋佳收到北京世纪学校转来的一张转账支票，金额 73 200 元，用于偿还前欠货款（转账支票号 ZPR002）。

（收款凭证）摘要：收到货款

借：银行存款/工行存款（100201）　　　　　　　　　73 200

　　贷：应收账款（1131）　　　　　　　　　　　　　　　73 200

（6）12 日，供应部白雪从南京多媒体研究所购入"学习革命"光盘 100 张，单价 60 元，货税款暂欠，商品已验收入库（适用税率 17％）。

（转账凭证）摘要：购"学习革命"光盘

借：库存商品（1243）　　　　　　　　　　　　　　　6000

　　应交税金/应交增值税/进项税额（21710101）　　　　1020

　　贷：应付账款（2121）　　　　　　　　　　　　　　　7020

（7）14 日，总经理办公室支付业务招待费 3000 元（转账支票号 ZZR003）。

（付款凭证）摘要：支付招待费

借：管理费用/招待费（550205）　　　　　　　　　　3000

　　贷：银行存款/工行存款（100201）　　　　　　　　　　3000

（8）16 日，总经理办公室肖剑出差归来，报销差旅费 4000 元。

（转账凭证）摘要：报销差旅费

借：管理费用/差旅费（550204）　　　　　　　　　　4000

　　贷：其他应收款（1133）　　　　　　　　　　　　　　4000

（9）18 日，制造车间领用光盘 500 张，单价 2 元，用于制作"快乐英语"软件。

（转账凭证）摘要：领用空白光盘

借：生产成本/直接材料（410101）　　　　　　　　　1000

　　贷：原材料/生产用原材料（121101）　　　　　　　　　1000

（10）23 日，销售二部宋佳售给天津海达公司"快乐英语"软件 100 套，每套 200 元，货款未收（适用税率 17％）。

（转账凭证）摘要：售"快乐英语"软件，款未收

借：应收账款（1131）　　　　　　　　　　　　　　23 400

　　贷：主营业务收入（5101）　　　　　　　　　　　　　20 000

　　　　应交税金/应交增值税/销项税额（21710105）　　　　3400

（11）31 日，结转"快乐英语"软件产品销售成本。数量为 100 套，单价为 80 元。

（转账凭证）摘要：结转"快乐英语"软件销售成本

借：主营业务成本（5401）　　　　　　　　　　　　　　　8000

　　贷：库存商品（1243）　　　　　　　　　　　　　　　　8000

【实验要求】

（1）以 K33（马总账）的身份进行填制凭证、凭证查询的操作。

（2）以 K22（王出纳）的身份进行出纳签字操作。

（3）以 K11（陈主管）的身份进行审核、记账操作。

【实验指导】

以 K33（马总账）的身份启动与注册进入 T3-用友通标准版。用户名为 K33；密码为 K33；账套为 666；会计年度为 2013；日期为 2013.01.31。

提示：因为每张凭证的制单日期不一样，所以注册 T3-用友通标准版时把操作日期设置为 2013.01.31。这样，只需注册一次，在填制凭证时可输入本月不同日期的凭证。

1．填制凭证

1）业务 1——输入一张完整的凭证

（1）进入 T3-用友通标准版总账系统的主界面后，单击"总账"→"凭证"→"填制凭证"，进入"填制凭证"窗口。

（2）单击"增加"按钮，增加一张空白凭证。

（3）选择凭证类型为付款凭证；输入制单日期为 2013/01/02；输入附单据数为 1。

（4）输入摘要为购办公用品；输入科目名称为 5501，借方金额为 500，按 Enter 键；摘要自动带到下一行，输入科目名称为 1001，贷方金额为 500。

（5）单击"保存"按钮，弹出"凭证已成功保存！"的信息提示框。

（6）单击"确定"按钮。

业务 2～业务 9，输入凭证的辅助核算信息。在凭证填制过程中，若某科目为"银行科目"、"外币科目"、"数量科目"、"辅助核算科目"，输完科目名称后，必须继续输入该科目的辅助核算信息。

2）业务 2——银行科目

（1）在填制凭证过程中，输完银行科目 100201，弹出"辅助项"对话框。

（2）输入结算方式为 201，票号为 XP001，发生日期为 2013/01/04。

（3）单击"确定"按钮。

3）业务 3——外币科目

（1）在填制凭证过程中，输完外币科目 100202。

（2）输入外币金额 20 000，根据自动显示的外币汇率 6.8376，自动算出并显示本币金额 136 752。

注意：汇率栏中内容是固定的，不能输入或修改。如使用变动汇率，汇率栏中显示最近一次汇率，可以直接在汇率栏中修改。

4) 业务 4——数量科目

(1) 在填制凭证过程中,输完数量科目 121101,弹出"辅助项"对话框。

(2) 输入数量为 1000,单价为 2。

(3) 单击"确定"按钮。

注意:按空格键,借贷方金额可互相切换。

5) 业务 5——客户往来

(1) 在填制凭证过程中,输完客户往来科目"1131",弹出"辅助项"对话框。

(2) 选择输入客户为世纪学校,业务员为宋佳,输入票号为 ZPR002,发生日期为 2013.01.11。

(3) 单击"确定"按钮。

注意:如果往来单位不属于已定义的往来单位,则要正确输入新往来单位的辅助信息,系统会自动追加到往来单位目录中。

6) 业务 6——供应商往来

(1) 在填制凭证过程中,输完供应商往来科目"2121",弹出"辅助项"对话框。

(2) 选择输入供应商为多媒体研究所,业务员为白雪,发生日期为 2013.01.12。

(3) 单击"确定"按钮。

7) 业务 7——部门核算

(1) 在填制凭证过程中,输完部门核算科目"550205",弹出"辅助项"对话框。

(2) 选择输入部门为总经理办公室。

(3) 单击"确定"按钮。

8) 业务 8——个人往来

(1) 在填制凭证过程中,输完个人往来科目"1133",弹出"辅助项"对话框。

(2) 选择输入部门为总经理办公室,个人为肖剑,发生日期为 2013.01.16。

(3) 单击"确定"按钮。

注意:在输入个人信息时,若不输"部门名称"只输"个人名称"时,系统将根据所输个人名称自动输入其所属的部门。

9) 业务 9——项目核算

(1) 在填制凭证过程中,输完项目核算科目为 410101,弹出"辅助项"对话框。

(2) 选择输入项目名称为"快乐英语"软件。

(3) 单击"确定"按钮。

注意:系统根据数量×单价自动计算出金额,并将金额先放在借方,如果方向不符,可将光标移动到贷方,按空格键即可调整金额方向。

业务 10、业务 11,可参照前面的操作由读者自行练习输入,在此不再重复。

2. 出纳签字

在"T3-用友通标准版"的主窗口,单击"文件"→"重新注册",以 K22(王出纳)的身份重新注册进入"T3-用友通标准版"窗口。用户名为 K22；密码为 K22；账套为 666；会计年度为 2013；操作日期为 2013.01.31。

（1）在"T3-用友通标准版"的主窗口，单击"总账"→"凭证"→"出纳签字"，打开"出纳签字"查询条件对话框。

（2）选择月份"2013.01"。

（3）单击"确认"按钮，进入"出纳签字"的凭证列表窗口。

（4）双击要签字的凭证或者单击"确定"按钮，进入"出纳签字"的签字窗口。

（5）单击"签字"按钮，凭证底部的"出纳"处自动签上出纳人姓名。

（6）单击"下一张"按钮，将其他出纳凭证签字。

（7）最后单击"退出"按钮。

3. 审核凭证

以 K11（陈主管）的身份重新注册 T3-用友通标准版。用户名为 K11；密码为 K11；账套为 666；会计年度为 2013；操作日期为 2013.01.31。

（1）在"T3-用友通标准版"的主窗口，单击"总账"→"凭证"→"审核凭证"，打开"凭证审核"查询条件对话框。

（2）输入查询条件，可采用默认值。

（3）单击"确认"按钮，进入"凭证审核"的凭证列表窗口。

（4）双击要审核的凭证或单击"确定"按钮，进入"凭证审核"的审核凭证窗口。

（5）检查要审核的凭证，无误后，单击"审核"按钮，凭证底部的"审核"处自动签上审核人姓名。

（6）单击"下一张"按钮，审核其他凭证。

（7）最后单击"退出"按钮。

4. 记账

（1）在"T3-用友通标准版"的主窗口，单击"总账"→"凭证"→"记账"，进入"记账"窗口。

（2）单击"全选"按钮，选择所有要记账的凭证。

（3）单击"下一步"按钮。

（4）系统显示记账报告，如果需要打印记账报告，可单击"打印"按钮。如果不打印记账报告，单击"下一步"按钮。

（5）单击"记账"按钮，打开"试算平衡表"对话框。

（6）单击"确认"按钮，系统开始登录有关的总账和明细账、辅助账。登记完后，弹出"记账完毕"信息提示对话框。

（7）单击"确定"按钮，记账完毕。

5. 备份

备份本次实验数据到"D:\T3-用友通实验账套备份\总账管理\日常处理"文件夹中。

考证训练

【考证训练环境】

会计信息化实验室。一人一机,主频 800MHz 或以上,256MB 或以上内存,20GB 或以上硬盘,标准系列鼠标,Windows 系统支持可显示 256 色的显示器。配有 Windows XP 及以上操作系统,SQL 2000,T3-用友通标准版(或 T3-用友通教学版,系统时间改为 2013 年 1月 1 日)。正确建立了 313 考证训练账套或恢复了已存储的 313 考证训练账套。

(1) 用户名为 Z01;账套为 313;操作日期为 2013 年 1 月 1 日。公司从农业银行提取现金 2200 元,填制并保存付款凭证。

操作提示:用 Z01 注册进入 T3-用友通标准版总账系统界面,单击"总账"→"凭证"→"填制凭证"→"增加"(输入相关内容)→"保存"→"退出"。

(2) 用户名为 Z01;账套为 313;操作日期为 2013 年 1 月 2 日,对"0001"号凭证进行审核,审核通过,审核人为 Z01。

操作提示:用 Z01 注册进入 T3-用友通标准版总账系统界面,单击"总账"→"凭证"→"审核凭证"(选择凭证类别)→"确认"(选择 0001 号凭证)→"审核"→"退出"。

(3) 用户名为 Z01;账套为 313;操作日期为 2013 年 1 月 3 日,将"转 0001 号"凭证中的借方科目"应收账款"的个人辅助项改为"销售部吴敏",借贷方金额修改为 2000 元。

操作提示:用 Z01 注册进入 T3-用友通标准版总账系统界面,单击"总账"→"凭证"→"填制凭证"(直接修改"转 0001 号"凭证内容)→"保存"→"退出"。

(4) 用户名为 Z01;账套为 313;操作日期为 2013 年 1 月 4 日,将所有已审核凭证记账。

操作提示:用 Z01 注册进入 T3-用友通标准版总账系统界面,单击"总账"→"凭证"→"记账"。

思考练习

(1) 怎样成批审核凭证?

(2) 哪些业务可以通过调用常用摘要或常用凭证的方式填制凭证?

(3) 在填制凭证时如果往来类科目的往来单位填错,应如何操作?

(4) 发现已审核的凭证有错误应该怎么办?

(5) 在什么情况下要求对出纳凭证签字?出纳签字的必要条件是什么?

(6) 如果在填制凭证时发现并未设置相应的会计科目应该怎么办?

(7) 在记账时发现因为期初余额不平衡而不能记账,应该怎么办?

(8) 如果在总账系统的选项中未选择"允许修改、作废他人填制的凭证",对日常业务操作会有何影响?

(9) 如果在总账系统的选项中选择了"制单时序控制",对制单时间有何要求?

任务 10　掌握现金管理要求和操作方法

讲授演练

4.4　现　金　管　理

现金管理流程图如图 4-32 所示。

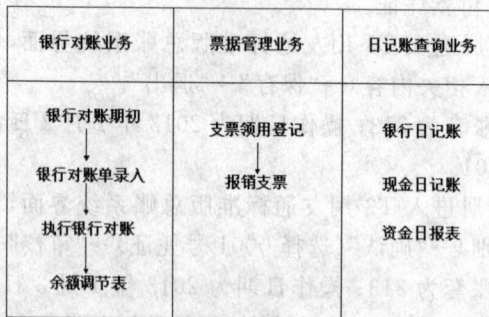

银行对账业务	票据管理业务	日记账查询业务
银行对账期初 ↓ 银行对账单录入 ↓ 执行银行对账 ↓ 余额调节表	支票领用登记 ↓ 报销支票	银行日记账 现金日记账 资金日报表

图　4-32

4.4.1　查询日记账及资金日报表

1．查询现金日记账

（1）进入 T3-用友通标准版主窗口，单击"现金"→"现金管理"→"日记账"→"现金日记账"，打开"现金日记账查询条件"对话框。

（2）选择科目、月份。

（3）单击"确认"按钮，进入"现金日记账"窗口。

（4）双击某行或将光标定在某行再单击"凭证"按钮，可查看相应的凭证。

（5）单击"总账"按钮，可查看此科目的三栏式总账，如图 4-33 所示。

2．查询银行存款日记账

银行存款日记账查询与现金日记账查询操作基本相同，所不同的只是银行存款日记账多一个结算号栏，主要是对账时用。

3．查询资金日报表

（1）进入 T3-用友通标准版主窗口，单击"现金"→"现金管理"→"日记账"→"资金日报"，打开"资金日报表查询条件"对话框。

（2）输入查询日期，选择"有余额无发生也显示"复选框。

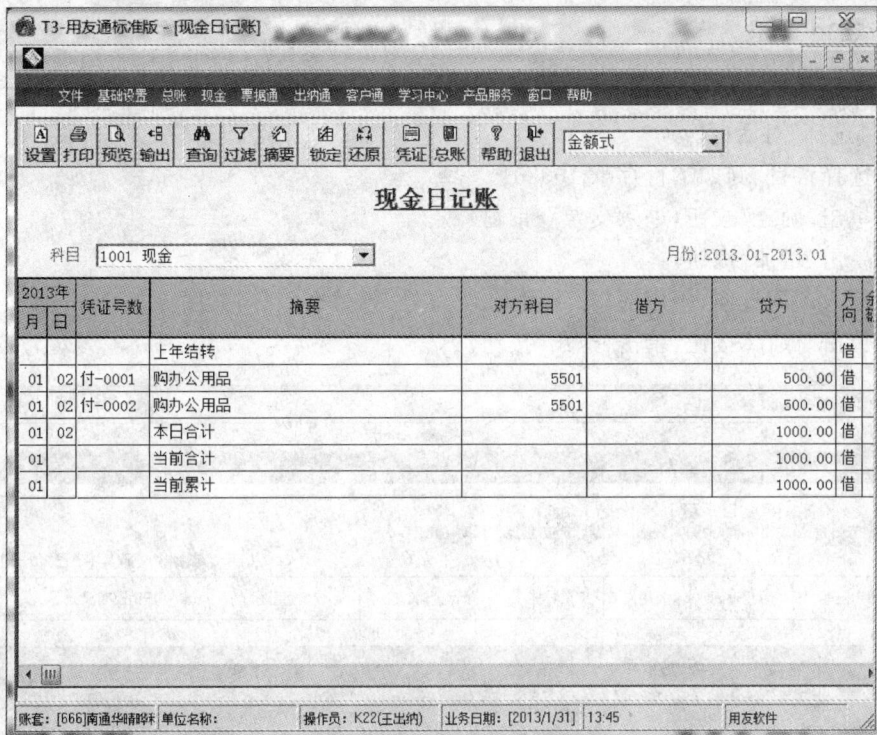

图 4-33

(3) 单击"确认"按钮,进入"资金日报表"窗口。

(4) 查看资金日报表,如图 4-34 所示。

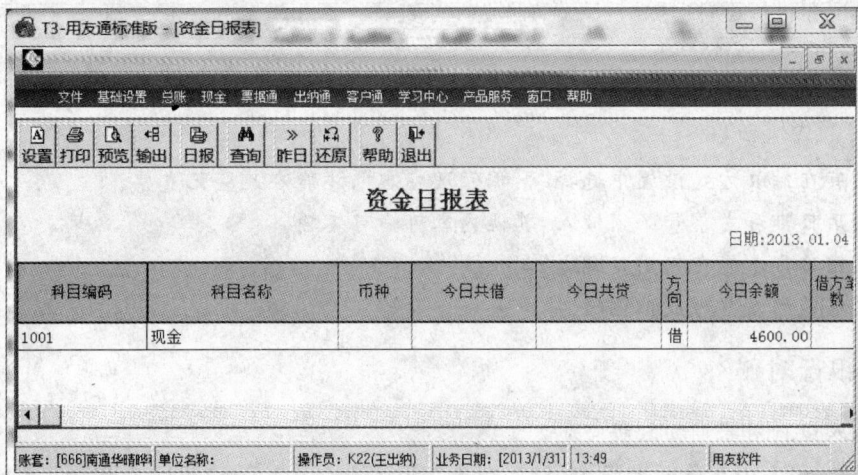

图 4-34

4.4.2 登记支票

(1) 进入 T3-用友通标准版主窗口，单击"现金"→"票据管理"→"支票登记簿"，打开"银行科目选择"对话框。

(2) 选择科目，例如工行存款 100201。

(3) 单击"确定"按钮，进入支票登记窗口。

(4) 单击"增加"按钮。

(5) 输入领用日期、领用部门、领用人、支票号、预计金额等，如图 4-35 所示。

(6) 单击"保存"按钮，单击"退出"按钮。

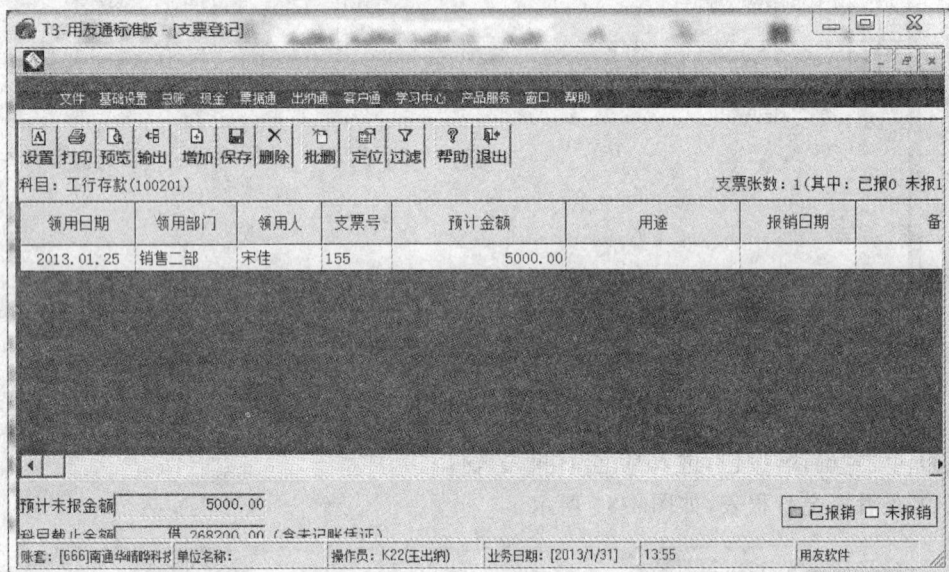

图 4-35

注意：

- 只有在结算方式设置中选择"票据管理标志"，才能在此登记支票。
- 领用日期和支票号必须输入，其他内容可输可不输。
- 报销日期不能在领用日期之前。
- 已报销的支票可成批删除。

4.4.3 银行对账

1. 输入银行对账期初数据

(1) 进入 T3-用友通标准版主窗口，单击"现金"→"设置"→"银行期初录入"，打开"银行科目选择"对话框。

（2）选择科目。

（3）单击"确定"按钮，进入"银行对账期初"界面。

（4）输入单位日记账的调整前余额和银行对账单的调整前余额。

（5）单击"对账单期初未达项"按钮，进入"银行方期初"窗口。

（6）单击"增加"按钮。

（7）输入日期、结算方式、借方金额，如图 4-36 所示。

（8）单击"保存"→"退出"按钮。

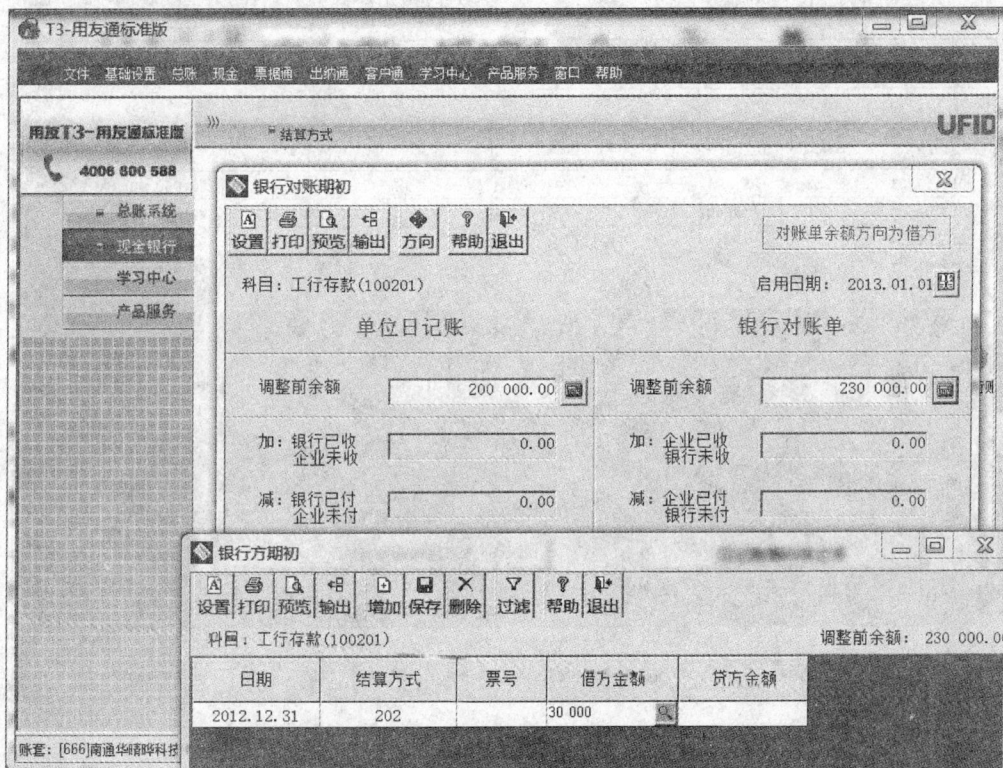

图　4-36

注意：

- 第一次使用银行对账功能前，系统要求录入日记账及对账单未达账项，在开始使用银行对账之后不再使用。

- 在录入完单位日记账、银行对账单期初未达账项后，请不要随意调整启用日期。

2. 录入银行对账单

（1）进入 T3-用友通标准版主窗口，单击"现金"→"现金管理"→"银行账"→"银行对账单"，打开"银行科目选择"对话框。

（2）选择科目。

（3）单击"确定"按钮，进入"银行对账单"窗口。

（4）单击"增加"按钮。

（5）根据发生的业务输入银行对账单数据，如图 4-37 所示。

（6）单击"保存"按钮。

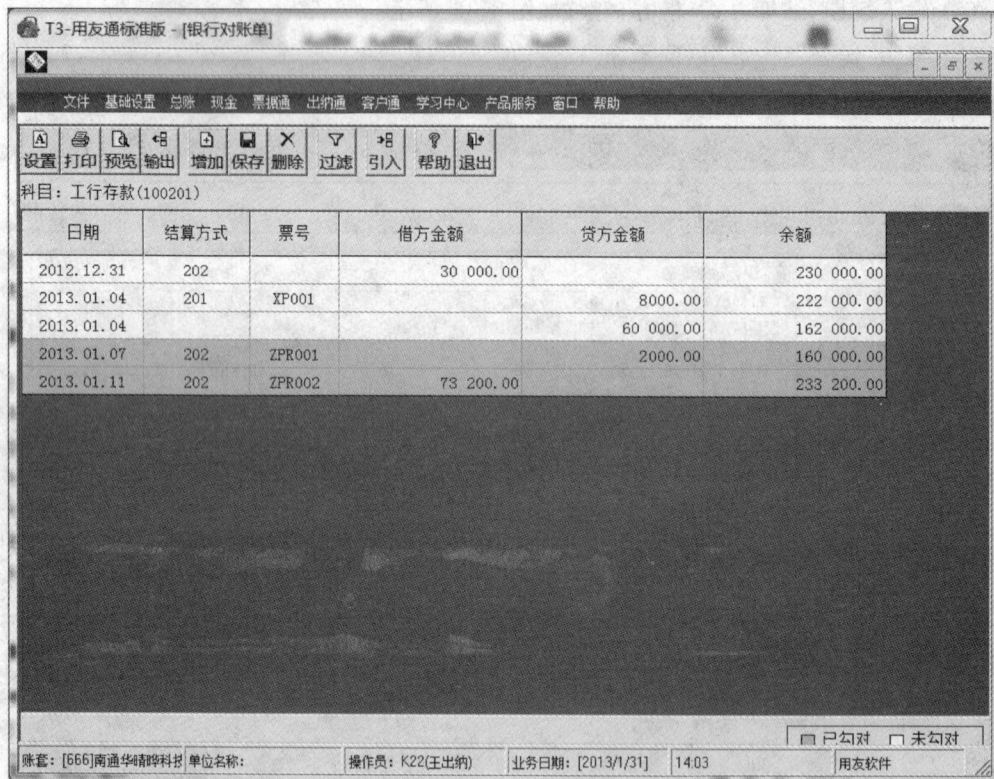

科目：工行存款(100201)

日期	结算方式	票号	借方金额	贷方金额	余额
2012.12.31	202		30 000.00		230 000.00
2013.01.04	201	XP001		8000.00	222 000.00
2013.01.04				60 000.00	162 000.00
2013.01.07	202	ZPR001		2000.00	160 000.00
2013.01.11	202	ZPR002	73 200.00		233 200.00

图   4-37

3．银行对账

（1）进入 T3-用友通标准版主窗口，单击"现金"→"现金管理"→"银行账"→"银行对账"，打开"银行科目选择"对话框。

（2）选择科目。

（3）单击"确定"按钮，进入"银行对账"窗口。

（4）单击"对账"按钮，打开"自动对账"条件对话框。

（5）输入截止日期和其他对账条件。

（6）单击"确定"按钮，显示自动对账结果，如图 4-38 所示。

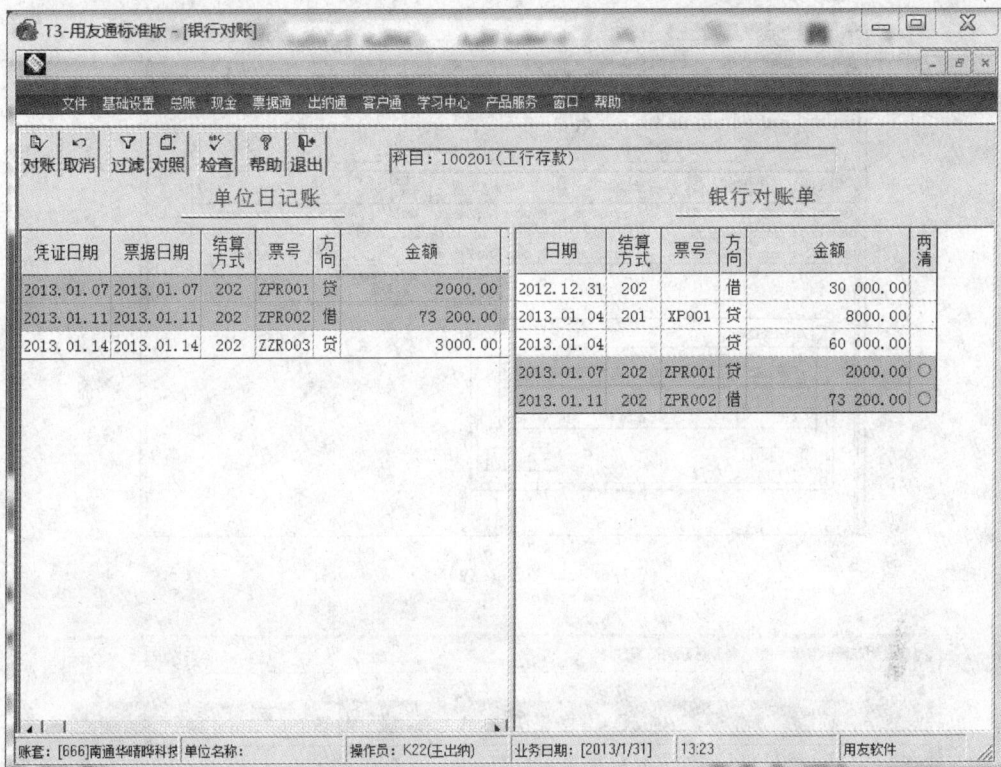

图　4-38

注意:

- 对账条件中的方向、金额相同是必选条件,对账截止日期可输可不输。
- 对于已达账项,系统自动在银行存款日记账和银行对账单双方的"两清"栏上打上圆圈标志。
- 在自动对账不能完全对上的情况下,可采用手工对账。在自动对账窗口,对于一些应勾选而未勾选上的账项,可分别双击"两清"栏,直接进行手工调整。对账完毕,单击"检查"按钮,检查结果平衡,单击"确认"按钮,如图 4-39 所示。

4. 输出余额调节表

(1) 进入 T3-用友通标准版主窗口,单击"现金"→"现金管理"→"银行账"→"余额调节表查询",进入"银行存款余额调节表"界面。

(2) 选择科目。

(3) 单击"查看"(或双击该科目所在行),即显示该银行存款余额调节表,如图 4-40 所示。

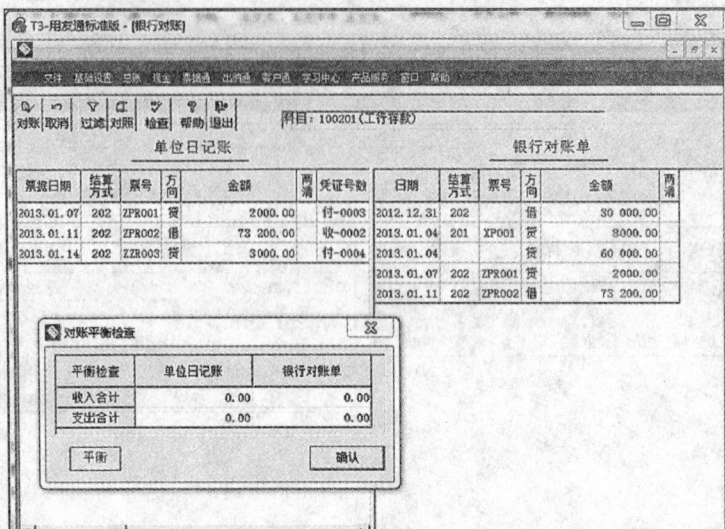

图 4-39

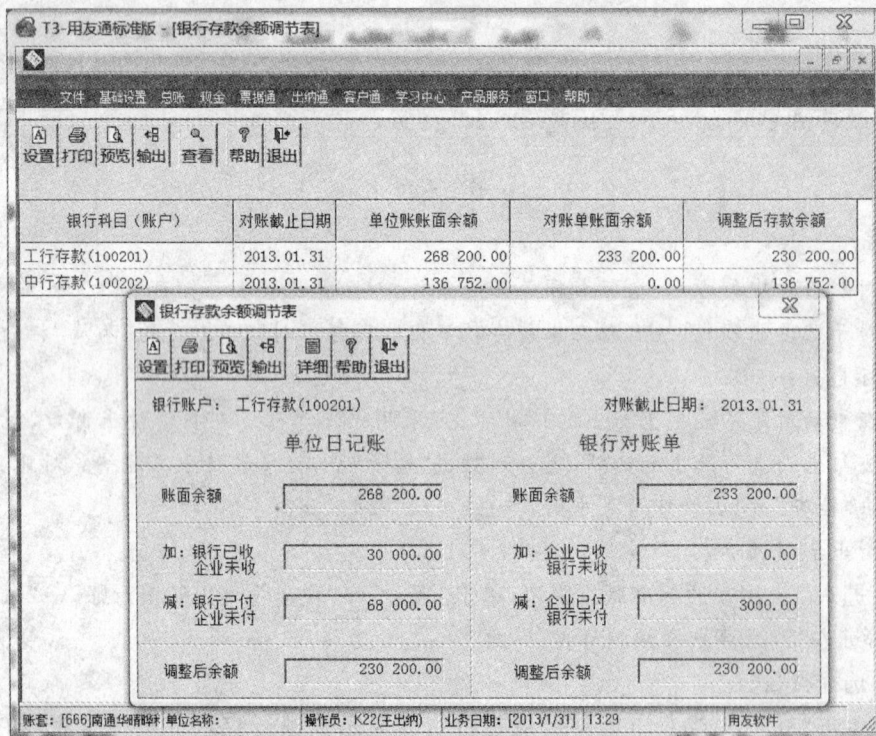

图 4-40

实验实训 总账管理实验四 现金管理

【实训目的】

掌握 T3-用友通标准版软件中现金管理的操作内容。

【实训环境】

会计信息化实验室。一人一机,主频 800MHz 或以上,256MB 或以上内存,20GB 或以上硬盘,标准系列鼠标,Windows 系统支持可显示 256 色的显示器。配有 Windows XP 及以上操作系统,SQL 2000,T3-用友通标准版(或 T3-用友通教学版,系统时间改为 2013 年 1 月 1 日)。

【实验准备】

正确做完上一个实验,或引入"D:\T3-用友通实验账套备份\总账管理\日常处理"文件夹中的账套数据。

【实训内容】

(1) 查询日记账及 2013.01.04 的资金日报表;

(2) 登记支票;

(3) 银行对账。

【实验资料】

1. 支票登记

2013 年 1 月 25 日,销售二部宋佳借转账支票一张,票号 155,预计金额 5000 元。

2. 银行对账

(1) 银行对账期初。

华晴晔科技银行账的启用日期为 2013.01.01,工行人民币户企业日记账调整前余额为 200 000 元,银行对账单调整前余额为 230 000 元,未达账项一笔,系银行已收企业未收款 30 000 元。

(2) 银行对账单如表 4-16 所示。

表 4-16 2013 年 1 月银行对账单

日 期	结算方式	票 号	借 方 金 额	贷 方 金 额
2013.01.04	201	XP001		8000
2013.01.06				60 000
2013.01.07	202	ZPR001		2000
2013.01.11	202	ZPR002	73 200	

【实验指导】

以 K22(王出纳)的身份启动和注册 T3-用友通标准版。用户名为 K22;密码为 K22;

账套为 666；会计年度为 2013；日期为 2013.01.31。

1. 查询日记账

(1) 进入 T3-用友通标准版主窗口，单击"现金"→"现金管理"→"日记账"→"现金日记账"，打开"现金日记账查询条件"对话框。

(2) 选择科目为 1001 现金，默认月份为 2013.01。

(3) 单击"确认"按钮，进入"现金日记账"窗口。

(4) 双击某行或将光标定在某行再单击"凭证"按钮，可查看相应的凭证。

(5) 单击"总账"按钮，可查看此科目的三栏式总账。

(6) 单击"退出"按钮。

银行日记账查询与现金日记账查询操作基本相同，所不同的只是银行存款日记账多一个结算号栏，主要是对账时用。

2. 查询资金日报表

(1) 进入 T3-用友通标准版主窗口，单击"现金"→"现金管理"→"日记账"→"资金日报"，打开"资金日报表查询条件"对话框。

(2) 输入查询日期 2013.01.04，选择"有余额无发生也显示"复选框。

(3) 单击"确定"按钮，进入"资金日报表"窗口。

(4) 查看资金日报表，单击"退出"按钮。

3. 登记支票

(1) 进入 T3-用友通标准版主窗口，单击"现金"→"票据管理"→"支票登记簿"，打开"银行科目选择"对话框。

(2) 选择科目为 100201 工行存款。

(3) 单击"确定"按钮，进入"支票登记"窗口。

(4) 单击"增加"按钮。

(5) 输入领用日期为 2013.01.25，领用部门为销售二部，领用人为宋佳，支票号为 155，预计金额为 5000。

(6) 单击"保存"→"退出"按钮。

4. 输入银行对账期初数据

(1) 进入 T3-用友通标准版主窗口，单击"现金"→"设置"→"银行期初录入"，打开"银行科目选择"对话框。

(2) 选择科目为 100201 工行存款。

(3) 单击"确定"按钮，进入"银行对账期初"窗口。

(4) 输入单位日记账的调整前余额 200 000；输入银行对账单的调整前余额 230 000。

(5) 单击"对账单期初未达项"按钮，进入"银行方期初"窗口。

(6) 单击"增加"按钮。

(7) 输入日期为 2012.12.31，结算方式为 202，借方金额为 30 000。

(8) 单击"保存"→"退出"按钮。

5. 录入银行对账单

(1) 进入 T3-用友通标准版主窗口,单击"现金"→"现金管理"→"银行账"→"银行对账单",打开"银行科目选择"对话框。

(2) 选择科目为 100201 工行存款。

(3) 单击"确定"按钮,进入"银行对账单"窗口。

(4) 单击"增加"按钮。

(5) 根据实验资料输入银行对账单数据。

(6) 单击"保存"按钮。

6. 银行对账

(1) 进入 T3-用友通标准版主窗口,单击"现金"→"现金管理"→"银行账"→"银行对账",打开"银行科目选择"对话框。

(2) 选择科目为 100201 工行存款。

(3) 单击"确定"按钮,进入"银行对账"窗口。

(4) 单击"对账"按钮,打开"自动对账"条件对话框。

(5) 输入截止日期 2013.01.31,默认系统提供的其他对账条件。

(6) 单击"确定"按钮,显示自动对账结果。

7. 输出余额调节表

(1) 进入 T3-用友通标准版主窗口,单击"现金"→"现金管理"→"银行账"→"余额调节表查询",进入"银行存款余额调节表"窗口。

(2) 选中科目"100201 工行存款"。

(3) 单击"查看"按钮或双击该行,即显示该银行账户的银行存款余额调节表。

8. 备份

备份本次实验数据到"D:\T3-用友通实验账套备份\总账管理\现金管理"文件夹中。

考证训练

1. 单项选择题

(1) 现金管理系统营销产品,指根据与客户签订的协议,依据基础产品或(A)封装定制的,可直接服务于客户的应用产品。

　　　　A. 组合产品　　　　B. 功能产品　　　　C. 定制产品　　　　D. 系统产品

(2) 现金管理系归集指集团总部通过(C)方式,采用不同归集模式将各分/子公司资金划转到集团总部账户的现金管理方式。

　　　　A. 实时　　　　B. 日终　　　　C. 逐级或顶级　　　　D. 周期

(3) 现金管理系填平指集团总部根据各分/子公司账户透支情况,(B)统一将账户余额填补到零或一定金额的现金管理方式。

　　　A. 实时　　　　　　B. 日终　　　　　C. 定时　　　　　　　D. 周期

（4）（　B　）收到客户提交的现金管理系统使用协议及签约信息登记表等资料后，应严格审核，无误后及时完成相关签约信息维护。

　　　A. 一级分行资金结算部　　　　　　　B. 承办行

　　　C. 总行资金结算部　　　　　　　　　D. 都可以

（5）在现金管理系统中登记客户基本信息和账户信息时，以（　A　）为索引，从核心业务系统（CCBS）中读取相关账户信息，与人工录入的信息合成完整的现金管理信息，保存在现金管理系统中。

　　　A. 客户账号　　　　B. 客户编号　　　　C. 客户名称　　　　D. 账户名称

（6）客户在现金管理系统中注销后，如需再次使用现金管理系统，应（　B　）。

　　　A. 重新启用　　　　　　　　　　　　B. 按照新增客户重新申请

　　　C. 无法启用　　　　　　　　　　　　D. 无法新增

（7）现金管理系统中集团客户管理机构可设置（　C　）管理机构。

　　　A. 一个　　　　　　　B. 十个　　　　　　C. 一个或多个　　　　D. 多个

（8）现金管理系统中集团客户每个管理机构只能设置（　A　）营销产品。不同的管理机构可设置相同的营销产品。

　　　A. 一种　　　　　　　B. 多种　　　　　　C. 不同　　　　　　　D. 相同

（9）账户层级维护是指在现金管理系统中建立各账户之间的（　B　）关系。

　　　A. 资金调拨　　　　B. 资金归集　　　　C. 资金查询　　　　D. 支付签约

（10）现金管理系统资金填平采用（　A　）填平模式。

　　　A. 目标余额　　　　B. 余额比例　　　　C. 余额取整　　　　D. 固定金额

（11）现金管理系统银行端中的手续费费率有 1-总行标准费率维护；2-分行费率维护；3-分行优惠活动维护；4-客户约定费率维护，系统默认的费率执行顺序为（　B　）。

　　　A. 1-2-3-4　　　　B. 4-3-2-1　　　　C. 2-1-4-3　　　　D. 4-2-3-1

（12）现金管理系统手续费设置的生效日期为（　B　）。

　　　A. 复核成功当日　　　　　　　　　　B. 复核成功的 $T+1$ 日

　　　C. 复核成功的 $T+2$ 日　　　　　　　D. 复核成功的 $T+3$ 日

（13）现金管理系统默认提供的角色种类有（　D　）项，各角色可根据实际情况设置多个操作员。

　　　A. 2　　　　　　　　B. 3　　　　　　　C. 5　　　　　　　　D. 10

（14）现金管理系统默认（　B　）级业务处理流程。

　　　A. 1　　　　　　　　B. 2　　　　　　　C. 3　　　　　　　　D. 10

（15）现金管理系统可设置多级复核权限，最多可设置（　D　）级业务处理流程。

　　　A. 1　　　　　　　　B. 2　　　　　　　C. 3　　　　　　　　D. 10

（16）客户通过现金管理系统发起的汇款业务，由收款人、付款人开户行启动（　B　），打印"中国建设银行电子转账凭证"。

  A. 现金管理系统　　　　　　　　　　B. CCBS

  C. 都可以　　　　　　　　　　　　　D. 都不可以

(17) 现金管理系统客户编号规则为：现金管理系统＋6位顺序号。该客户编号由(　C　)生成。

  A. 客户自选　　　B. 手工编制　　　C. 系统自动　　　D. 都可以

(18) 现金管理系统的总行级客户由(　A　)资金结算部门负责定制营销产品。

  A. 总行　　　　　B. 省分行　　　　C. 二级分行　　　　D. 支行

(19) 现金管理系统可按客户财务处理要求设置业务处理流程,那么系统最多支持(　C　)级复核流程。

  A. 1　　　　　　　B. 2　　　　　　C. 9　　　　　　　D. 10

(20) 现金管理系统默认的业务处理流程为(　B　)级业务处理流程。

  A. 1　　　　　　　B. 2　　　　　　C. 9　　　　　　　D. 10

(21) 通过现金管理系统,不能查看财资管理模块的以下(　D　)信息。

  A. 账户实时余额　　　　　　　　　　B. 账户交易明细

  C. 利息积数　　　　　　　　　　　　D. 周期支付剩余额度

(22) 客户通过现金管理系统进行"单笔汇款"业务时,当收款账户为他行账户时,客户未选择转账方式,系统将自动采取以下(　A　)方式处理。

  A. 同城　　　　　　　　　　　　　　B. 异地

  C. 大额支付系统　　　　　　　　　　D. 小额支付系统

(23) 现金管理系统不支持以下(　D　)类型的周期归集功能。

  A. 按天　　　　　　B. 按周　　　　C. 按月　　　　　　D. 按年

(24) 现金管理系统客户端登录前需先安装(　D　)。

  A. 简版签名通软件　　　　　　　　　B. E路护航网银安全组件

  C. 网银盾管理工具　　　　　　　　　D. 高级版签名通软件

(25) 现金管理系统客户端登录和交易的初始密码是(　C　)。

  A. abcdef　　　B. 888888　　　C. 123456　　　D. 111111

(26) 待开通互联互通后(　B　)日,维护人员可在现金管理系统后续维护企业操作。

  A. $T+0$　　　B. $T+1$　　　C. $T+2$　　　D. $T+3$

(27) 下列说法错误的是(　B　)。

  A. 客户使用现金管理系统进行资金归集,可选择执行周期按天归集

  B. 客户使用现金管理系统进行资金归集,可选择执行周期按旬归集

  C. 客户使用现金管理系统进行资金归集,可选择执行周期按周归集

  D. 客户使用现金管理系统进行资金归集,可选择执行周期按月归集

(28) 现金管理系统日终填平后,账户状态为(　A　)。

A. 只收不付   B. 只付不收

C. 收付款不受影响   D. 收付款均不能交易

(29) 现金管理系统客户系统管理员维护是指银行柜员在现金管理系统中为客户设置系统管理员。系统管理员主要负责本单位操作员管理、重置操作员密码、设置服务流程等事项。一个机构允许设（　A　）个系统管理员，在设置系统管理员时绑定网银盾。

　　　A. 1   B. 2   C. 3   D. 多

(30) 下列关于现金管理系统业务流程设置应遵循规定，（　C　）是错误的。

　　　A. 系统默认两级业务处理流程，即录入＋复核

　　　B. 系统可设置多级复核权限，最多可设置 10 级业务处理流程

　　　C. 同一种业务事项可设置多套业务流程

　　　D. 必须为所有业务流程步骤命名；每一步骤必须且只能选择某一机构作为该步骤的执行机构；每一步骤必须且只能选择一种金额控制方式（受金额控制或不受金额控制）

(31) 现金管理系统实行（　A　）的客户服务及业务运行维护管理模式。

　　　A. 7×24 小时   B. 7×8 小时   C. 5×24 小时   D. 5×8 小时

(32) 现金管理系统使用网银盾号段为第 4 位以（　C　）开头。

　　　A. 0   B. 1   C. 8   D. 9

(33) 下列关于现金管理系统（　C　）说法是错误的。

　　　A. 单一客户只能设置一个管理机构

　　　B. 集团客户可设置一个或多个管理机构

　　　C. 每个管理机构可以设置多个可营销产品

　　　D. 一个管理机构范围内执行统一的资金划转方式、收费事项及日始日终执行方式

(34) 现金管理系统中，增加、修改或取消管理机构（　A　）生效。

　　　A. 实时   B. T+1   C. T+2   D. T+3

(35) 现金管理系统批量模式为（　C　）。

　　　A. 逐笔   B. 文件

　　　C. A、B 和两者都支持   D. 以上都不对

(36) 对于现金管理系统基础产品、组合产品、营销产品，以下说法错误的是（　C　）。

　　　A. 基础产品可以组合为营销产品   B. 组合产品可以组合为营销产品

　　　C. 营销产品可以分解为组合产品   D. 基础产品可以组合为组合产品

(37) 现金管理系统产品定制中，正确的是（　B　）。

　　　A. 营销产品只适应一个客户

　　　B. 一个客户只能使用一种营销产品

　　　C. 客户需求变化后，可以修改营销产品

D. 只能由总行定制营销产品

(38) 现金管理系统可使用的接入方式包括(　D　)。

A. 主机直联　　　B. 公网客户端　　C. 专线客户端　　D. 以上皆可

(39) 现金管理系统使用协议中不需要明确(　D　)。

A. 通信接入方式　　　　　　　　B. 服务收费事项

C. 提供的产品　　　　　　　　　D. 客户等级

(40) 现金管理系统采用产品(功能)定制方式,以及时满足不同客户提出的业务需求,按产品功能不同,现金管理系统产品分为(　C　)类。

A. 1　　　　　　　B. 2　　　　　　　C. 3　　　　　　　D. 4

(41) 现金管理系统采用产品(功能)定制方式,以及时满足不同客户提出的业务需求,在现金管理系统提供的产品类别中最小标准的功能产品是(　A　)。

A. 基础产品　　　B. 组合产品　　　C. 营销产品　　　D. 定制产品

(42) 现金管理系统客户上线可能涉及多个机构,其中客户开立银行结算账户的营业机构表述为(　C　)。

A. 协调行　　　　B. 主办行　　　　C. 承办行　　　　D. 协办行

(43) 现金管理系统客户资金划转默认为(　A　)操作。

A. 主动付款　　　B. 非签约付款　　C. 签约收款　　　D. 第三方划款

(44) 公司类现金管理业务系统收入核算代码为(　B　)。

A. 562685　　　　B. 562680　　　　C. 560148　　　　D. 265199

(45) 现金管理系统营销产品编号由系统自动产生,系统生成的营销产品编号位数为(　C　)位。

A. 4　　　　　　　B. 5　　　　　　　C. 6　　　　　　　D. 7

(46) 现金管理系统中的客户唯一标识为(　C　)。

A. 客户名称　　　B. 客户账号　　　C. 客户编号　　　D. 合同编号

(47) 现金管理系统中建立各账户之间的资金归集关系的步骤为(　C　)。

A. 分支机构维护　　　　　　　　B. 账户参数维护

C. 账户层级维护　　　　　　　　D. 账户登记

(48) 现金管理系统默认的流程设置为(　B　)。

A. 单一流程　　　　　　　　　　B. 录入+复核1

C. 录入+复核1+复核2　　　　　D. 无默认流程

(49) 现金管理系统网银盾的编号规则为(　A　)。

A. 从左面数第四位数为"8"　　　B. 从左面数第四位数不为"8"

C. 从右面数第四位为"8"　　　　D. 从右面数第四位数不为"8"

(50) 客户通过现金管理系统发起的汇款业务,由收款人、付款人开户行启动 CCBS(　A　)交易,打印"中国建设银行电子转账凭证"。

　　A. 9011　　　　　B. 8 方式　　　　　C. 9 方式　　　　　D. 2700

（51）客户使用现金管理系统办理集中代理收付业务时，由开户行启动 CCBS（　D　）交易，打印"中国建设银行电子转账凭证"。

　　A. 9011　　　　　B. 8 方式　　　　　C. 9 方式　　　　　D. 2700

（52）客户登录现金管理系统客户端时，采用客户号方式登录时，客户号的位数为（　C　）位（包含字母）。

　　A. 9　　　　　　B. 12　　　　　　C. 14　　　　　　D. 16

2. 多项选择题

（1）使用现金管理系统的客户签订涉及资金划转的付款方账户，必须由付款方账户所有者出具《中国建设银行现金管理系统账户授权书》，明确资金调拨（　ABCD　）等业务权限。

　　A. 上收　　　　　B. 下划　　　　　C. 归集　　　　　D. 查询

（2）集团客户总部及其分支机构分别与我行签订使用协议，应视为（　C　）客户管理，采用（　B　）使用现金管理系统。

　　A. 一点接入方式　　　　　　　　　　B. 多点接入方式
　　C. 多个　　　　　　　　　　　　　　D. 一个

（3）在现金管理系统中登记客户基本信息和账户信息时，经办人员应对系统反显的账户信息与客户提供的书面账户信息进行仔细核对，确保（　ABC　）等关键要素一致、正确。

　　A. 账号　　　　　B. 户名　　　　　C. 开户机构号　　　D. 金额

（4）现金管理系统账户登记包括（　BCD　）。

　　A. 管理机构登记　　　　　　　　　　B. 银行结算账户登记
　　C. 企业内部账户登记　　　　　　　　D. 银企账户关联登记

（5）除现金管理系统默认的（　ABCD　）之外，客户可根据账户管理需要，自行设定其他账户类型，用于对账户的分类管理。

　　A. 收入户　　　　B. 支出户　　　　C. 收支户　　　　D. 查询户

（6）现金管理系统客户可以通过（　ABC　）方式获取账户关注信息。

　　A. 主机直联　　　B. 邮件　　　　　C. 短信　　　　　D. 客户端

（7）现金管理系统资金归集可采用（　ABCD　）等多种归集模式。

　　A. 目标余额　　　B. 余额比例　　　C. 余额取整　　　D. 固定金额

（8）客户使用现金管理系统进行资金归集，可选择执行周期有（　BCD　）。

　　A. 年　　　　　　B. 月　　　　　　C. 周　　　　　　D. 天

（9）现金管理系统批量模式为（　ABC　）。

　　A. 逐笔　　　　　B. 文件　　　　　C. 两者都支持　　　D. 纸质文件

（10）现金管理系统扣费分为（　BD　）方式。

　　A. 手工扣收　　　　　　　　　　　　B. 实时自动扣收
　　C. 周期自动扣收　　　　　　　　　　D. 定时自动扣收

（11）现金管理系统的支付签约包括（　AC　）两种签约模式。

A. 定向　　　　　　B. 单向　　　　　　C. 不定向　　　　　　D. 多向

（12）现金管理系统中默认的账户类型包括（　ABCD　）。

A. 收入户　　　　　　　　　　　B. 支出户

C. 收支合用户　　　　　　　　　D. 查询户

E. 备用户

（13）现金管理系统的资金归集可采用（　ABCD　）等多种归集模式。

A. 目标余额　　　　B. 固定金额　　　　C. 余额比例　　　　D. 余额取整

（14）系统管理员主要负责本单位（　ABC　）等事项。

A. 操作员管理　　　　　　　　　B. 重置操作员密码

C. 设置服务流程　　　　　　　　D. 签约收款对外授权

（15）现金管理系统中向客户收取的费用包括（　ABCDE　）等。

A. 年费　　　　　　　　　　　　B. 交易结算手续费

C. 现金管理服务费　　　　　　　D. 短信服务费

E. 机具费

（16）现阶段现金管理系统能实现以下（　AC　）资金归集模式。

A. 全额周期　　　　B. 全额实时　　　　C. 部分周期　　　　D. 部分实时

（17）现金管理系统产品可分为（　ACD　）等几大类。

A. 基础产品　　　　B. 组件产品　　　　C. 组合产品　　　　D. 营销产品

（18）现金管理系统的收款管理产品包括（　ABCDE　）。

A. 单笔签约收款　　　　　　　　B. 批量签约收款

C. 非签约收款　　　　　　　　　D. 单笔代扣

E. 批量代扣

（19）现金管理系统的支付额度设置的周期包括（　AC　）。

A. 天　　　　　　　B. 周　　　　　　　C. 月　　　　　　　D. 年

（20）现金管理系统的流动性管理产品包括（　ABCD　）。

A. 周期归集　　　　B. 单次归集　　　　C. 周期填平　　　　D. 额度设置

（21）现金管理系统管理机构设置应遵循（　ABCD　）。

A. 单一客户只能设置一个管理机构

B. 集团客户可设置一个或多个管理机构

C. 每个管理机构只能设置一种营销产品，不同的管理机构可设置相同的营销产品

D. 一个管理机构范围内执行统一的资金划转方式、收费事项及日始日终执行方式

（22）现金管理系统使用网银盾作为证书载体。网银盾作为重要物品，应严格按规定办理（　ABCD　）等手续。

A. 入库   B. 出库   C. 调拨   D. 出售手续

(23) 如果客户使用现金管理系统电子回单功能,在账户参数维护中至少需要维护(BC)。

     A. 是否允许 CMS-WEB 查询到账通知

     B. 是否允许 CMS-WEB 查询对账单

     C. 是否由 CMS-WEB 打印回单

     D. 是否为 CCBS 集团客户总公司账户

(24) 现金管理系统中的资金归集的执行方式有(ABC)。

     A. 天   B. 周   C. 月   D. 实时

(25) 客户通过现金管理系统进行"单笔汇款"业务时,当收款账户为他行账户时,客户可选择的转账方式有(ACD)。

     A. 同城   B. 异地

     C. 大额支付系统   D. 小额支付系统

(26) 客户通过现金管理系统进行"单笔汇款"业务时,对方账户的开户机构可以选择以下(ABC)方式。

     A. 开户行联行行号   B. 选择单位所在地

     C. 手工输入收款人开户行   D. 三项同时选择

(27) 客户通过现金管理系统进行"单笔汇款"业务时,客户需要填写的要素中为必输项的为(ABC)。

     A. 收款人账号   B. 开户机构   C. 用途   D. 摘要

(28) 现金管理系统银行端维护步骤中需要复核的步骤有(AB)。

     A. 客户登记维护

     B. 支付签约

     C. 企业操作员维护

     D. 在 CMP 手工登记出售给客户的 U-Key 的信息

3. 判断题(对的写 Y,错的写 N)

(1) 现金管理系统中,涉及资金划转的付款方账户,必须由付款方账户所有者出具《中国建设银行现金管理系统账户授权书》,明确资金归集、调拨、上收、下划、查询等业务权限。   (Y)

(2) 现金管理系统的集团客户只能设置一个管理机构,一个管理机构范围内可执行不同的资金划转方式、收费事项及日始日终执行方式。   (N)

(3) 现金管理系统的每个管理机构只能设置一种营销产品。不同的管理机构可设置相同的营销产品。   (Y)

(4) 额度设置是指在现金管理系统中为客户设置账户支付限额、取现限额等信息,但账户的额度仅在现金管理系统有效,不能控制账户在柜面等其他渠道的限额。   (N)

(5) 现金管理系统可对处于透支状态的账户进行资金归集。   (N)

(6) 现金管理系统收款签约的付款方账户和收款方账户必须为建行账户,不允许为建行以外的他行账户。　　　　　　　　　　　　　　　　　　　　　　　　(Y)

(7) 现金管理系统非签约收款的收款方、付款方必须为 CMS 签约客户。　　　　(Y)

(8) 使用现金管理系统的代理财务公司支付功能,资金从财务公司的账户中对外支付,但对外提供的凭证、交易明细等信息中,付款账号均为成员单位信息。　　　　　(Y)

(9) 使用现金管理系统的到账通知功能,查询付款方通过 CMS 发起的付款,需要输入付款方提供的校验码。　　　　　　　　　　　　　　　　　　　　　　　　(Y)

(10) 现金管理系统可以实现无限层级的管理,目前比较常用的是 2 层级和 3 层级。

(Y)

(11) 现金管理系统中的基础产品,是指行为客户提供的现金管理业务服务细化,是现金管理系统中最小标准的功能产品。　　　　　　　　　　　　　　　　　　　(Y)

(12) 现金管理系统的每个管理机构可设置多种营销产品。不同的管理机构可设置不同的营销产品。　　　　　　　　　　　　　　　　　　　　　　　　　　　(N)

(13) 现金管理系统资金归集、资金填平只可以分别选择逐级方式。　　　　　(N)

(14) 现金管理系统批量模式分为三种,包括逐笔、文件、两者都支持。　　　(Y)

(15) 对于一级分行内部的总行级客户或主机直联客户,开通现金管理系统必须上报总行进行审批。　　　　　　　　　　　　　　　　　　　　　　　　　　　(N)

(16) 现金管理系统业务运行设置的岗位中,产品经理岗与产品主管岗不得由一人兼任。　　　　　　　　　　　　　　　　　　　　　　　　　　　　　　(Y)

(17) 客户在使用现金管理系统的同时,不能再通过营业网点或其他渠道办理业务。

(N)

(18) 通过现金管理系统办理的业务,仅可通过柜面核心业务系统打印的方式为客户提供"中国建设银行电子转账凭证"。　　　　　　　　　　　　　　　　　　　(N)

(19) 现金管理系统发生异常账务,由信息技术部组织资金结算、营运管理、客户部门相关人员,分析查找原因,提出解决措施,按权限报经审批后及时处理。　　　　　(N)

(20) 数字证书是存放用户身份标识,并对用户发送的指令进行数字签名的电子文件。客户终端和主机直联客户登录或发送指令到现金管理系统都需验证相关安全证书。银行端登录或发送指令时无须验证安全证书。　　　　　　　　　　　　　　　　(N)

(21) 银行端证书采用中国建设银行信息系统认证授权平台(UAAP)发放的证书,银行端证书以及用户接受 UAAP 系统的统一管理。　　　　　　　　　　　　　(Y)

(22) 客户在现金管理系统中注销后,无法重新启用。　　　　　　　　　　(Y)

(23) 单一客户可以设置多个管理机构。　　　　　　　　　　　　　　　(N)

(24) 每个管理机构只能够设置一种营销产品,不同的管理机构必须设置不同的营销产品。　　　　　　　　　　　　　　　　　　　　　　　　　　　　　(N)

(25) 一个管理机构范围内执行统一的资金划转方式、收费事项及日始日终执行方式。

(Y)

（26）现金管理系统中，增加、修改或取消管理机构次日生效。　　　　　　　　　（N）

（27）只有在现金管理系统中登记的账户才有权办理账户查询、资金归集、填平、划转等业务。　　　　　　　　　　　　　　　　　　　　　　　　　　　　　　　　（Y）

（28）注销现金管理系统签约客户时，只需要在客户登记维护中单击注销即可。　　（N）

（29）系统默认的支付签约模式为不定向支付，无须维护。　　　　　　　　　　　（N）

（30）如果不维护现金管理系统银行端中的支付签约环节，在其他签约均维护正确的情况下，客户只能够进行查询操作。　　　　　　　　　　　　　　　　　　　　　　　（Y）

（31）现金管理系统可以实现客户资金的归集，当归集处于透支状态时，不允许进行资金归集。　　　　　　　　　　　　　　　　　　　　　　　　　　　　　　　　　（Y）

（32）收款签约是指在现金管理系统中为客户建立由收款人主动从付款人账户直接扣款的签约关系，可以实现他行账户的收款签约。　　　　　　　　　　　　　　　　　　（N）

（33）客户办理收款签约时，必须提供付款单位的账户授权书。　　　　　　　　　（Y）

（34）如果客户需要检查批量代发账户的合法性，在现金管理系统银行端中无须维护明细账户维护，系统会自动完成。　　　　　　　　　　　　　　　　　　　　　　　（N）

（35）批量代扣业务必须进行明细账户的维护。　　　　　　　　　　　　　　　　（Y）

（36）现金管理系统银行端提供 10 项默认的角色，各角色可根据实际情况设置多个操作员。　　　　　　　　　　　　　　　　　　　　　　　　　　　　　　　　　　（Y）

（37）现金管理系统银行端设置时，系统管理员维护为必须设置的项目。　　　　　（N）

（38）现金管理系统银行端设置时，企业操作员维护为必须设置的项目。　　　　　（N）

（39）一个机构只允许设置一个系统管理员。　　　　　　　　　　　　　　　　　（Y）

（40）现金管理系统中的单笔主动收款服务可以设置多个业务流程。　　　　　　　（N）

（41）已经分配给操作员的网银盾可以进行"取消登记"操作。　　　　　　　　　　（N）

（42）已经注销或已经过期的网易盾不能重新启用。　　　　　　　　　　　　　　（Y）

（43）客户在现金管理系统中做批量汇款交易时，以客户提交的批量汇款文件为准，客户手工输入的总金额、总笔数可与批量汇款文件不一致。　　　　　　　　　　　　　（N）

（44）如果客户需要进行单笔代发业务，必须提交申请，由现金管理系统银行端操作员在银行端中的批量项目维护中维护"批量代发"。　　　　　　　　　　　　　　　　　（Y）

（45）客户使用现金管理系统中的财资账户中查询通过财资管理进行归集账户的上存金额时可以查询历史上存金额。　　　　　　　　　　　　　　　　　　　　　　　（N）

（46）客户企业系统管理员可以修改企业操作员的密码。　　　　　　　　　　　　（N）

思考练习

（1）如何查询日记账和资金日报表？

（2）如何输入银行对账期初数据？

(3) 在查账时可以设置查询包含未记账的凭证,有何作用?

(4) 如何录入银行对账单? 如何进行银行对账?

(5) 怎样登记支票?

任务 11 完成总账系统期末处理

讲授演练

4.5 总账系统期末处理

4.5.1 自动转账

1. 自定义结转设置

(1) 进入 T3-用友通标准版主窗口,单击"总账"→"期末"→"转账定义"→"自定义结转",进入"自动转账设置"界面。

(2) 单击"增加"按钮,打开"转账目录"设置对话框。

(3) 输入转账序号、转账说明;选择凭证类别,如图 4-41 所示。

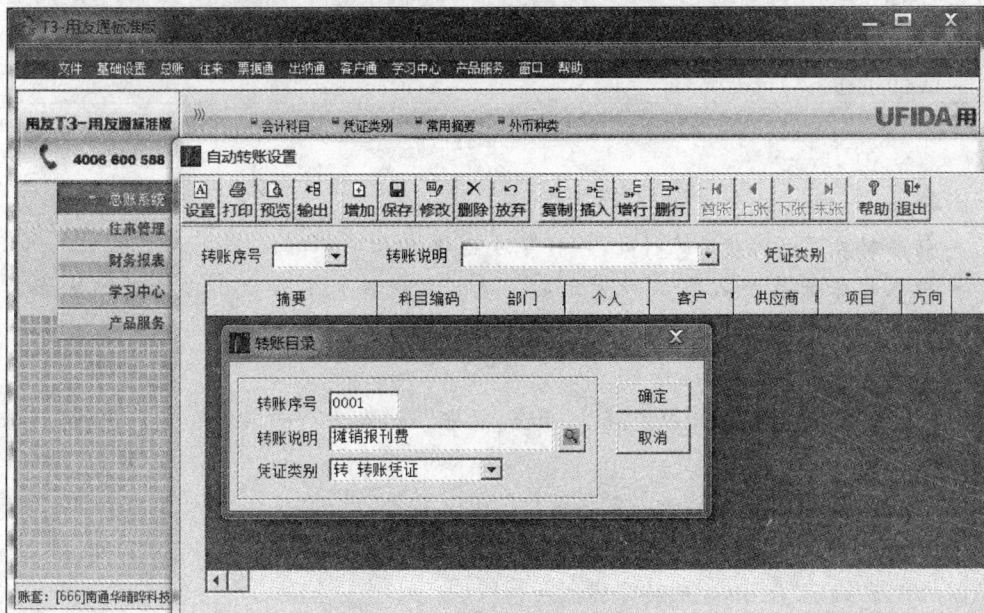

图 4-41

（4）单击"确定"按钮，继续定义转账凭证分录信息。

（5）确定分录的借方信息，选择科目编码、部门；输入金额公式。

（6）单击"增行"按钮。

（7）确定分录的贷方信息，选择科目编码，输入金额公式。

（8）单击"保存"按钮，如图 4-42 所示。

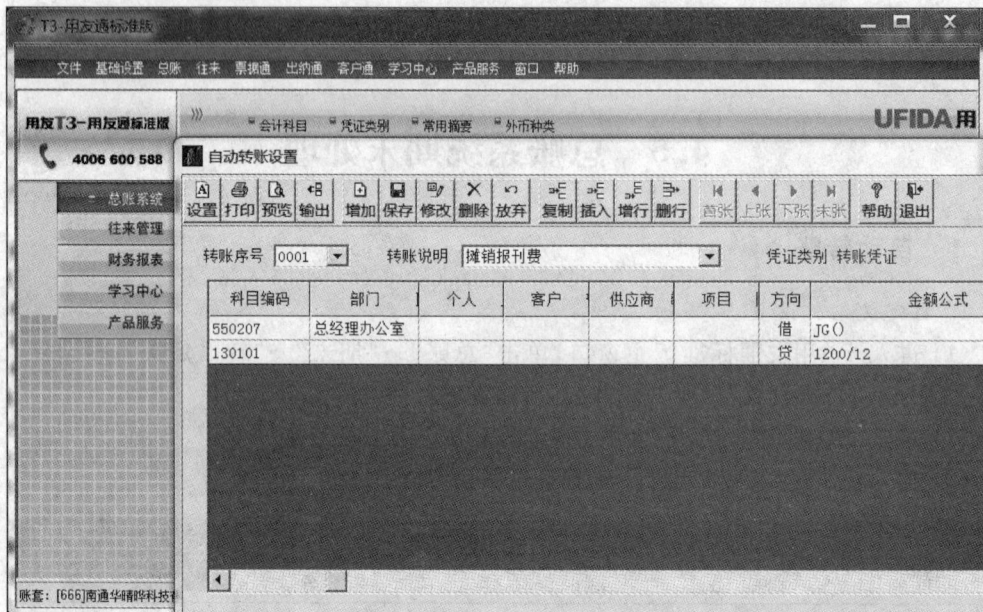

图　4-42

注意：

* 转账科目可以为非末级科目、部门可为空，表示所有部门。
* 输入转账计算公式有两种方法：一是直接选择计算公式；二是引导方式录入公式。

2. 自定义转账生成

（1）进入 T3-用友通标准版主窗口，单击"总账"→"期末"→"转账生成"，进入"转账生成"窗口。

（2）单击"自定义转账"单选按钮。

（3）单击"全选"按钮。

（4）单击"确定"按钮，生成转账凭证。

（5）单击"保存"按钮，系统自动将当前凭证追加到未记账凭证中，如图 4-43 所示。

图　4-43

注意:

- 进行转账生成之前,先将相关经济业务的记账凭证登记入账。
- 转账凭证每月应只生成一次。
- 生成的转账凭证,仍需要审核、记账。

3. 期间损益结转设置

(1) 进入 T3-用友通标准版主窗口,单击"总账"→"期末"→"转账定义"→"期间损益",进入"期间损益结转设置"界面。

(2) 选择凭证类别、本年利润科目。

(3) 单击"确定"按钮,如图 4-44 所示。

4. 期间损益结转生成

(1) 进入 T3-用友通标准版主窗口,单击"总账"→"期末"→"转账生成",进入"转账生成"窗口。

(2) 单击"期间损益结转"单选按钮。

(3) 单击"全选"按钮。

(4) 单击"确定"按钮,生成转账凭证。

(5) 单击"保存"按钮,系统自动将当前凭证追加到未记账凭证中,如图 4-45 所示。

图　4-44

图　4-45

4.5.2　对账

（1）进入 T3-用友通标准版主窗口，单击"总账"→"期末"→"对账"，进入"对账"对话框。

（2）将光标定位在要进行对账的月份。

（3）单击"选择"按钮。

（4）单击"对账"按钮，开始自动对账，并显示对账结果。

（5）单击"试算"按钮，可以对各科目类别余额进行试算平衡，如图 4-46 所示。

（6）单击"确认"按钮。

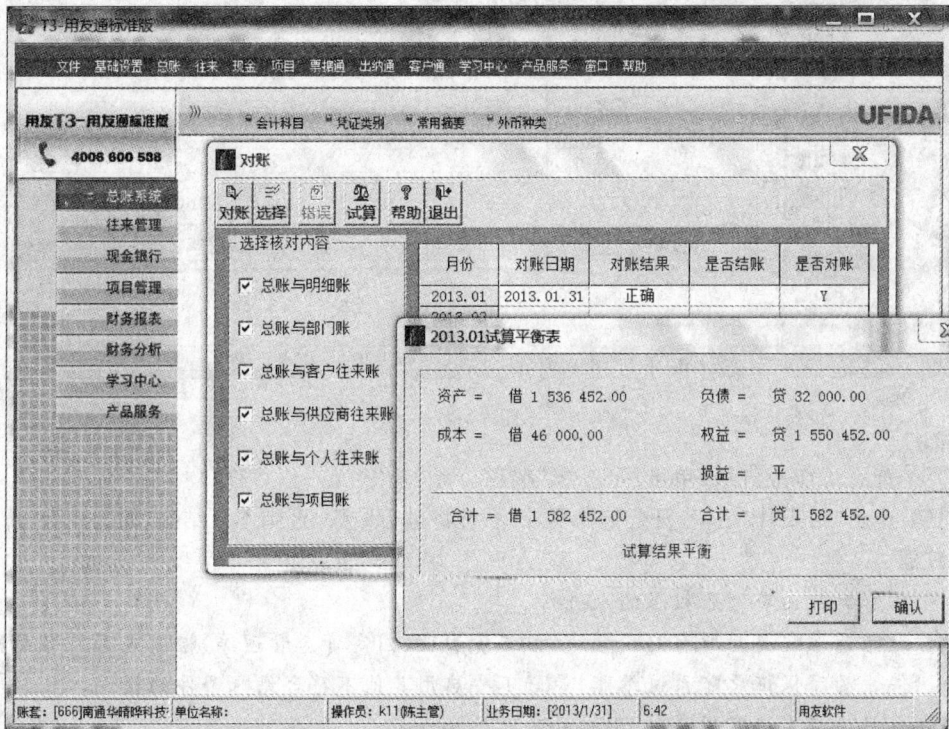

图　4-46

4.5.3　结账

1. 结账

（1）进入 T3-用友通标准版主窗口，单击"总账"→"期末"→"结账"，进入"结账"界面。

（2）单击要结账月份，例如 2013.01。

（3）单击"对账"按钮，系统对要结账的月份进行账账核对。

(4) 单击"下一步"按钮,系统显示"2013 年 01 月工作报告",如图 4-47 所示。

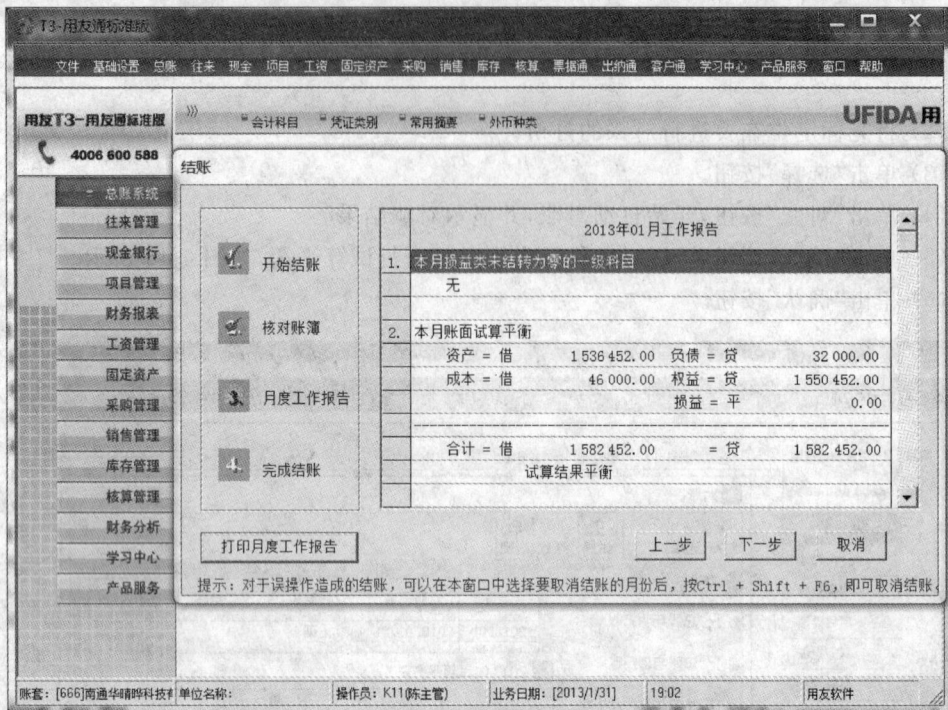

图 4-47

(5) 查看工作报告后,单击"下一步"按钮。

(6) 单击"结账"按钮,若符合结账要求,系统将进行结账,否则不予结账,如图 4-48 所示。

注意:

- 结账只能由有结账权限的人进行。
- 结账前系统要对所有启用模块(如工资管理、固定资产管理等)检查是否符合结账条件。为了保证总账系统结账,最好不要启用其他不符合结账条件的模块。
- 本月还有未记账凭证时,则本月不能结账。
- 结账必须按月连续进行,上一个月未结账,则本月不能结账。
- 若总账与明细账对账不符,则不能结账。
- 结账前,系统要进行数据备份。

2. 取消结账

(1) 进入 T3-用友通标准版主窗口,单击"总账"→"期末"→"结账",进入"结账"界面。

(2) 选择要取消结账的月份"2013.01"。

(3) 按 Ctrl+Shift+F6 键激活"取消结账"功能。

(4) 输入账套主管口令,单击"确认"按钮,取消结账,如图 4-49 所示。

图　4-48

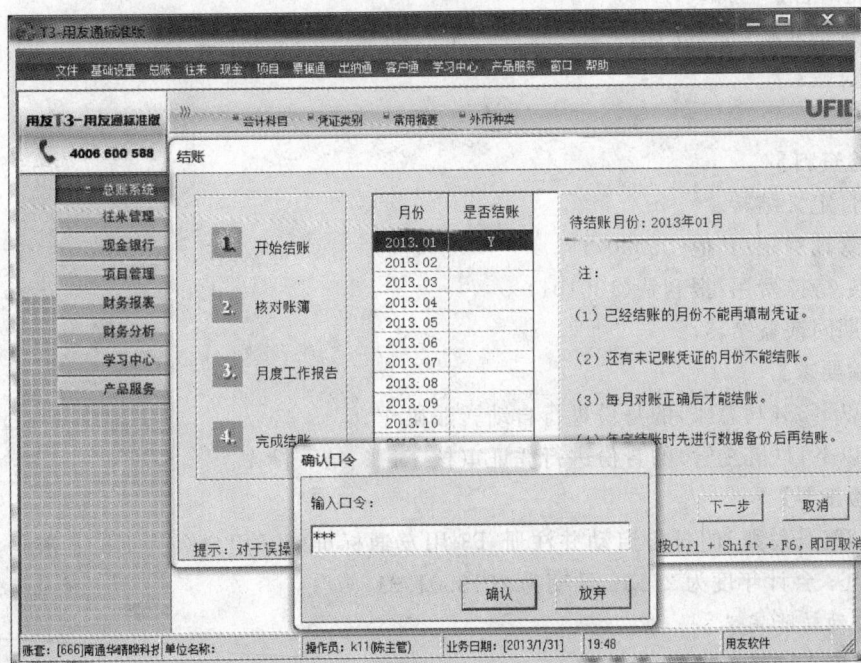

图　4-49

注意：
- 结完账后，由于非法操作或计算机病毒或其他原因可能会造成数据被破坏，这时可以在此使用"取消结账"功能。
- 取消结账后，必须重新结账。

实验实训　总账管理实验五　总账期末处理

【实训目的】

掌握 T3-用友通标准版软件中总账系统月末处理的相关内容；熟悉总账系统月末处理业务的各种操作；掌握自动转账设置与生成、对账和月末结账的操作方法。

【实训环境】

会计信息化实验室。一人一机，主频 800MHz 或以上，256MB 或以上内存，20GB 或以上硬盘，标准系列鼠标，Windows 系统支持可显示 256 色的显示器。配有 Windows XP 及以上操作系统，SQL 2000，T3-用友通标准版（或 T3-用友通教学版，系统时间改为 2013 年 1 月 1 日）。

【实验准备】

正确做完上一个实验，或引入"D：\T3-用友通实验账套备份\总账管理\现金管理"文件夹中的账套数据。

【实训内容】

（1）自动转账；

（2）对账；

（3）结账。

【实验资料】

（1）自定义结转。

借：管理费用/其他（550207）　　　　　　　　　　　　　JG（）

　　贷：待摊费用/报刊费（130101）　　　　　　　　　　1200/12

（2）期间损益结转。

【实验要求】

（1）以 K33（马总账）的身份进行自动转账操作。

（2）以 K11（陈主管）的身份进行凭证审核、对账、结账操作。

【实验指导】

以 K33（马总账）的身份启动并注册 T3-用友通标准版。用户名为 K33；密码为 K33；账套为 666；会计年度为 2013；日期为 2013.01.31。

1. 自动转账定义。

1）自定义结转设置

（1）进入 T3-用友通标准版主窗口，单击"总账"→"期末"→"转账定义"→"自定义结转",进入"自动转账设置"界面。

(2) 单击"增加"按钮,打开"转账目录"设置对话框。

(3) 输入转账序号 0001,转账说明为摊销报刊费;选择凭证类别为转账凭证。

(4) 单击"确定"按钮,继续定义转账凭证分录信息。

(5) 确定分录的借方信息。选择科目编码为 550207,部门为总经理办公室,方向为借,输入金额公式为 JG()。

(6) 单击"增行"按钮。

(7) 确定分录的贷方信息。选择科目编码为 130101,方向为贷,输入金额公式为 1200/12。

(8) 单击"保存"按钮。

2) 期间损益结转设置

(1) 进入 T3-用友通标准版主窗口,单击"总账"→"期末"→"转账定义"→"期间损益",进入"期间损益结转设置"界面。

(2) 选择凭证类别为转账凭证,选择本年利润科目为 3131。

(3) 单击"确定"按钮。

2. 自动转账生成

1) 自定义转账生成

(1) 进入 T3-用友通标准版主窗口,单击"总账"→"期末"→"转账生成",进入"转账生成"窗口。

(2) 单击"自定义转账"单选按钮。

(3) 单击"全选"按钮。

(4) 单击"确定"按钮,生成转账凭证。

(5) 单击"保存"按钮,系统自动将当前凭证追加到未记账凭证中。

(6) 以 K11(陈主管)的身份重新注册 T3-用友通标准版,用户名为 K11;密码为 K11;账套为 666;会计年度为 2013;操作日期为 2013.01.31,将生成的自定义转账凭证审核、记账。

2) 期间损益结转生成

以 K33(马总账)的身份重新注册 T3-用友通标准版。用户名为 K33;密码为 K33;账套为 666;会计年度为 2013;操作日期为 2013.01.31。

(1) 进入 T3-用友通标准版主窗口,单击"总账"→"期末"→"转账生成",进入"转账生成"窗口。

(2) 单击"期间损益结转"单选按钮。

(3) 单击"全选"按钮。

(4) 单击"确定"按钮,生成转账凭证。

(5) 单击"保存"按钮,系统自动将当前凭证追加到未记账凭证中。

(6) 以 K11(陈主管)的身份重新注册 T3-用友通标准版,用户名为 K11;密码为 K11;

账套为 666；会计年度为 2013；操作日期为 2013.01.31,将生成的期间损益转账凭证审核、记账。

3. 对账

(1) 进入 T3-用友通标准版主窗口,单击"总账"→"期末"→"对账",进入"对账"界面。

(2) 将光标定位在要进行对账的月份"2013.01"。

(3) 单击"选择"按钮。

(4) 单击"对账"按钮,开始自动对账,并显示对账结果。

(5) 单击"试算"按钮,可以对各科目类别余额进行试算平衡。

(6) 单击"确定"按钮。

4. 结账

(1) 进入 T3-用友通标准版主窗口,单击"总账"→"期末"→"结账",进入"结账"界面。

(2) 单击要结账月份"2013.01"。

(3) 单击"对账"按钮,系统对要结账的月份进行账账核对。

(4) 单击"下一步"按钮,系统显示 2013 年 01 月工作报告。

(5) 查看工作报告后,单击"下一步"按钮。

(6) 单击"结账"按钮,若符合结账要求,系统将进行结账,否则不予结账。

5. 取消结账

(1) 进入 T3-用友通标准版主窗口,单击"总账"→"期末"→"结账",进入"结账"界面。

(2) 选择要取消结账的月份"2013.01"。

(3) 按 Ctrl+Shift+F6 键激活"取消结账"功能。

(4) 输入账套主管密码,单击"确认"按钮,取消结账。

备份本次实验数据到"D:\T3-用友通实验账套备份\总账管理\期末处理"文件夹中。

考证训练

【考证训练环境】

会计信息化实验室。一人一机,主频 800MHz 或以上,256MB 或以上内存,20GB 或以上硬盘,标准系列鼠标,Windows 系统支持可显示 256 色的显示器。配有 Windows XP 及以上操作系统,SQL 2000,T3-用友通标准版(或 T3-用友通教学版,系统时间改为 2013 年 1 月 1 日)。引入"D:\T3-用友通实验账套备份\总账管理\现金管理"文件夹中的账套数据。

(1) 用户名为 K11；账套为 666；操作日期为 2013 年 1 月 1 日,查询含有"银行存款"科目的收款凭证并显示。

操作提示:用 K11 的身份注册进入 T3-用友通标准版总账系统界面,单击"总账"→"凭证"→"查询凭证"(凭证类别选择"收款凭证")→"辅助条件"(科目选择"银行存款")→"确定"→"退出"。

(2) 用户名为 K11;账套为 666;操作日期为 2013 年 1 月 1 日,查询现金(1001)总账,然后联查明细账。

操作提示:用 K11 的身份注册进入 T3-用友通标准版总账系统界面,单击"总账"→"账簿查询"→"总账"(科目选择"现金")→"确认"→"明细"→"退出"。

(3) 用户名为 K11;账套为 666;操作日期为 2013 年 1 月 1 日,对本账套进行结账操作。

操作提示:用 K11 的身份注册进入 T3-用友通标准版总账系统界面,单击"总账"→"期末"→"结账"→"下一步"→"对账"→"下一步"(显示工作报告)→"下一步"→"结账"。

思考练习

(1) 说出自动转账的操作方法。

(2) 怎样进行对账?

(3) 已记账的凭证如果发现有错误应如何进行修改?分别说明有痕迹修改和无痕迹修改的方法。

(4) 在什么情况下才允许结账?

第5章　工资管理(项目五)

学习目标

1. 知识目标

(1) 全面掌握 T3-用友通工资管理的功能和应用。

(2) 熟悉 T3-用友通工资管理初始化、日常业务处理、期末业务处理的流程和操作方法。

2. 技能目标

(1) 能熟练操作 T3-用友通工资管理软件。

(2) 能使用 T3-用友通工资管理处理工资业务。

任务 12　掌握工资管理基础设置和业务处理方法

讲授演练

5.1　工资管理系统初始化

普通工资核算管理的新用户使用 T3-用友通工资管理系统的操作流程如图 5-1 所示。

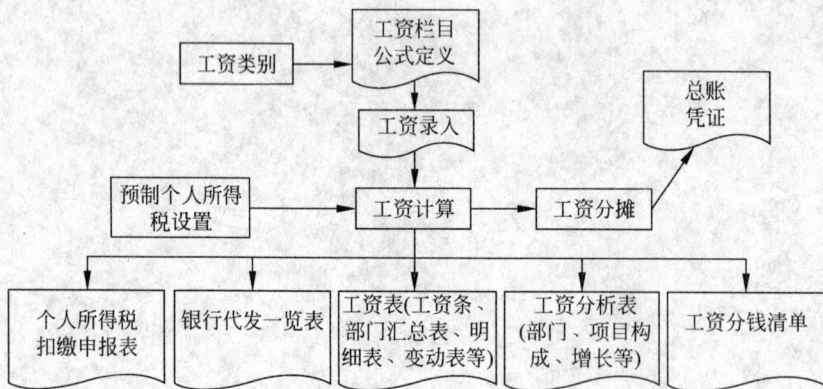

图　5-1

5.1.1 工资管理系统启用

1. 启用工资管理系统

以账套主管注册启动系统管理后,单击"账套"→"启用"(勾选"WA 工资管理"、选择启用日期)→"确定"→"退出",如图 5-2 所示。

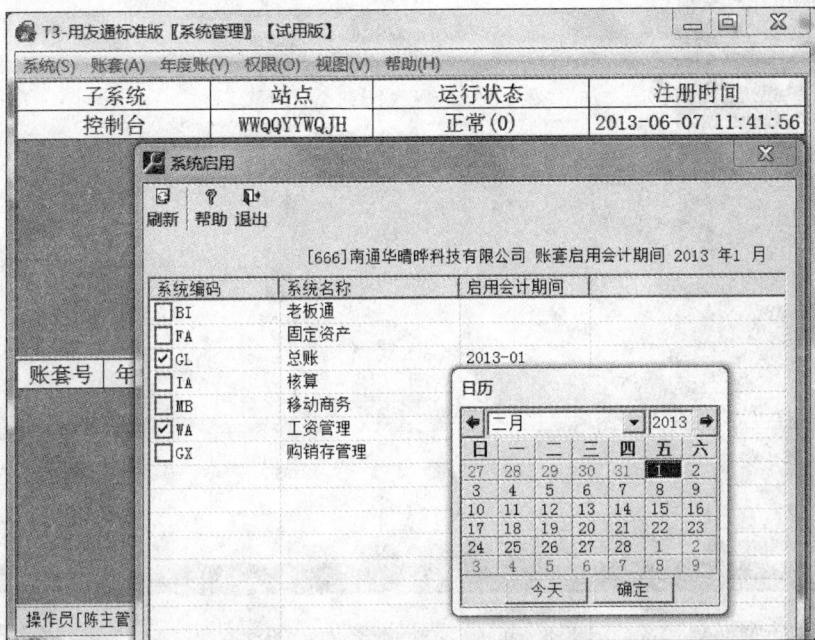

图 5-2

2. 启用工资账套

(1)以具有工资管理权限的操作员注册进入 T3-用友通标准版的主界面后,单击"工资管理"(选择本账套处理的工资类别个数、选择币种)→"下一步"(确定是否代扣税)→"下一步"(确定是否扣零处理)→"下一步"(确定人员编号长度)→"完成"。进入"工资管理"界面,如图 5-3 所示。

(2)进入工资管理界面后,单击"工资"→"工资类别"→"新建工资类别",打开"工资类别"设置对话框,输入工资类别名称(例如正式人员),选择类别人员所在的部门,完成工资类别的设置,如图 5-4 所示。

注意:

① 要注意工资管理系统启用时间的设置。

② 工资类别建立完成后,系统默认自动打开该工资类别。

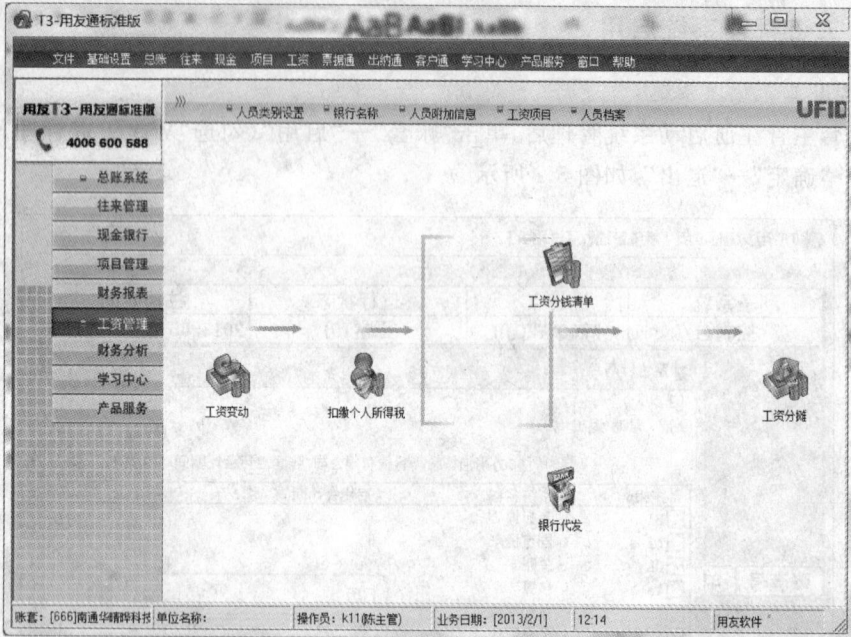

图　5-3

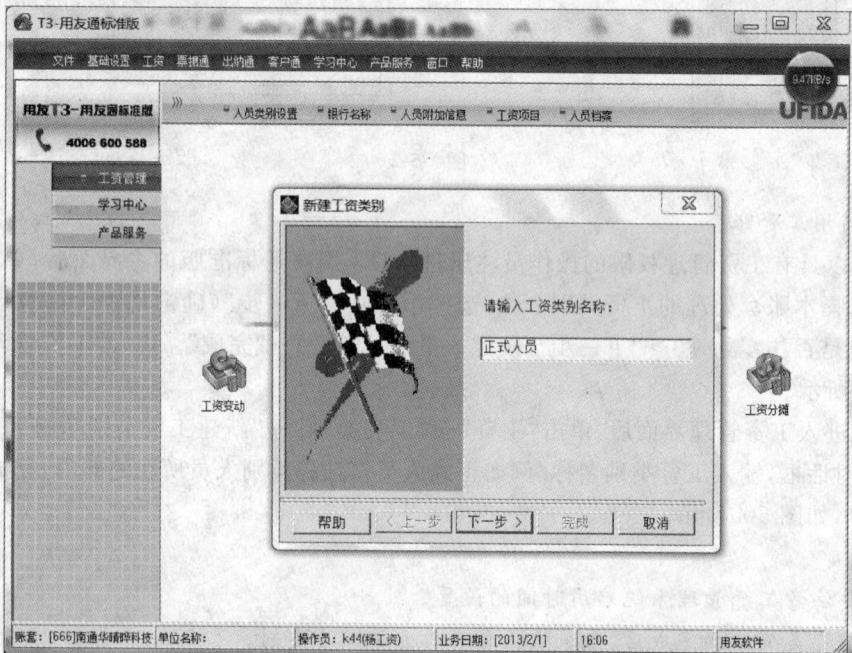

图　5-4

5.1.2　工资管理系统基础设置

1. 人员附加信息设置

进入工资管理界面后,单击"工资"→"设置"→"人员附加信息设置"→"增加",输入附加信息,如图 5-5 所示。

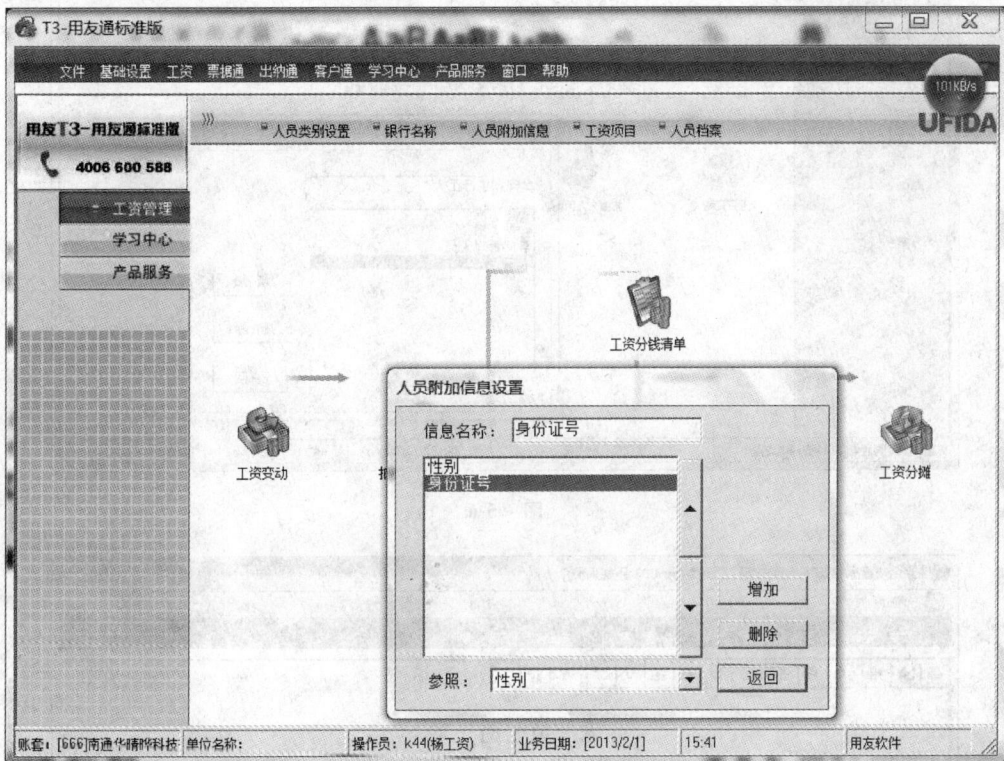

图　5-5

2. 人员类别设置

进入工资管理界面后,单击"工资"→"设置"→"类别设置"→"增加",输入人员类别名称(例如管理人员、生产工人等),如图 5-6 所示。

3. 人员档案设置

1) 单个设置人员档案

进入工资管理界面后,单击"工资"→"设置"→"人员档案"→"增加",进入"人员档案"对话框,录入人员编号、人员姓名、部门编码、部门名称、人员类别、进入日期、银行名称、银行账号、人员附加信息等。完成所有人员档案的设置,如图 5-7 所示。

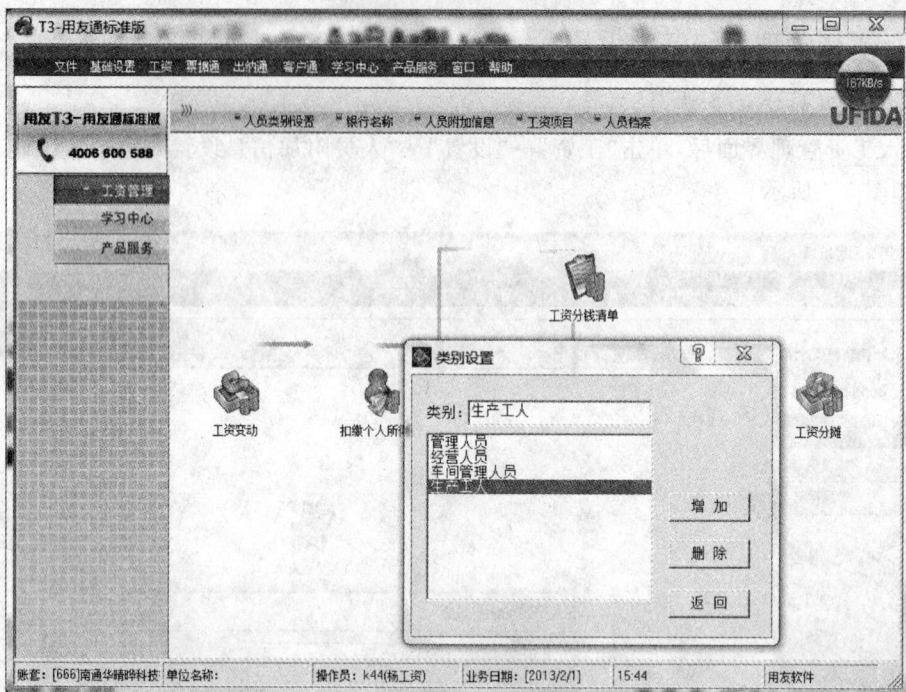

图　5-6

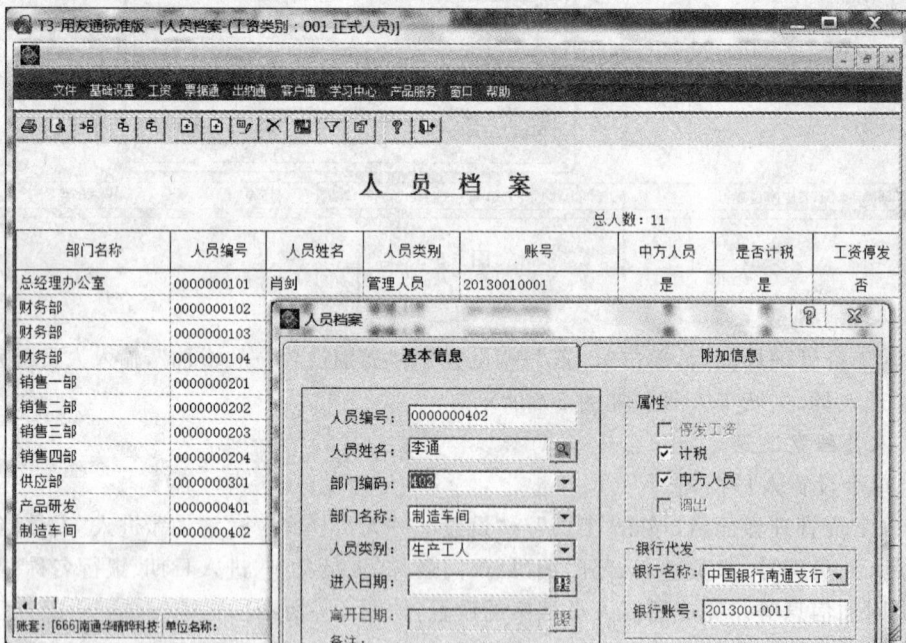

图　5-7

2) 从职员档案批量增加

进入工资管理界面后,单击"工资"→"设置"→"人员档案"→"批量从职员档案引入人员",进入"人员批量增加"界面,选择相关部门人员,在"人员档案"窗口中修改信息,如图 5-8 所示。

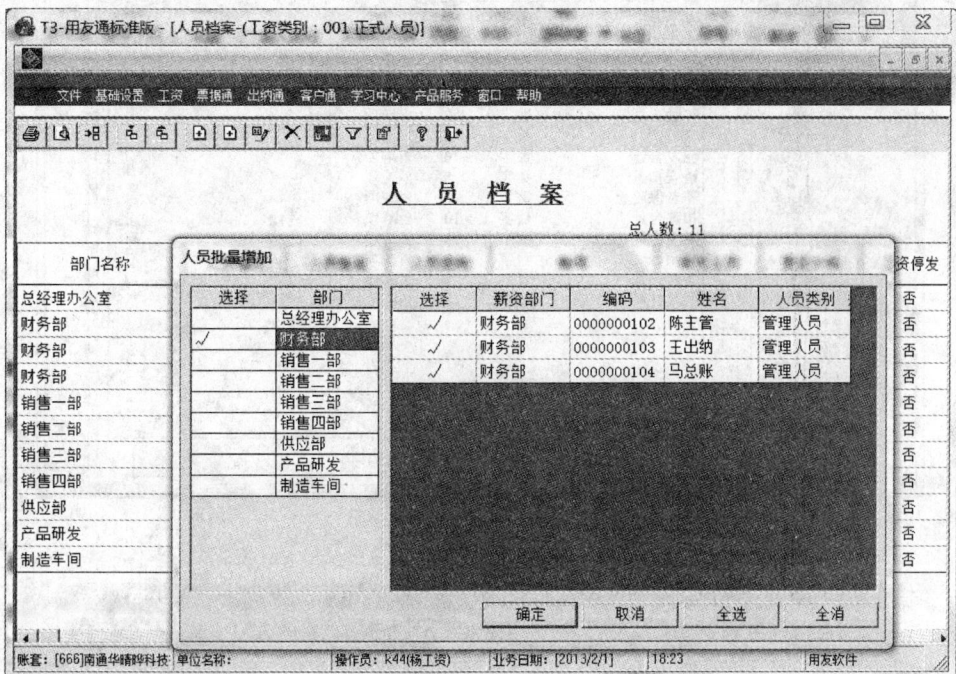

图　5-8

4. 工资项目及公式设置

1) 公用工资项目设置

进入工资管理界面,单击"工资"→"工资类别"→"关闭工资类别"。

进入工资管理界面,单击"工资"→"设置"→"工资项目设置"→"增加",选择名称参照中预置的工资项目名称或直接输入工资项目名称,选择类型、长度、小数、增减项等,如图 5-9 所示。

注意:在多类别设置下,只有关闭所有工资类别时,才能增加工资项目。

2) 各工资类别中工资项目设置

进入工资管理界面后,单击"工资"→"工资类别"→"打开工资类别"(选择需要设置工资项目的工资类别,例如正式人员)→"确定"。

仍在工资管理界面,单击"工资"→"设置"→"工资项目设置"→"增加",在名称参照中逐个选择相应的公用工资项目,完成各工资类别中工资项目设置,如图 5-10 所示。

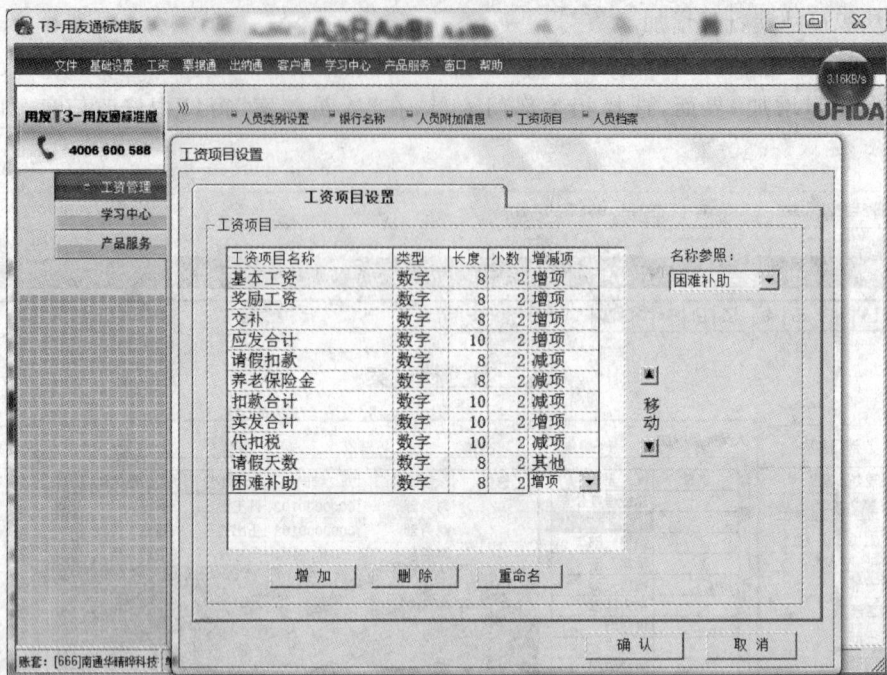

图 5-9

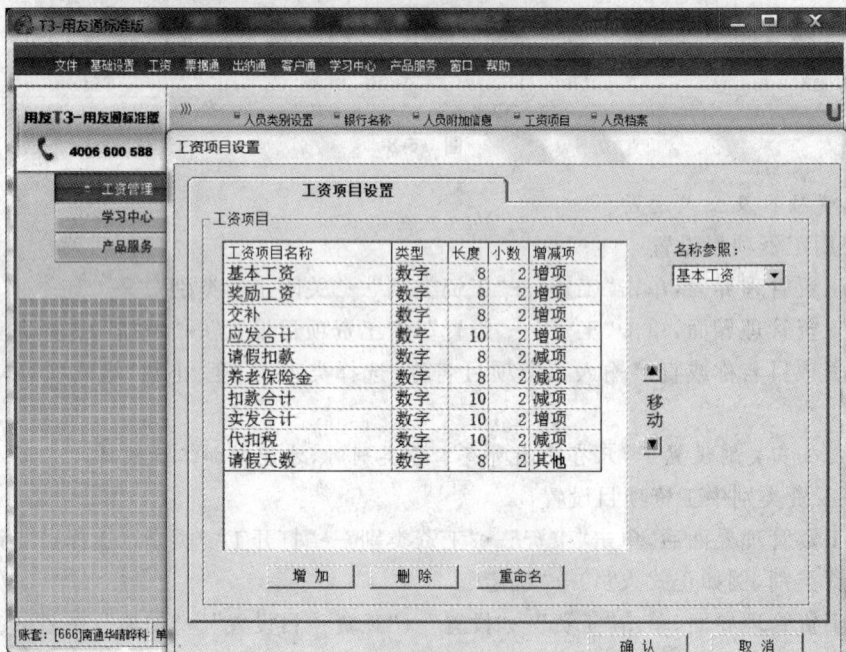

图 5-10

注意：

(1) 设置为增项的工资项目将直接参与应发合计的计算,设置为减项的工资项目将直接参与扣款的计算,设置为其他的工资项目不参与应发或扣款的计算。

(2) 将光标放在工资项目上,单击"重命名"或"删除"按钮,可修改工资项目的名称或删除该工资项目。

(3) 工资项目必须唯一,一经使用,项目类型不允许修改。

3) 工资计算公式设置

(1) 一般公式设置。

进入工资管理界面后,单击"工资"→"设置"→"工资项目设置"→"公式设置",系统自动设置应发合计、扣款合计、实发合计,逐个确认计算公式,如图 5-11 所示。

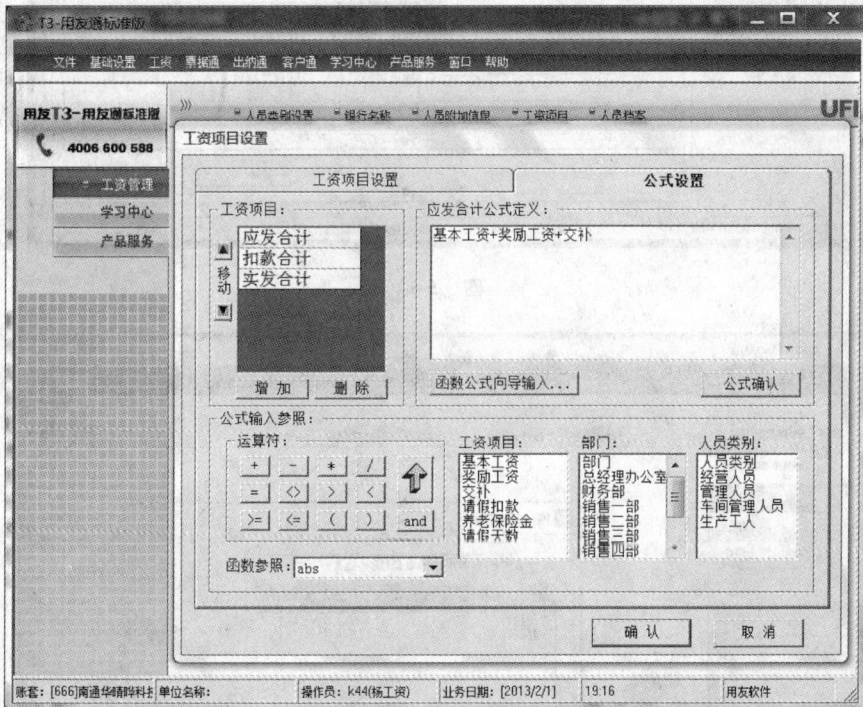

图　5-11

(2) 其他公式设置。

进入工资管理界面后,单击"工资"→"设置"→"工资项目设置"→"公式设置"→"增加",选择工资项目,录入该工资项目的计算公式,如图 5-12 所示。

5. 银行名称设置

进入工资管理界面后,单击"工资"→"设置"→"银行名称设置"→"增加",输入银行名称,设置账号长度(15 位或 18 位),如图 5-13 所示。

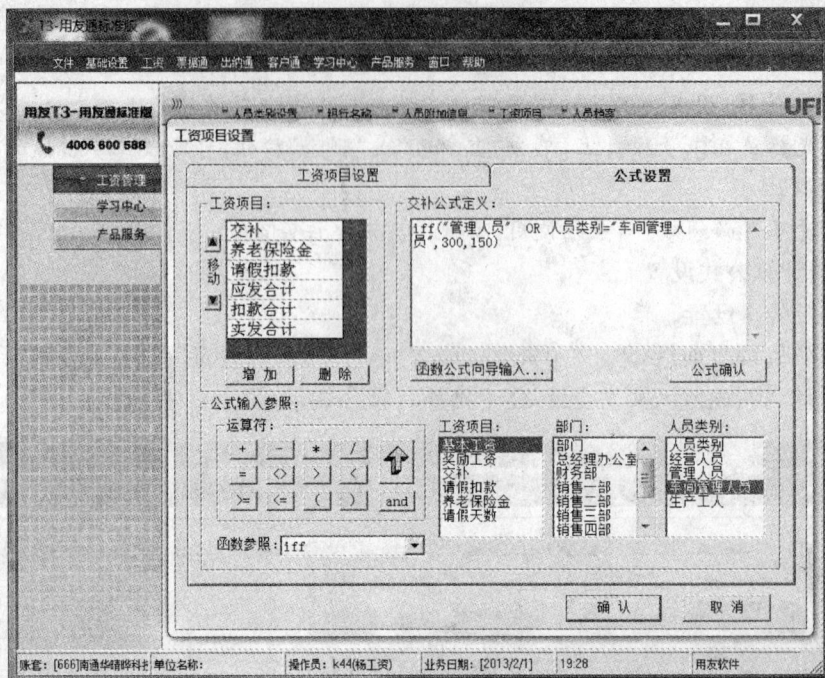

图 5-12

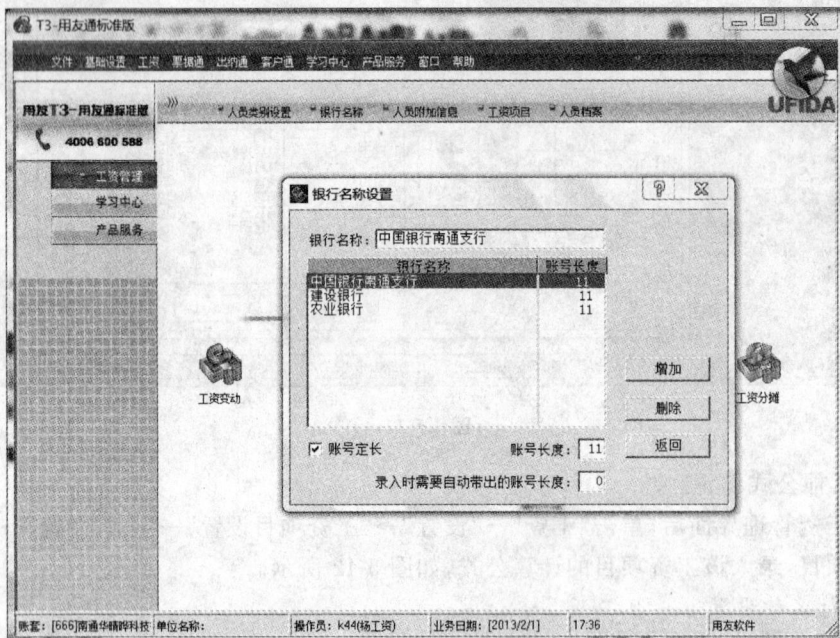

图 5-13

6. 部门设置

进入工资管理界面后,单击"工资"→"设置"→"部门选择设置"(勾选当前工资类别所包含的部门)→"确定",即可完成部门设置。

7. 权限设置

进入工资管理界面后,单击"工资"→"设置"→"权限设置"(选择工资类别)→"修改"(选择部门管理权限、选择项目管理权限)→"保存",即可完成所有工资类别的权限设置,如图 5-14 所示。

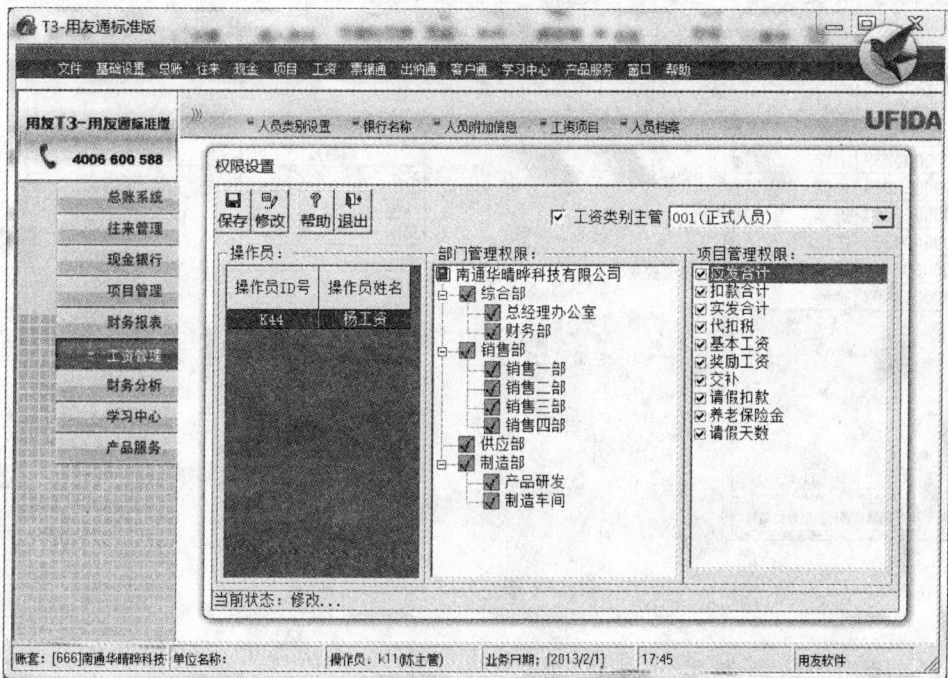

图 5-14

5.2 工资管理日常业务处理

5.2.1 工资变动

进入工资管理界面后,单击"工资"→"业务处理"→"工资变动",进入"工资变动"窗口,系统显示各类人员的所有工资项目,直接录入数据或按页面提示录入数据,所有录完后单击"执行重新计算"→"汇总"→"退出",如图 5-15 所示。

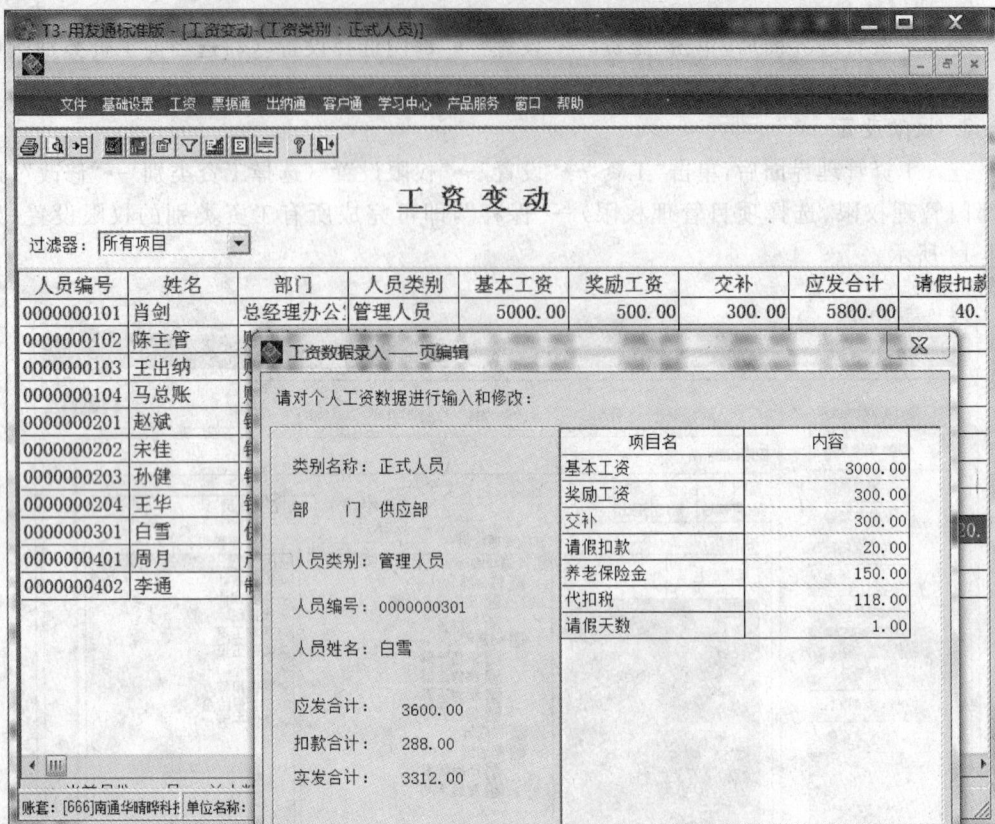

图 5-15

5.2.2 代扣个人所得税

进入工资管理界面，打开工资类别后，单击"工资"→"业务处理"→"扣缴所得税"，选择对应的工资项目（例如应发合计、实发合计），系统将根据选择的工资项目和设定的纳税基数，自动进行计算对应所得税，生成"个人所得税扣缴申请表"，如图 5-16 所示。

5.2.3 银行代发

进入工资管理界面后，单击"工资"→"业务处理"→"银行代发"，进入"银行文件格式设置"对话框，选择银行、设置银行文件所要求的内容（增加或删除行，设置银行文件代发格式），如图 5-17 所示。

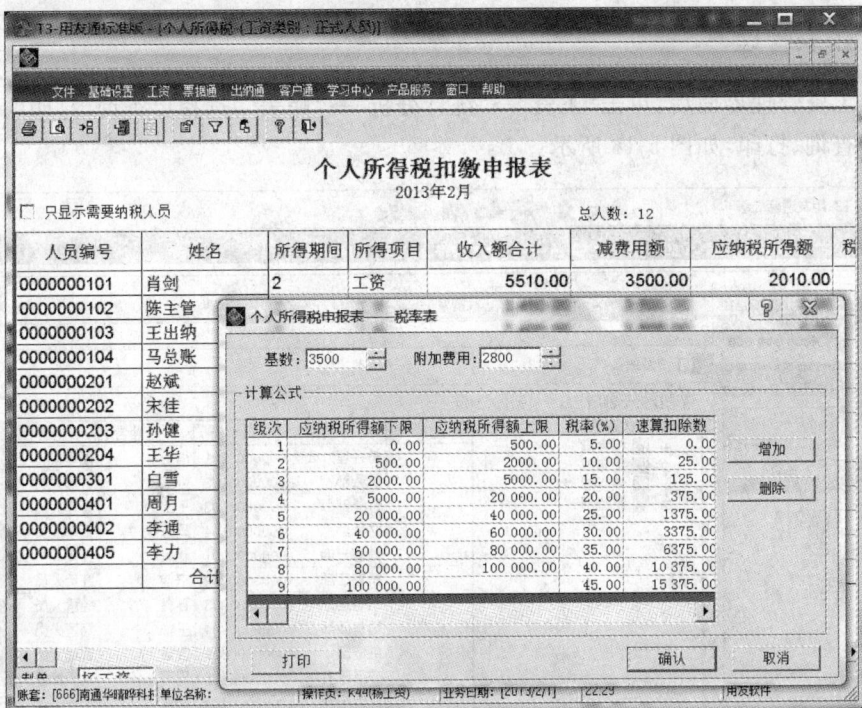

图 5-16

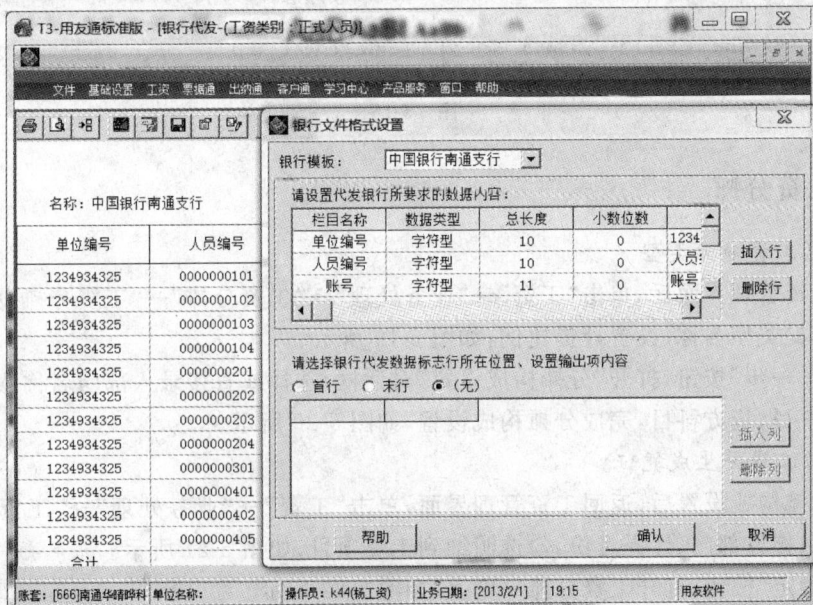

图 5-17

5.2.4　账表管理

进入工资管理界面后,单击"工资"→"统计分析"→"账表",选择要查询、打印的账表,设置后进行查询、打印,如图 5-18 所示。

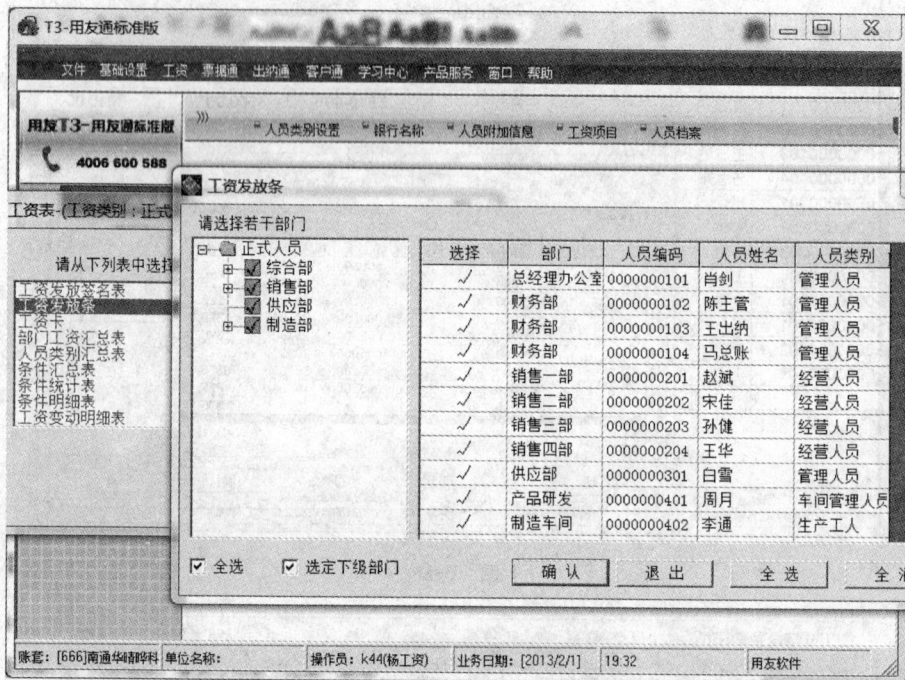

图　5-18

5.2.5　工资分摊

1. 设置工资分摊类型

进入工资管理界面后,单击"工资"→"业务处理"→"工资分摊"→"工资分摊设置"→"增加",录入计提类型名称、设置计提比例,如图 5-19 所示。

单击"下一步"按钮,打开"分摊构成设置"对话框,选择或直接录入部门名称、人员类别、项目、借方科目、贷方科目,完成分摊构成设置,如图 5-20 所示。

2. 分摊工资并生成凭证

完成分摊构成设置后,返回工资管理界面,单击"工资"→"业务处理"→"工资分摊",选择分摊类型、核算部门、计提月份,勾选明细到工资项目,如图 5-21 所示。

单击"确定"按钮,打开工资分摊一览表,如图 5-22 所示。

选择类型后,单击"制单"按钮。选择凭证类别,生成凭证,如图 5-23 所示。

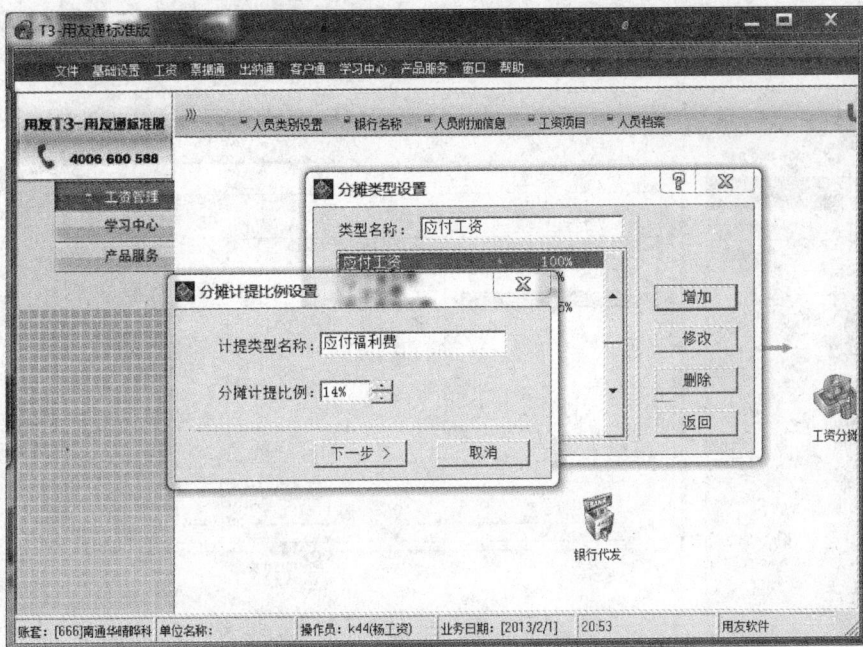

图　5-19

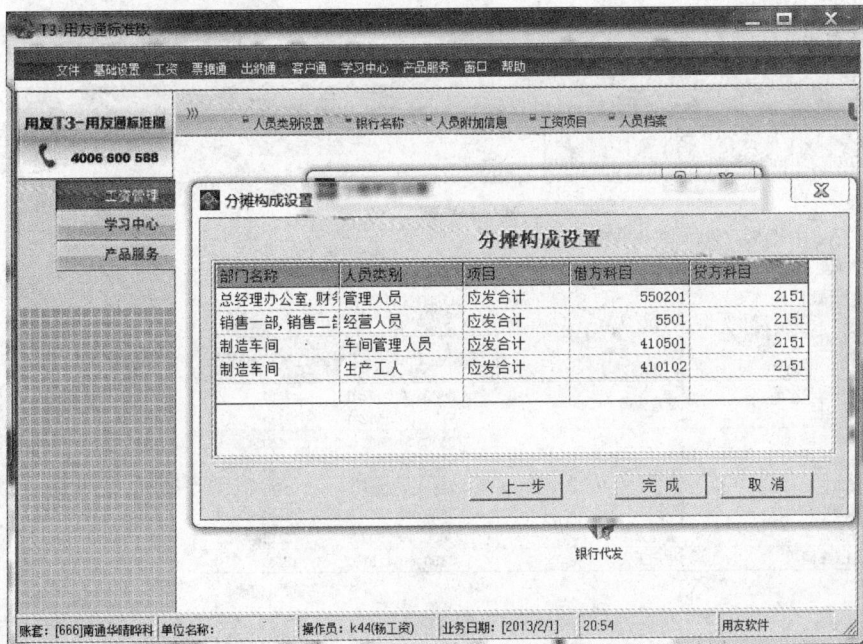

图　5-20

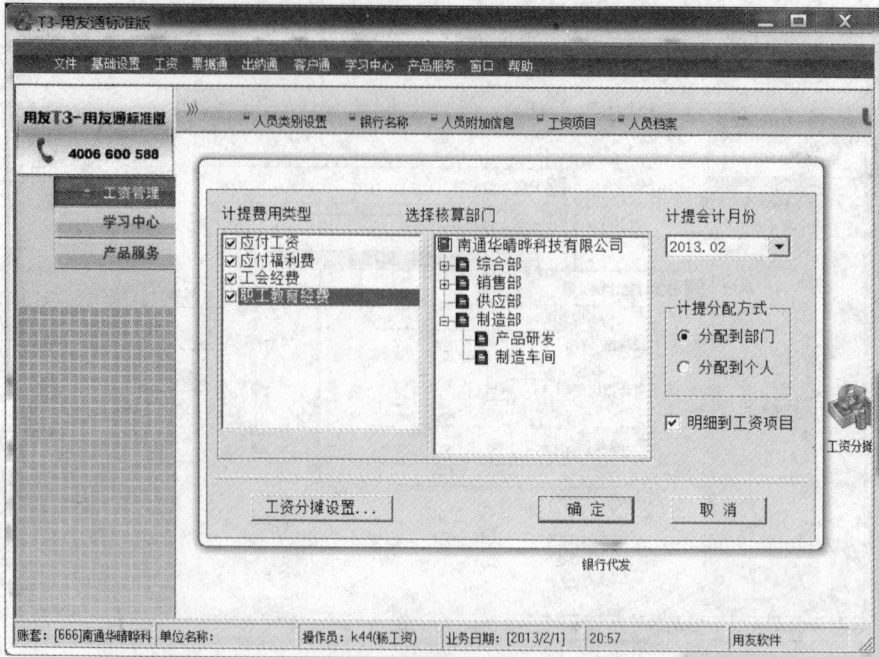

图　5-21

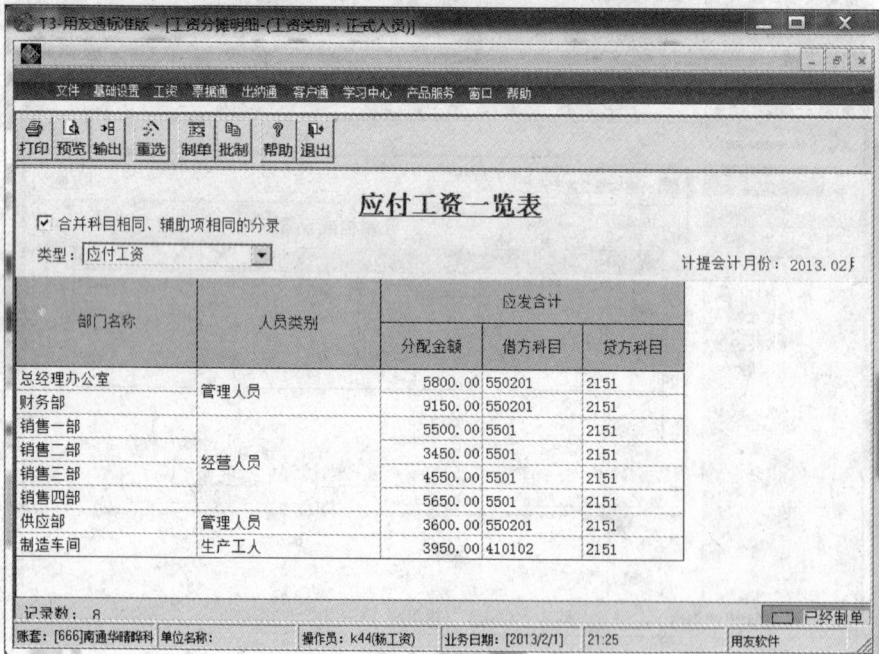

图　5-22

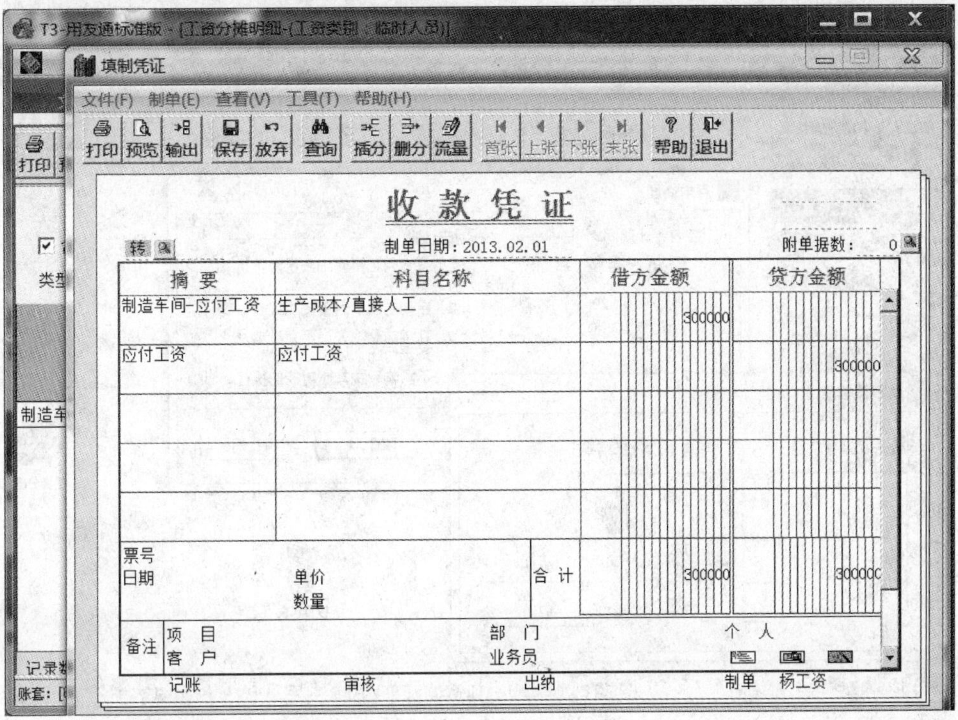

图　5-23

5.3　工资管理月末处理

进入工资管理界面后，单击"工资"→"业务处理"→"月末处理"（选择处理月份）→"确定"（提示"本月处理之后工资将不允许变动，继续月末处理吗？"）→"是"（选择清零项目）→"确认"（月末处理结账完毕），如图 5-24 所示。

注意：

① 月末处理只有在会计年度的 1 月至 11 月进行，12 月则不需要进行月末处理。

② 月末工资分摊只有在当月工资数据处理完毕后才可进行。

③ 若要处理多个工资类别，则应打开各工资类别，分别进行月末结账。

④ 若本月工资数据未汇总，系统将不能进行月末工资分摊。

⑤ 若本月无工资数据，用户进行月末处理时，系统将给予操作提示。

⑥ 进行月末处理后，当月数据将不再允许变动。

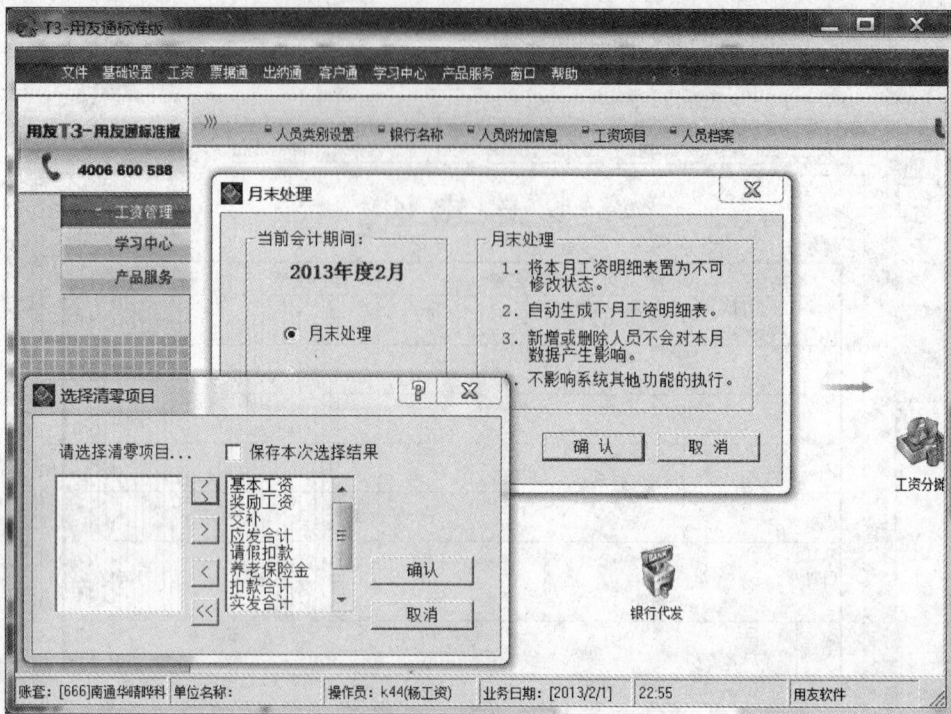

图 5-24

实验实训 工资管理综合实验

【实验目的】

掌握 T3-用友通标准版软件中工资管理系统的初始设置、日常业务处理、工资分摊及月末处理的操作内容。

【实验环境】

会计信息化实验室。一人一机,主频 800MHz 或以上,256MB 或以上内存,20GB 或以上硬盘,标准系列鼠标,Windows 系统支持可显示 256 色的显示器。配有 Windows XP 及以上操作系统,SQL 2000,T3-用友通标准版(或 T3-用友通教学版,系统时间改为 2013 年 1 月 1 日)。

【实验准备】

正确做完上一个实验,或引入"D:\T3-用友通实验账套备份\总账管理\日常处理"文件夹中的账套数据。以账套主管注册进入系统管理,启用工资管理系统。

【实验内容】

(1) 工资管理系统的初始设置;

(2) 工资管理系统的日常业务处理;

(3) 工资分摊及月末处理。

【实验资料】

1. 建立工资账套

工资类别个数设置为"多个",核算币种设置为"人民币 RMB",要求代扣个人所得税,不进行扣零处理,账套启用日期设置为 2013.01.01。

2. 基础信息设置

(1) 人员类别设置。

管理人员、经营人员、车间管理人员、生产工人。

(2) 人员附加信息设置。

增加"性别"、"身份证号"作为人员附加信息。

(3) 工资项目设置如表 5-1 所示。

表 5-1　工资项目

项目名称	类型	长度	小数位数	增减项
基本工资	数字	8	2	增项
奖励工资	数字	8	2	增项
交补	数字	8	2	增项
应发合计	数字	10	2	增项
请假扣款	数字	8	2	减项
养老保险金	数字	8	2	减项
扣款合计	数字	10	2	减项
实发合计	数字	10	2	增项
代扣税	数字	10	2	减项
请假天数	数字	8	2	其他

(4) 工资类别及相关信息。

工资类别一：正式人员

部门选择：所有部门。

工资项目：基本工资、奖励工资、交补、应发合计、请假扣款、养老保险金、扣款合计、实发合计、代扣税、请假天数。

正式人员档案如表 5-2 所示。

表 5-2 正式人员档案

人员编号	人员姓名	部门名称	人员类别	账 号	是否中方人员	是否计税
101	肖剑	总经理办公室	管理人员	20130010001	是	是
102	陈主管	财务部	管理人员	20130010002	是	是
103	王出纳	财务部	管理人员	20130010003	是	是
104	马总账	财务部	管理人员	20130010004	是	是
201	赵斌	销售一部	经营人员	20130010005	是	是
202	宋佳	销售二部	经营人员	20130010006	是	是
203	孙健	销售三部	经营人员	20130010007	是	是
204	王华	销售四部	经营人员	20130010008	是	是
301	白雪	供应部	管理人员	20130010009	是	是
401	周月	产品研发	车间管理人员	20130010010	是	是
402	李通	制造车间	生产工人	20130010011	是	是

注意：以上所有人员的代发银行均为中国银行南通支行。

工资项目计算公式如表 5-3 所示。

表 5-3 工资项目计算公式

工 资 项 目	定 义 公 式
请假扣款	请假天数×20
养老保险金	基本工资×0.05
交补	Iff(人员类别＝"管理人员"　OR 人员类别＝"车间管理人员",300,150)

注意：输入"交补"计算公式时，OR 前后必须有空格。

工资类别二：临时人员

部门选择：制造车间。

工资项目：基本工资、应发合计、请假扣款、扣款合计、实发合计、代扣税、请假天数。

临时人员档案如表 5-4 所示。

表 5-4 临时人员档案

人员编号	人员姓名	部门名称	人员类别	账号	是否中方人员	是否计税
403	罗江	制造车间	生产工人	20130010012	是	是
404	刘青	制造车间	生产工人	20130010013	是	是

（5）银行名称。

中国银行南通支行,账号长度为 11。

(6) 权限设置。

设置 K44(杨工资)为两个工资类别的主管。

3．工资数据

1) 2013 年 1 月初人员工资情况

正式人员工资情况如表 5-5 所示。

表 5-5　正式人员工资情况

姓名	基本工资	奖励工资
肖剑	5000	500
陈主管	3000	300
王出纳	2000	200
马总账	2500	250
赵斌	4500	450
宋佳	3000	300
孙健	4000	400
王华	5000	500
白雪	3000	300
周月	2500	250
李通	1500	150

临时人员工资情况如表 5-6 所示。

表 5-6　临时人员工资情况

姓名	基本工资
罗江	1800
刘青	1200

2) 2013 年 1 月工资变动情况

(1) 考勤情况：肖剑请假 2 天，白雪请假 1 天，罗江请假 3 天。

(2) 因需要，决定招聘李力(编号 405)到制造车间担任生产人员，基本工资 2000 元，无奖励工资，代发工资银行账号 20130010014。

(3) 因去年销售一部推广产品业绩较好，每人增加奖励工资 200 元。

4．代扣个人所得税(计税基数为 3500)

5．工资分摊

应付工资总额等于工资项目"实发合计"，应付福利费、工会经费、职工教育经费也以此为计提基数。

工资费用分配的转账分录如下。

部门	工资分摊	应付工资（100%）		应付福利费（14%）		工会经费（2%）、职工教育经费（1.5%）	
		借　方	贷　方	借　方	贷　方	借　方	贷　方
总经理办公室财务部、供应部	管理人员	550201	2151	550201	2153	550206	2181
销售部	经营人员	550101	2151	550101	2153		
制造车间	车间管理人员	410501	2151	410501	2153		
	生产工人	410102	2151	410102	2153		

【实验指导】

（1）以账套主管 K11（陈主管）身份注册进入系统管理，单击"账套"→"启用"（勾选"WA工资管理"、选择启用日期（2013.02.01））→"确定"→"退出"。启用工资管理系统。

（2）以账套主管 K11（陈主管）身份注册进入 T3-用友通标准版工资管理界面，单击"工资"，打开"建立工资账套"对话框，建立工资账套，并设置工资类别个数、扣个人所得税等系统参数。

（3）在工资管理界面，单击"工资"→"工资类别"→"新建工资类别"，分别建立"正式人员"和"临时人员"两个工资类别，并设置 K44（杨工资）为两个工资类别的主管。

（4）以 K44（杨工资）身份注册进入工资管理界面，设置基础信息，包括人员类别、人员附加信息、公用工资项目设置（先要关闭工资类别）、银行名称设置。

（5）在工资管理界面，单击"工资"→"设置"→"人员档案"，设置人员档案。录入招聘人员李力的档案，编号为 405，制造车间工人，基本工资为 2000 元，无奖励工资，代发工资银行账号 20130010014。

（6）在工资管理界面，单击"工资"→"工资类别"→"打开工资类别"，选择"正式人员"选项。

返回工资管理界面，单击"工资"→"设置"→"工资项目设置"，设置"正式人员"工资项目和设置计算公式。以同样的方法设置"临时人员"工资项目和设置计算公式。

（7）在工资管理界面，单击"业务处理"→"工资变动"，录入正式人员和招聘人员的基本工资以及相关人员的请假天数。

（8）在工资管理界面，单击"工资"→"设置"→"工资项目设置"，重新设置奖励工资的计算公式 Iff（部门＝"销售一部"，奖励工资＋200，奖励工资）（销售一部因推广产品业绩较好，每人增加 200）。

（9）在工资管理界面，单击"工资"→"业务处理"→"扣缴所得税"，查看个人所得税。

（10）在工资管理界面，单击"工资"→"业务处理"→"工资变动"，进入工资变动窗口，录入工资数据，单击工具栏中的计算按钮，计算工资数据。

（11）在工资管理界面，单击"工资"→"业务处理"→"工资分摊"，打开"工资分摊"对话框进行工资分摊类型设置并生成记账凭证。

(12) 在完成正式人员工资数据的处理后,打开临时人员工资类别,参照正式人员工资类别初始设置及数据处理方式完成临时人员工资处理。

(13) 备份。

备份本次实验数据到"D:\T3-用友通实验账套备份\工资管理"文件夹中。

考证训练

【考证训练环境】

会计信息化实验室。一人一机,主频 800MHz 或以上,256MB 或以上内存,20GB 或以上硬盘,标准系列鼠标,Windows 系统支持可显示 256 色的显示器。配有 Windows XP 及以上操作系统,SQL 2000,T3-用友通标准版(或 T3-用友通教学版,系统时间改为 2013 年 1月 1 日)。引入了"D:\T3-用友通实验账套备份\工资管理"文件夹中的账套数据。

(1) 用户名为 K44;账套为 666;操作日期为 2013 年 2 月 1 日,在"正式人员"工资类别下,查询正式人员的应付福利凭证。

操作提示:以 K44 注册(账套为 666;操作日期为 2013 年 2 月 1 日)进入 T3-用友通标准版工资管理界面,单击"工资"→"工资类别"(打开工资类别,选中"正式人员")→"确认",单击"工资"→"统计分析"→"凭证查询",查询日期选择 1 月、2 月,业务类型选择应付福利费,单击"凭证",查看应付福利凭证。

(2) 用户名为 K44;账套为 666;操作日期为 2013 年 3 月 1 日,设置工资类别,类别名称为临时人员 1,包括制造车间。

操作提示:以 K44 注册(账套为 666;操作日期为 2013 年 3 月 1 日)进入 T3-用友通标准版工资管理界面,单击"工资"→"工资类别"→"新建工资类别",输入工资类别名称并设置。

(3) 用户名为 K44;账套为 666;操作日期为 2013 年 3 月 1 日,在"正式人员"工资类别下,建立人员档案,人员编码为 11000301;人员姓名为张乔;部门名称为销售部;人员类别为销售人员;银行名称为工商银行鼓楼分理处;银行账号为 20130503001。

操作提示:以 K44 注册(账套为 666;操作日期为 2013 年 3 月 1 日)进入 T3-用友通标准版工资管理界面,单击"工资"→"工资类别"(打开工资类别,选中"正式人员")→"确认",单击"工资"→"设置"→"人员档案"→"增加"(输入人员档案信息)→"退出"。

(4) 用户名为 K44;账套为 666;操作日期为 2013 年 3 月 1 日,设置工资项目,项目名称为奖励工资;类型为数字;长度为 8;小数位数为 2;增减项为增项。

操作提示:以 K44 注册(账套为 666;操作日期为 2013 年 3 月 1 日)进入 T3-用友通标准版工资管理界面,单击"工资"→"设置"→"工资项目设置"→"增加"(输入工资项目信息)→"确认"。

(5) 用户名为 K44;账套为 666;操作日期为 2013 年 3 月 1 日,在"临时人员 1"工资类别下,设置"养老保险"工资项目计算公式,养老保险＝基本工资×0.08。

操作提示:以 K44 注册(账套为 666;操作日期为 2013 年 3 月 1 日)进入 T3-用友通标准版工资管理界面,单击"工资"→"工资类别"→"打开工资类别"(选择"临时人员 1")→"确认",单击"工资"→"设置"→"工资项目设置",增加"养老保险"工资项目并设置计算公式。

(6) 用户名为 K44;账套为 666;操作日期为 2013 年 3 月 1 日,在"正式人员"工资类别下,录入工资变动数据。姓名为李通,请假天数为 5。

操作提示:以 K44 注册(账套为 666;操作日期为 2013 年 3 月 1 日)进入 T3-用友通标准版工资管理界面,单击"工资"→"工资类别"→"打开工资类别"(选择"正式人员")→"确认",单击"工资"→"业务处理"→"工资变动",录入李通的工资变动数据。

(7) 用户名为 K44;账套为 666;操作日期为 2013 年 3 月 1 日,在"正式人员"工资类别下,查询工资发放条。

操作提示:以 K44 注册(账套为 666;操作日期为 2013 年 3 月 1 日)进入 T3-用友通标准版工资管理界面,单击"工资"→"工资类别"→"打开工资类别"(选择"正式人员")→"确认",单击"工资"→"统计分析"→"账表"→"我的账表"→"账簿"→"工资表"→"工资发放条"(双击)→"确认"→"退出"。

(8) 用户名为 K44;账套为 666;操作日期为 2013 年 2 月 1 日,在"正式人员"工资类别下,工资费用分配,并生成记账凭证。计提类型为应付工资;核算部门为销售部;选项为明细到工资项目。

操作提示:以 K44 注册(账套为 666;操作日期为 2013 年 2 月 1 日)进入 T3-用友通标准版工资管理界面,单击"工资"→"工资类别"→"打开工资类别"(选择"正式人员")→"确认",单击"工资"→"业务处理"→"工资分摊"(勾选"应付工资"、"销售部"、"明细到工资项目")→"确定"→"制单"→"保存"→"退出"。

(9) 用户名为 K44;账套为 666;操作日期为 2013 年 3 月 1 日,在"正式人员"工资类别下,设置工资分摊。计提类型名称为应付工资 1;计提比例为 100%;部门名称为销售部;人员类别为管理人员;项目为应发合计;借方科目为 550101;贷方科目为 2151。

操作提示:以 K44 注册(账套为 666;操作日期为 2013 年 2 月 1 日)进入 T3-用友通标准版工资管理界面,单击"工资"→"工资类别"→"打开工资类别"(选择"正式人员")→"确认",单击"工资"→"业务处理"→"工资分摊"→"工资分摊设置"→"增加"(输入计提工资类型信息)→"下一步"→"完成"→"返回"(勾选为"应付工资 1"、"销售部")→"确定"→"退出"。

(10) 用户名为 K44;账套为 666;操作日期为 2013 年 3 月 1 日,在"正式人员"工资类别下,录入工资原始数据。

姓名	基本工资	奖励工资
宋佳	5000	1000
李力	4000	500

操作提示:以 K44 注册(账套为 666;操作日期为 2013 年 3 月 1 日)进入 T3-用友通标

准版工资管理界面,单击"工资"→"工资类别"→"打开工资类别"(选择"正式人员")→"确认"。单击"工资"→"业务处理"→"工资变动"(录入工资原始数据)→"计算"→"汇总"→"退出"。

思考练习

(1) 如何建立工资账套?

(2) 工资初始设置包括哪些内容? 说出设置的操作步骤和内容。

(3) 如何进行工资的分摊?

(4) 工资管理的月末处理如何操作? 工资月末处理要注意哪些问题?

第6章 固定资产管理(项目六)

学习目标

1. 知识目标

(1) 全面掌握 T3-用友通固定资产系统的功能和应用。

(2) 熟悉 T3-用友通固定资产系统的系统初始化、日常业务处理、期末业务处理的流程和操作方法。

2. 技能目标

(1) 能熟练操作 T3-用友通固定资产系统软件。

(2) 能使用 T3-用友通固定资产系统处理固定资产业务。

任务 13 学会固定资产管理基础设置和业务处理操作

讲授演练

6.1 固定资产管理系统初始化

T3-用友通固定资产管理系统操作流程如图 6-1 所示。

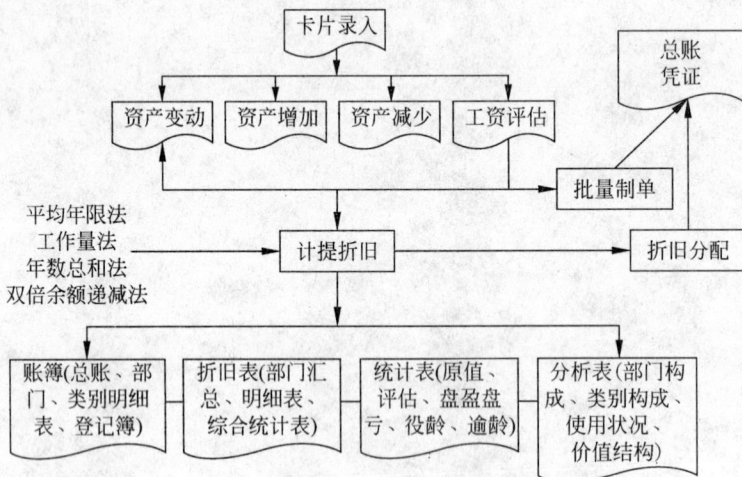

图 6-1

6.1.1 固定资产管理系统启用

1. 启用固定资产管理系统

以账套主管注册启动系统管理后,单击"账套"→"启用"(勾选"FA 固定资产",选择启用日期(通常为总账结账月的下月 1 日))→"确定"→"退出",如图 6-2 所示。

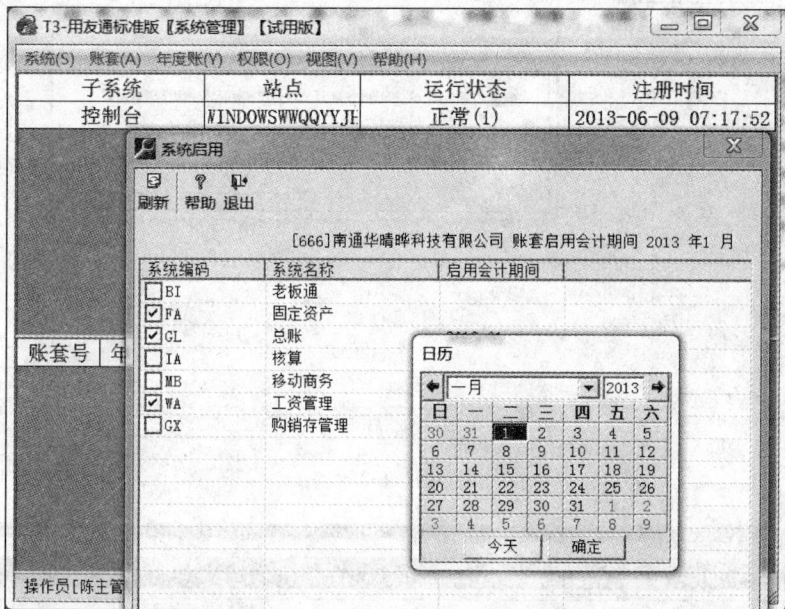

图　6-2

2. 启用固定资产管理账套

以具有固定资产管理权限的操作员注册进入 T3-用友通标准版总账系统的主界面后,单击"固定资产",系统提示:这是第一次打开此账套,还未进行过初始化,是否进行初始化?如图 6-3 所示。

单击"是"(选择"我同意")→"下一步"(选择启用月份)→"下一步"(选择主要折旧方法、折旧周期→设置类别编码方式、固定资产类别编码方式、设置序号长度)→"下一步"(选择对账科目),如图 6-4 所示。

单击"完成"按钮,进入固定资产主界面,如图 6-5 所示。

6.1.2 固定资产管理系统基础设置

1. 部门档案

进入固定资产主界面,单击"固定资产"→"设置"→"部门档案"→"增加",输入部门编码、部门名称等资料,设置部门档案,如图 6-6 所示。

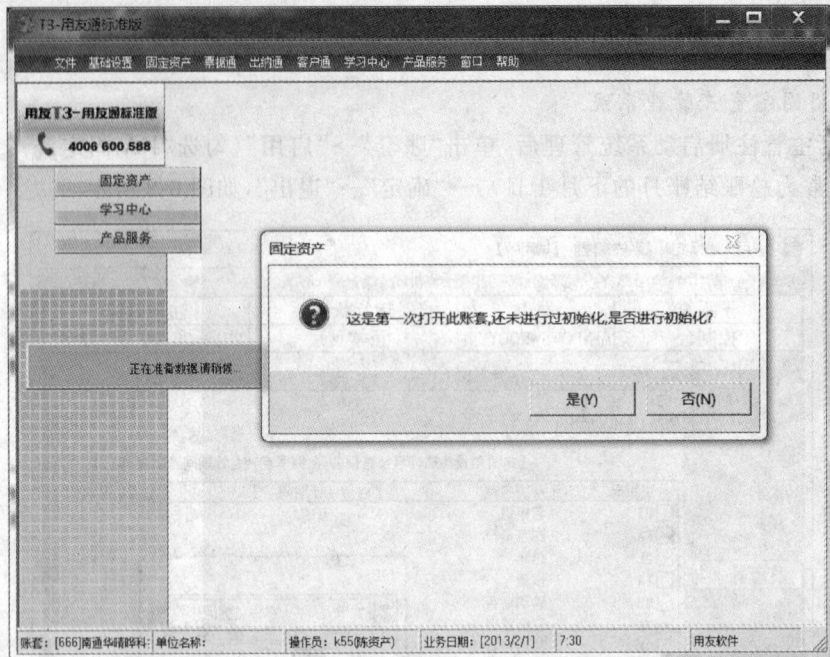

图　6-3

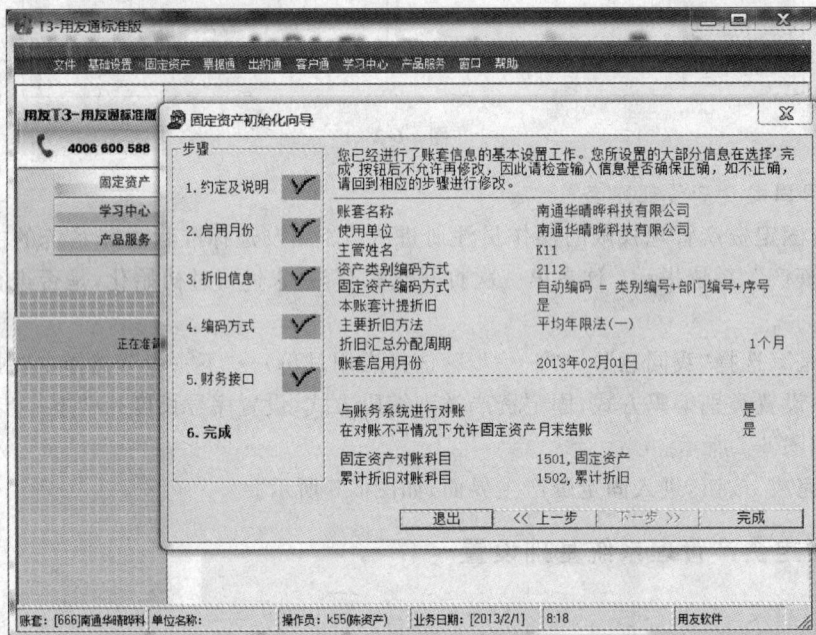

图　6-4

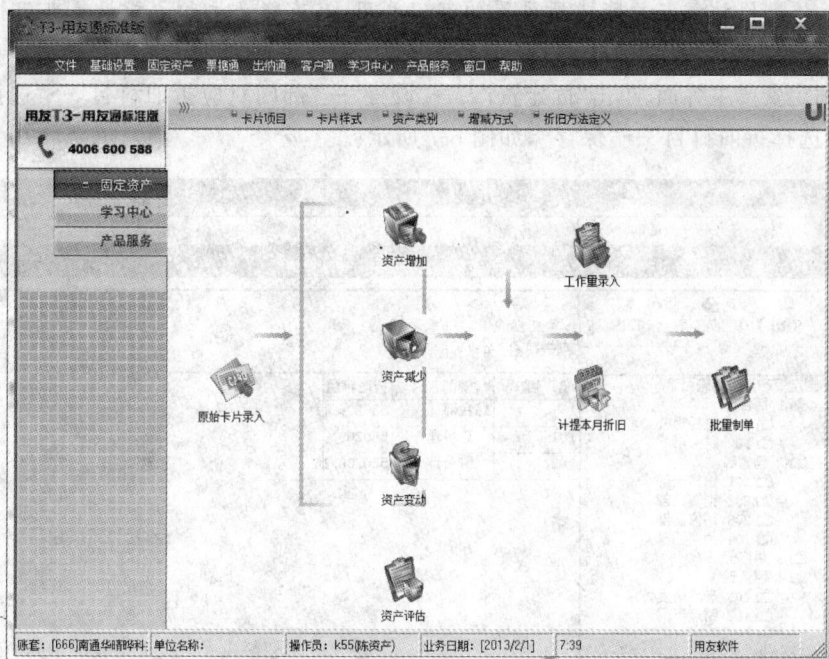

图　6-5

图　6-6

注意：该部门档案与总账中所设置的部门共用,只有账套主管才能设置部门档案。

2. 部门对应折旧科目

进入固定资产主界面,单击"固定资产"→"设置"→"部门对应折旧科目"→"选择部门"→"修改"→"选择折旧科目"→"保存",如图 6-7 所示。

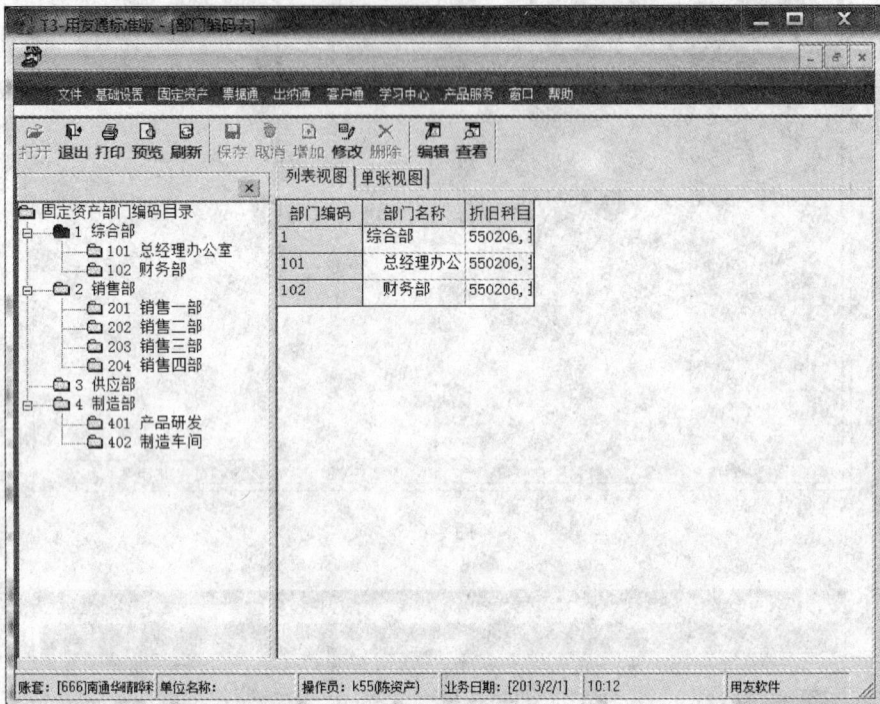

图 6-7

3. 资产类别

进入固定资产主界面,单击"固定资产"→"设置"→"资产类别"→"增加",输入类别名称、使用年限、净残值率等,保存后再做下一个类别,如图 6-8 所示。

4. 增减方式

进入固定资产主界面,单击"固定资产"→"设置"→"增减方式",选择增加或减少,输入增加方式名称或减少方式名称及相应的会计科目后保存,如图 6-9 所示。

5. 使用状况

进入固定资产主界面,单击"固定资产"→"设置"→"使用状况"(选择使用状况目录)→"增加",输入使用状况名称、选择是否计提折旧后保存,如图 6-10 所示。

6. 折旧方法

进入固定资产主界面,单击"固定资产"→"设置"→"折旧方法"→"增加"(输入名称、设置月折旧率公式、月折旧额公式)→"确定",如图 6-11 所示。

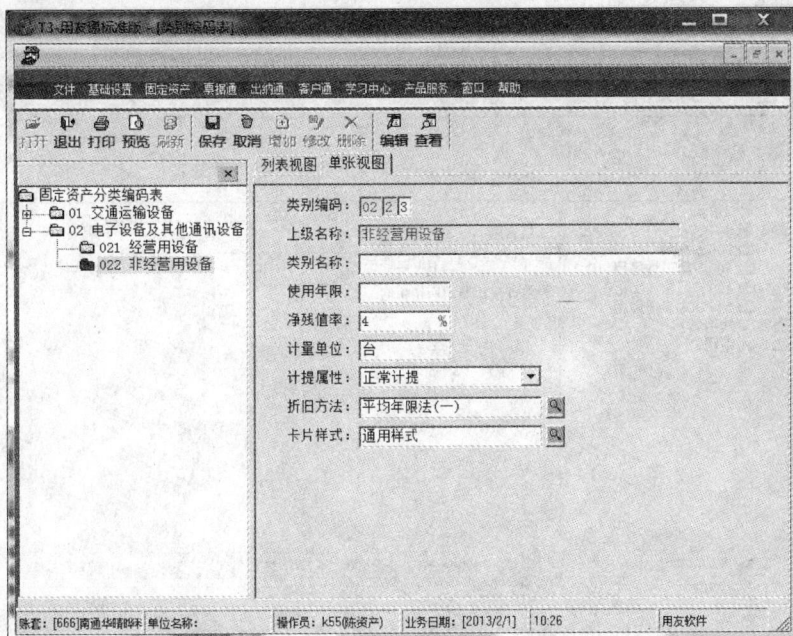

图 6-8

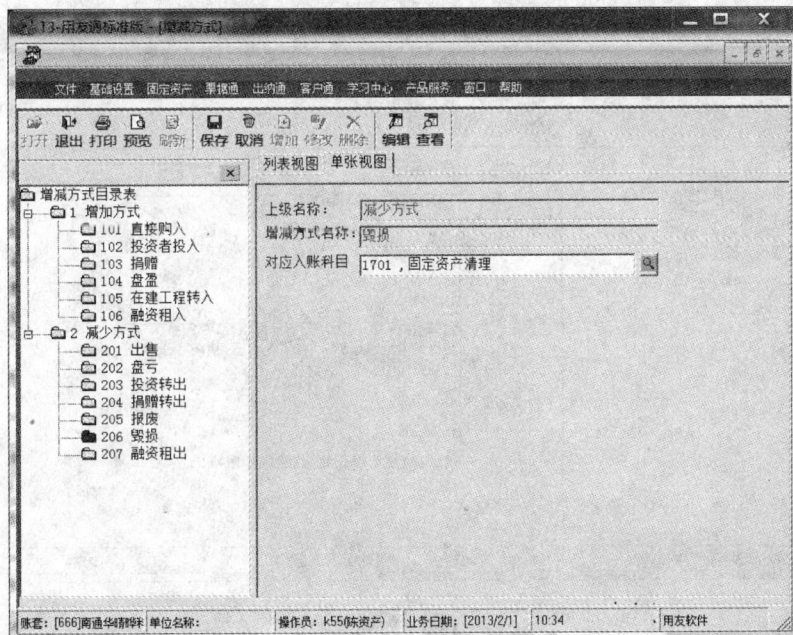

图 6-9

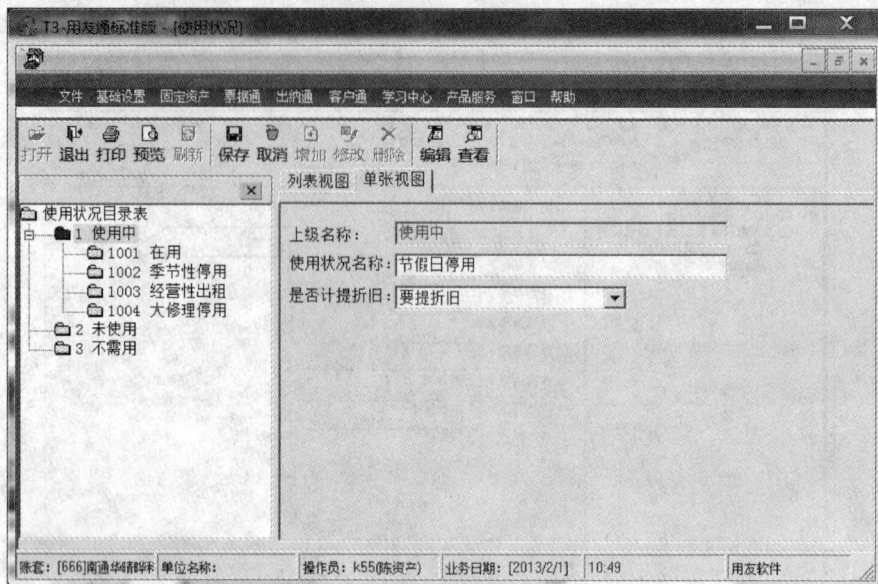

图　6-10

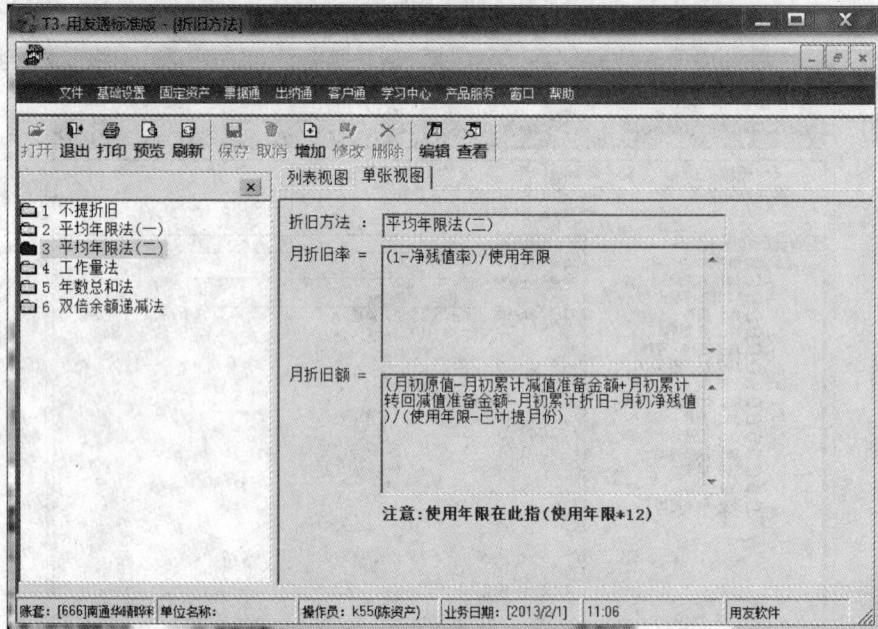

图　6-11

6.2　固定资产管理系统日常业务处理

6.2.1　原始卡片录入

　　进入固定资产主界面,单击"固定资产"→"卡片"→录入"原始卡片",选择资产类别(选择按编码查询),输入该固定资产的名称、类别、规格型号、使用部门、增加方式、存放地点、使用状况、开始使用日期、原值、累计折旧、数量等,保存做下一份原始卡片,如图 6-12 所示。

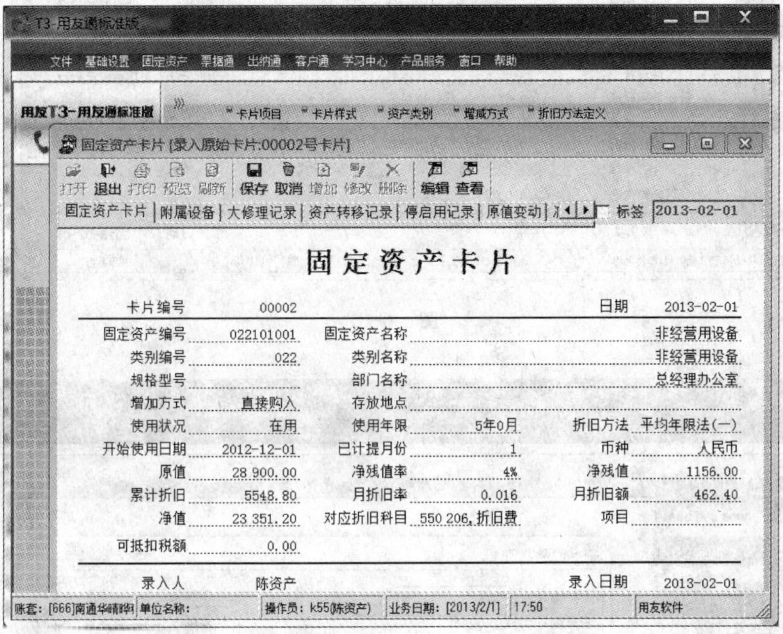

图　6-12

　　注意:固定资产账启用之前的所有资产都作为期初数据在原始卡片录入,所有原始卡片固定资产原值总和、累计折旧总和要和总账固定资产的期初余额、累计折旧的期初余额相同。

　　1. 新增固定资产

　　进入固定资产主界面,单击"固定资产"→"卡片"→"资产增加",选择资产类别,输入该固定资产的名称、类别、规格型号、使用部门、增加方式、存放地点、使用状况、开始使用日期、原值、数量等,保存后做下一个固定资产卡片,如图 6-13 所示。

　　2. 固定资产减少

　　进入固定资产主界面,单击"固定资产"→"卡片"→"资产减少"(选择需要减少的资产编号,填写减少方式、清理收入、清理费用、清理原因)→"确定",如图 6-14 所示。

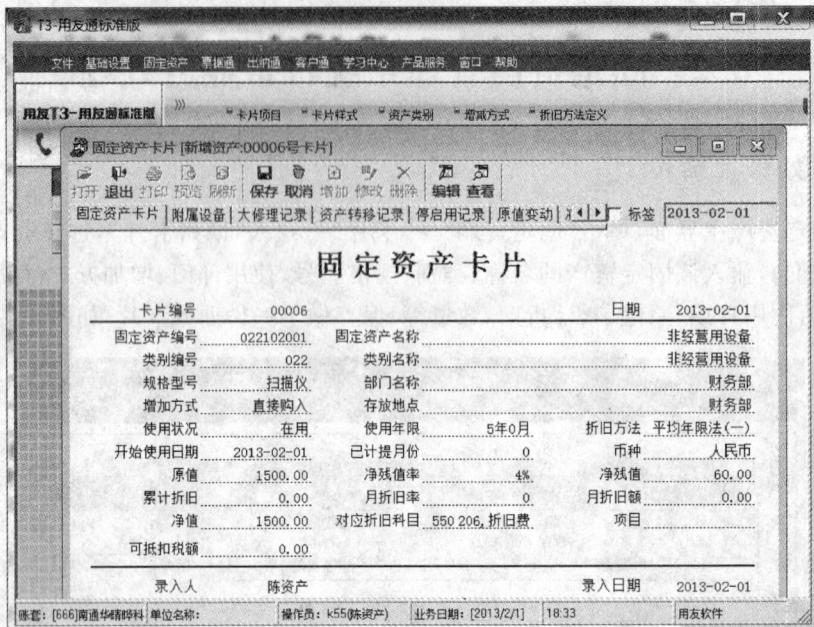

图 6-13

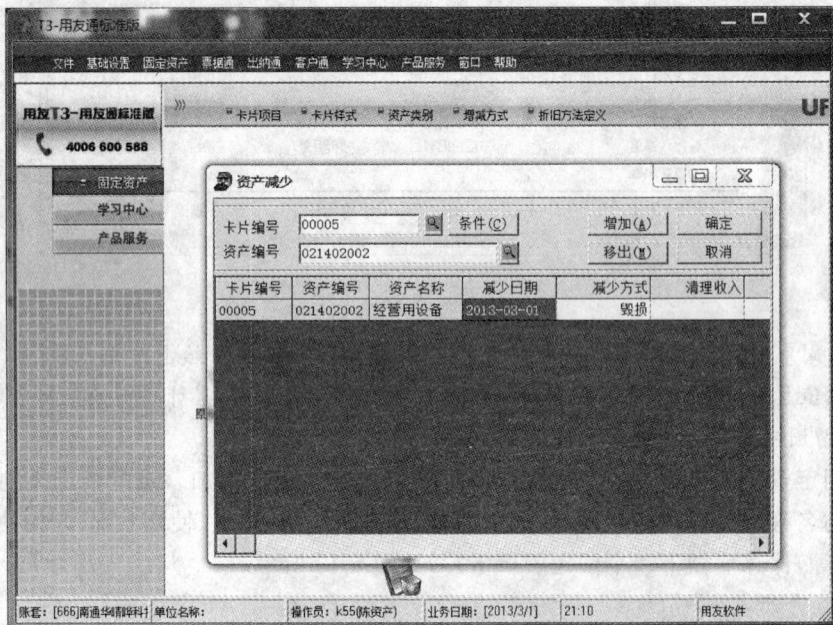

图 6-14

注意：固定资产减少时，必须在做完"计提完本月折旧"工作后方可执行。

3．固定资产变动单

若需要变动固定资产的原值、使用部门、使用状况、累计折旧等数据时，可以用固定资产变动单调整。进入固定资产主界面，单击"固定资产"→"卡片"→"变动单"→"原值增加"（或其他变动），选择需变动固定资产卡片编号，按变动单单内的内容填写后保存即可，如图 6-15 所示的是 00001 号固定资产卡片原值减少的变动单。

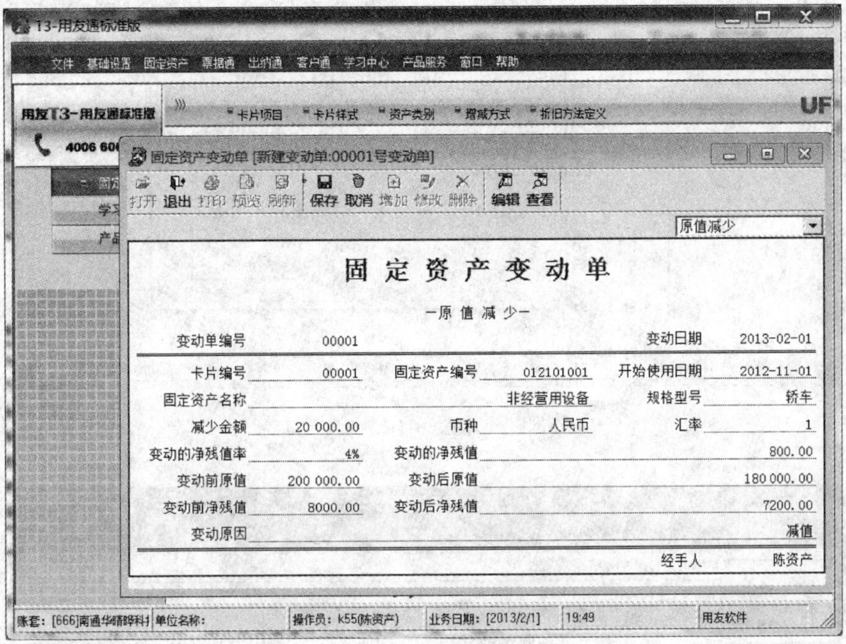

图　6-15

4．资产评估

进入固定资产主界面，单击"固定资产"→"卡片"→"资产评估"→"增加"，选择可评估项目和需要评估的固定资产卡片编号，填写评估前后的数据后保存即可，如图 6-16 所示。

5．计提本月折旧

进入固定资产主界面，单击"固定资产"→"处理"→"计提本月折旧"（提示本操作将计提本月折旧，并花费一定时间，是否继续？）→"是"（提示"是否查看折旧清单？"）→"是"（查看清单）→"退出"，如图 6-17 所示。

6.2.2　固定资产系统月末结账

1．固定资产月末结账

进入固定资产主界面，单击"固定资产"→"处理"→"月末结账"→"开始结账"→"确定"，即可完成月末结账，如图 6-18 所示。

图　6-16

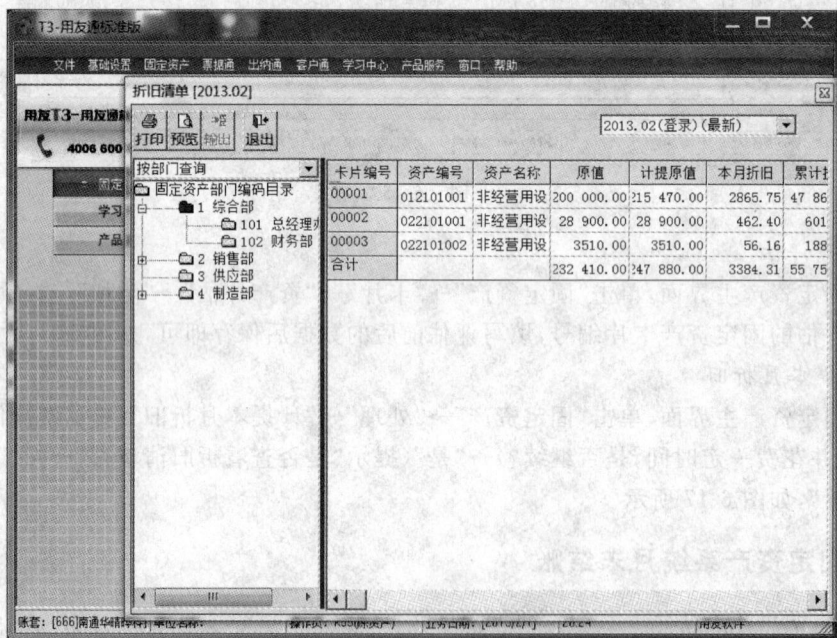

图　6-17

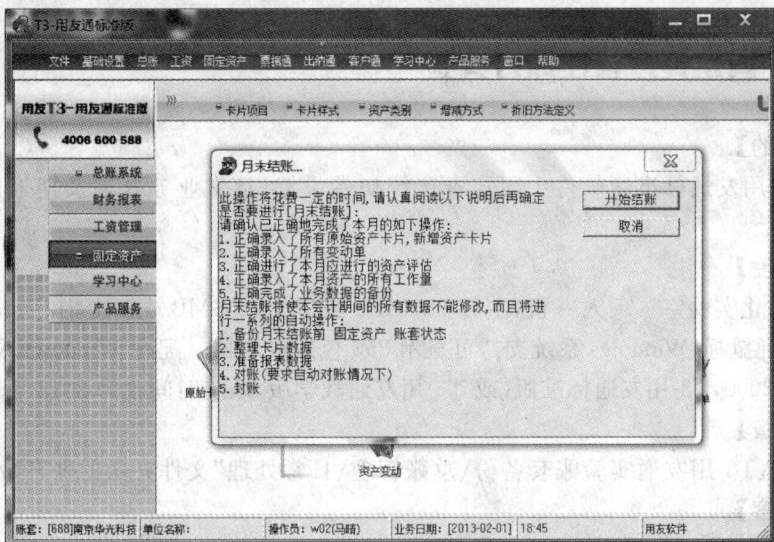

图 6-18

2. 恢复固定资产月末结账

进入固定资产主界面(以要恢复固定资产月末结账的月份注册),单击"固定资产"→"处理"→"恢复月末结账前状态"→"是"(提示:"成功恢复账套月末结账前状态")→"确定",如图 6-19 所示。

图 6-19

实验实训　固定资产管理综合实验

【实验目的】

掌握 T3-用友通标准版软件中固定资产统初始设置、日常业务处理及期末处理的操作内容。

【实验环境】

会计信息化实验室。一人一机,主频 800MHz 或以上,256MB 或以上内存,20GB 或以上硬盘,标准系列鼠标,Windows 系统支持可显示 256 色的显示器。配有 Windows XP 及以上操作系统,SQL 2000,T3-用友通标准版(或 T3-用友通教学版,系统时间改为 2013 年 1 月 1 日)。

【实验准备】

引入"D:\T3-用友通实验账套备份\总账管理\日常处理"文件夹中的账套数据。

【实验内容】

(1) 固定资产管理系统的初始设置;

(2) 固定资产管理系统的日常业务处理;

(3) 固定资产管理系统的期末处理。

【实验资料】

1. 初始设置

(1) 控制参数如表 6-1 所示。

表 6-1　控制参数

控制参数	参 数 设 置
约定与说明	我同意
启用月份	实验当月
折旧信息	本账套计提折旧 折旧方法:平均年限法(一) 折旧汇总分配周期:1 个月 当月初已计提月份＝可使用月份－1 时,将剩余折旧全部提足
编码方式	资产类别编码方式:2112 固定资产编码方式:按"类别编码＋部门编码＋序号"自动编码,卡片序号长度为"3"
财务接口	与总账系统进行对账 对账科目为 固定资产对账科目:1501 固定资产 累计折旧对账科目:1502 累计折旧
补充参数	业务发生后立即制单 月末结账前一定要完成制单登账业务 固定资产缺省入账科目:1501,累计折旧缺省入账科目:1502

(2) 部门及对应折旧科目如表 6-2 所示。

表 6-2　部门及对应折旧科目

部　　门	对应折旧科目
总经理办公室、财务部、供应部	管理费用/折旧费
销售部	营业费用/折旧费
制造车间	制造费用/折旧费

(3) 资产类别如表 6-3 所示。

表 6-3　资产类别

编码	类 别 名 称	净残值率	单位	计提属性
01	交通运输设备	4%		正常计提
011	经营用设备	4%		正常计提
012	非经营用设备	4%		正常计提
02	电子设备及其他通信设备	4%		正常计提
021	经营用设备	4%	台	正常计提
022	非经营用设备	4%	台	正常计提

(4) 增减方式的对应入账科目如表 6-4 所示。

表 6-4　增减方式的对应入账科目

增减方式目录	对应入账科目
增加方式：直接购入	100201,工行存款
减少方式：毁损	1701,固定资产清理

(5) 原始卡片如表 6-5 所示。

表 6-5　原始卡片

固定资产名称	类别编号	所在部门	增加方式	可使用年限	开始使用日期	原值	累计折旧	对应折旧科目名称
轿车	012	总经理办公室	直接购入	6	2010.11.1	215 470	37 254.75	管理费用/折旧费
笔记本计算机	022	总经理办公室	直接购入	5	2012.12.1	28 900	5548.80	管理费用/折旧费
传真机	022	总经理办公室	直接购入	5	2012.11.1	3510	1825.20	管理费用/折旧费
计算机	021	制造车间	直接购入	5	2012.12.1	6490	1246.08	制造费用/折旧费
计算机	021	制造车间	直接购入	5	2012.12.1	6490	1246.08	制造费用/折旧费
网络设备	021	制造车间	直接购入	10	2006.1.1	489 140	77 879.09	制造费用/折旧费
合计						750 000	125 000	

注意：净残值率均为 4%，使用状况均为"在用"，折旧方法均采用平均年限法（一）。

2. 日常及期末业务

（1）2013 年 1 月 21 日，财务部购买扫描仪一台，价值 1500 元，净残值率 4%，预计使用年限 5 年。

（2）2013 年 1 月 23 日，对轿车进行资产评估，评估结果原值为 200 000，累计折旧为 45 000。

（3）2013 年 1 月 31 日，计提本月折旧费用。

（4）2013 年 1 月 31 日，生产部毁损计算机一台。

【实验指导】

（1）以 K11（陈主管）身份注册进入系统管理，单击"账套"→"启用"，启用固定资产系统。

（2）以 K11（陈主管）身份注册进入 T3-用友通标准版主界面，进行固定资产子系统的初始设置，启用日期、折旧方法、编码方式等。

（3）以 K55（陈资产）身份注册进入固定资产主界面，单击"固定资产"→"设置"→"选项"，进入"选项"窗口，设置补充参数；在"与总账系统接口"选项卡中，选中"业务发生后立即制单"、"月末结账前一定要完成制单登账业务"复选框；选择缺省入账科目为"1501，固定资产"、"1502，累计折旧"。

（4）以 K55（陈资产）身份注册进入固定资产主界面，单击"固定资产"→"设置"，设置基础数据如资产类别、部门对应折旧科目、增减方式的对应科目。

（5）以 K55（陈资产）身份注册进入固定资产主界面，单击"固定资产"→"卡片"→"录入原始卡片"，录入原始卡片。

（6）以 K55（陈资产）身份注册进入固定资产主界面，完成资产增加、资产评估、折旧处理、资产减少等日常处理工作。

（7）以 K55（陈资产）身份注册进入固定资产主界面，单击"固定资产"→"账表"→"我的账表"，进入"报表"窗口。单击"折旧表"，选择"（部门）折旧计提汇总表"生成当月折旧计提汇总表。

（8）由 K11（陈主管）身份注册进入总账系统，对固定资产系统生成并自动传递过来的凭证进行审核和记账，最后进行固定资产系统的对账和结账及期末处理。

（9）备份。备份本次实验数据到"D：\T3-用友通实验账套备份\固定资产管理"文件夹中。

考证训练

【考证训练环境】

会计信息化实验室。一人一机，主频 800MHz 或以上，256MB 或以上内存，20GB 或以上硬盘，标准系列鼠标，Windows 系统支持可显示 256 色的显示器。配有 Windows XP 及以上操作系统,SQL 2000,T3-用友通标准版(或 T3-用友通教学版,系统时间改为 2013 年 1 月 1 日)。引入"D:\T3-用友通实验账套备份\固定资产管理"文件夹中的账套数据。

(1) 用户名为 K55;账套为 666;操作日期为 2013 年 2 月 1 日,查询固定资产使用状况分析表。

操作提示:以 K55 注册(账套为 666;操作日期为 2013 年 2 月 1 日)进入 T3-用友通标准版固定资产界面,单击"固定资产"→"账表"→"我的账表"→"分析表"(双击"固定资产使用状况分析表")→"确认"→"退出"。

(2) 用户名为 K55;账套为 666;操作日期为 2013 年 2 月 1 日,输入固定资产原始卡片。

资产类别为 01;资产名称为宝马轿车;所在部门为财务部;增加方式为直接购入;使用状况为在用;开始使用日期为 2012.08.08;使用年限为 10;原值为 800 000;累计折旧为 100 000。

操作提示:以 K55 注册(账套为 666;操作日期为 2013 年 2 月 1 日)进入 T3-用友通标准版固定资产界面,单击"固定资产"→"卡片"→"录入原始卡片"(输入固定资产信息)→"保存"→"确定"→"退出"。

(3) 用户名为 K55;账套为 666;操作日期为 2013 年 2 月 1 日,设置固定资产类别。

编码为 04;名称为房屋类;净残值率为 7%;折旧方法为平均年限法(二)。

操作提示:以 K55 注册(账套为 666;操作日期为 2013 年 2 月 1 日)进入 T3-用友通标准版固定资产界面,单击"固定资产"→"设置"→"资产类别"→"增加"(输入内容)→"保存"→"退出"。

(4) 用户名为 K55;账套为 666;操作日期为 2013 年 2 月 1 日,查询所有部门的折旧计提汇总表。

操作提示:以 K55 注册(账套为 666;操作日期为 2013 年 2 月 1 日)进入 T3-用友通标准版固定资产界面,单击"固定资产"→"账表"→"我的账表"→"折旧表"(双击"部门折旧计提汇总表")→"确定"→"退出"。

(5) 用户名为 K55;账套为 666;操作日期为 2013 年 2 月 1 日,查询固定资产统计表。

操作提示:以 K55 注册(账套为 666;操作日期为 2013 年 2 月 1 日)进入 T3-用友通标准版固定资产界面,单击"固定资产"→"账表"→"我的账表"→"统计表"(双击"固定资产统计表")→"确定"→"退出"。

(6) 用户名为 K55;账套为 666;操作日期为 2013 年 2 月 1 日,查询"电子设备及其他通信设备"类固定资产明细账。

操作提示:以 K55 注册(账套为 666;操作日期为 2013 年 2 月 1 日)进入 T3-用友通标准版固定资产界面,单击"固定资产"→"账表"→"我的账表"→"账簿"(双击"固定资产明细账",类别名称选择为"电子设备及其他通信设备")→"确定"→"退出"。

(7) 用户名为 K55;账套为 666;操作日期为 2013 年 2 月 1 日,计提本月固定资产折旧,生成凭证。

操作提示:以 K55 注册(账套为 666;操作日期为 2013 年 2 月 1 日)进入 T3-用友通标准版固定资产界面,单击"固定资产"→"处理"→"计提本月折旧"→"是"→"是"→"退出",单击"凭证"→"选择科目"(固定资产、累计折旧)→"保存"→"退出"→"确定"。

(8) 用户名为 K55;账套为 666;操作日期为 2013 年 2 月 1 日,资产变动:综合部的奥迪轿车原值增加 10 000 元,变动原因为增加配件。

操作提示:以 K55 注册(账套为 666;操作日期为 2013 年 2 月 1 日)进入 T3-用友通标准版固定资产界面,单击"固定资产"→"卡片"→"变动单"→"原值增加"(输入内容)→"保存"→"确定"→"退出"。

(9) 用户名为 K55;账套为 666;操作日期为 2013 年 2 月 1 日,查询"电子设备及其他通信设备"类固定资产总账。

操作提示:以 K55 注册(账套为 666;操作日期为 2013 年 2 月 1 日)进入 T3-用友通标准版固定资产界面,单击"固定资产"→"账表"→"我的账表"→"账簿"(双击"固定资产总账",类别名称选择为"电子设备及其他通信设备")→"确定"→"退出"。

思考练习

(1) 固定资产管理系统的主要功能有哪些?

(2) 简述固定资产管理基础设置的内容和方法。

(3) 固定资产系统日常管理工作有哪些内容?

(4) 如何进行固定资产变动的处理?

第7章 财务报表(UFO)(项目七)

学习目标

1. 知识目标

(1) 全面掌握财务报表(UFO)的功能和应用。

(2) 熟悉财务报表(UFO)的操作流程和操作方法。

2. 技能目标

(1) 能熟练操作财务报表(UFO)软件。

(2) 能使用财务报表(UFO)编制财务报表。

任务 14 掌握 UFO 格式设计和数据处理方法

讲授演练

7.1 财务报表(UFO)使用基础

7.1.1 UFO 的启动与退出

UFO 是 Ufida Friend Office 的缩写,通常就是指用友财务报表系统。

1. UFO 启动

进入 T3-用友通标准版总账系统主界面后,单击"财务报表",即可进入 UFO 系统,如图 7-1 所示。

2. 退出 UFO 系统

下面的三种方法可以退出 UFO 系统。

(1) 单击"文件"菜单,在下拉菜单中单击"退出"按钮,可退出 UFO;

(2) 按组合键 Alt+F4,可退出 UFO;

(3) 单击屏幕右上角的"关闭"按钮(×),可退出 UFO。

注意:退出 UFO 以前,应先保存正在处理的文件,如果没有保存文件就退出,系统将提示是否保存文件。

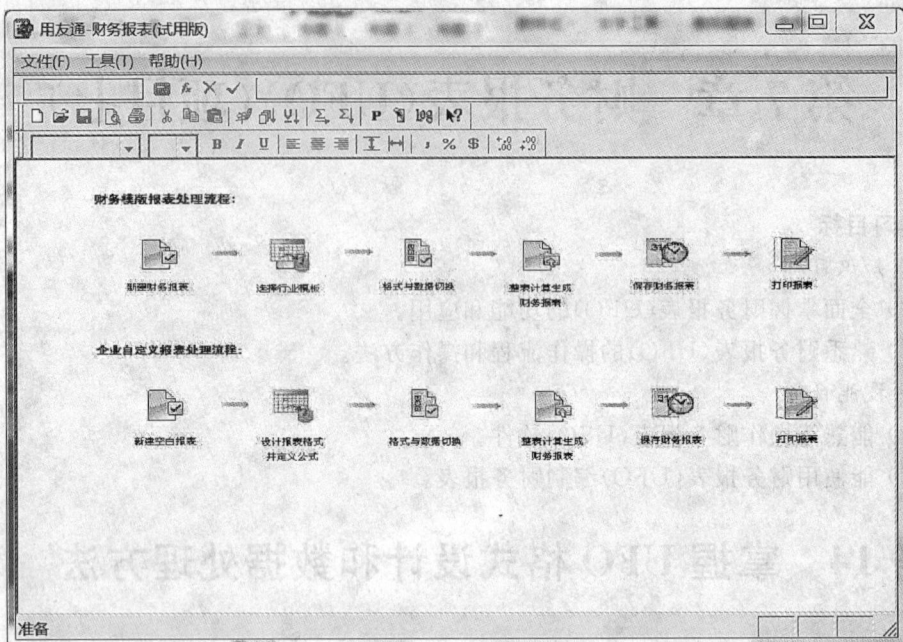

图 7-1

7.1.2 UFO 的主要功能

1. 提供各行业报表模板(包括现金流量表)

提供各个行业的标准财务报表模板,包括最新的"现金流量表",可轻松生成复杂报表;提供自定义模板的新功能,可以根据本单位的实际需要定制模板。

2. 文件管理功能

提供了各类文件管理功能,并且能够进行不同文件格式的转换,如文本文件、*.MDB文件、*.DBF文件、Excel文件、LOTUS1-2-3文件等。支持多个窗口同时显示和处理,可同时打开的文件和图形窗口多达40个。

提供了标准财务数据的"导入"和"导出"功能,可以和其他流行财务软件交换数据。

3. 格式管理功能

提供了丰富的格式设计功能,如设置组合单元、画表格线(包括斜线)、调整行高列宽、设置字体和颜色、设置显示比例等,可以制作各种要求的报表。

4. 数据处理功能

UFO以固定的格式管理大量不同的表页,能将多达99 999张具有相同格式的报表资料统一在一个报表文件中管理,并且在每张表页之间建立有机的联系。

提供了排序、审核、舍位平衡、汇总功能;提供了绝对单元公式和相对单元公式,可以方便、迅速地定义计算公式；提供了种类丰富的函数，可以从账务、应收、应付、工资、固定资产、销售、采购、库存等用友产品中提取数据，生成财务报表。

5. 图表功能

采用"图文混排"，可以很方便地进行图形数据组织，制作包括直方图、立体图、圆饼图、折线图等多种图式的分析图表。可以编辑图表的位置、大小、标题、字体、颜色等，并打印输出图表。

6. 打印功能

采用"所见即所得"的打印，报表和图形都可以打印输出。提供"打印预览"，可以随时观看报表或图形的打印效果。报表打印时，可以打印格式或数据，可以设置财务表头和表尾，可以在 0.3 到 3 倍之间缩放打印，可以横向或纵向打印等。支持对象的打印及预览(包括 UFO 生成的图表对象和插入 UFO 中的嵌入和链接对象)。

7. 二次开发功能

提供批命令和自定义菜单，自动记录命令窗中输入的多个命令，可将有规律性的操作过程编制成批命令文件；提供 Windows 风格的自定义菜单，综合利用批命令，可以在短时间内开发出本企业的专用系统。

7.1.3　UFO 的基本知识

1. 系统窗口

启动 UFO 后出现的是系统窗口，此时窗口中没有打开的文件，如图 7-2 所示。

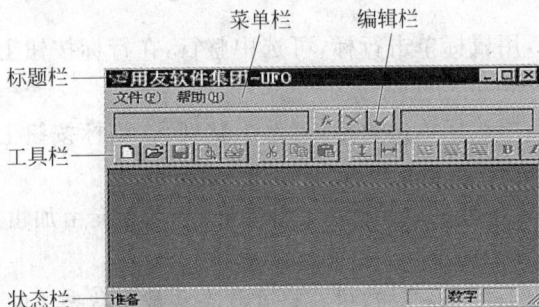

图　7-2

系统窗口由以下部件组成。

(1) 标题栏：显示用户当前所用的菜单项名称。

(2) 菜单栏：显示当前状态下所有菜单项目和对应字母。

(3) 编辑栏：用于编辑单元格的内容。在系统菜单下没有打开的文件，此时编辑栏为灰色不能使用。

(4) 工具栏：显示当前状态下可用的工具按钮。单击工具栏中的按钮可执行相应的命令。

(5) 状态栏：动态显示操作的相关信息。

2. 报表窗口

在"文件"菜单中单击"新建"菜单，或者单击"新建"按钮，将出现报表窗口。在窗口中显示一个系统自动创建的名为"report1"的报表文件，如图 7-3 所示。

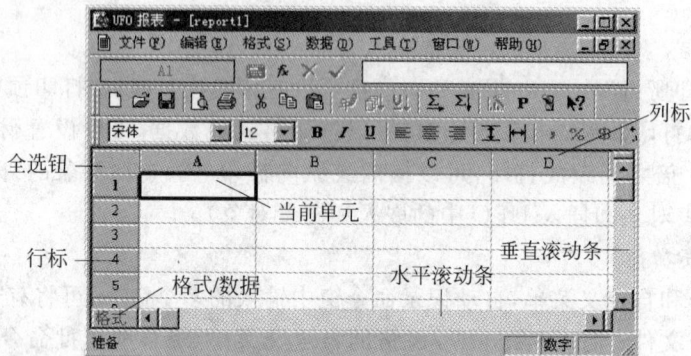

图　7-3

从图 7-3 可以看出，报表窗口除了与上述系统窗口相同的部分外，还增加了以下部件。

1) 全选钮、行标、列标和当前单元

全选钮：全选钮在报表的左上角，单击全选钮之后，当前表页的所有单元全部被选中。

行标：行标为按钮，用鼠标单击行标，可选中整行，在行标按钮上拖动鼠标可选中一个多行区域。

列标：列标为按钮，用鼠标单击列标，可选中整列，在列标按钮上拖动鼠标可选中一个多列区域。

当前单元：具有输入特性的单元称为当前单元，当前单元由加粗黑方框表示。

2) 格式/数据(Ctrl+D)按钮

单击"格式/数据"(Ctrl+D)按钮，可在格式状态和数据状态之间切换。

3) 页标

单击"格式/数据"(Ctrl+D)，进入数据状态，页标显示出来。页标是表页在报表中的序号，在表页的下方用"第 1 页"到"第 99 999 页"表示。新建一个文件时默认只有一张表页，页标为"第 1 页"。

页标为白色，表示这张表页为当前表页，相应的页号显示在编辑栏中的名字框中。想要对某张表页进行操作，首先要单击它的页标，使它成为当前表页。

4) 页标滚动钮

当表页数较大时，所有的页标不可能同时显示，使用页标滚动钮可使要找表页的页标显示在屏幕上。注意,使用页标滚动钮时,页标随之移动,当前表页不变。

5) 水平滚动条

水平滚动条的两端有两个按钮,按向左按钮可使屏幕显示表页左面的内容,按向右按钮可使屏幕显示表页右面的内容。水平滚动条中有一个滚动块,把鼠标放在滚动块上,按住拖动滚动块也可左右移动显示表页。

在数据状态下,把鼠标移动到水平滚动条左端的竖条上,鼠标指针改变形状,拖动鼠标可以改变水平滚动条的长短。

6) 垂直滚动条

垂直滚动条的两端有两个按钮,按向上按钮可使屏幕显示表页上部的内容,按向下按钮可使屏幕显示表页下部的内容。垂直滚动条中有一个滚动块,把鼠标放在滚动块上,按住鼠标左键拖动滚动块也可以上下移动显示表页。

3. 格式状态和数据状态

UFO 系统将含有数据的报表分为两大部分来处理,即报表格式设计工作与报表数据处理工作。报表格式设计工作和报表数据处理工作是在不同的状态下进行的。实现状态切换的是按"格式/数据"按钮或组合键 Ctrl+D。

1) 格式状态

在格式状态下可设计报表的格式,如表尺寸、行高列宽、单元属性、单元风格、组合单元、关键字、可变区等。报表的 4 类公式为单元公式(计算公式)、审核公式、舍位平衡公式和合并公式也在格式状态下定义。

在格式状态下所做的操作对本报表所有的表页都发生作用。但要注意的是在格式状态下不能进行数据的录入、计算等操作。在格式状态下时,用户所看到的是报表的格式,而不是看到报表的数据。

2) 数据状态

在数据状态下管理报表的数据,如输入数据、增加或删除表页、审核、舍位平衡、制作图形、汇总、合并报表等。在数据状态下,用户看到的是报表的全部内容,包括格式和数据,但在数据状态下是不能修改报表的格式的。

4. 单元

单元是组成报表的最小单位,单元名称由所在行、列标识。

行号用数字 1~9999 表示,列标用字母 A~IU 表示。

例如,D22 表示第 4 列第 22 行的那个单元。

1) 单元类型

(1) 数值单元。数值单元是报表的数据,在数据状态下("格式/数据"(Ctrl+D)按钮显示为"数据"时)输入。数值单元的内容可以是 $1.7*(10E-308)-1.7*(10E+308)$ 之间的任何数(15 位有效数字),数字可以直接输入或由单元中存放的单元公式运算生成。建立一个新表时,所有单元的类型默认为数值。

（2）字符单元。字符单元是报表的数据，在数据状态下（"格式/数据"（Ctrl＋D）按钮显示为"数据"时）输入。字符单元的内容可以是汉字、字母、数字及各种键盘可输入的符号组成的一串字符，一个字符单元中最多可输入 63 个字符或 31 个汉字。字符单元的内容也可以由单元公式生成。

（3）表样单元。表样单元是报表的格式，是定义一个没有数据的空表所需要的所有文字、符号或数字。一旦单元被定义为表样，那么在其中输入的内容对所有表页都有效。表样在格式状态下（"格式/数据"（Ctrl＋D）按钮显示为"格式"时）输入和修改，在数据状态下（"格式/数据"（Ctrl＋D）按钮显示为"数据"时）不允许修改。一个表样单元中最多可输入 63 个字符或 31 个汉字。

2）组合单元

组合单元由相邻的两个或更多的单元组成，这些单元必须是同一种单元类型（表样、数值、字符），UFO 在处理报表时将组合单元视为一个单元。UFO 可以组合同一行相邻的几个单元，可以组合同一列相邻的几个单元，也可以把一个多行多列的平面区域设为一个组合单元。

组合单元的名称可以用区域的名称或区域中的单元的名称来表示。例如把 B2 到 B3 定义为一个组合单元，这个组合单元可以用"B2"、"B3"或"B2：B3"表示。

5．区域

区域由一张表页上的一组单元组成，自起点单元至终点单元是一个完整的长方形矩阵。在 UFO 中，区域是二维的，最大的区域是一个二维表的所有单元（即整个表页），最小的区域是一个单元。

区域名称可用形成区域对角线的两个单元的单元名称表示，如＜单元名称 1＞：＜单元名称 2＞，不分先后顺序。

6．表页

一个 UFO 报表最多可容纳 99 999 张表页，每一张表页都是由许多单元组成的。一个报表中的所有表页具有相同的格式，但其中的数据不同。

表页在报表中的序号在表页的下方以标签的形式出现，称为"页标"。页标用"第 1 页"—"第 99 999 页"表示。

7．二维表和三维表

确定某一个数据位置的要素称为"维"。在一张有方格的纸上填写一个数，这个数的位置可通过行和列（二维）来描述。

如果将一张有方格的纸称为表，那么这个表就是二维表，通过行（横轴）和列（纵轴）可以找到这个二维表中的任何位置的数据。

如果将多个相同的二维表叠在一起，找到某一个数据的要素需要增加一个，即表页号（Z 轴），这一叠表称为一个三维表。

报表的大小如下。

行数：1～9999 （缺省值为 50 行）

列数：1～255 （缺省值为 7 列）

行高：0～160mm （缺省值为 5mm）

列宽：0～220mm （缺省值为 26mm）

表页数：1～99 999 页（缺省值为 1 页）

8. 固定区及可变区

固定区指组成一个区域的行数和列数的数量是固定的数目，一旦设定好，在固定区域内其单元总数是不变的。

可变区指屏幕显示一个区域的行数或列数是不固定的数字，可变区的最大行数或最大列数是在格式设计中设定的。

在一个报表中只能设置一个可变区，或是行可变区或是列可变区，行可变区是指可变区中的行数是可变的；列可变区是指可变区中的列数是可变的。

设置可变区后，屏幕只显示可变区的第一行或第一列，其他可变行列隐藏在表体内。在以后的数据操作中，可变行列数随着用户的需要而增减。

在 UFO 系统中，把没有可变区的表称为固定表，有可变区的报表称为可变表。

9. 关键字

关键字是游离于单元之外的特殊数据单元，可以唯一标识一个表页，以便在大量表页中快速选择表页。UFO 共提供了以下 6 种关键字，关键字的显示位置在格式状态下设置，关键字的值则在数据状态下录入，每个报表可以定义多个关键字。

(1) 单位名称。字符型(最大 30 个字符)，为该报表表页编制单位的名称。

(2) 单位编号。字符型(最大 10 个字符)，为该报表表页编制单位的编号。

(3) 年。数字型(1904～2100)，该报表表页反映的年度。

(4) 季。数字型(1～4)，该报表表页反映的季度。

(5) 月。数字型(1～12)，该报表表页反映的月份。

(6) 日。数字型(1～31)，该报表表页反映的日期。

除了系统提供的单位名称、单位编号、年、季、月、日 6 个关键字之外，在 UFO 8.x 中增加了一个自定义关键字，由用户定义关键字的名字，最多 10 个字符。例如"经济类型"、"Co. style"、"报送属性"等，其值在"数据状态"下录入，可以是 1～30 000 之间的数字。自定义关键字可以用于业务函数中。

10. 筛选

筛选是在执行 UFO 的命令或函数时，根据用户指定的筛选条件，对报表中每一个表页或每一个可变行(列)进行判断，只处理符合筛选条件的表页或可变行(列)；不处理不符合筛选条件的表页或可变行(列)。

筛选条件分为表页筛选条件和可变区筛选条件。表页筛选条件指定要处理的表页；可变区筛选条件指定要处理的可变行或可变列。

筛选条件跟在命令、函数的后面,用"FOR <筛选条件>"来表示。

11. 关联

UFO 报表中的数据有着特殊的经济含义,因此报表数据不是孤立存在的,一张报表中不同表页的数据或多个报表中的数据可能存在这样或那样的经济关系或勾稽关系,要根据这种对应关系找到相关联的数据进行引用,就需要定义关联条件。UFO 在多个报表之间操作时,主要通过关联条件来实现数据组织。

关联条件跟在命令、函数的后面,用"RELATION <关联条件>"来表示,如果有筛选条件,则关联条件应跟在筛选条件的后面。

7.1.4 UFO 的操作流程

在 UFO 系统下,制作一个报表的流程如下。

(1) 启动 UFO,建立报表

启动 UFO 后,单击"文件"→"新建",建立一个空的报表,并进入格式状态。这时可以在这张报表上进行报表格式的设计。

(2) 设计报表格式

报表格式在格式状态下设计,设计的格式对整个报表都有效。

(3) 定义各类公式

UFO 有 4 类公式:计算公式(单元公式)、审核公式、舍位平衡公式、合并公式,公式的定义在格式状态下进行。

(4) 报表数据处理

报表格式和报表中的各类公式定义好之后,就可以录入数据并进行处理。报表数据处理在数据状态下进行。

(5) 报表图形处理

选取报表数据后可以制作各种图形,如直方图、圆饼图、折线图、面积图、立体图。

图形可以随意移动,图形的标题、数据组可以按照用户的要求设置。

(6) 打印报表

可控制打印方向,横向或纵向打印;可控制行列打印顺序;不但可以设置页眉和页脚,还可设置财务报表的页首和页尾;可缩放打印;利用打印预览可观看打印效果。

(7) 存盘退出

所有操作进行完毕之后,应保存报表文件,保存后可以退出 UFO 系统,如果用户忘记保存文件,UFO 在退出前将提醒用户保存文件。

在以上步骤中,第(1)、第(2)、第(4)、第(7)步是必需的,因为要完成一般的报表处理,一定要有启动系统建立报表、设计格式、数据处理、退出系统这些基本过程。在实际应用时,具体的操作步骤应视情况而定。

7.2　报表格式设计

报表的格式设计就是根据一定的格式要求设计报表的样式,包括设计报表中的文字、表格线、行数和列数、关键字的位置、编辑公式等。本节介绍报表格式设计的完整过程。

7.2.1　设计固定表的格式

设计一个固定表的格式可用以下三种方法进行设计。

1. 应用报表模板设计

UFO 提供的报表模板包括了各个行业的标准财务报表(包括现金流量表),也可以包含用户自定义的模板。用户可以根据所在行业挑选相应的报表套用其格式及计算公式。

操作方法如下。

单击"格式/数据"(组合键 Ctrl＋D),进入格式状态。

单击"格式"→"报表模板",将弹出"报表模板"对话框,如图 7-4 所示。

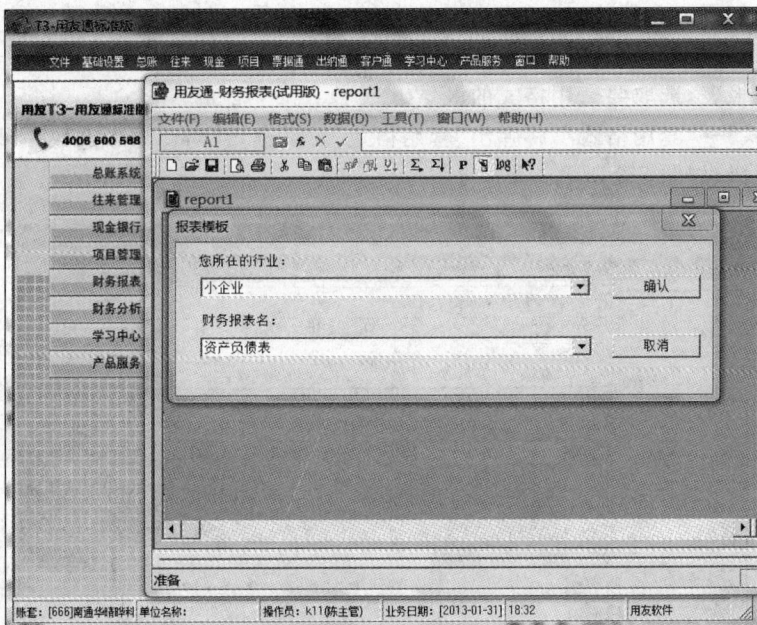

图　7-4

在对话框中选取行业和财务报表名,确认后,生成一张空的标准财务报表,如图 7-5 所示。

注意:当前报表套用标准财务报表模板后,原有的内容将丢失。

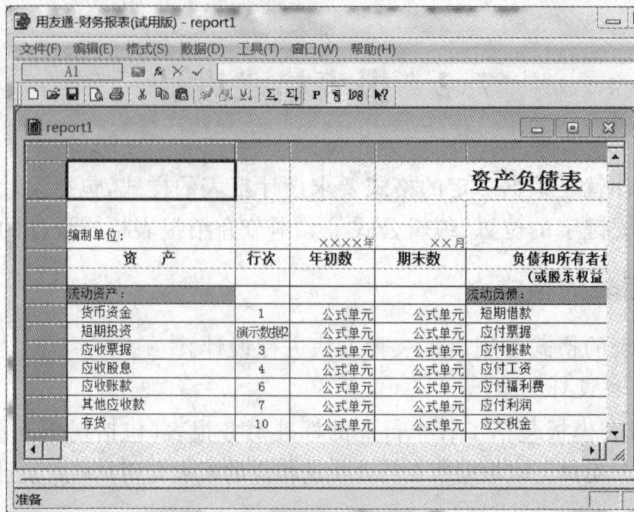

图　7-5

2. 利用套用格式设计

操作方法如下。

单击"格式/数据"(组合键 Ctrl+D),进入格式状态。

打开一张报表,选取要套用格式的区域。

单击"格式"→"套用格式",将弹出"套用格式"对话框,在对话框中选取一种套用格式后单击"确定"按钮,如图 7-6 所示。

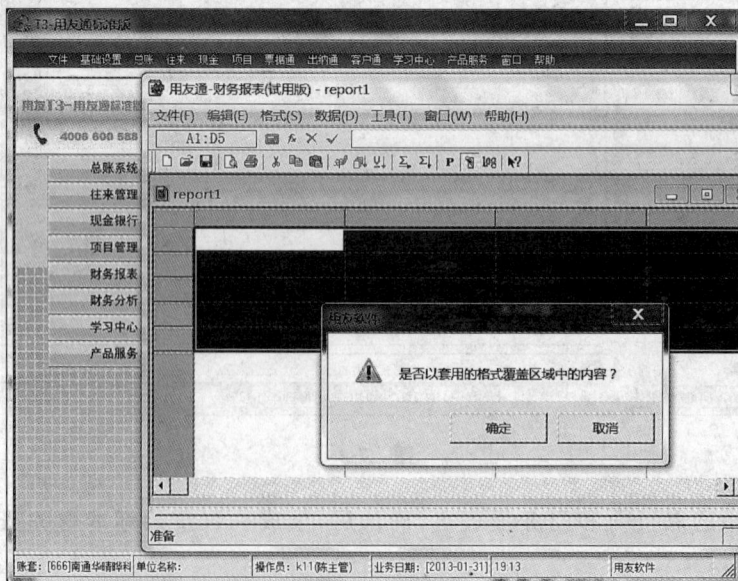

图　7-6

注意,区域套用格式之后,区域中原有格式和数据全部丢失。有些套用格式中已设置了计算公式,当前区域套用该格式后,公式同时写入了相应单元。

3. 自行设计

下面以如表 7-1 所示的损益表为例,介绍报表格式设计的全过程。

表 7-1　损益表

损益表

2013 年 10 月　　　　　　　　　　　　　　会工 02 表

编制单位:金鑫实业有限公司　　　　　　　　　　　　　　单位:元

项　　目	行次	本月数	本年累计数
一、产品销售收入	1		
减:产品销售成本	2		
产品销售费用	3		
产品销售税金及附加	4		
二、产品销售利润	10		
加:其他业务利润	11		
减:管理费用	12		
财务费用	13		
三、营业利润	20		
加:投资收益	21		
营业外收入	22		
减:营业外支出	23		
四、利润总额	25		

(1)启动 UFO,单击"文件"→"新建"。

(2) 设计表尺寸为 4 列 17 行(包括表头、表体)。为了能画出右边线和下底线,实际操作时,定义的表尺寸行和列要各加 1,即定义 5 列 18 行。

操作如下。

① 单击"格式/数据"(组合键 Ctrl+D),进入格式状态;

② 单击"格式"→"表尺寸",弹出"表尺寸"对话框;

③ 在对话框中输入报表的行数和列数。

(3) 调整行高。

① 选定要调整的一行或多行,单击"格式"→"行高";

② 在"行高"对话框中输入希望的行高值。

(4) 调整列宽。

方法与调整行高相似。调整行高和列宽也可通过鼠标拖放进行。

(5) 画表格线。

① 通过鼠标拖放操作,选取要画线的区域,本例画线的区域为 A4:D17。

② 单击"格式"→"区域画线"。

③ 在弹出"区域画线"对话框中,选择"画线类型"和"样式"。

画线类型有网线、框线、横线、竖线、正斜线、反斜线 6 种。样式有空线、细实线、虚线、粗实线共 4 种,本例选取网线和细实线。

④ 单击"确认"按钮,选定区域中按指定方式画线。

⑤ 如果想删除区域中的表格线,则重复步骤①～③,在对话框中选相应的画线类型样式为"空线"即可。

(6) 设置单元属性。

单元属性是指单元类型、字体图案、对齐和边框线。根据所设计的报表,设置相应的单元属性。

(7) 设置、取消组合单元。

设置组合单元操作如下。

① 选取要设置为组合单元的区域;

② 单击"格式"→"组合单元",弹出"组合单元"对话框,根据需要,单击"整体组合"或"按行组合"或"按列组合"按钮,设置组合单元。

取消组合单元操作如下。

① 选取取消组合单元的区域;

② 单击"格式"→"组合单元",在弹出的"组合单元"对话框中,单击"取消组合"按钮取消组合单元。

取消组合单元操作几点说明如下。

① 定义组合单元后,组合单元的单元类型和内容以区域左上角单元为准;

② 取消组合单元后,区域恢复原有单元类型和内容;

③ 有单元公式的单元不能包含在定义组合单元的区域中;

④ 可变区域中的单元不能包含在定义组合单元的区域中。

(8) 设置、取消关键字。

设置关键字操作如下。

① 鼠标单击要设置关键字的单元;

② 单击"数据"→"关键字"→"设置";

③ 在弹出的"设置关键字"对话框中,选择所需的关键字。本例中的关键字有"年"、"月"、"编制单位",对应的位置分别为 B2、C2、A3。

取消关键字操作如下。

① 选取要取消关键字的单元;

② 单击"数据"→"关键字"→"取消"。

(9) 录入报表文字。

将光标定位到需录入文字的单元格,直接输入即可。

(10) 保存格式设计结果。

① 单击"文件"菜单,在下拉菜单中单击"保存"选项,将弹出"另存为"对话框。

② 在对话框中指定文件存放的路径,输入新的文件名即可,如本例输入文件名为 SYB。

③ 若单击"文件"菜单,在下拉菜单中单击"另存为"命令,可以保存当前文件的备份,或者把文件保存为其他文件格式。

UFO 可以保存的文件类型有:

① 本系统的报表文件(后缀. rep)。

② 文本文件(后缀. txt)。

③ Dbase 数据库文件(后缀. dbf)。

④ Access 文件(后缀. mdb)。

⑤ Excel 文件(后缀. xls)。

⑥ LOTUS 1-2-3(4. 0 版)文件(后缀. wk4)。

7.2.2　设计可变表

1. 设置可变区

操作步骤如下。

(1) 单击"格式/数据",或用组合键 Ctrl+D,进入格式状态;

(2) 如果要设置行可变区,则选取第一可变行中的某个单元;如果要设置列可变区,则选取第一可变列中的某个单元;

(3) 单击"格式"→"可变区"→"设置",弹出"设置可变区"对话框,如图 7-7 所示。

在对话框中选择设置行可变区或列可变区和可变区数量。

"行"单选钮用于选中设置行可变区。

"列"单选钮用于选中设置列可变区。

"数量"编辑框用于设置行可变区的最大行数或列可变区的最大列数。可变区数量和固定区数量相加不能超过最大表尺寸,即 9999 行,255 列。

注意:一个报表中只能定义一个可变区,如果想重新设置可变区,首先取消现有可变区,再设置新的可变区。

2. 修改可变区

(1) 进入格式状态;

(2) 单击"格式"菜单中的"可变区",在下拉菜单中单击"重新设置",将弹出"重新设置可变区"对话框;

(3) 在"可变区大小"框显示当前可变区的大小,在其中输入一个整数,即修改了可变区。

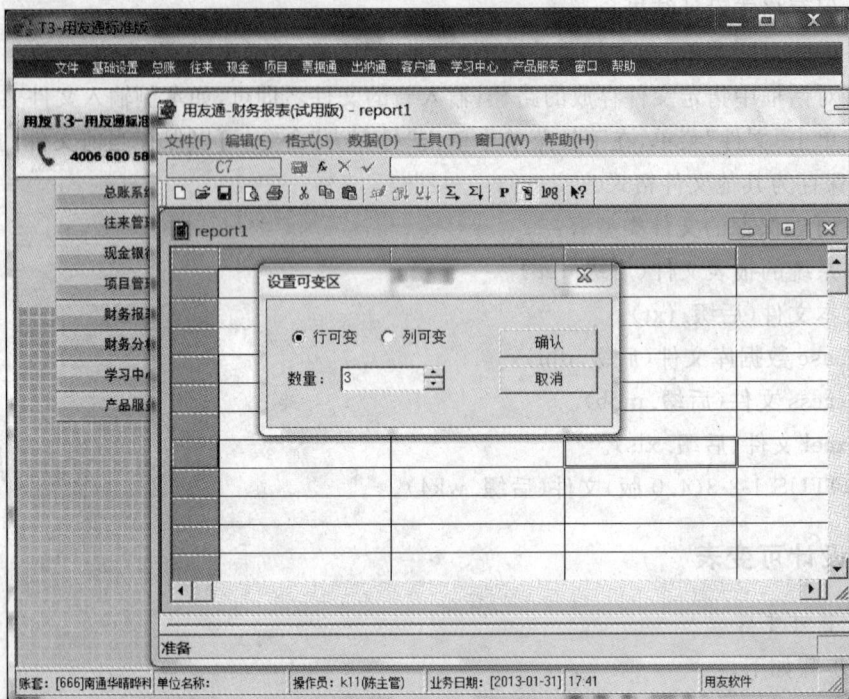

图　7-7

3. 取消可变区

（1）进入格式状态；

（2）单击"格式"→"可变区"→"取消"，则可变区被取消。

注意：可变区被取消后其中的数据全部丢失。

7.3　报表数据处理

　　对报表的数据处理过程，就是对已设计完成的具有一定格式的表样，进行数据的采集、计算、汇总和审核的过程。

7.3.1　计算公式

　　计算公式是报表数据处理的一个重要组成部分。UFO 允许在每个数值型、字符型的单元内写入代表一定运算关系的公式，用来建立表内各单元之间、报表与报表之间或报表系统与其他系统之间的运算关系，描述这些运算关系的表达式，称为计算公式。利用计算公式可以使 UFO 的事务处理能力大大增强。

1. 公式的形式

UFO 提供了丰富的计算公式,可以完成几乎所有的计算要求。UFO 的计算公式有三种形式。

(1) 单元公式。存储在报表单元中,按"="即可定义。

单元公式可以一个单元一个单元地定义,也可以给一个区域定义公式,称为区域公式。例如,在损益表中,求累计数公式可以写为

D5:D20 = C5:C20 + SELECT(D5:D20,年@ = 年 and 月@ = 月 + 1)

与 Excel 类似,UFO 提供了相对公式,在单元前面加"?"即可。

(2) 命令窗中的计算公式。在命令窗中一条一条地书写,按 Enter 键计算。

(3) 批命令中的计算公式。在批命令(SHL 文件)中一次性书写,执行批命令时批量计算。

在计算公式中,可以提取本表页的数据,可以提取其他表页中的数据,也可以提取其他报表的数据,例如从几张基础数据表中提取数据,计算后形成分析表。在 UFO 中,除了可以从账务中提取数据外,新增了可以从各用友产品中提取数据的功能,如账务、应收、应付、工资、固定资产、资金管理、财务分析、采购、存货、库存、销售、成本等。

2. 编辑公式

操作步骤如下。

(1) 打开 UFO 报表。

(2) 单击"数据"→"编辑公式"→"单元公式",出现如图 7-8 所示的界面。

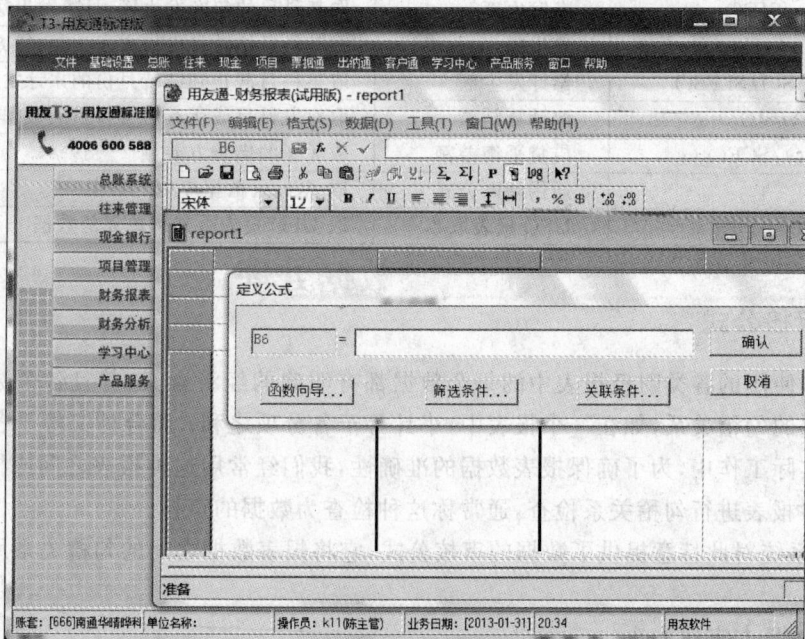

图 7-8

（3）设置计算公式。

（4）保存报表。

3. UFO 常用的函数、公式

在 UFO 报表系统中，取数是通过函数实现的。自总账取数的公式可以称为账务函数，账务函数的基本格式为：

函数名（"科目编码"，会计期间，["方向"]，[账套号]，[会计年度]，[编码 1]，[编码 2]）

科目编码可以是科目名称，且必须用双引号括起来。

会计期间可以是"年"、"季"、"月"等变量，也可以是具体表示年、季、月的数字。

方向即"借"或"贷"，可以省略。

账套号为数字，缺省时默认为 999 账套。

会计年度即数据取数的年度，可以省略。

编码 1 和编码 2 与科目编码的核算账类有关，可以取科目的辅助账，如职员编码、项目编码等，如无辅助核算则省略。

下面是 UFO 报表常用函数的名称及功能说明。

常用函数	公式名称	功能说明
QM()/WQM()/SQM()	期末余额	取某科目的期末余额
QC()/WQC()/SQC()	期初余额	取某科目的期初余额
JE()/WJE()/SJE()	净发生额	取某科目的年净发生额、月净发生额
FS()/WFS()/SFS()	发生额	取某科目结转月份借方发生额、贷方发生额
LFS()/WLFS()/SLFS()	累计发生额	取某科目截止到结转月份的累计发生额
JG()/WJG()/SJG()	取计算结果	取对方科目或所有对方科目的数据之和
CE()/WCE()/SCE()	借贷平衡差额	取凭证的借贷方差额
TY()	通用转账公式	取 Access 数据库中的数据
UFO()	UFO 报表取数	取 UFO 报表中某个单元的数据

7.3.2　审核公式

在经常使用的各类财经报表中的每个数据都有明确的经济含义，并且各个数据之间一般都有一定的勾稽关系，如在一个报表中，小计等于各分项之和；而合计又等于各个小计之和等。在实际工作中，为了确保报表数据的准确性，我们经常用这种报表之间或报表之内的勾稽关系对报表进行勾稽关系检查，通常称这种检查为数据的审核。

UFO 系统对此特意提供了数据的审核公式，它将报表数据之间的勾稽关系用公式表示出来。

1. 定义报表审核关系

（1）在报表格式设计状态下，单击"数据"→"编辑公式"→"审核公式"，调出"定义审核关系"对话框,如图 7-9 所示。

T3-用友通标准版

文件　基础设置　总账　往来　现金　项目　票据通　出纳通　客户通　学习中心　产品服务　窗口　帮助

图　　**7-9**

(2) 在"编辑框"中按照对话框右侧的格式范例输入审核公式。

(3) 审核公式编辑完毕,检查无误后选择"确认",系统将保存此次审核公式的设置;按 Esc 键或选择"取消"将放弃此次操作。

2. 审核命令

格式为

[<算术表达式><关系运算符><算术表达式>,]<算术表达式><关系运算符><算术表达式>[FOR<页面筛选条件>[;<可变区筛选条件>]][RELATION<页面关联条件>[,<页面关联条件>]]MESSAGE"<提示信息>"

参数说明如下。

<算术表达式>:被审核数据。

<页面筛选条件>:确定参与计算的表页范围,单元公式中默认为所有表页;命令窗和批命令中默认为当前表页,ALL 表示所有表页。

<可变区筛选条件>:确定参与计算的可变区范围,当 <关系运算符>左侧的参数<算术表达式>中为固定区时不需要此参数。缺省为所有可变行或可变列。

<页面关联条件>:确定固定区数据来源,即本表与他表表页的对应关系或本表内各

表页的对应关系。没有引用本表他页数据或他表数据时不需要此参数。默认为本表或他表的第一页。

　　＜提示信息＞：字符串，最大长度为 64 字节。当本组某一审核公式"＜算术表达式＞＜关系运算符＞＜算术表达式＞"不成立时，警告框的消息内容。

　　在命令窗中可以随时对部分数据进行审核，打开命令窗，输入以 CHECK 引导的审核公式，按 Enter 键时系统进行审核，如果审核关系不等，将按照提示内容给出警告信息。

　　例如审核公式 C9＝C5＋C6＋C7＋C8 是否成立，若此项关系不平，则提示"1 月份小计不等！"

　　CHECK C9＝C5＋C6＋C7＋C8 MESSAGE "1 月份小计不等！"

　　如下审核公式 E9＝E5＋E6＋E7＋E8、F9＝F5＋F6＋F7＋F8 是否成立，若 E9＝E5＋E6＋E7＋E8 关系不平，则提示"三季度小计不等！"若 F9＝F5＋F6＋F7＋F8 不平，则提示"四季度小计不等！"。

　　CHECK E9＝E5＋E6＋E7＋E8 MESSAGE "三季度小计不等！" F9＝F5＋F6＋F7＋F8 MESSAGE "四季度小计不等！"。

　　注意：使用对话框输入的审核公式将随报表一起保存，随时可以对报表进行审核；命令窗中的审核公式只在光标停留在该行并按 Enter 键时执行，不随报表保存。

　　3. 用审核关系验证报表

　　在数据处理状态中，当报表数据录入完毕后，应对报表进行审核，以检查报表各项数据勾稽关系的准确性。

　　操作步骤如下。

　　(1) 进入数据处理状态。用鼠标单击"数据"→"审核"。

　　(2) 系统按照审核公式逐条审核表内的关系，当报表数据不符合勾稽关系时，屏幕上出现提示信息，记录该提示信息后按任意键继续审核其余的公式。

　　(3) 用户按照记录的提示信息修改报表数据，重新进行审核，直到不出现任何提示信息，表示该报表各项勾稽关系正确。

　　注意：每当对报表数据进行过修改后，都应该进行审核，以保证报表各项勾稽关系正确。

7.3.3　舍位平衡公式

　　报表数据在进行进位时，如以"元"为单位的报表在上报时可能会转换为以"千元"或"万元"为单位的报表，原来满足的数据平衡关系可能被破坏，因此需要进行调整，使之符合指定的平衡公式，如原始报表数据平衡关系为 $50.23＋5.24＝55.47$，若舍掉一位数，即除以 10 后数据平衡关系成为 $5.02＋0.52＝5.54$，原来的平衡关系被破坏，应调整为 $5.02＋0.53＝5.55$。

　　报表经舍位之后，重新调整平衡关系的公式称为舍位平衡公式。其中，进行进位的操作叫做舍位，舍位后调整平衡关系的操作叫做平衡调整。

1. 定义舍位平衡关系

(1) 在报表格式设计状态下,单击"数据"→"编辑公式"→"舍位公式",调出"舍位平衡公式"对话框,如图 7-10 所示。

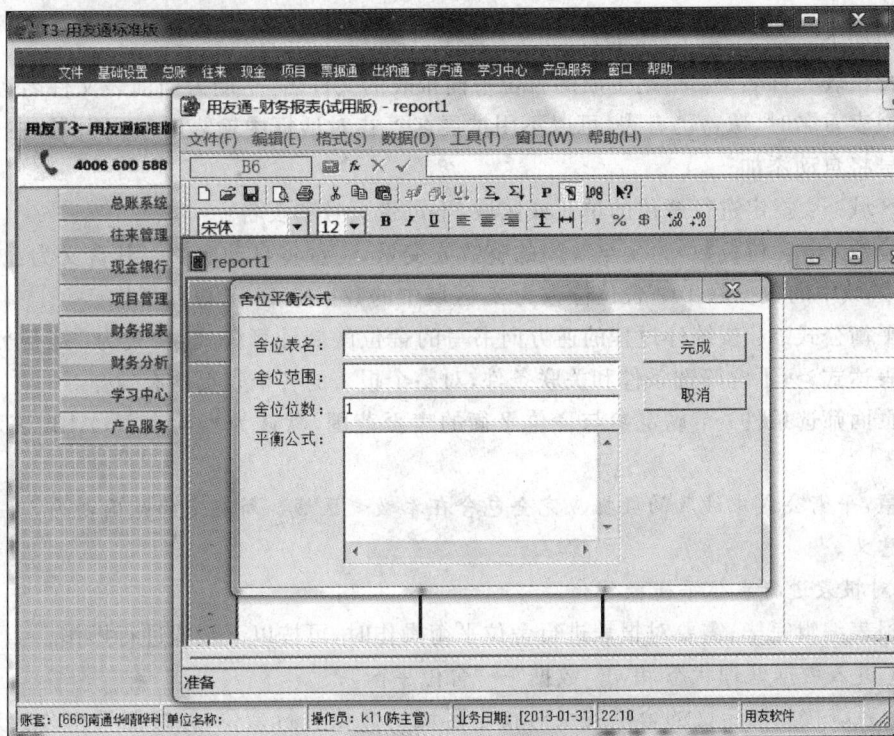

图　7-10

舍位表名:舍位表名和当前文件名不能相同,默认在当前目录下。

舍位范围:舍位数据的范围,要把所有要舍位的数据包括在内。

舍位位数:1~8 位,舍位位数为 1,区域中的数据除以 10;舍位位数为 2,区域中的数据除以 100;以此类推。

平衡公式:颠倒顺序写,首先写最终运算结果,然后一步一步向前推;每个公式一行,各公式之间用逗号","隔开,最后一条公式不用写逗号;公式中只能使用"+"、"−"符号,不能使用其他运算符及函数;等号左边只能为一个单元(不带页号和表名);一个单元只允许在等号右边出现一次。

(2) 舍位平衡公式编辑完毕,检查无误后,单击"完成"按钮,系统将保存此次舍位平衡公式的设置,按 Esc 键或选择"取消"将放弃此次操作。

2. 舍位平衡公式

以下是舍位平衡公式的标准格式。

```
REPORT " <舍位表文件名> "
RANGE <区域> [, <区域> ]
WEI <位数>
[FORMULA <平衡公式> [, <平衡公式> ] [ FOR <页面筛选条件> ] ]
```

说明如下。

<舍位表文件名>：指定生成的舍位平衡报表的文件名，不能为当前表文件名，当与其他已有报表重名时，覆盖已有表，可以不用扩展名。在对话框中输入时不用引号，在公式列表中引号将自动添加。

<区域>：指定进行舍位的单元或区域，不可带页号和表名。

<位数>：舍位位数，为 1 至 8 间的整数或变量，变量将自动取整。其含义为：舍位位数为 1，区域中的数据除 10；舍位位数为 2，区域中的数据除 100；以此类推。

<平衡公式>：按统计过程的逆方向书写的舍位区域计算公式，格式为：<单元> ＝ <算术表达式>，不含筛选条件和关联条件，对整个报表的各个表页均有效。

<页面筛选条件>：确定参与舍位平衡的表页范围，默认为当前表页，ALL 表示所有表页。

注意，平衡公式中涉及的数据应完全包含在参数<区域>所确定的范围之内，否则平衡公式无意义。

3. 对报表进行舍位平衡操作

当报表编辑完毕，需要对报表进行舍位平衡操作时，可按以下步骤进行操作。

(1) 进入数据处理状态，单击"数据"→"舍位平衡"；

(2) 系统按照所定义的舍位关系对指定区域的数据进行舍位，并按照平衡公式对舍位后的数据进行平衡调整，将舍位平衡后的数据存入指定的新表或其他表中；

(3) 打开舍位平衡公式指定的舍位表，可以看到调整后的报表。

7.3.4　处理数据

1. 录入关键字

关键字是游离于单元之外的特殊数据单元，可以唯一标识一个表页，用于在大量表页中快速选择表页。

财务报表共提供了以下 6 种关键字，关键字的显示位置在格式状态下设置，关键字的值则在数据状态下录入，每个报表可以定义多个关键字。

单位名称：字符（最大 30 个字符），为该报表表页编制单位的名称。

单位编号：字符型（最大 10 个字符），为该报表表页编制单位的编号。

年：数字型（1904～2100），该报表表页反映的年度。

季：数字型（1～4），该报表表页反映的季度。

月：数字型（1～12），该报表表页反映的月份。

日：数字型(1～31),该报表表页反映的日期。

操作步骤如下。

(1) 选择单元格。

(2) 单击"数据"→"关键字"→"设置",出现如图 7-11 所示的界面。

图　7-11

(3) 设置关键字。

(4) 单击"确定"按钮。

在格式状态下设置关键字,在数据状态下录入关键字的值,每张表页上的关键字的值最好不要完全相同,如果有两张关键字的值完全相同的表页,利用筛选条件和关联条件寻找表页时,只能找到第一张表页,如图 7-12 所示。

操作步骤如下。

① 单击"格式/数据"(或用组合键 Ctrl＋D),进入数据状态;

② 单击要录入关键字值的表页的页标,使它成为当前表页;

③ 单击"数据"→"关键字",在下拉菜单中单击"录入"按钮,将弹出"录入关键字"对话框;

④ 在"年"、"季"、"月"、"日"编辑框中显示系统时间,在已定义的关键字编辑框中录入关键字的值,未定义的关键字编辑框为灰色,不可输入内容。确认后,关键字的值显示在相应的关键字所在单元中;

图 7-12

⑤ 如果要修改关键字的值,重复以上步骤即可。

2. 调整偏移量

操作步骤如下。

(1) 选择单元格。

(2) 单击"数据"→"关键字"→"偏移",出现如图 7-13 所示的界面。

(3) 设置偏移量。

(4) 单击"确定"按钮。

3. 录入报表数据

可采用下列方法录入报表数据。

(1) 直接录入。在数据状态,将光标定位到需填入数据的单元,直接输入数据即可。

(2) 摘取其他总账系统数据。应用账务函数,编辑计算公式,通过计算得到。

(3) 表内或表间取数运算得到。应用表内、表间取数函数和关联条件,编辑计算公式,通过计算得到。

(4) 采集外部数据。UFO 可以把下面几类数据采集到当前报表中。

其他报表文件(后缀.rep)的数据;

文本文件(后缀.txt)的数据;

图　7-13

Dbase 数据库文件(后缀.dbf)的数据;

数据采集时源表可以带筛选条件,源表文件名可以用变量表示。

数据采集的操作步骤如下。

单击"格式/数据",进入数据状态;

单击"数据"→"采集",将弹出"数据采集"对话框;

在对话框中选取源数据所在的文件名,单击"采集"或者双击该文件名即可执行数据采集,UFO 将在当前报表中自动追加表页以存放数据。

采集报表文件的数据时,如果当前报表的格式与源数据报表的格式不一样,将出现对话框"报表格式不同! 是否强行追加?"单击"确定"按钮,将强行追加,由于报表格式不同,数据很可能追加得毫无意义;单击"取消"按钮,将放弃数据采集操作。

4. 数据处理

数据处理的操作步骤如下。

(1) 打开待处理的报表。

① 进入 UFO 系统,单击"文件"→"打开";

② 选择需打开的文件,单击"确定"按钮,打开报表;

③ 单击"关闭"按钮,或单击"文件"→"关闭",可关闭打开的报表。

（2）录入关键字。

① 在"数据"状态，单击"数据"→"关键字"→"录入"；

② 在弹出的对话框中，输入关键字的内容。

（3）数据输入、采集与计算。

① 直接录入；

② 采集与计算。

格式状态下，单击"数据"→"编辑公式"→"单元公式"，定义各单元数据采集或计算公式。

（4）编辑审核公式。

（5）生成报表。

① 单击"数据/格式"，进入数据状态；

② 单击"数据"→"整表重算"。

（6）保存报表。

7.4 图表的制作

UFO 的图表功能用来完成以图形的方式对数据进行分析，按照用户的需要将报表数据所包含的经济含义以图形的方式反映出来，不仅可以使数据显得清晰，直观，容易让人接受，而且可以比较容易地反映出一些难于用数字表达的趋势和变化情况。

7.4.1 图表对象

1. 图表格式

UFO 提供了直方图、圆饼图、折线图、面积图 4 大类共 10 种格式的图表。

2. 图表与报表的关系

图表是利用报表文件中的数据生成的，图表与报表存在着紧密的联系，当报表中的源数据发生变化时，图表也随之变化。一个报表文件可以生成多个图表，最多可以保留 12 个图表。

3. 图表的存在方式

图表以图表窗口的形式存在。图表并不是独立的文件，它的存在依附于源数据所在的报表文件，只有打开报表文件后，才能打开有关的图表。报表文件被删除之后，由该报表文件中的数据生成的图表也同时删除。

4. 图表的操作

图表可以命名，可以选择图表名打开图表，可以修改图表，保存或删除图表。与报表文件一样,图表可以打印输出。

5. 插入图表对象

用户可以在 UFO 的报表文件的数据状态下,插入一个图表对象,是报表数据和图表同时存在于一个报表文件中。插入的图表对象与创建它的报表数据相链接,当报表数据改变时,图表对象也随之更新。

操作步骤如下。

(1)选取区域

① 在报表窗口中,单击"格式/数据"(组合键 Ctrl+D),进入数据状态;

② 任何一张表页中选取一个数据区域,区域不能少于 2 行×2 列。系统把区域中的第一行和第一列默认为标注,其余为数据区。

(2)插入图表对象

① 单击"工具"→"插入图表对象",将弹出"区域作图"对话框;

② 在对话框中定义以"行"或以"列"为 X 轴,数据操作范围,图表名称,标题内容,图表格式;

③ 确认后,在报表数据附近,插入相应的图表;

④ 将鼠标放在插入的图表对象边框,按鼠标左键拖动边框,可调整图表大小。

(3)激活图表对象

双击图表对象,即可激活图表对象窗口。

7.4.2　图表管理

1. 创建图表

1)选取数据区域

(1)在报表窗口中,进入数据状态;

(2)在任何一张表页中选取一个数据区域,区域不能少于 2 行×2 列。系统把区域中的第一行和第一列默认为标注,其余为数据区。

2)区域作图

(1)在报表窗口中,单击"工具"→"区域作图",将弹出"区域作图"对话框;

(2)在对话框中定义以"行"或以"列"为 X 轴,数据操作范围,图表名称,标题内容,图表格式;

(3)确认后,自动打开图表窗口,显示相应的图表。

3)显示各组数据的图形

在报表文件中选取一个数据区域后,如果此数据区域有多组源数据,则每次只能显示一组数据的图形,多组数据的图形不能同时显示。

注意:图表名在"区域作图"对话框中定义,在以后将不能被修改。

2. 打开图表

操作步骤如下。

(1) 在报表窗口中,单击"工具"→"图表窗口",将打开一个图表窗口,如果已有图表,则自动打开第一个图表;如果没有图表,则打开一个空的图表窗口。

(2) 在报表窗口中,单击"图表"→"打开",将弹出"打开图表"对话框。

(3) 在对话框中列出了本报表文件已有的图表名,在其中选择一个打开。

3. 保存图表

保存将把当前报表文件的所有内容包括图表存盘。

可以利用"另存为"命令制作报表文件的备份或将报表文件保存为其他文件格式,也可以只保存报表文件的图表,报表文件不变。

UFO 可以保存的文件类型有:本系统的报表文件(后缀. rep);文本文件(后缀. txt);Dbase 数据库文件(后缀. dbf);Access 文件(后缀. mdb);MS Excel 文件(后缀. xls);LOTUS 1-2-3(4.0 版)文件(后缀. wk4)。

4. 删除图表

(1) 打开要删除的图表,并使它成为活动窗口;

(2) 单击"图表"→"删除",当前图表将被删除。

5. 关闭图表

在报表窗口中单击"图表"→"关闭",将关闭图表窗口。关闭图表的同时将自动保存图表。

6. 显示图表

一个报表文件可以生成多个图表,最多可以保存 12 个图表。图表以窗口的方式存在,一个图表窗口只能显示一个图表。

7. 图表的编辑

1) 编辑标题

图表标题、X 轴标题、Y 轴标题可以在建立图表时的"区域作图"对话框中输入内容,也可以在图表建立以后进行编辑。

图表建立后的编辑操作如下。

(1) 在图表窗口中,单击"编辑"菜单中的"主标题"或者"X 轴标题"或者"Y 轴标题",将弹出"编辑标题"对话框;

(2) 在"请输入标题"编辑框中输入标题内容,如果此编辑框为空则不显示相应标题。

此外,双击标题也可弹出"编辑标题"对话框。

2) 标题字体

编辑标题字体的操作如下。

(1) 在图表窗口中,单击要改变的标题;

（2）在报表窗口中，单击"编辑"菜单中的"标题字体"，将弹出"标题字体"对话框；

（3）在对话框中选择字体、字型、字号等。

3）定义数据组

图表的坐标轴可以进行转换。

定义数据组的操作如下。

（1）在图表窗口中，单击"编辑"菜单中的"定义数据组"，将弹出"定义数据组"对话框；

（2）在对话框中单击"行"或"列"，图表将做相应的变化。

4）改变图表格式

UFO 共提供了 10 种图形格式，在"格式"菜单中选择相应的图形格式就可以完成相应图形格式的转换，单击工具栏中的图标也可改变图表格式。

实验实训　财务报表综合实验

【实验目的】

（1）深刻领会报表编制的原理及流程；掌握如何利用报表模板生成一张报表。

（2）掌握报表格式定义、公式定义的操作方法；掌握报表格式设计的全过程。

（3）学会报表数据处理、表页管理及图表功能等操作。

【实验内容】

（1）利用报表模板生成资产负债表和利润表。

（2）自行设计货币资金表。

① 货币资金表报表格式如表 7-2 所示。

表 7-2　货币资金表

编制单位：　　　　　　　　　　　　　　　　　　　　　　　　　　　　　　年　月　日

单位：元

项目	行次	期初数	期末数
现金	1		
银行存款	2		
应收账款	3		
固定资产	4		
实收资本	5		
合计	6		

制表人：

报表内容说明如下。

a. 表头。

标题"货币资金表"设置为黑体、14 号、居中。

编制单位及金额单位设置为黑体、12号。

年、月、日应设为关键字。

b. 表体。

表体中文字设置为楷体、12号、居中。

c. 表尾。

"制表人："设置为楷体、12号、右对齐。

② 报表公式。

现金期初数为 C4＝QC("1001",月)。

现金期末数为 D4＝QM("1001",月)。

银行存款期初数为 C5＝QC("1002",月)。

银行存款期末数为 D5＝QM("1002",月)。

期初数合计为 C6＝C4＋C5。

期末数合计为 D6＝D4＋D5。

（3）对自定义的货币资金表进行数据处理。

（4）对货币资金表进行页管理。

（5）使货币资金表具有图表功能。

【实验环境】

会计信息化实验室。一人一机，主频 800MHz 或以上，256MB 或以上内存，20GB 或以上硬盘，标准系列鼠标，Windows 系统支持可显示 256 色的显示器。配有 Windows XP 及以上操作系统，SQL 2000，T3-用友通标准版（或 T3-用友通教学版，系统时间改为 2013 年 1 月 1 日）。

【实验准备】

引入"D:\T3-用友通实验账套\总账管理\期末处理"文件夹中的账套数据。

【实验要求】

以 K11（陈主管）的身份进行财务报表操作。

【实验指导】

以 K11（陈主管）的身份启动并注册 T3-用友通标准版。用户名为 K11；密码为 K11；账套为 666；会计年度为 2013；日期为 2013.01.31。

1. 利用报表模板生成资产负债表和利润表

1）启动财务报表管理系统

（1）在 T3-用友通标准版主界面，单击"财务报表"→"确定"，进入财务报表管理系统。

（2）单击"文件"→"新建"，建立一张空白报表，另存报表名为华晴晔科技资产负债表.rep。

2) 调用资产负债表模板

(1) 单击"格式"→"报表模板",打开"报表模板"对话框。

(2) 选择您所在的行业为"小企业";财务报表为资产负债表。

(3) 单击"确认"按钮,弹出"模板格式将覆盖本表格式!是否继续?"提示框。

(4) 单击"确定"按钮,打开"资产负债表"模板。

3) 生成资产负债表数据

(1) 切换到数据状态下,单击"数据"→"关键字"→"录入",打开"录入关键字"对话框。

(2) 输入关键字,年"2013",月"01",日"31"。

(3) 单击"确认"按钮,弹出"是否重算第 1 页?"提示框。

(4) 单击"是"按钮,系统会自动根据单元公式计算 2013 年 1 月数据;单击"否"按钮,系统不计算 2013 年 1 月数据,以后可利用"表页重算"功能生成 2013 年 1 月的数据。

(5) 将生成的资产负债表数据保存到"D:\T3-用友通实验账套备份\财务报表(UFO)"文件夹中。

(6) 按同样的方法,调用利润表模板并生成的华晴晔科技利润表.rep 保存到"D:\T3-用友通实验账套备份\财务报表(UFO)"文件夹中。

2. 自行设计货币资金表

(1) 单击"文件"→"新建",建立一张空白报表,报表名默认为"report1"。

(2) 账套初始设置

① 执行"数据"→"账套初始"命令,打开"账套及时间初始"对话框。

② 输入账套号为 666;会计年度为 2013。

③ 单击"确认"按钮。公式中默认的账套号和会计年度,与账套初始中是一致的。通过账套初始,可以简化公式中的参数设置。

(3) 设置报表尺寸

① 在"格式"状态,单击"格式"→"表尺寸",打开"表尺寸"对话框。

② 输入行数"7",列数"4"。

③ 单击"确认"按钮。

(4) 定义组合单元

① 选择需合并的区域"A1:D1"。

② 单击"格式"→"组合单元",打开"组合单元"对话框。

③ 选择组合方式"整体组合"或"按行组合",该单元即合并成一个单元格。

④ 同理,定义"A2:D2"单元为组合单元。

(5) 画表格线

① 选中报表需要画线的区域"A3:D6"。

② 单击"格式"→"区域画线",打开"区域画线"对话框。

③ 选择"网线"。

④ 单击"确认"按钮,将所选区域画上表格线。

(6) 输入报表项目

① 选中 A1 组合单元。

② 在该组合单元中输入"货币资金表"。

③ 根据实验资料,输入其他单元的文字内容。

注意:报表项目指报表的文字内容,主要包括表头内容、表体项目、表尾项目等,不包括关键字;编制单位、日期一般不作为文字内容输入,需要设置为关键字。

(7) 定义报表行高

① 选中需要调整的单元所在行"A1"。

② 单击"格式"→"行高",打开"行高"对话框。

③ 输入行高"7"。

④ 单击"确定"按钮。

(8) 定义报表列宽

① 选中 A 列到 D 列。

② 单击"格式"→"列宽",打开"列宽"对话框。

③ 输入列宽为"30"。

④ 单击"确定"按钮。

注意:行高、列宽的单位为 mm。

(9) 设置单元风格

① 选中标题所在组合单元"A1"。

② 单击"格式"→"单元格属性",打开"单元格属性"对话框。

③ 单击"字体图案",设置字体为"黑体",字号为"14"。

④ 单击"对齐",设置对齐方式,水平方向和垂直方向都选"居中"。

⑤ 单击"确定"按钮。

⑥ 同理,设置表体、表尾的单元属性。

(10) 定义单元属性

① 选定单元格"D7"。

② 单击"格式"→"单元格属性",打开"单元格属性"对话框。

③ 单击"单元类型"。

④ 单击"字符"。

⑤ 单击"确定"按钮。

注意:用友财务报表中单元格式有三种:表样单元、数值单元、字符单元。格式状态下输入内容的单元均默认为表样单元,未输入数据的单元均默认为数值单元,在数据状态下可输入数值。若希望在数据状态下输入字符,应将其定义为字符单元。字符单元和数值单元输入后只对本表页有效,表样单元输入后对所有表页有效。

(11) 设置关键字。

① 选中需要输入关键字的组合单元"A2"。

② 单击"数据"→"关键字"→"设置",打开"设置关键字"对话框。

③ 单击"年"。

④ 单击"确定"按钮。

⑤ 用同样的方法,设置"月"、"日"关键字。

注意:在用友报表系统中,相同格式的报表,通过输入不同的关键字,来生成不同数据的报表。因此关键字的设置非常重要。每个报表可以同时定义多个关键字,如果要取消关键字,必须单击"数据"→"关键字"→"取消"。

(12) 调整关键字位置。

① 单击"数据"→"关键字"→"偏移",打开"定义关键字偏移"对话框。

② 在需要调整位置的关键字后面输入偏移量。年"—150",月"—120",日"—90"。

③ 单击"确定"按钮。

注意:关键字的位置可以用偏移量来表示,负数值表示向左移,正数值表示向右移。在调整时,可以通过输入正或负的数值来调整。关键字偏移量单位为像素。

(13) 直接输入公式。

① 选定需要定义公式的单元"C4",即"现金"的期初数。

② 单击"数据"→"编辑公式"→"单元公式",打开"定义公式"对话框。

③ 在定义公式对话框内直接输入总账期初函数公式 QC("1001",月)。

④ 单击"确认"按钮。

注意:单元公式即计算公式,决定着报表中数据的来源。因此,单元公式必须设置,而后面提到的审核公式和舍位平衡公式不是必须设置的,用户可根据需要设置。单元公式中涉及的符号均为英文半角字符。单击 fx 或双击某公式单元或按＝键,都可以打开"定义公式"对话框。

(14) 引导输入公式

① 选定被定义单元"D4",即"现金"期末数。

② 单击 fx,打开"定义公式"对话框。

③ 单击"函数向导",打开"函数向导"对话框。

④ 在函数分类列表框中选择"用友账务函数",在右边的函数名列表中选中"期末(QM)"。

⑤ 单击"下一步"按钮,打开"用友账务函数"对话框。

⑥ 单击"参照",打开"账务函数"对话框。

⑦ 各项均采用系统默认值,单击"确定"按钮,返回"用友账务函数"对话框。

⑧ 单击"确定"按钮,返回"定义公式"对话框,单击"确认"按钮。

⑨ 根据实验资料,直接或引导输入其他单元公式。

注意:如果用户对公式使用不熟练,可以采用引导输入。

（15）定义审核公式

审核公式用于审核报表内或报表之间勾稽关系是否正确。例如，资产负债表中的"资产合计＝负债合计＋所有者权益合计"，本实验的货币资金表中不存在这种勾稽关系。若要定义审核公式，执行"数据"→"编辑公式"→"审核公式"命令即可。

（16）定义舍位平衡公式

① 单击"数据"→"编辑公式"→"舍位公式"，打开"舍位平衡公式"对话框。

② 确定如下信息。舍位表名"SW1"，舍位范围"C4：D6"，舍位位数"3"，平衡公式"C6＝C4＋C5，D6＝D4＋D5"。

③ 单击"完成"按钮。

注意：舍位平衡公式是指用来重新调整报表数据进位后的小数位平衡关系的公式；每个公式一行，各公式之间用逗号"，"（半角）隔开，最后一条公式不用写逗号，否则公式无法执行；等号左边只能为一个单元（不带页号和表名）；舍位公式中只能使用"＋"、"－"符号，不能使用其他运算符及函数。

（17）保存报表格式

① 单击"文件"→"保存"，如果是第一次保存，则打开"另存为"对话框。

② 选择需要保存的文件夹位置即 D：\T3-用友通实验账套备份\财务报表（UFO）；输入报表文件名"货币资金表"；选择保存类型"＊.rep"。

③ 单击"确定"按钮。

注意：报表格式设置完以后，切记要及时将这张报表格式保存下来，以便以后随时调用。".rep"为用友报表文件专用扩展名。在保存报表格式之前，读者应先建好存放报表的文件夹。

3. 对自定义的货币资金表进行数据处理

1）增加表页

（1）打开"货币资金表"，使其在数据状态，单击"编辑"→"追加"→"表页"，打开"追加表页"对话框。

（2）输入需要增加的表页数"2"。

（3）单击"确认"按钮。

注意：追加表页是在最后一张表页后追加一张空表页，插入表页是在当前表页后面插入一张空表页。一张报表最多只能管理 99 999 张表页，演示版最多为 4 页。

2）输入关键字值

（1）在第一张表页中，单击"数据"→"关键字"→"录入"，打开"录入关键字"对话框。

（2）分别输入年、月、日，即 2013、01、31。

（3）单击"确认"按钮，弹出"是否重算第 1 页？"提示的对话框。

（4）单击"是"按钮，系统会自动根据单元公式计算 1 月份数据。

注意：每一张表页均对应不同的关键字值，输出时随同单元一起显示。日期关键字可以确认报表数据取数的时间范围，即确定数据生成的具体日期。

3) 生成报表

(1) 单击"数据"→"表页重算",弹出"是否重算第 1 页?"提示框。

(2) 单击"是",系统会自动在初始的账套和会计年度范围内根据单元公式计算生成数据。

注意:当账簿数据发生变化时,可利用此功能随时刷新报表数据。

4) 报表舍位操作

(1) 单击"数据"→"舍位平衡"。

(2) 系统会自动根据前面定义的舍位公式进行舍位操作,并将舍位后的报表保存在"货币资金舍位表.rep"文件中。

(3) 查看后,请将舍位表"货币资金舍位表.rep"关闭。

注意:如果舍位公式有误,系统状态栏会提示"无效命令或错误参数!"。

4. 对货币资金表进行页管理

1) 表页排序

(1) 单击"数据"→"排序"→"表页",打开"表页排序"对话框。

(2) 确定如下信息。选择第一关键值"年",排序方向"递增",第二关键字"月",排序方向为"递增"。

(3) 单击"确认"按钮。系统将自动把表页按年份递增顺序重新排列,如果年份相同则按月份递增顺序排序。

2) 表页查找

(1) 单击"编辑"→"查找",打开"查找"对话框。

(2) 确定查找内容"表页",确定查找条件"月=1"。

(3) 单击"查找",查找到符合条件的表页作为当前表页。

5. 使货币资金表具有图表功能

1) 追加图表显示区域

(1) 在格式状态下,单击"编辑"→"追加"→"行",打开"追加行"对话框。

(2) 输入追加行数"15"。

(3) 单击"确定"按钮。

注意:追加行或列必须在格式状态下进行。

2) 插入图表对象

(1) 在数据状态下,选取数据区域"A3:D6"。

(2) 单击"工具"→"插入图表对象",在追加的图表工作区,拖动鼠标左键至适当大小后,打开"区域作图"对话框。

(3) 选择确定如下信息。数据组"行",数据范围"当前表页"。

(4) 输入图表名称"资金分析图",图表标题"资金对比",X 轴标题"期间",Y 轴标题"金额"。

(5) 选择图表格式为"成组直方图"。

(6) 单击"确定"按钮。

（7）调整图中对象到适当位置。

注意：

插入的图表对象实际上也属于报表的数据，因此有关图表对象的操作必须在数据状态下进行。选择图表对象显示区域时，区域不能少于 2 行×2 列，否则会提示出现错误。

6. 备份

将生成数据的图表保存到"D：\T3-用友通实验账套备份\财务报表（UFO）"文件夹中。

考证训练

【考证训练环境】

会计信息化实验室。一人一机，主频 800MHz 或以上，256MB 或以上内存，20GB 或以上硬盘，标准系列鼠标，Windows 系统支持可显示 256 色的显示器。配有 Windows XP 及以上操作系统，SQL 2000，T3-用友通标准版（或 T3-用友通教学版，系统时间改为 2013 年 1 月 1 日）。引入"D：\T3-用友通实验账套\账务管理\期末处理"文件夹中的账套数据。

（1）用户名为 K11；账套为 666；操作日期为 2013 年 1 月 1 日，打开"D：\T3-用友通实验账套备份\财务报表（UFO）"文件夹中的"资产负债表.rep"，完成下列操作后，将报表以原文件名进行保存。

① 追加一张表页。

② 在新表页中输入关键字"2013 年 4 月 20 日"。

③ 生成报表数据。

操作提示：在报表窗口，单击"文件"→"打开"→"找到相应报表打开"，在数据状态单击"编辑"→"追加"→"表页"→"确认"。选择新表页单击"数据"→"关键字"→"录入"（录入相应的关键字）→"确认"→"是"→"保存"→"关闭"。

（2）用户名为 K11；账套为 666；操作日期为 2013 年 1 月 1 日，打开"D：\T3-用友通实验账套备份\财务报表（UFO）"文件夹中的"利润表.rep"，完成下列操作后，将报表以原文件名进行保存。

① 设置 A1 单元格行高为 9。

② 设置 A1 单元格文字"黑体、14 号"，垂直居中对齐。

操作提示：在报表窗口，单击"文件"→"打开"，在打开的"利润表.rep"窗口，进入格式状态，选中 A1，单击"格式"→"行高"（设置行高）→"确认"；单击"格式"→"单元属性"（设置字体、字号）→"保存"→"关闭"。

（3）用户名为 K11；账套为 666；操作日期为 2013 年 1 月 1 日，打开"D：\T3-用友通实验账套备份\财务报表（UFO）"文件夹中的"利润表.rep"，完成下列操作后，将报表以原文件名进行保存。

① 设置表尺寸为 16 行 4 列。

② 将区域 A3：C15 进行区域画线，线型为"网线"，样式为自选。

操作提示:在报表窗口,单击"文件"→"打开",打开文件,进入格式状态,单击"格式"→"表尺寸",选中 A3:C15 区域,单击"格式"→"区域画线"→"保存"→"关闭"。

(4) 用户名为 K11;账套为 666;操作日期为 2013 年 1 月 1 日,打开"D:\T3-用友通实验账套备份\财务报表(UFO)"文件夹中的"资产负债表.rep",完成下列操作后,将报表以原文件名进行保存。

① 在 A2 单元格设置"年、月、日"关键字。

② 设置"年、月、日"关键字的偏移量为—140、—110、—80。

操作提示:在报表窗口,单击"文件"→"打开",打开文件,进入格式状态,单击"数据"→"关键字"→"设置"→"年",单击"数据"→"关键字"→"设置"→"月",单击"数据"→"关键字"→"设置"→"日",单击"数据"→"关键字"→"偏移",设置相应的偏移量。

(5) 用户名为 K11;账套为 666;操作日期为 2013 年 1 月 1 日,新建一张空白报表,表名为"应交增值税明细表.rep",保存在"D:\T3-用友通实验账套备份\财务报表(UFO)"文件夹中。

操作提示:在报表窗口,单击"文件"→"新建"→"空表格";单击"文件"→"另存为",设置文件保存的路径和文件名后单击"保存"按钮。

(6) 用户名为 K11;账套为 666;操作日期为 2013 年 1 月 1 日,打开"D:\T3-用友通实验账套备份\财务报表(UFO)"文件夹中的"资产负债表.rep",完成下列操作后,将报表以原文件名进行保存,设置 B4、B5、B6 单元格的计算公式。

操作提示:在报表窗口,单击"文件"→"打开"(打开文件,选中 B4)→"数据"→"编辑公式"→"单元公式",设置单元公式为 QM("1001",月)+ QM("1002",月)+ QM("1012",月),选中 B5,单击"数据"→"编辑公式"→"单元公式",设置单元公式为 QM("1122",月),选中 B6,单击"数据"→"编辑公式"→"单元公式",设置单元公式为 QM("1221",月),单击"保存"→"关闭"。

(7) 用户名为 K11;账套为 666;操作日期为 2013 年 1 月 1 日,调用报表模板,行业为小企业,报表类型为资产负债表,将报表以表名"小企业资产负债表.rep"保存在"D:\T3-用友通实验账套备份\财务报表(UFO)"文件夹中。

操作提示:在报表窗口,单击"文件"→"新建"→"格式"→"报表模板"(选择行业、报表类型)→"确认";单击"文件"→"另存为",设置文件保存的路径和文件名后单击"保存"按钮。

思考练习

(1) 简述报表格式设计的内容和步骤。

(2) 如何对报表进行数据处理?

(3) 编辑损益表的数据公式。

(4) 自行设计、编制资产负债表。

(5) 如何创建图表?

第8章 财务业务一体化(项目八)

学习目标

1. **知识目标**

(1) 全面掌握 T3-用友通业务系统(采购、销售、库存、核算)的功能和应用。

(2) 掌握 T3-用友通财务业务一体化的系统初始化、日常业务处理、期末业务处理的流程和知识要点。

2. **技能目标**

(1) 能熟练操作 T3-用友通业务系统软件,会使用 T3-用友通业务系统处理采购、销售、库存、核算业务。

(2) 学会 T3-用友通财务业务一体化的初始设置、日常处理、期末处理的操作方法。

任务 15 掌握财务业务一体化的处理流程和操作方法

讲授演练

8.1 业务系统使用基础

8.1.1 认识业务系统

T3-用友通业务系统包括采购、销售、库存、核算 4 个模块。

1. **采购管理**

采购模块是用友通管理软件的一个子系统,其主要进行采购订单处理,动态掌握订单执行情况,向延期交货的供应商发出催货函。采购管理系统处理采购入库单、采购发票,并根据采购发票确认采购入库成本。采购管理系统可以掌握采购业务的付款情况,与"库存管理系统"联合使用可以随时掌握存货的现存量信息,从而减少盲目采购,避免库存积压;与"核算系统"一起使用可以为核算提供采购入库成本,便于财务部门及时掌握存货采购成本。

2. **销售管理**

销售模块包括销售价格的制定、订单、发票、收款。销售系统有以下功能:提供按不同存货和客户,定制不同的价格管理,灵活、快速应对市场变化;提供最低销售价格控制、信用期和信用额度控制,避免销售风险;由事后管理变为事前了解掌握每笔业务的利润情况,实时、透明化销售管理;随时了解发货、开票、收款状况,并及时进行对账。由于销售管理与库存、总账的紧密联系,销售管理系统主要以与库存管理系统、存货核算系统、总账系统等产品并用的形态出现,一起组成完整的企业管理系统。

3. 库存管理

库存模块在库存业务、库存状态控制、库存分析方面具有强大的功能,能够有效地跟踪库存的出入库情况,分析库存的异常状态,反映库存的价值分布,就库存的短缺、超储、安全提供了预警机制动态信息。整个库存业务处理,包括调拨、盘点、货位、批次、保质期、产成品入库、材料出库管理等。在库存管理中还融入了简单生产管理,支持按订单生产加工、库存生产、按订单设计与按订单装配流程模式的小工业企业,满足以销定产和以产定购、简单领料管理和及时掌握生产加工进度的管理要求。

4. 核算管理

核算模块主要针对企业商品收发存业务进行核算,掌握商品成本情况,为企业成本核算提供基础数据,并可动态反映库存资金的增减变动,为降低库存,减少资金积压,加速资金周转提供决策依据。核算系统全面支持新会计准则,有移动平均、先进先出、全月平均、个别计价、计划价 5 种计价方式可供选择。核算系统将各种业务处理、往来单据自动生成财务凭证,进入总账系统,形成财务业务一体化流转。

T3-用友通业务系统各个模块间的联系如图 8-1 所示。

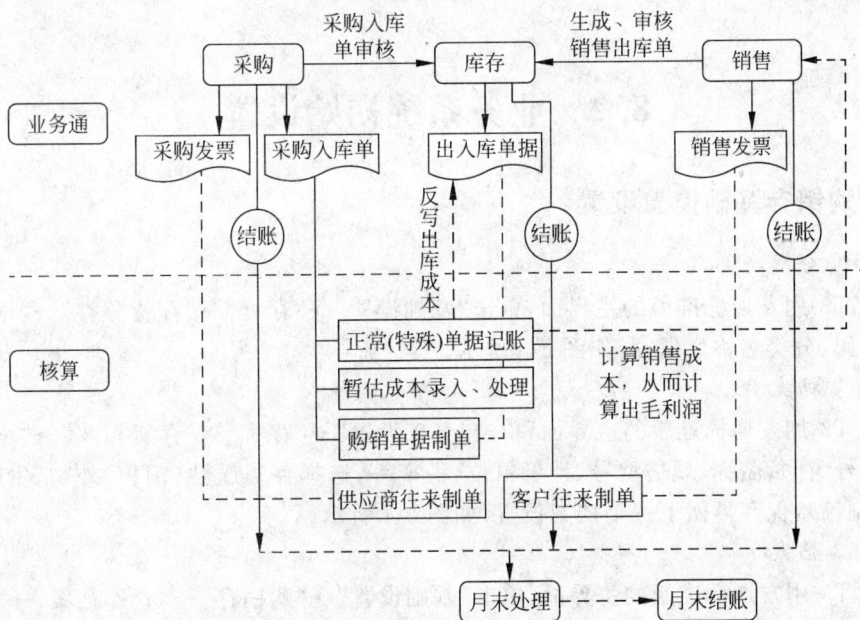

图 8-1

8.1.2 启用业务系统

以账套主管注册启动系统管理后,单击"账套"→"启用"(勾选"GX 购销存管理"和"IA 核算",选择启用日期)→"确定"→"退出",如图 8-2 所示。

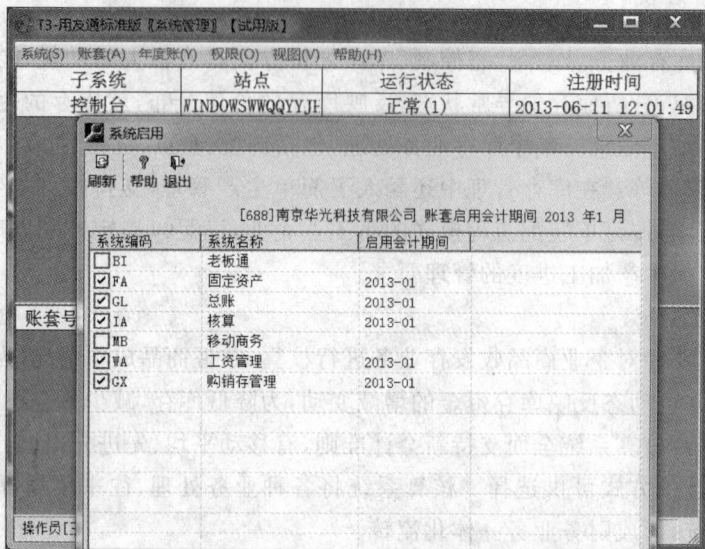

图 8-2

8.2 业务系统初始设置

8.2.1 购销存基础信息设置

1. 存货分类

进入 T3-用友通标准版的主界面,单击"基础设置"→"存货"→"存货分类"→"增加",输入分类编码、分类名称后保存,如图 8-3 所示。

2. 存货档案

进入 T3-用友通标准版的主界面,单击"基础设置"→"存货"→"存货档案"→"增加",输入存货编号、存货名称、规格型号、计量单位、税率等,选择存货属性(销售、外购、生产耗用、自制、在制等),保存再做下一个档案设置,如图 8-4 所示。

3. 仓库档案

进入 T3-用友通标准版的主界面,单击"基础设置"→"购销存"→"仓库档案"→"增加",输入仓库编码、仓库名称,选择所属部门、计价方式等,保存后再做下一个仓库档案设置,如图 8-5 所示。

图　8-3

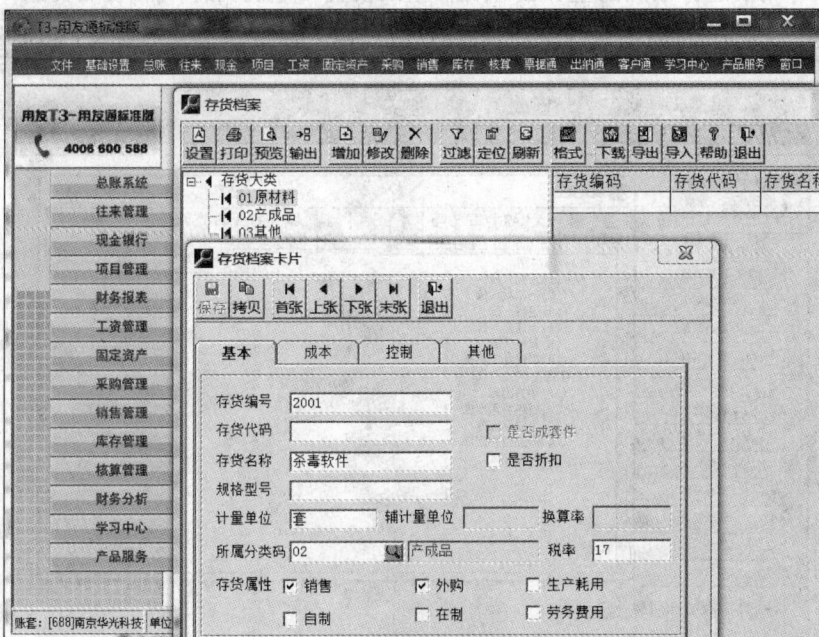

图　8-4

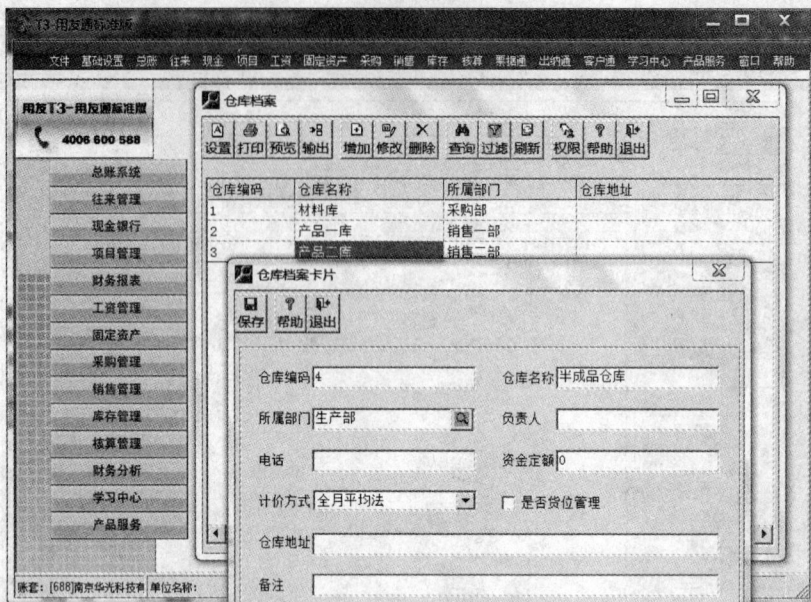

图 8-5

4. 收发类别

进入 T3-用友通标准版的主界面,单击"基础设置"→"购销存"→"收发类别"→"增加",输入类别编码、类别名称,选择收发标志,保存后再做下一个收发类别设置,如图 8-6 所示。

图 8-6

5. 采购类型

进入 T3-用友通标准版的主界面,单击"基础设置"→"购销存"→"采购类型"(输入采购类型编码、采购类型名称,选择入库类别、是否默认值等)→"增加",如图 8-7 所示。

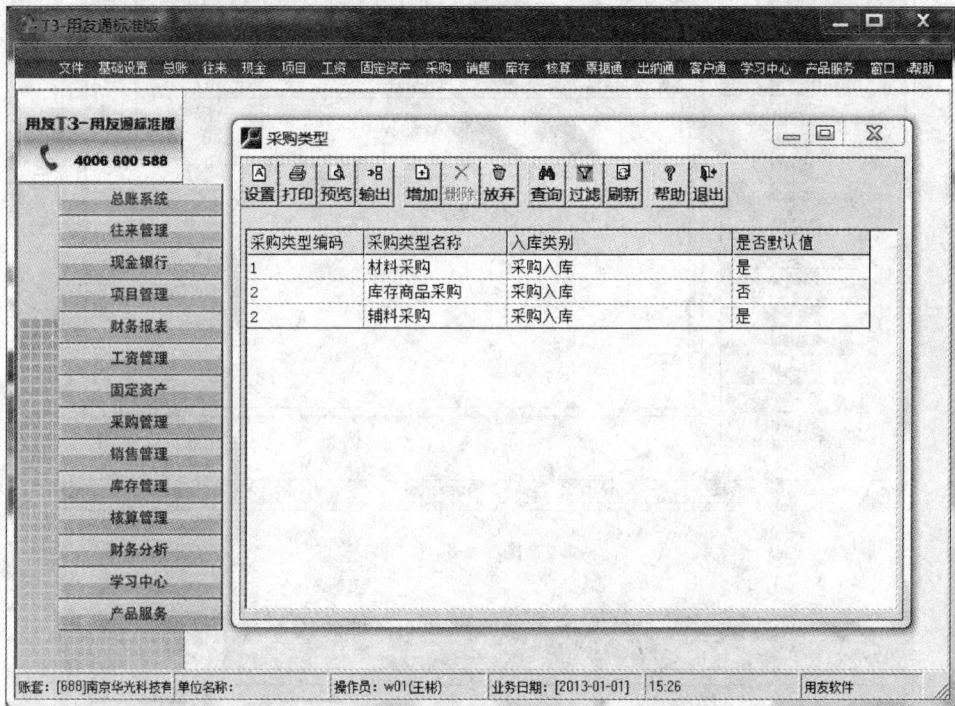

图　8-7

6. 销售类型

进入 T3-用友通标准版的主界面,单击"基础设置"→"购销存"→"销售类型"(输入销售类型编码、销售类型名称,选择出库类别、是否默认值等)→"增加",如图 8-8 所示。

7. 产品结构

进入 T3-用友通标准版的主界面,单击"基础设置"→"购销存"→"产品结构"→"增加",选择父项编码、生产部门、所属子项,输入定额数量、损耗率,选择存放仓库、仓管员、车间等,保存后再做下一个产品结构设置,如图 8-9 所示。

8. 费用项目

进入 T3-用友通标准版的主界面,单击"基础设置"→"购销存"→"费用项目"(输入费用项目编码、名称)→"增加",如图 8-10 所示。

9. 发运方式

进入 T3-用友通标准版的主界面,单击"基础设置"→"购销存"→"发运方式"(输入发运方式编码、名称)→"增加",如图 8-11 所示。

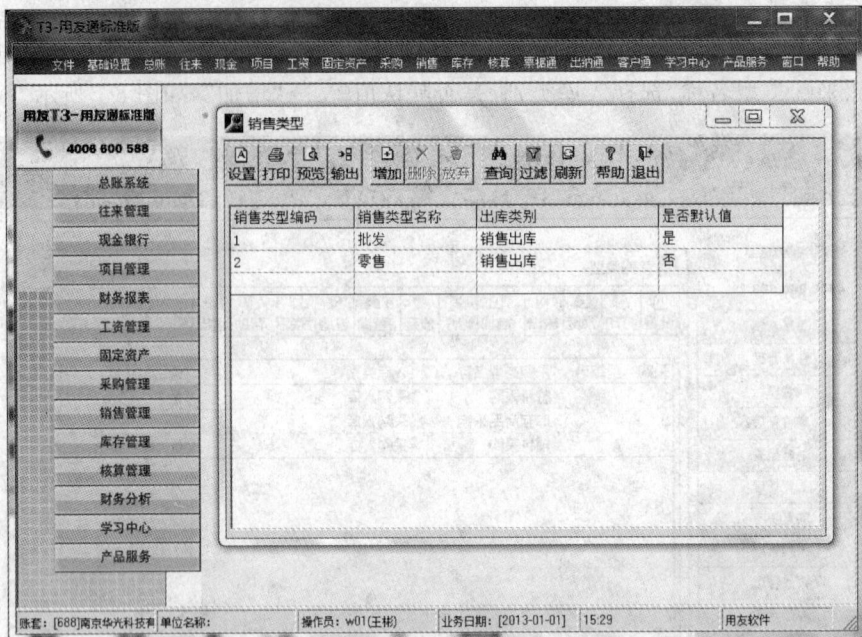

图 8-8

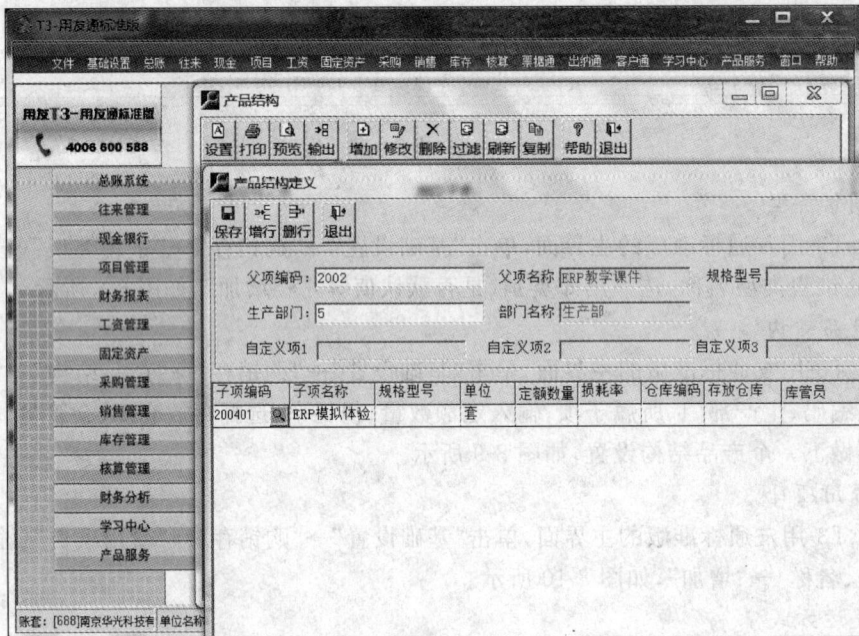

图 8-9

图　8-10

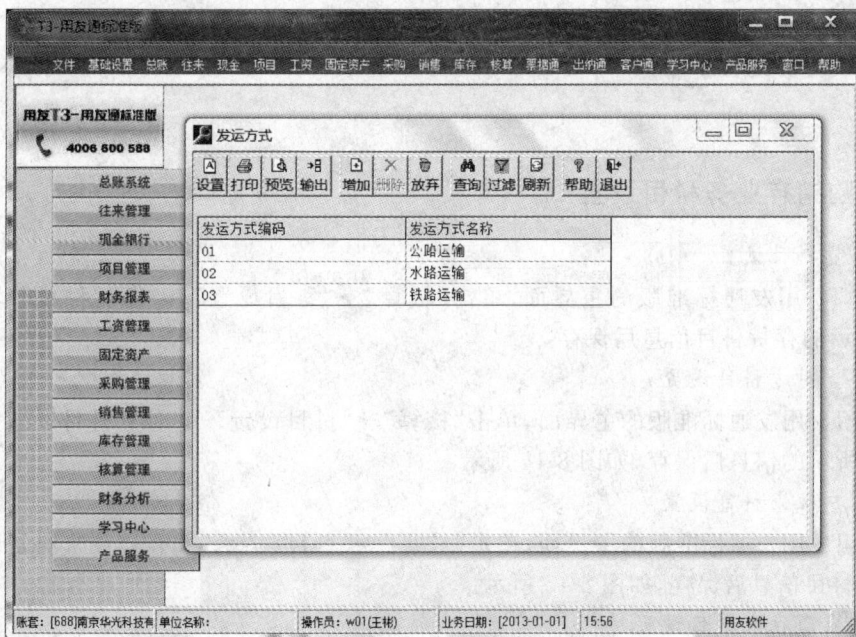

图　8-11

10. 货位档案

进入 T3-用友通标准版的主界面,单击"基础设置"→"购销存"→"货位档案"→"增加"(输入货位编码、货位名称,选择仓库,输入最大体积、最大重量)→"保存",如图 8-12 所示。

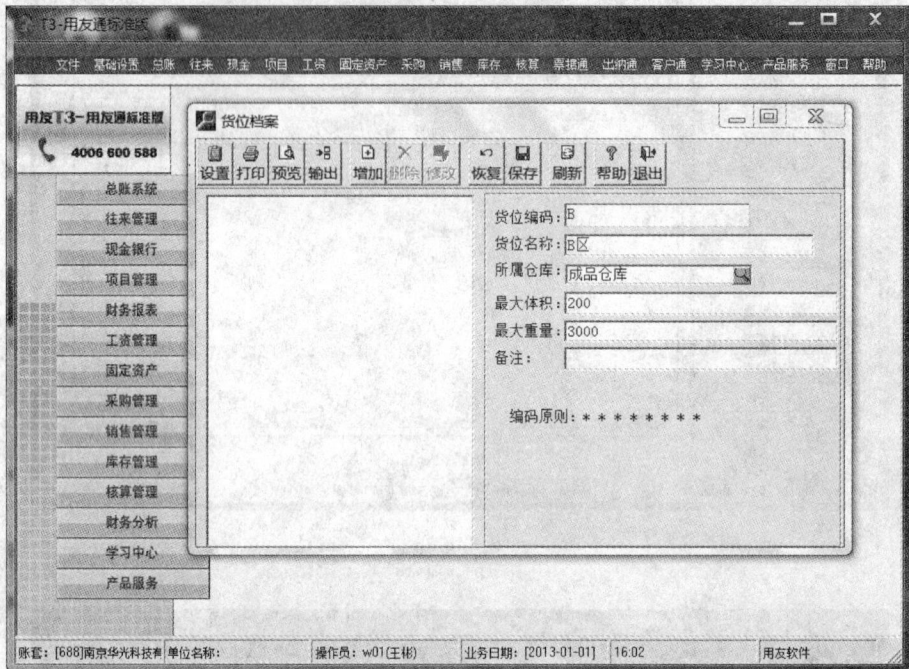

图　8-12

8.2.2　购销存业务科目设置

1. 存货科目设置

进入 T3-用友通标准版的主界面,单击"核算"→"科目设置"→"存货科目",填、选如图 8-13 所示的存货科目信息后保存。

2. 存货对方科目设置

进入 T3-用友通标准版的主界面,单击"核算"→"科目设置"→"对方科目设置",填、选如图 8-7 所示的信息后保存,如图 8-14 所示。

3. 客户往来科目设置

进入 T3-用友通标准版的主界面,单击"核算"→"科目设置"→"客户往来科目",填、选客户往来科目信息后保存,如图 8-15 所示。

4. 供应商往来科目设置

进入 T3-用友通标准版的主界面,单击"核算"→"科目设置"→"供应商往来科目",填、选如图 8-16 所示的供应商往来科目信息后保存。

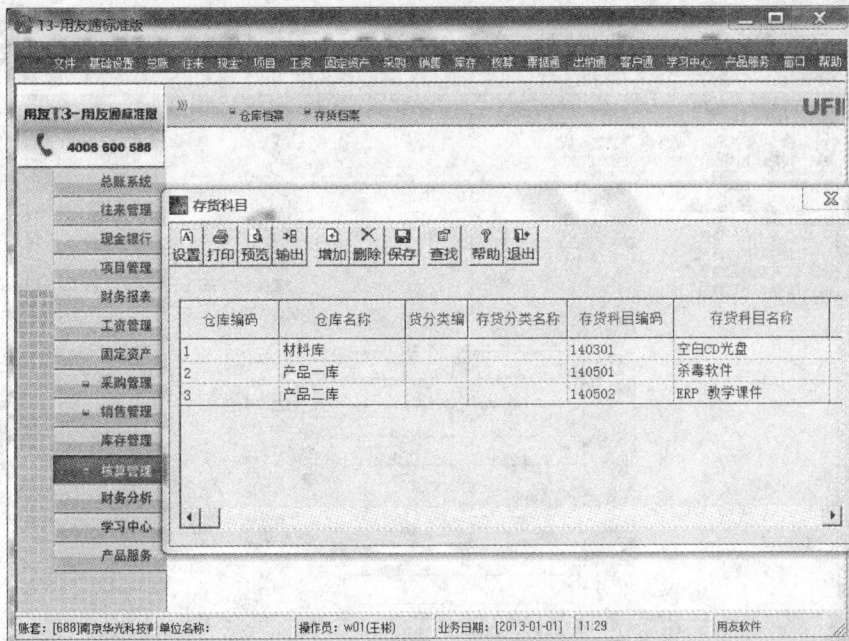

图　8-13

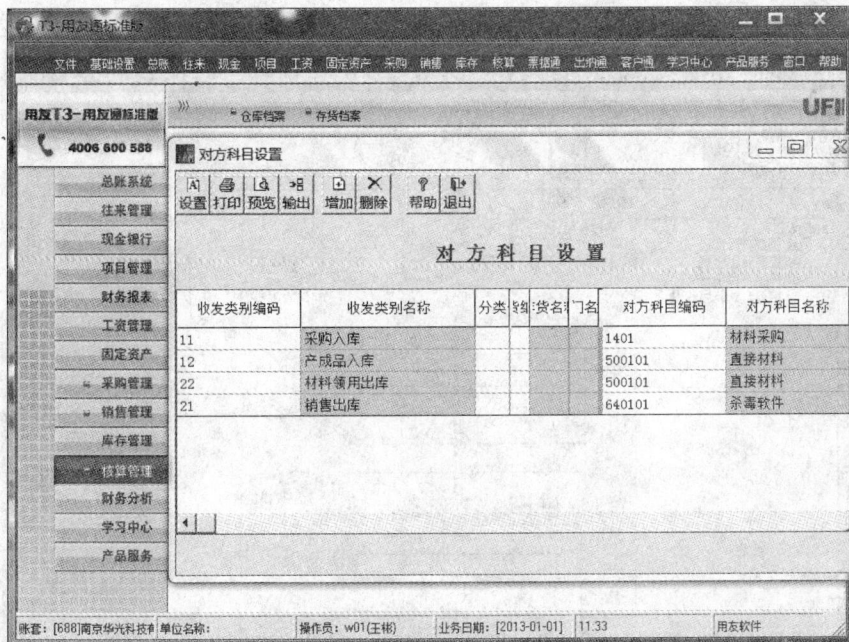

图　8-14

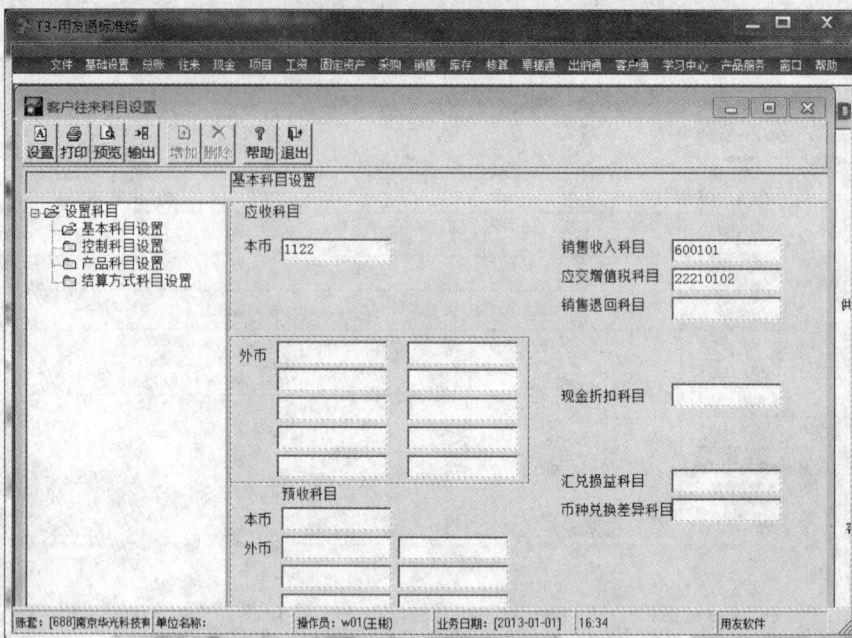

图　8-15

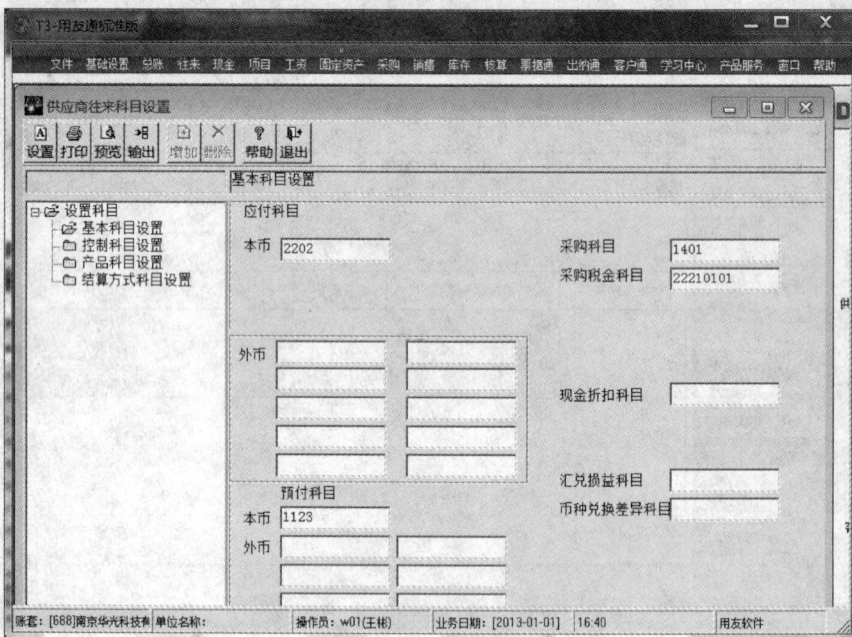

图　8-16

8.2.3　购销存期初设置

1. 库存期初设置

进入 T3-用友通标准版的主界面,单击"核算"→"期初数据"→"期初余额",填、选如图 8-17 所示的信息后保存。

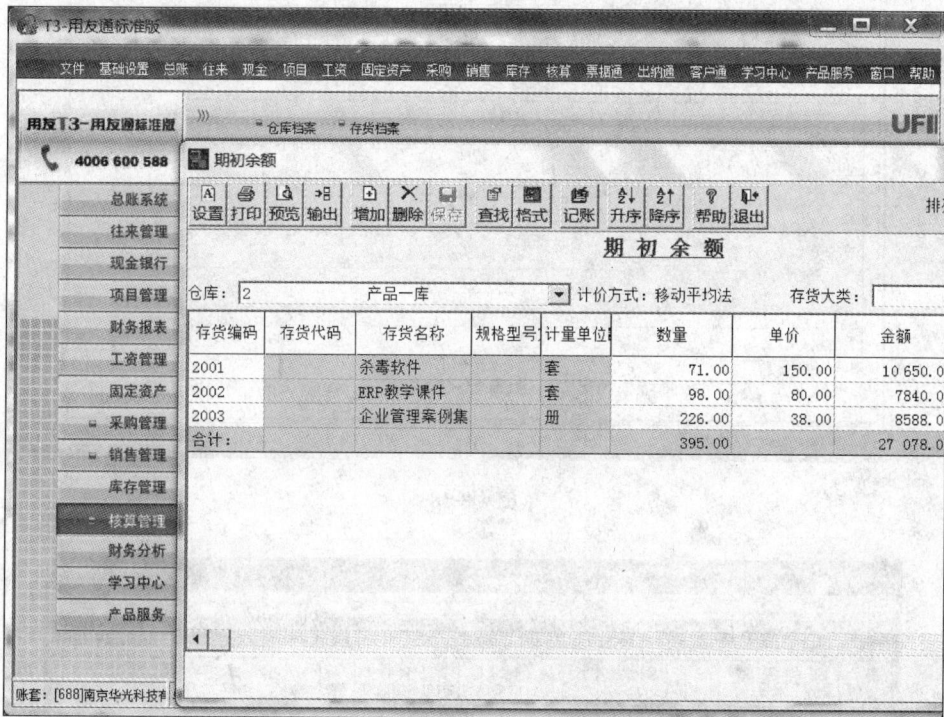

图　8-17

2. 采购期初设置

1) 暂估入库期初余额

例如 2012-12-24,采购部收到畅捷印刷厂提供的复印纸 100 包,暂估入库单价为 15 元,商品已经验收入材料库,至今尚未收到发票。

进入 T3-用友通标准版的主界面,单击"采购"→"期初采购入库单",填、选采购入库单相关信息后保存。以上暂估入库期初的采购入库单如图 8-18 所示。

2) 在途物资期初余额

例如 2012-12-28,采购部收到会友软件开具的专用发票(票号 A00116)一张,商品为 ERP 教学课件,数量 150 套,单价 80 元,该货物尚在途中。输入采购期初的期初采购发票。

进入 T3-用友通标准版的主界面,单击"采购"→"期初采购普通发票",填、选采购入库单相关信息后保存,如图 8-19 所示。

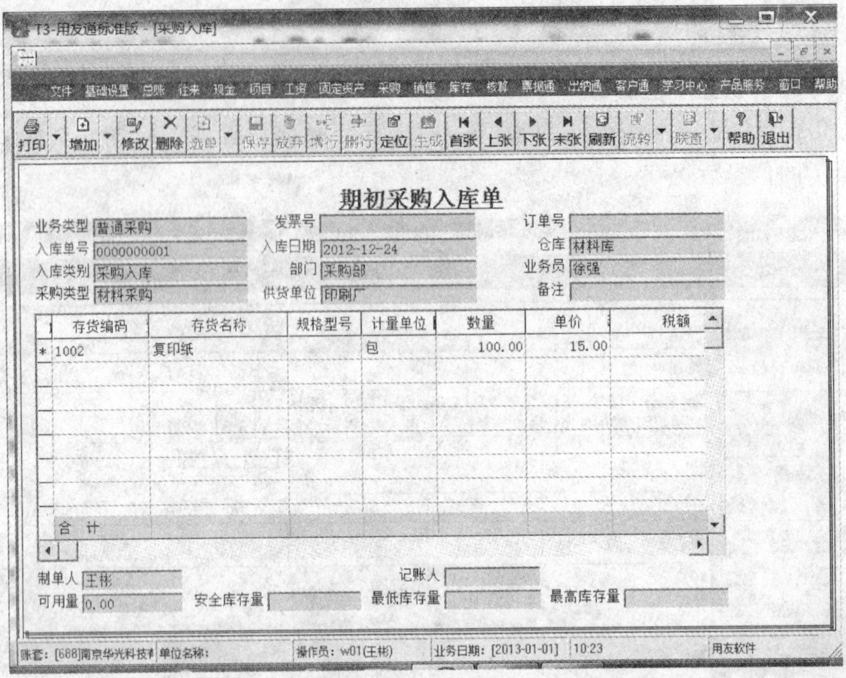
T3-用友通标准版 - [采购入库]
文件 基础设置 总账 往来 现金 项目 工资 固定资产 采购 销售 库存 核算 票据通 出纳通 客户通 学习中心 产品服务 窗口 帮助
打印 增加 修改 删除 选单 保存 放弃 增行 删行 定位 生成 首张 上张 下张 末张 刷新 流转 联查 帮助 退出
期初采购入库单
业务类型 普通采购
发票号
订单号
入库单号 0000000001
入库日期 2012-12-24
仓库 材料库
入库类别 采购入库
部门 采购部
业务员 徐强
采购类型 材料采购
供货单位 印刷厂
备注
存货编码 存货名称 规格型号 计量单位 数量 单价 税额
1002 复印纸 包 100.00 15.00
合 计
制单人 王彬
记账人
可用量 0.00
安全库存量
最低库存量
最高库存量
账套：[688]南京华光科技有 单位名称：
操作员：w01(王彬)
业务日期：[2013-01-01]
10:23
用友软件

图 8-18

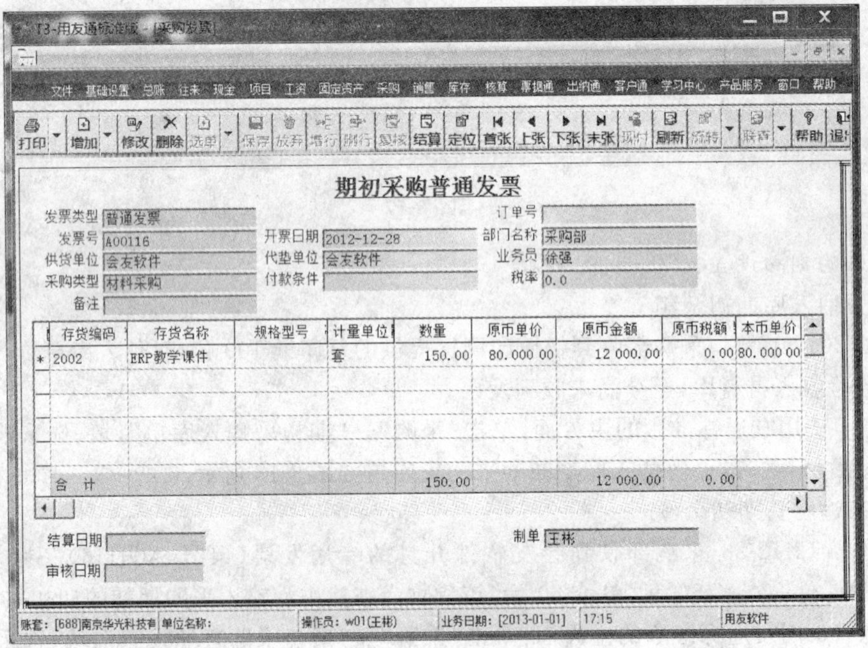
T3-用友通标准版 - [采购发票]
文件 基础设置 总账 往来 现金 项目 工资 固定资产 采购 销售 库存 核算 票据通 出纳通 客户通 学习中心 产品服务 窗口 帮助
打印 增加 修改 删除 选单 保存 放弃 增行 删行 复核 结算 定位 首张 上张 下张 末张 现付 刷新 流转 联查 帮助
期初采购普通发票
发票类型 普通发票
订单号
发票号 A00116
开票日期 2012-12-28
部门名称 采购部
供货单位 会友软件
代垫单位 会友软件
业务员 徐强
采购类型 材料采购
付款条件
税率 0.0
备注
存货编码 存货名称 规格型号 计量单位 数量 原币单价 原币金额 原币税额 本币单价
2002 ERP教学课件 套 150.00 80.000 00 12 000.00 0.00 80.000 00
合 计 150.00 12 000.00 0.00
结算日期
制单 王彬
审核日期
账套：[688]南京华光科技有 单位名称：
操作员：w01(王彬)
业务日期：[2013-01-01]
17:15
用友软件

图 8-19

3. 客户往来期初设置

进入 T3-用友通标准版的主界面,单击"销售"→"客户往来"→"客户往来期初",填、选客户往来期初信息后保存。

例如,以下客户往来期初的数据录入如图 8-20 所示。

日期	发票号	客户	业务员	科目	存货编码	数量	单价
2012-11-10	B0456	南通书城	孙萌	1122	2005	1450.00	40.00

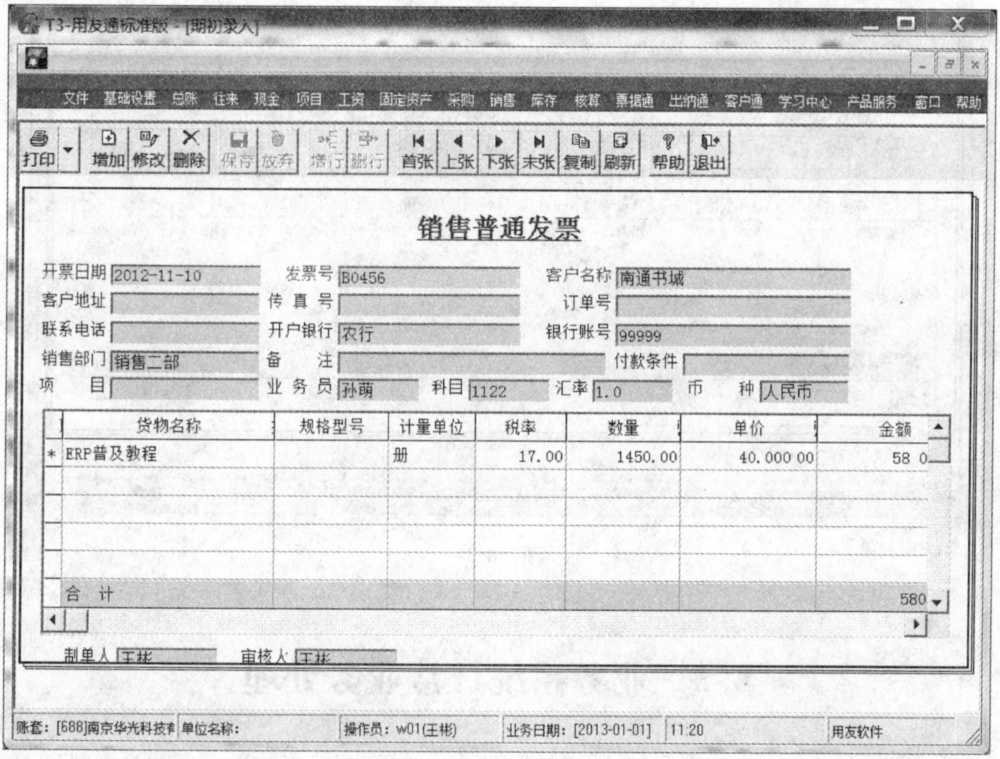

图　8-20

4. 供应商往来期初设置

进入 T3-用友通标准版的主界面,单击"采购"→"供应商往来"→"供应商往来期初",填、选供应商往来期初信息后保存。

例如,以下供应商往来期初的数据录入如图 8-21 所示。

日期	发票号	供应商	业务员	科目	存货编码	数量	单价
2012-10-25	A0200	会友软件	徐强	2202	2001	1582.00	175.00

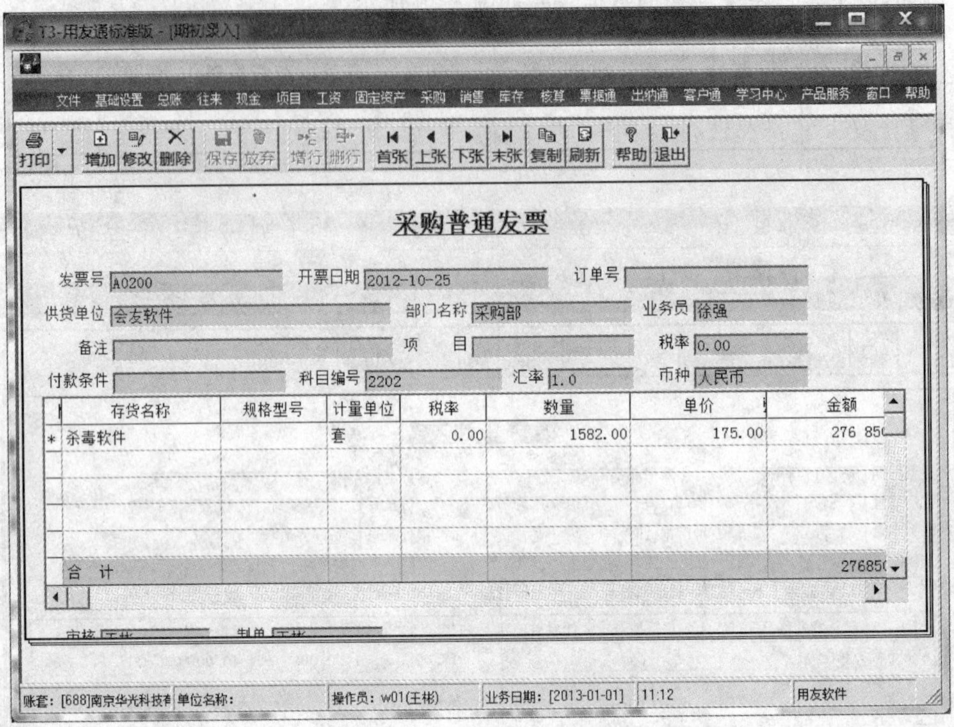

图 8-21

8.3　业务系统日常业务处理

8.3.1　采购日常业务处理

采购业务处理流程如图 8-22 所示。

1. 采购订单

操作流程：采购→采购订单→增加→修改日期→选择供应商、部门等→在表体中双击选择订单的存货→录入采购数量→单价(若在存货档案中有做入单价，系统则会自动带出单价)→保存→审核→做下一份订单。

2. 采购入库单

操作流程：采购→采购入库单→增加→修改日期→选择入库仓库→选单(选择采购订

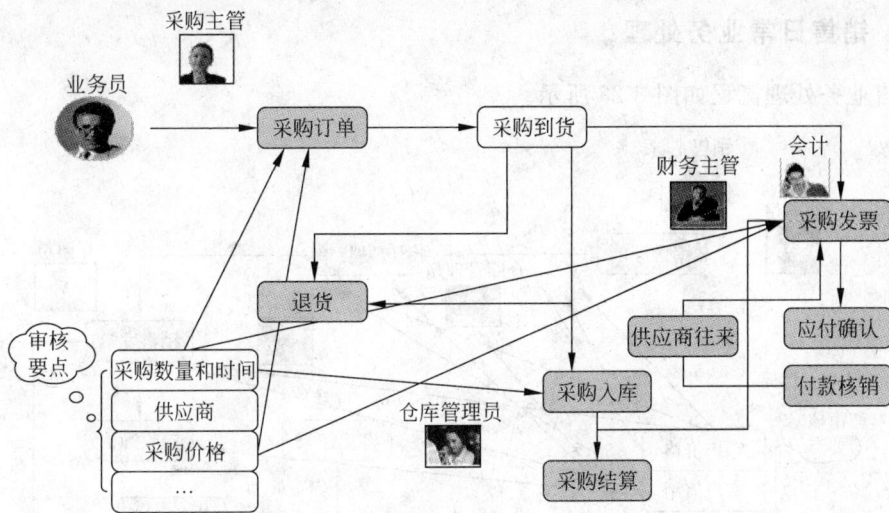

图　8-22

单)→输入日期→过滤→选择需要生成采购入库单的单据→确定→保存→做下一张采购入库单。

注意：采购入库单需要在库存管理中审核。此采购入库单也可以在做完采购订单后，单击工具栏中的"流转"，直接生成采购入库单。

3．采购发票

操作流程：采购→采购发票→增加→选择发票类型→单击"选单"(根据采购入库单生成发票)→输入日期→单击"过滤"→选择需要生成采购发票的单据→确定→保存→复核→做下一份采购发票(此采购发票也可以在做完采购入库单时，单击工具栏中的"流转"，生成普通发票或生成专用发票)。

4．付款结算

操作流程：采购→选择付款的供应商→增加→选择日期、结算方式、结算科目、结算金额、票据号、部门、摘要等→保存→核销→自动→保存→做下一份付款结算单。

5．应付单

操作流程：采购→供应商往来→应付单→确定→增加→确认修改单据日期→选择客户→录入金额→录入摘要→保存→审核。

6．采购结算

操作流程：采购→采购结算→自动结算→选择起始日期、截止日期→选择供应商等条件→选择结算模式→确认。

7．采购月末结账

操作流程：采购→月末结账→选择待结账月份→结账。

8.3.2　销售日常业务处理

销售业务处理流程如图 8-23 所示。

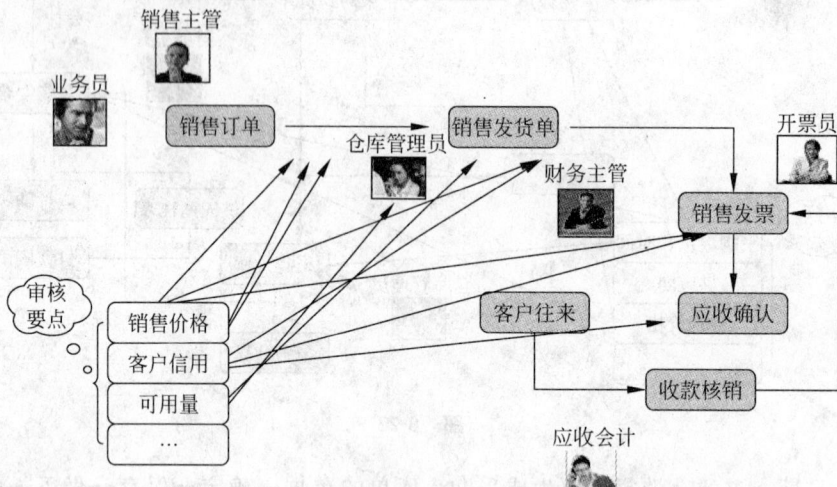

图　8-23

1．销售订单

操作流程：销售→销售订单→增加→修改订单日期→选择销售类型、客户、部门等条件→选择存货→输入数量、单价→保存→审核，做下一张订单。

2．发货单

操作流程：销售→发货单→增加→显示→选择需要生成发货单的订单→确认→录入发货日期→录入仓库→录入实际发货数量→保存→审核，做下一张发货单。

注意：发货单也可以在销售订单直接流转生成。

3．生成销售发票

操作流程：销售→销售发票→增加→选单→选择发货单→显示→选择需要生成发票的发货单→确认→录入仓库→保存→复核，做下一份销售发票。

注意：此销售发票也可以在做完发货单时，单击工具栏中的"流转"，生成普通发票或生成专用发票。

4．收款结算

操作流程：销售管理→选择收款的客户→增加（选择日期、结算方式、结算科目、结算金额、票据号、部门、摘要等）→保存→核销→自动→保存，做下一份收款结算单。

5．应收单

操作流程：销售→客户往来→应收单→确定→增加→修改单据日期→选择客户→录入金额→录入摘要→保存→审核。

6. 销售月末结账

操作流程:销售管理→月末结账→选中待结账月份→结账。

8.3.3 库存日常业务处理

库存业务处理流程以及库存模块与其他模块的联系如图 8-24 所示。

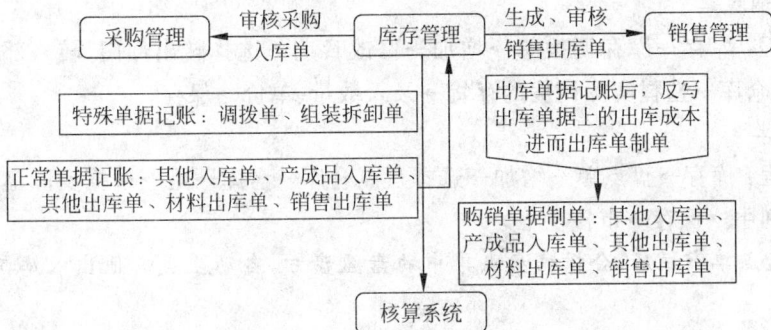

图 8-24

1. 采购入库单审核

操作流程:库存→采购入库单审核→选择未审核的采购入库单→审核。

注意:库存管理与采购管理结合使用时,库存管理中不能增加采购入库单。

2. 产成品入库单

操作流程:库存→产成品入库单→增加→修改入库日期→选择入库类别→选择仓库→根据车间实际入库选择存货→录入数量→保存→审核。

3. 其他入库单

操作流程:库存→其他入库单→增加→修改入库日期→选择入库类别→选择仓库→选择存货→录入数量、单价→保存→审核。

注意:其他入库单可直接录入。该单据由调拨单自动生成,若某存货需要调整数量,不调整金额时,可使用这种单据处理。另外,在做库存盘点时,审核后盘盈数也会生成其他入库单。

4. 销售出库单审核

操作流程:库存→销售出库单审核→选择上张、下张选择未审核的销售出库单→审核。

注意:库存管理与销售管理结合使用时,库存管理中不能增加销售出库单。

5. 材料出库单

操作流程:库存→材料出库单→增加→修改出库日期→输入表头(仓库、部门、出库类别)→根据实际领用选择存货→录入数量→保存→审核后做下一份出库单。

6. 其他出库单

操作流程：库存→其他出库单→增加→修改出库日期→选择出库类别→选择仓库→选择存货→录入数量、单价→保存→审核。

注意：其他出库单可直接录入。该单据由调拨单自动生成，若某存货需要调整数量，不调整金额时，可使用这种单据处理。另外，在做库存盘点时，审核后盘盈数也会生成其他入库单。

7. 库存调拨单

操作流程：库存→库存调拨单→增加→修改日期→选择转出部门、转入部门→选择转出仓库、转入仓库→选择实际调拨的存货→录入数量、单价→保存。

8. 盘点单

操作流程：库存→盘点单→增加→选择盘点仓库→盘库→是→根据实际盘点的数量录入盘点数量列中→保存→审核。

注意：盘点单审核后，会根据盘点单中的盘盈盘亏，自动生成其他出入库单，对库存进行调整。

9. 库存月末结账

操作流程：库存→月末结账→选择结账月份→结账。

8.3.4　核算日常业务处理

核算业务流程如图 8-25 所示。

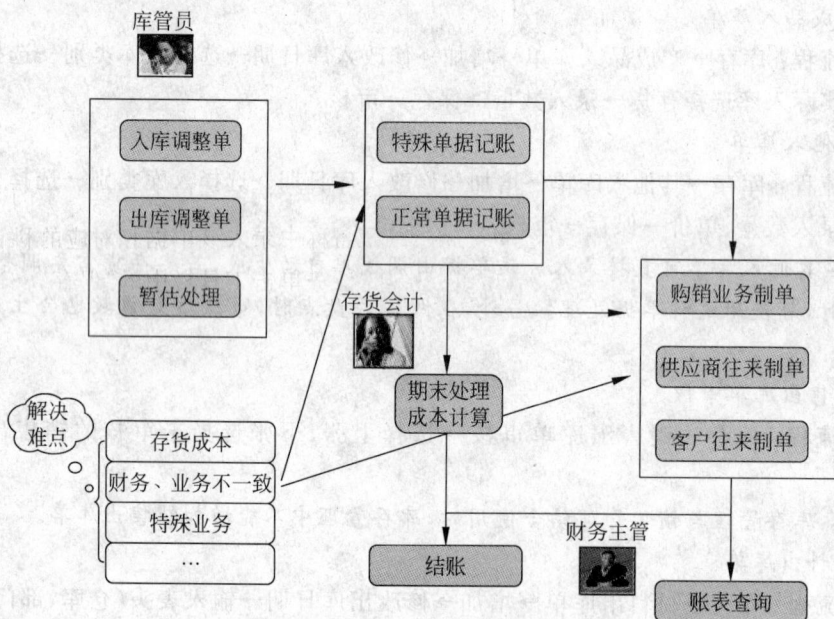

图　8-25

1．入库调整单

操作流程：核算→入库调整单→增加→选择仓库→修改日期→选择收发类别→选择需要调整的存货→录入调整金额→保存。

2．出库调整单

操作流程：核算→出库调整单→增加→选择仓库→修改日期→选择收发类别→选择需要调整的存货→录入调整金额→保存。

注意：若某一存货需要调整金额，不调整数量时，可使用出库、入库调整单进行处理。

3．正常单据记账

操作流程：核算→正常单据记账→出现正常单据记账条件对话框→右边选择单据类型(首先选择采购入库单，采购入库单记账完毕后再选择其他单据)→在右下方选择起始日期、截止日期→确定→出现正常单据记账对话框→全选→记账→出现"单据记账完毕"(表明所选单据已经记账)→确定→退出。

4．特殊单据记账

操作流程：核算→特殊单据记账→选择单据日期→确认→全选→记账。

5．取消单据记账

操作流程：核算→核算→取消单据记账→右边选择单据→在右下方选择起始日期、截止日期→确定→出现"取消单据记账"对话框→在此对话框中选择需要取消记账的单据(若需要全部取消则单击工具中的"全选")→单击工具栏中的"恢复"→提示是否恢复记账→单击"是"→出现"恢复完毕"(表明所选单据已经取消记账)→确定→退出。

6．购销单据制单

操作流程：核算→凭证→购销单据制单→出现生成凭证界面→单击工具栏中的"选择"→左边选择单据类型→右边选择单据日期→确认→出现选择单据界面→在此选择需要生成凭证的单据(若需要全部生成凭证则单击工具中的"全选")→单击工具栏中的"确定"→单击"确定"后系统自动退回生成凭证界面→在科目名称中录入该单据相对应的科目→所有科目录完后单击工具栏中"生成"或"合成"→出现凭证→单击工具栏中的"保存"→当凭证的左上方出现"已生成"时，则表明已经将单据生成凭证了→退出。

注意：供应商往来制单、客户往来制单操作同购销单据制单。

7．修改核算管理中已经生成的凭证

操作流程：核算→凭证→购销单据凭证列表→左边选择凭证月份→确认→出现凭证列表界面→在列表中选择需要修改的凭证→单击工具栏中的"修改"→出现凭证→修改凭证中需要修改的内容→修改完成后单击工具栏中的"保存"→退出返回凭证列表界面→退出。

8．月末处理

操作流程：核算→月末处理→出现期末处理界面→选择未期末处理仓库→全选→确定→出现"期末处理完毕"→确定，此时表明月末处理工作已经完成。

9. 取消月末处理

操作流程：核算→月末处理→单击"出现期末处理界面"→单击"已期末处理仓库"→全选→确定→出现"是否将此仓库恢复处理"→确定→出现"恢复完毕"→单击"确定"，此时表明恢复月末处理工作已经完成。

10. 月末结账

操作流程：核算→月末结账→出现月末结账界面→选择"月末结账"的月份→确定，完成月末结账工作。

11. 取消月末结账

操作流程：核算→月末结账→出现月末结账界面→选择"取消结账"→确定，完成取消月末结账工作。

实验实训　财务业务一体化综合随堂指导

8.4　财务业务一体化实例详解

财务业务一体化是指总账、报表、工资、固定资产、采购、销售、库存、核算等模块同时使用、共同作用，进销存系统传递凭证到总账系统，统一监管物流和资金流。

财务业务一体化将企业经营中的三大主要流程，即业务流程、财务会计流程、管理流程有机融合，将计算机的"事件驱动"概念引入流程设计，建立基于业务事件驱动的财务一体化信息处理流程，使财务数据和业务融为一体。以业务数据为前提，以项目数据为核心。业务数据在系统中经过网上报账、往来管理或项目核算等模块功能以后，逐渐转化成财务数据，由系统自动生成待处理凭证，财务人员处理之后，最终生成总账信息，同时系统支持各分支模块数据的报表查询。

本节以南京华光科技有限公司实施财务业务一体化为例，详细介绍财务业务一体化的操作流程和操作方法。读者可以对照下面的实验指导，上机操作，随堂练习，在实验中体会财务业务一体化的功能和应用。财务业务一体化流程图如图 8-26 所示。

8.4.1　一体化公用档案

1. T3-用友通一体化建账

启动系统管理，增加操作员，新建账套号为 688、账套名称为南京华光科技有限公司的账套。以 w01 注册进入总账系统，按表 8-1 至表 8-23 的内容建立一体化公用档案，并将实验结果备份到"D:\T3-用友通实验账套备份\财务业务一体化随堂指导\一体化公用信息"的文件夹中。

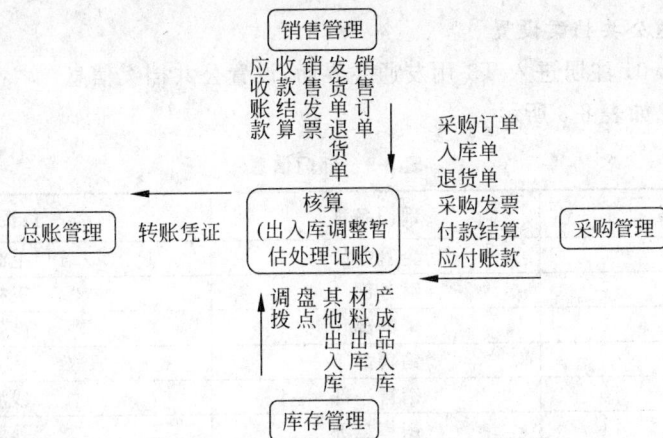

```
                    ┌──────────┐
                    │ 销售管理 │
                    └──────────┘
      应  销  发  销
      收  售  货  售          采购订单
      账  结  单  订          入库单
      款  算  发  退  单      退货单
          票  货          ┌──────────┐   采购发票        ┌──────────┐
              单          │  核算    │←  付款结算        │ 采购管理 │
┌──────────┐           │(出入库调整暂│   应付账款        └──────────┘
│ 总账管理 │← 转账凭证 │ 估处理记账)│
└──────────┘           └──────────┘
                  调  盘  其  材  产
                  拨  点  他  料  成
                      出  出  品
                      入  库  入
                      库      库
                    ┌──────────┐
                    │ 库存管理 │
                    └──────────┘
```

图　8-26

（1）操作员及权限如表 8-1 所示。

表 8-1　操作员及权限

编号	姓名	权　　　限
w01	王彬	账套主管
w02	马晴	总账、工资、固定资产、财务报表
w03	张彦	往来、应收/应付管理、核算、项目管理、公用目录设置
w04	丁玉	出纳签字、现金管理
w05	徐强	采购管理、公用目录设置、应付管理
w06	钱波	销售管理、公用目录设置、应收管理
w07	孙萌	销售管理
w08	杨晓	库存管理、公用目录设置

（2）企业建账信息如表 8-2 所示。

表 8-2　企业建账信息

账套号及名称	[688]南京华光科技有限公司
企业类型	工业
行业性质	2007 年新会计准则
账套主管	王彬
分类信息	存货分类、客户分类，有外币核算
编码规则	科目编码级次为 4-2-2-2
	客户分类编码级次为 1-2-2
	部门编码级次为 1-2-2
	结算方式编码级次为 1-2
核算精度	单价设置 5 位小数，其余 2 位小数
启用模块	总账、工资、固定资产、进销存管理、核算
启用日期	2013 年 1 月 1 日

2. T3-用友通公共档案设置

以账套主管 w01 注册进入 T3-用友通主界面,设置公共档案信息。

(1) 部门信息如表 8-3 所示。

表 8-3　部门信息

部门编码	部门名称	负责人
1	企管办	王海
2	财务部	王彬
3	采购部	徐强
4	销售部	
401	销售一部	钱波
402	销售二部	孙萌
5	生产部	

(2) 职员信息如表 8-4 所示。

表 8-4　职员信息

职员编码	职员姓名	所属部门	职员属性
101	王海	企管办	总经理
201	王彬	财务部	部门经理
202	马晴	财务部	总账会计
203	张彦	财务部	会计
204	丁玉	财务部	出纳
301	徐强	采购部	部门经理
401	钱波	销售一部	部门经理
402	孙萌	销售二部	部门经理
501	杨晓	生产部	仓库主管

(3) 地区分类如表 8-5 所示。

表 8-5　地区分类

地区分类编码	地区分类名称	地区分类编码	地区分类名称
01	北方区	03	中南区
02	华东区	04	西部区

(4) 客户分类如表 8-6 所示。

表 8-6　客户分类

客户分类编码	客户分类名称	客户分类编码	客户分类名称
1	批发商	3	零散客户
2	代理商		

(5) 客户档案如表 8-7 所示。

表 8-7　客户档案

客户编号	客户名称	所属分类码	所属地区码	税号	开户行	账号	分管部门	专管业务员
001	南京管理学院	1	01	11111	工行	66666	销售一部	钱波
002	创远集团	3	02	22222	建行	88888	销售二部	孙萌
003	南通书城	2	01	66633	农行	99999	销售二部	孙萌

(6) 供应商档案如表 8-8 所示。

表 8-8　供应商档案

供应商编号	供应商名称	所属分类码	所属地区码	税号	开户行	账号	分管部门	专管业务员
001	畅捷印刷厂	00	01	44444	工行	77777	采购部	徐强
002	会友软件	00	01	55555	建行	12345	采购部	徐强

(7) 外币设置如表 8-9 所示。

表 8-9　外币设置

币名	美元	币名	美元
币符	USD	1 月汇率	6.69
汇率方式	固定汇率		

(8) 项目目录如表 8-10 所示。

表 8-10　项目目录

项目大类 项目分类 项目 核算科目	产品 教学课件开发	
	ERP 教学课件	ERP 普及教程
5001 生产成本	是	是
500101 直接材料	是	是
500102 直接人工	是	是
500103 制造费用	是	是
500104 其他	是	是
5101 制造费用	是	是
510101 工资	是	是
510102 折旧费	是	是
510103 其他	是	是

（9）结算方式如表 8-11 所示。

表 8-11　结算方式

结算方式编码	结算方式名称	票据管理标志
1	现金	
2	支票	
201	现金支票	√
202	转账支票	√
3	银行汇票	
4	商业汇票	
401	商业承兑汇票	
402	银行承兑汇票	
9	其他	

（10）付款条件如表 8-12 所示。

表 8-12　付款条件

编码	信用天数	优惠天数 1	优惠率 1	优惠天数 2	优惠率 2	优惠天数 3	优惠率 3
01	30	5	2				
02	60	5	4	15	2	30	1
03	90	5	4	20	2	45	1

（11）会计科目及期初余额（指定科目：现金总账科目为库存现金、银行总账科目为银行存款）如表 8-13 所示。

表 8-13　会计科目及期初余额

科目编码与名称	辅助核算	方向	币别/单位	期初余额
1001 库存现金		借		26 487.7
1002 银行存款		借		211 057.16
100201 建行		借		211 057.16
10020131 人民币户		借		211 057.16
10020132 美元账户		借	美元	
1122 应收账款	客户往来	借		157 600
1221 其他应收款		借		3800
1123 预付账款	供应商往来	借		
122101 备用金	部门核算	借		
122102 应收个人款	个人往来	借		3800
1231 坏账准备		贷		30 000

续表

科目编码与名称	辅助核算	方向	币别/单位	期初余额
1401 材料采购		借		−80 000
1403 原材料		借		11 300
140301 空白 CD 光盘	数量核算	借		4400
			张	2200
140302 复印纸	数量核算	借		6900
			包	460
1405 库存商品		借		27 078
140501 杀毒软件	数量核算	借		10 650
			套	71
140502 ERP 教学课件	数量核算	借		7840
			套	98
140503 企业管理案例集	数量核算	借		8588
			册	226
1601 固定资产		借		260 860
1602 累计折旧		贷		47 120.91
2001 短期借款		贷		100 000
2202 应付账款	供应商往来	贷		276 850
2203 预收账款	客户往来	贷		
2211 应付职工薪酬		贷		8200
221101 工资		贷		
221102 福利费		贷		8200
2221 应交税费		贷		−16 800
222101 应交增值税		贷		−16 800
22210101 进项税额		贷		−33 800
22210102 销项税额		贷		17 000
4001 实收资本		贷		300 000
4103 本年利润		贷		
4104 利润分配		贷		−110 022.31
410401 未分配利润		贷		−110 022.31
5001 生产成本	项目核算	借		17 165.74
500101 直接材料	项目核算	借		100 000
500102 直接人工	项目核算	借		4000.74
500103 制造费用	项目核算	借		2000
500104 其他	项目核算	借		1165

科目编码与名称	辅助核算	方向	币别/单位	期初余额
5101 制造费用	项目核算	借		
510101 工资	项目核算	借		
510102 折旧费	项目核算	借		
510103 其他		借		
6001 主营业务收入		收入		
600101 杀毒软件	数量核算	收入	套	
600102 ERP 教学课件	数量核算	收入	套	
600103 企业管理案例集	数量核算	收入	册	
6401 主营业务成本		支出		
640101 杀毒软件	数量核算	支出	套	
640102 ERP 教学课件	数量核算	支出	套	
640103 企业管理案例集	数量核算	支出	册	
6601 销售费用		支出		
660101 工资		支出		
660102 办公费		支出		
660103 差旅费		支出		
660104 招待费		支出		
660105 折旧费		支出		
6602 管理费用		支出		
660201 工资	部门核算	支出		
660202 办公费	部门核算	支出		
660203 差旅费	部门核算	支出		
660204 招待费	部门核算	支出		
660205 折旧费	部门核算	支出		
660206 其他	部门核算	支出		
6603 财务费用		支出		
660301 利息		支出		
660302 手续费		支出		
660303 汇兑损益		支出		

期初试算平衡界面如图 8-27 所示。

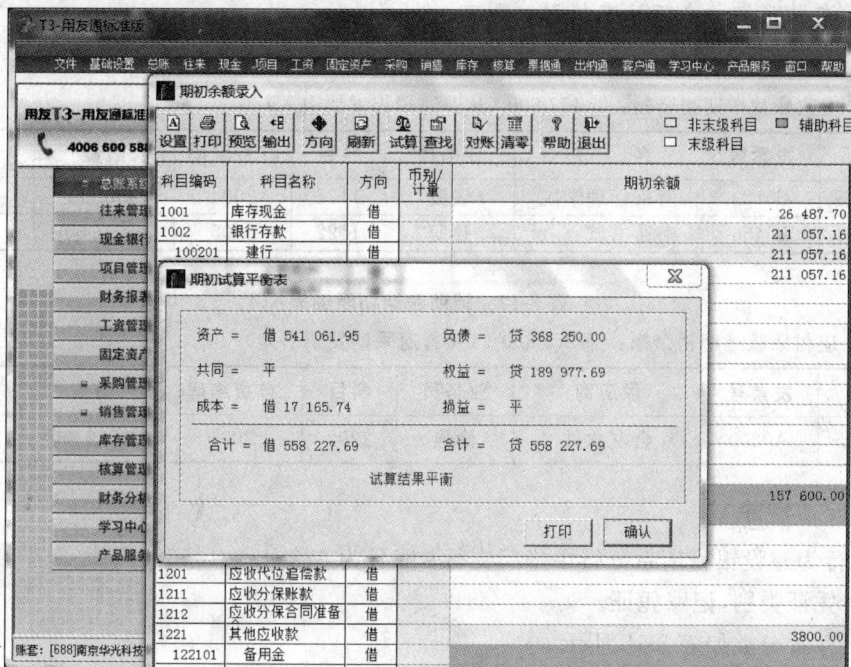

图　8-27

(12) 辅助账期初明细如表 8-14 至表 8-17 所示。

表 8-14　辅助账期初明细表

科目: 122102　其他应收款-应收个人款　期初余额: 借 3800 元

日期	部门	个人	摘要	方向	期初余额
2012-12-26	企管办	王海	出差借款	借	2000
2012-12-27	销售一部	钱波	出差借款	借	1800

表 8-15　辅助账期初明细表

科目: 5001 生产成本　期初余额: 借 17 165.74 元

项目名称　　科目名称	ERP 教学课件	ERP 普及教程	合　计
500101 直接材料	4000	6000	10 000
500102 直接人工	1500	2500.74	4000.74
500103 制造费用	800	1200	2000
500104 其他	500	665	1165
合　计	6800	10 365.74	17 165.74

注意：如果总账系统和购销存集成使用，应收应付科目期初余额请在采购销售模块中录入，然后在总账期初余额处直接引入即可。

表 8-16　辅助账期初明细表

科目：1122 应收账款　期初余额：借 157 600（从普通销售发票引入）

日期	发票号	客　　户	业务员	科目	存货编码	数量	单价
2012-10-25	B0123	南京管理学院	钱波	1122	2004	498.00	200.00
2012-11-10	B0456	南通书城	孙萌	1122	2005	1450.00	40.00

表 8-17　辅助账期初明细表

科目：2202 应付账款　期初余额：贷 276 850　（从普通采购发票引入）

日期	发票号	供应商	业务员	科目	存货编码	数量	单价
2012-10-25	A0200	会友软件	徐强	2202	2001	1582.00	175.00

（13）开户信息。

开户行为建设银行南京分行中华门支行；账号为 622848001056666。

（14）凭证类别，记账凭证。

（15）存货分类如表 8-18 所示。

表 8-18　存货分类

存货分类编码	存货分类名称
01	原材料
02	产成品
03	其他

（16）存货档案如表 8-19 所示。

表 8-19　存货档案

存货编码	存货名称	计量单位	所属分类	税率	存货属性	参考成本
1001	空白 CD 光盘	张	01	17	外购、生产耗用	2.00
1002	复印纸	包	01	17	外购、生产耗用	15.00
2006	ERP 套件	套	01	17	自制、销售	300.00
2001	杀毒软件	套	02	17	外购、销售	150.00
2002	ERP 教学课件	套	02	17	外购、销售	80.00
2003	企业管理案例集	册	02	17	外购、销售	38.00
2004	ERP 模拟体验光盘	套	02	17	自制、销售	90.00
2005	ERP 普及教程	册	02	17	自制、销售	30.00
3001	运输费	元	03	7	劳务费用	2.00

(17) 仓库档案如表 8-20 所示。

表 8-20　仓库档案

仓库编码	仓库名称	所属部门	负责人	计价方式
1	材料库	采购部	徐强	全月平均法
2	产品一库	销售一部	钱波	移动平均法
3	产品二库	销售二部	孙萌	移动平均法

(18) 收发类别如表 8-21 所示。

表 8-21　收发类别

收发类别编码	收发类别名称	收发标志	收发类别编码	收发类别名称	收发标志
1	入库	收	2	出库	发
11	采购入库	收	21	销售出库	发
12	产成品入库	收	22	材料领用出库	发

(19) 采购类型如表 8-22 所示。

表 8-22　采购类型

采购类型编码	采购类型名称	入库类别	是否默认值
1	材料采购	采购入库	是
2	库存商品采购	采购入库	否

(20) 销售类型如表 8-23 所示。

表 8-23　销售类型

销售类型编码	销售类型名称	出库类别	是否默认值
1	批发	销售出库	是
2	零售	销售出库	否

8.4.2　一体化初始设置

1. 总账系统初始设置

以 w01 注册进入总账系统,设置总账初始信息,并将实验结果备份到"D:\T3-用友通实验账套备份\财务业务一体化随堂指导\一体化初始设置"的文件夹中。

(1) 会计各科目及期初余额,按表 8-13 至表 8-17 所给的资料设置。

(2) 总账选项设置参照图 8-28。

明细账权限设置。操作员 w02 马晴只有应收账款、预收账款、应付账款、预付账款 4 个科目的明细账查询权和打印权,如图 8-29 所示。

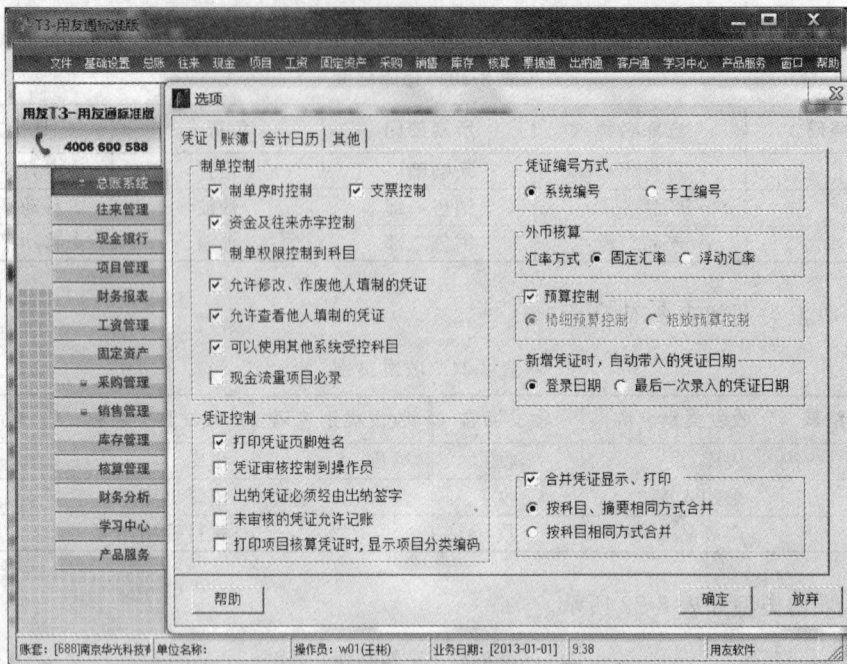

图　8-28

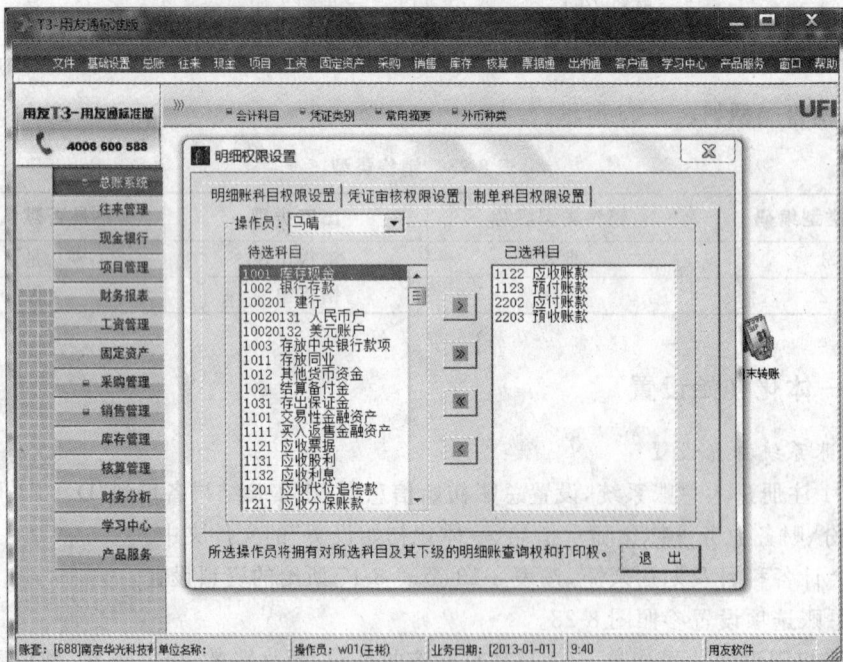

图　8-29

银行对账期初。银行对账启用日期为 2013.01.01,建行人民币户企业日记账调整前余额为 211 057.16,银行对账单调整前期初余额为 233 829.16,未达账项 1 笔,系银行已收企业未收款 22 772,如图 8-30 所示。

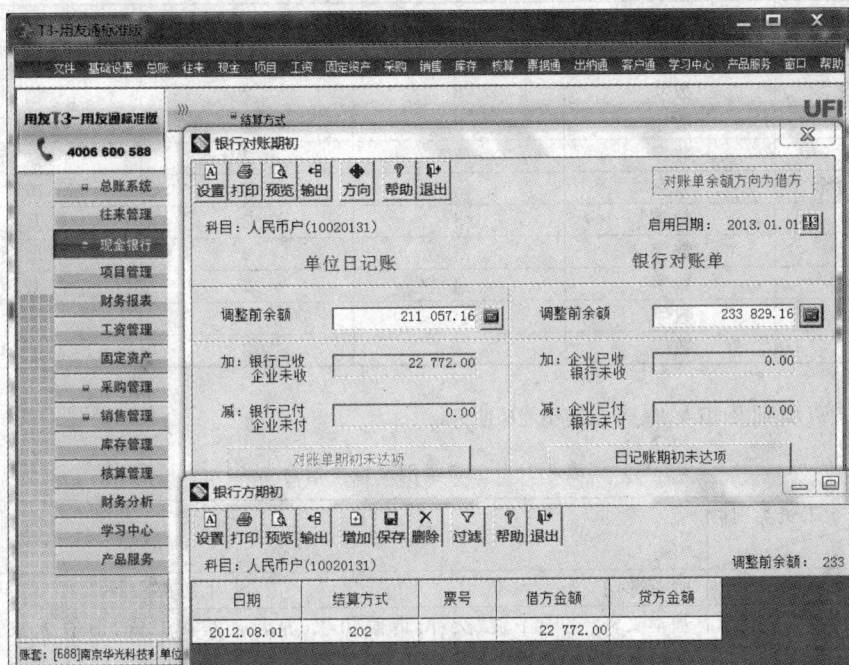

图 8-30

2. 工资管理初始设置

以 w02 注册进入工资管理系统,设置工资管理基础信息。

(1) 工资账套基本信息如表 8-24 所示。

表 8-24 工资账套基本信息

工资类别个数	多个	工资类别个数	多个
核算币种	人民币	人员编码长度	三位数
是否扣税	是	启用日期	2013.01.01
是否扣零	否		

(2) 工资管理初始设置。

人员类别:管理人员、经营人员、车间管理人员、生产工人。

人员附加信息:性别、身份证号。

开户银行:建设银行南京分行中华门支行。

工资类别主管:w02 马晴(用账套主管 w01 注册进入设置)。

扣税基数:3500。

账号定长：11 位。

（3）工资项目如表 8-25 所示。

表 8-25　工资项目

项目名称	类型	长度	小数位数	增减项
基本工资	数字	8	2	增项
奖励工资	数字	8	2	增项
交补	数字	8	2	增项
请假扣款	数字	8	2	减项
养老保险金	数字	8	2	减项
请假天数	数字	8	2	其他
应发合计	数字	10	2	增项
扣款合计	数字	10	2	减项
实发合计	数字	10	2	增项
代扣税	数字	8	2	减项

（4）工资类别及相关信息如表 8-26 所示。

表 8-26　工资类别及相关信息

工资类别 / 对应项目	正　式　人　员	临　时　人　员
部门	所有部门	生产部
工资项目	基本工资、奖励工资、交补、请假扣款、养老保险金、请假天数、应发合计、扣款合计、实发合计、代扣税	基本工资、请假天数、请假扣款、应发合计、扣款合计、实发合计、代扣税
计算公式	请假扣款＝请假天数＊20 养老保险金＝基本工资＊0.05 交补,管理人员和车间管理人员为 300,其余人员为 150	请假扣款＝请假天数＊20 无

注意：录好人员档案后，才能设置计算公式。

（5）正式人员档案如表 8-27 所示。

表 8-27　正式人员档案

人员编号	人员姓名	部门名称	人员类别	账号
101	王海	企管办	管理人员	20130010001
201	王彬	财务部	管理人员	20130010002
202	马晴	财务部	管理人员	20130010003
203	张彦	财务部	管理人员	20130010004
204	丁玉	财务部	管理人员	20130010005
301	徐强	采购部	管理人员	20130010006
401	钱波	销售一部	经营人员	20130010007

续表

人员编号	人员姓名	部门名称	人员类别	账号
402	孙萌	销售二部	经营人员	20130010008
501	杨晓	生产部	车间管理人员	20130010009
502	陈小强	生产部	生产工人	20130010010

(6) 临时人员档案如表 8-28 所示。

表 8-28 临时人员档案

人员编号	人员姓名	部门名称	人员类别	账号
503	罗江	生产部	生产工人	20130020001
504	刘庆	生产部	生产工人	20130020002

注意: 以上人员(正式人员和临时人员)全部为中方人员,均从工资中计税,代发银行为建设银行南京分行中华门支行。

(7) 工资分摊设置(计提基数:实发合计)如表 8-29 所示。

表 8-29 工资分摊设置

工资分摊 部门		应付工资(100%)		应付福利费(14%)	
		借方	贷方	借方	贷方
企管办、财务部、采购部	管理人员	660 201	221 101	660 201	221 102
销售部	经营人员	660 101	221 101	660 101	221 102
生产部	车间管理人员	510 101	221 101	510 101	221102
	生产工人	500 102	221 101	500 102	221 102

3. 固定资产初始设置

以 w02 注册进入固定资产系统,设置固定资产初始信息。

(1) 固定资产初始信息如表 8-30 所示。

表 8-30 固定资产初始化信息

账套启用月份	2013-01
账套计提折旧方法	平均年限法(二)
折旧汇总分配周期	一个月
资产类别编码方式	2-1-1-2
固定资产编码方式	类别编码+部门编码+序号,序号长度 3 位
对账科目	固定资产:1601,累计折旧:1602
对账不平是否允许结账	不允许
缺省入账科目	固定资产:1601,累计折旧:1602
结账控制	月末结账前一定要完成制单登账业务

（2）资产类别设置如表 8-31 所示。

表 8-31   资产类别设置

类别编码	类别名称	净残值率	单位	计提属性
01	交通运输设备	4%		正常计提
011	经营用设备	4%		正常计提
012	非经营用设备	4%		正常计提
02	电子通信设备	4%	台	正常计提

（3）部门及对应折旧科目如表 8-32 所示。

表 8-32   部门及对应折旧科目

部门名称	对应折旧科目	部门名称	对应折旧科目
企管办、财务部、采购部	管理费用/折旧费	生产部	制造费用/折旧费
销售部	销售费用/折旧费		

（4）增减方式对应入账科目如表 8-33 所示。

表 8-33   增减方式对应入账科目

增减方式目录	对应入账科目	增减方式目录	对应入账科目
增加方式：直接购入	10020131：人民币户	减少方式：毁损	1606：固定资产清理

（5）原始卡片信息如表 8-34 所示。

表 8-34   原始卡片信息

固定资产名称	类别编号	所属部门	使用年限	开始使用日期	原值	累计折旧
奥迪 A3	012	企管办	6	2012-11-01	215 470.00	37 254.75
笔记本计算机	02	企管办	5	2012-12-01	28 900.00	5548.80
传真机	02	企管办	5	2012-11-01	3510.00	1825.20
台式计算机	02	生产部	5	2010-12-01	6490.00	1246.08
台式计算机	02	生产部	5	2010-12-01	6490.00	1246.08
合　计					260 860.00	47 120.91

注意：

① 以上固定值产增加方式均为直接购入，净产值率均为 4%，使用状况均为"在用"，折旧方法均为平均年限法（二）。

② 录入完毕原始卡片，执行和总账对账功能，对账平衡才可，如图 8-31 所示。

4. 采购管理初始设置

以 w01 注册进入设置采购管理的初始信息。

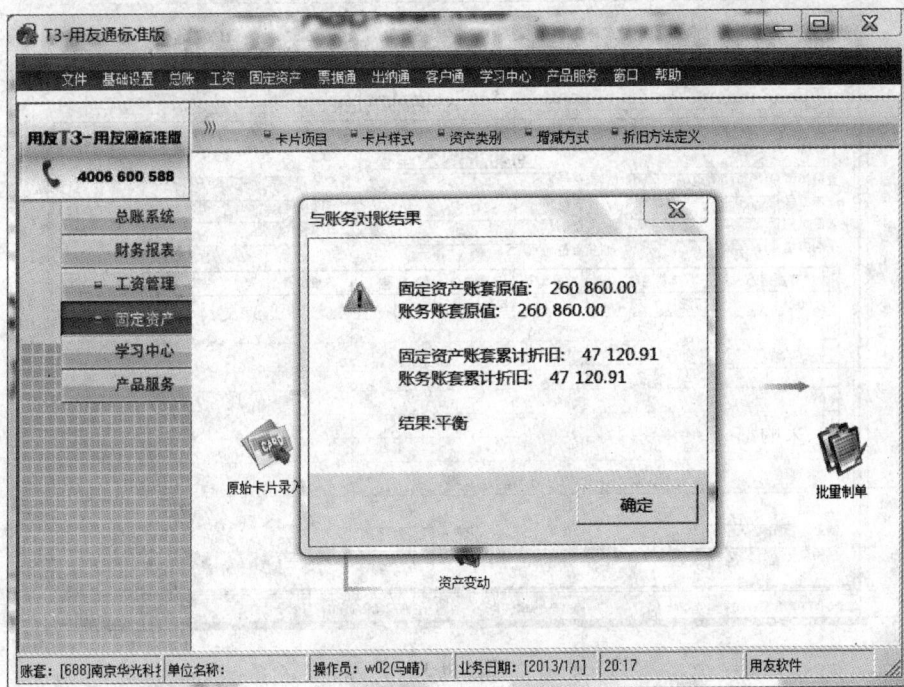

图　8-31

采购管理期初数据如下。

(1) 暂估入库期初余额。2012-12-24,采购部收到畅捷印刷厂提供的复印纸 100 包,暂估入库单价为 15 元,商品已经验收入材料库,至今尚未收到发票。

进入 T3 用友通标准版的主界面,单击"采购"→"期初采购入库单",填、选以上信息后保存,如图 8-32 所示。

(2) 期初普通采购发票。

日期	发票号	供应商	业务员	科目	存货编码	数量	单价
2012-10-25	A0200	会友软件	徐强	2202	2001	1582.00	175.00

进入 T3-用友通标准版的主界面,单击"采购"→"供应商往来"→"供应商往来期初",填、选以上信息后保存,如图 8-33 所示。

5. 销售管理初始设置

以 w01 注册进入设置销售管理的初始信息。

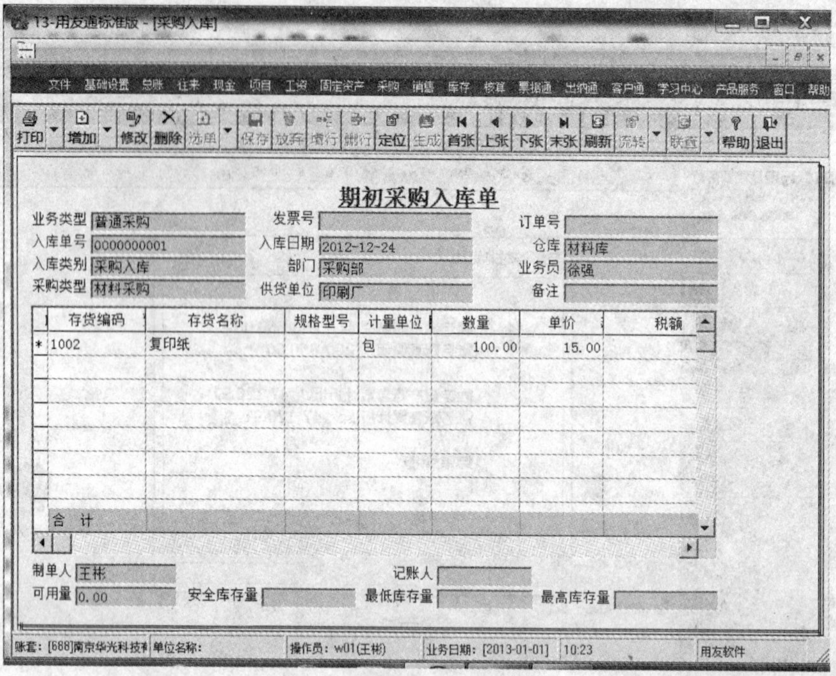

期初采购入库单

业务类型 [普通采购]   发票号 [　　]   订单号 [　　]

入库单号 [0000000001]   入库日期 [2012-12-24]   仓库 [材料库]

入库类别 [采购入库]   部门 [采购部]   业务员 [徐强]

采购类型 [材料采购]   供货单位 [印刷厂]   备注 [　　]

	存货编码	存货名称	规格型号	计量单位	数量	单价	税额
*	1002	复印纸		包	100.00	15.00	
	合 计						

制单人 [王彬]   记账人 [　　]

可用量 [0.00]   安全库存量 [　　]   最低库存量 [　　]   最高库存量 [　　]

账套：[688]南京华光科技 单位名称：   操作员：w01(王彬)   业务日期：[2013-01-01]   10:23   用友软件

图 8-32

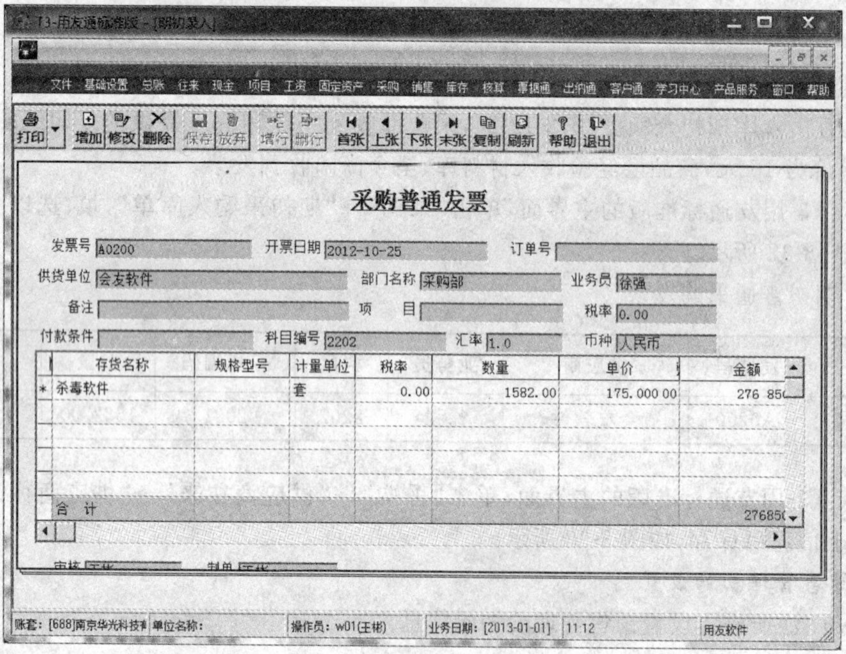

采购普通发票

发票号 [A0200]   开票日期 [2012-10-25]   订单号 [　　]

供货单位 [会友软件]   部门名称 [采购部]   业务员 [徐强]

备注 [　　]   项 目 [　　]   税率 [0.00]

付款条件 [　　]   科目编号 [2202]   汇率 [1.0]   币种 [人民币]

	存货名称	规格型号	计量单位	税率	数量	单价	金额
*	杀毒软件		套	0.00	1582.00	175.000 00	276 850
	合 计						276850

审核 [王彬]   制单 [王彬]

账套：[688]南京华光科技 单位名称：   操作员：w01(王彬)   业务日期：[2013-01-01]   11:12   用友软件

图 8-33

销售管理期初数据:普通销售发票两张。

日期	发票号	客　　户	业务员	科目	存货编码	数量	单价
2012-10-25	B0123	南京管理学院	钱波	1122	2004	498.00	200.00
2012-11-10	B0456	南通书城	孙萌	1122	2005	1450.00	40.00

进入 T3-用友通标准版的主界面,单击"销售"→"客户往来"→"客户往来期初",填、选以上信息后保存,如图 8-34 所示。

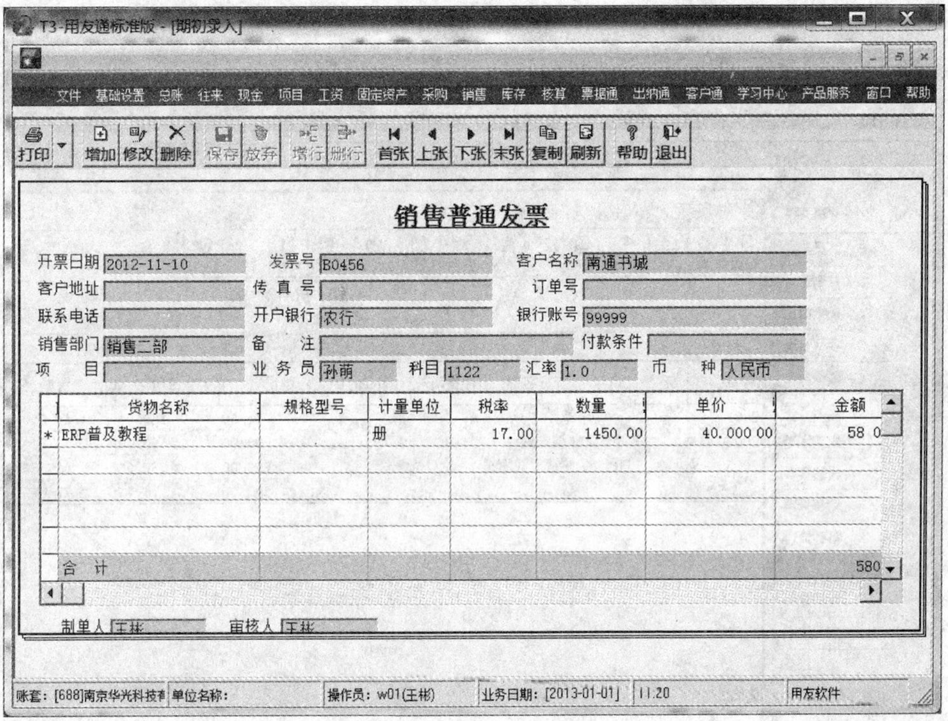

图　8-34

6. 核算管理初始设置

以 w01 注册进入设置核算管理的初始信息。

(1) 库存与核算管理期初结存如表 8-35 所示。

表 8-35　库存与核算管理期初结存

仓库名称	存货编码	存 货 名 称	数量	单价
材料库	1001	空白 CD 光盘	2200.00	2.00
材料库	1002	复印纸	460.00	15.00
产品一库	2001	杀毒软件	71.00	150.00

续表

仓库名称	存货编码	存 货 名 称	数量	单价
产品一库	2002	ERP 教学课件	98.00	80.00
产品一库	2003	企业管理案例集	226.00	38.00
产品二库	2004	ERP 模拟体验光盘	2000.00	90.00
产品二库	2005	ERP 普及教程	4000.00	30.00

进入 T3-用友通标准版的主界面，单击"核算"→"期初数据"→"期初余额"，填、选以上信息后保存，如图 8-35 所示。

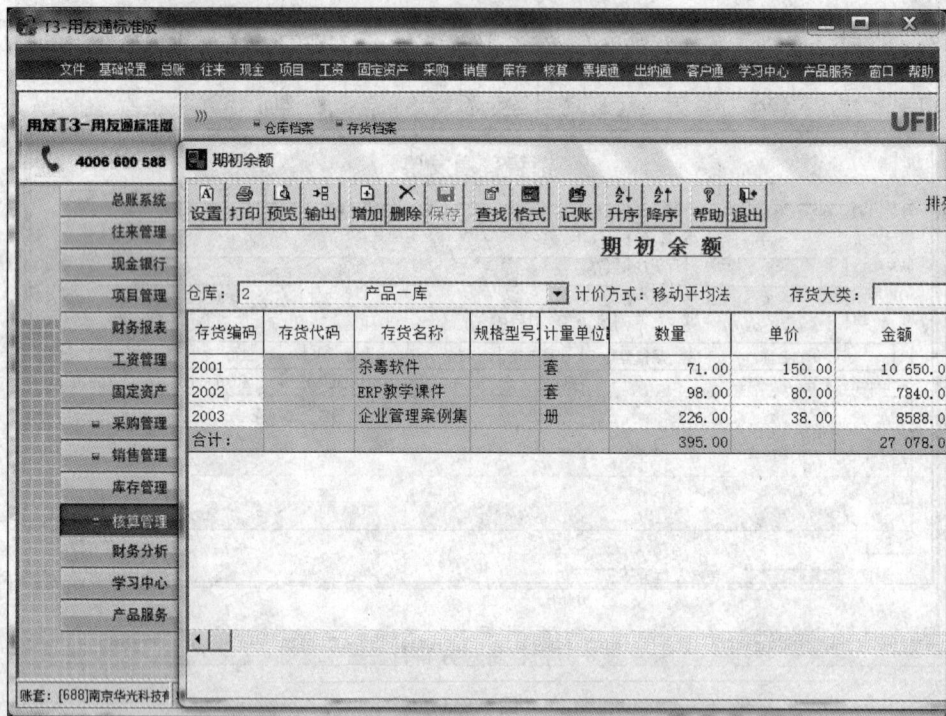

图　8-35

（2）存货科目设置如表 8-36 所示。

表 8-36　存货科目设置

仓库编码	仓库名称	存货科目
1	材料库	140301-空白 CD 光盘
2	产品一库	140501-杀毒软件
3	产品二库	140502-ERP 教学课件

进入 T3-用友通标准版的主界面,单击"核算"→"科目设置"→"存货科目",填、选以上信息后保存,如图 8-36 所示。

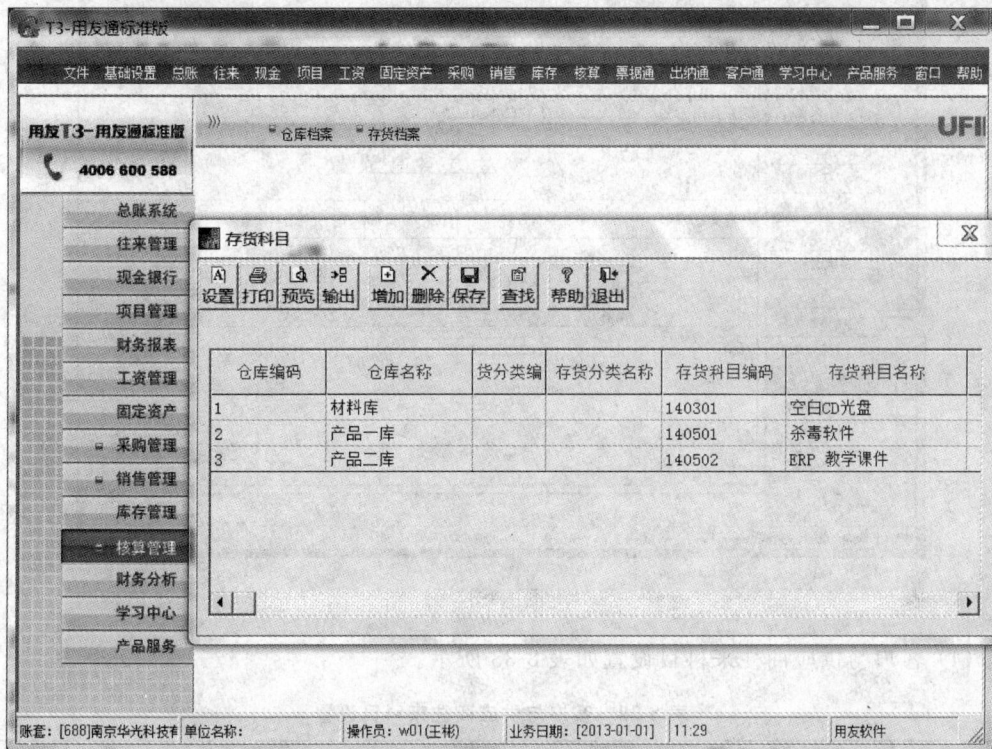

图　8-36

(3) 存货对方科目设置如表 8-37 所示。

表 8-37　存货对方科目设置

收发类别	存货对方科目
采购入库	1401,材料采购
产成品入库	500101,生产成本/直接材料
材料领用出库	500101,生产成本/直接材料
销售出库	640101,主营业务成本/杀毒软件

进入 T3-用友通标准版的主界面,单击"核算"→"科目设置"→"对方科目设置",填、选以上信息后保存,如图 8-37 所示。

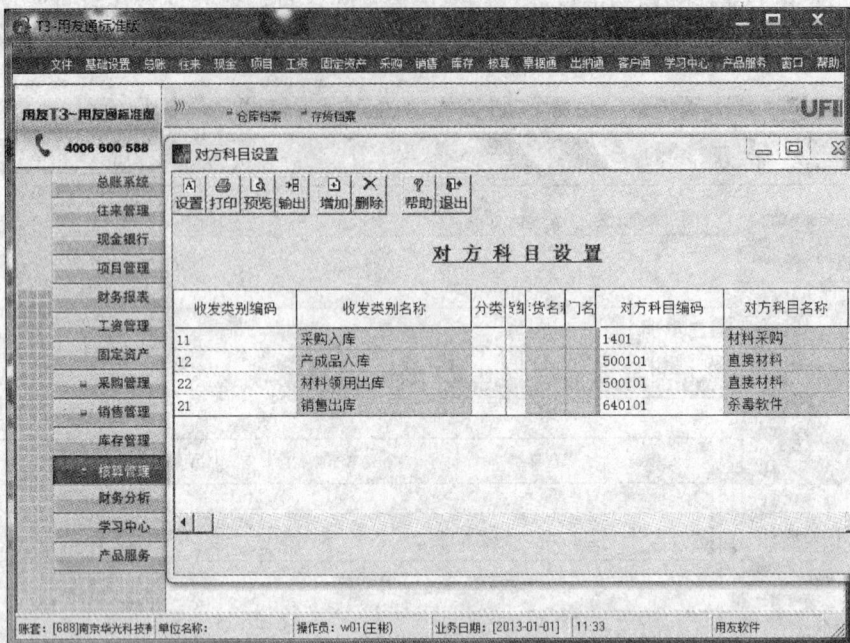

图　8-37

（4）客户与供应商往来科目设置如表 8-38 所示。

表 8-38　客户与供应商往来科目设置

客户往来科目	应收科目	1122,应收账款	
	销售收入科目	600101,杀毒软件	
	应交增值税科目	22210102,销项税额	
供应商往来科目	预收科目	2203,预收账款	
	应付科目	2202,应付账款	
	采购科目	1401,材料采购	
	采购税金科目	22210101,进项税额	
	预付科目	1123,预付账款	
结算方式科目设置	结算方式	币种	科目
	现金	人民币	1001
	现金支票	人民币	10020131
	转账支票	人民币	10020131
	现金支票	美元	10020132
	转账支票	美元	10020132

进入 T3-用友通标准版的主界面,单击"核算"→"科目设置"→"供应商往来科目",填、选供应商往来科目信息后保存,如图 8-38 所示。

图　8-38

进入 T3-用友通标准版的主界面，单击"核算"→"科目设置"→"供应商往来科目"，填、选供应商往来科目信息后保存，如图 8-39 所示。

图　8-39

8.4.3　一体化日常处理

1. 总账系统的日常处理

填制凭证：w02（马晴）。

出纳签字及支票登记：w04（丁玉）。

审核、记账：w01（王彬）。

日常业务如下。

(1) 2013-1-2，销售一部钱波报销业务招待费 1200 元，以现金支付（附单据数 1 张）。

借：销售费用/招待费　　　　　　　　　　　　　　　　1200

　　贷：现金　　　　　　　　　　　　　　　　　　　　　　1200

(2) 2013-1-3，财务部丁玉从建行人民币户提取现金 10 000 元，作为备用金（现金支票号 XJ001）。

借：现金　　　　　　　　　　　　　　　　　　　10 000

　　贷：银行存款/建行/人民币户　　　　　　　　　　　　　10 000

(3) 2013-1-5，收到集团投资资金 10 000 美元，汇率为 6.69（转账支票号为 ZZW001）。

借：银行存款/建行/美元账户　　　　　　　　　　　66 900

　　贷：实收资本　　　　　　　　　　　　　　　　　　　66 900

(4) 2013-1-16，企管办购办公用品 170 元，现金支付。

借：管理费用/办公费　　　　　　　　　　　　　　　170

　　贷：现金　　　　　　　　　　　　　　　　　　　　　170

(5) 2013-1-18，企管办王海出差归来，报销差旅费 2000 元，交回现金 200 元。

借：管理费用/差旅费　　　　　　　　　　　　　　　1800

　　现金　　　　　　　　　　　　　　　　　　　　　200

　　贷：其他应收款/应收个人　　　　　　　　　　　　　　2000

2. 工资管理日常处理

工资管理：w02（马晴）。

2013 年 1 月工资数据如表 8-39 所示。

注意：李立为 1 月新聘生产部生产工人，编号 505，银行代发账号为 20130010013。

工资管理日常处理的操作如下。

(1) 进入工资管理，选择工资类别为"正式人员"。

(2) 在工资管理界面，单击"工资"→"设置"→"人员档案"，新增李立的人员档案。

(3) 在工资管理界面，单击"工资"→"业务处理"→"工资变动"，按照表 8-39 输入基本工资、奖励工资及请假天数等工资数据，然后单击"计算"。

(4) 在工资管理界面，单击"工资"→"业务处理"→"扣缴个人所得税"→"税率表"（设置扣税基数为 3500）→"确认"，即可查看个人所得税扣缴申报表。

表 8-39　2013 年 1 月份工资数据

人员类别	人员姓名	基本工资	奖励工资	请假天数
正式人员	王海	5000	500	2
	王彬	3000	300	
	马晴	2000	200	
	张彦	2500	250	
	丁玉	2000	200	
	徐强	3000	300	1
	钱波	4500	450	
	孙萌	3000	300	
	杨晓	2500	250	
	陈小强	1500	150	
	李立	2000	0	
临时人员	罗江	1800	0	2
	刘庆	1200	0	

(5) 工资分摊。

在工资管理界面,单击"工资"→"业务处理"→"工资分摊",选择计提费用的类型(基础设置好的两个类别为应付工资、应付福利费),选择核算部门,然后勾选"明细到工资项目"(勾选此选项,工资分摊会自动带出设置的科目)。

单击"制单"项,可生成凭证(辅助核算项目选择 ERP 教学课件开发),如图 8-40 所示。

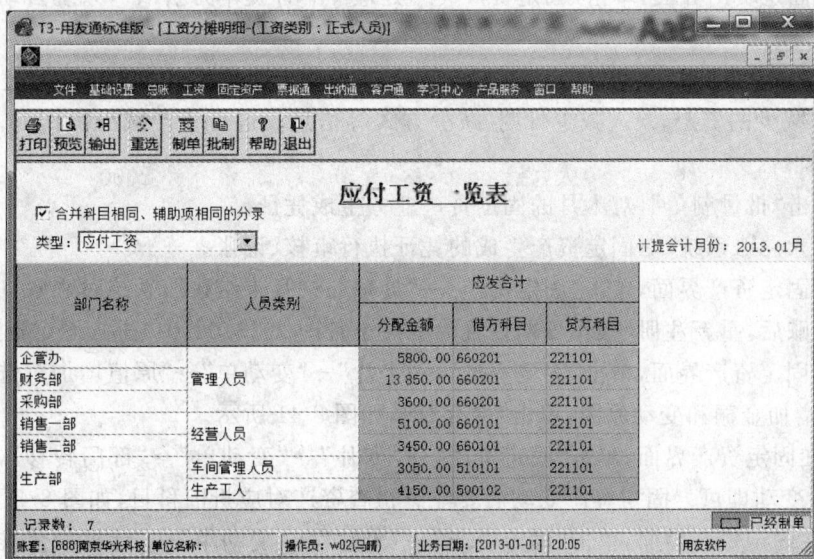

图　8-40

(6) 进入工资管理界面,选择工资类别"临时人员",按正式人员的操作方法完成临时人员的工资管理工作。

3. 固定资产日常处理

固定资产管理:w02 马晴。

2013 年 1 月业务如下。

(1) 2013-1-1,对奥迪 A3 汽车进行资产评估,评估结果为原值 200 000 元,累计折旧 45 000 元。

(2) 2013-1-21,财务部购买扫描仪(属于电子通信设备)一台,价值 3500 元,净残值率 4%,预计使用 5 年。

(3) 2013-1-31,计提本月折旧。

(4) 2013-1-31,生产部毁损台式计算机一台。

2013 年 2 月业务如下。

(1) 2013-2-16,企管办的奥迪 A3 汽车添置新配件 10 000 元(转账支票号 ZZR005)。

(2) 2013-2-27,企管办的笔记本计算机转移到采购部使用。

(3) 2013-2-28,经核查,对笔记本计算机计提 1000 元的减值准备。

固定资产管理操作步骤如下。

(1) 在固定资产界面,单击"固定资产"→"资产评估",选择要评估的项目与固定资产,填写评估后的原值、累计折旧后保存。

(2) 在固定资产界面,单击"固定资产"→"资产增加",录入本月新购置的固定资产。

(3) 在固定资产界面,单击"固定资产"→"处理"→"计提本月折旧",系统自动计提本月折旧。

(4) 在固定资产界面,单击"固定资产"→"资产减少"(资产出售、毁损通过此功能实现),选择要减少的资产,录入减少日期、减少方式等信息。进行资产减少操作前,必须执行计提本月折旧。

(5) 单击"批量制单",对本月的固定资产业务生成凭证。

(6) 进入总账系统,对固定资产生成的凭证执行审核、记账。

(7) 在固定资产界面,单击"固定资产"→"处理"→"月末结账",系统对账务自动结账。

(8) 结账后,重新注册(操作日期设置为下一个月即 2013.02.01)进入固定资产系统。

(9) 在固定资产界面,单击"固定资产"→"卡片"→"变动单"→"原值增加",选择变动的资产,录入增加金额和变动原因,单击"保存"项,如图 8-41 所示。

(10) 在固定资产界面,单击"固定资产"→"卡片"→"变动单"→"部门转移",选择变动的资产进行变动即可。固定资产变动后要注意检查资产对应折旧科目,如图 8-42 所示。

(11) 在固定资产界面,单击"固定资产"→"卡片"→"变动单"→"计提减值准备",选择变动的资产进行计提减值准备,如图 8-43 所示。

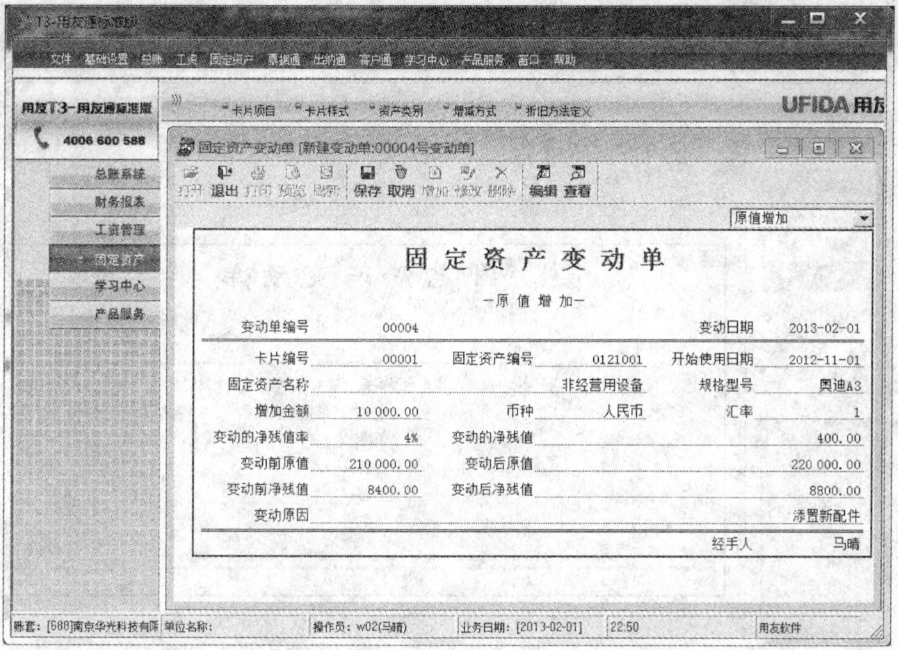
T3-用友通标准版
文件 基础设置 总账 工资 固定资产 票据通 出纳通 客户通 学习中心 产品服务 窗口 帮助
用友T3-用友通标准版
4006 600 588
卡片项目 卡片样式 资产类别 增减方式 折旧方法定义
UFIDA 用友
固定资产变动单 [新建变动单:00004号变动单]
打开 退出 打印 预览 刷新 保存 取消 增加 修改 删除 编辑 查看
总账系统
财务报表
工资管理
固定资产
学习中心
产品服务
原值增加
固定资产变动单
—原值增加—
变动单编号 00004
变动日期 2013-02-01
卡片编号 00001
固定资产编号 0121001
开始使用日期 2012-11-01
固定资产名称 非经营用设备
规格型号 奥迪A3
增加金额 10 000.00
币种 人民币
汇率 1
变动的净残值率 4%
变动的净残值 400.00
变动前原值 210 000.00
变动后原值 220 000.00
变动前净残值 8400.00
变动后净残值 8800.00
变动原因 添置新配件
经手人 马晴
账套：[688]南京华光科技有限 单位名称： 操作员：w02(马晴) 业务日期：[2013-02-01] 22:50 用友软件

图　8-41

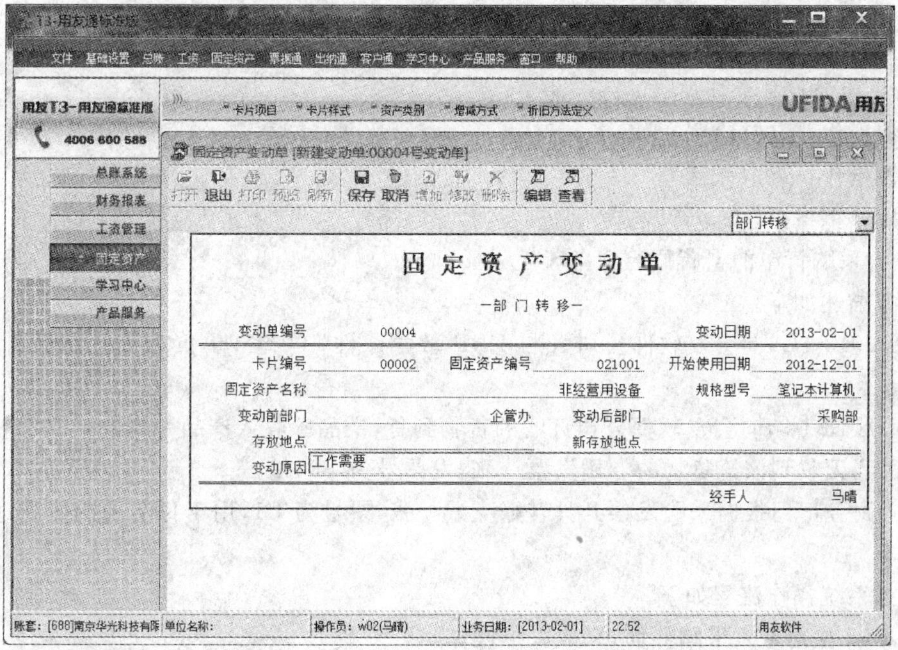
T3-用友通标准版
文件 基础设置 总账 工资 固定资产 票据通 出纳通 客户通 学习中心 产品服务 窗口 帮助
用友T3-用友通标准版
4006 600 588
卡片项目 卡片样式 资产类别 增减方式 折旧方法定义
UFIDA 用友
固定资产变动单 [新建变动单:00004号变动单]
打开 退出 打印 预览 刷新 保存 取消 增加 修改 删除 编辑 查看
总账系统
财务报表
工资管理
固定资产
学习中心
产品服务
部门转移
固定资产变动单
—部门转移—
变动单编号 00004
变动日期 2013-02-01
卡片编号 00002
固定资产编号 021001
开始使用日期 2012-12-01
固定资产名称 非经营用设备
规格型号 笔记本计算机
变动前部门 企管办
变动后部门 采购部
存放地点
新存放地点
变动原因 工作需要
经手人 马晴
账套：[688]南京华光科技有限 单位名称： 操作员：w02(马晴) 业务日期：[2013-02-01] 22:52 用友软件

图　8-42

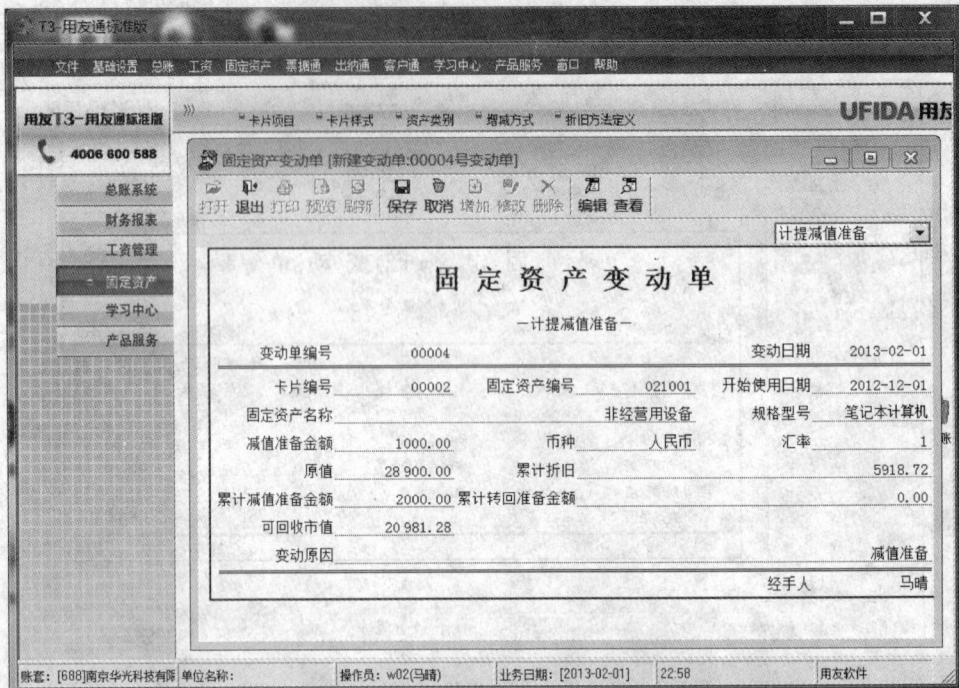

图　8-43

4. 采购管理日常处理

单据操作：w05（徐强）。

发票操作：w03（张彦）。

入库单审核操作：w08（杨晓）。

1）含采购订单的票货同行业务

业务描述如下。

（1）2013-1-1，向会友软件公司订购 ERP 教学课件 100 套，单价为 80 元，预计本月 3 日到货。

（2）2013-1-3，向会友软件公司订购的货物到货，产品验收入产品一库。

（3）当天收到该笔货物的专用发票一张，发票号为 F001。

（4）财务部门根据采购发票开具转账支票一张，票号为 C1，用于付清采购货款，并执行采购结算。

业务系统操作流程如下。

以 w05 注册进入采购界面，完成以下操作。

(1) 填制采购订单并审核。

单击"采购"→"采购订单",填、选采购订单相关信息后保存,然后修改、审核再保存,如图 8-44 所示。

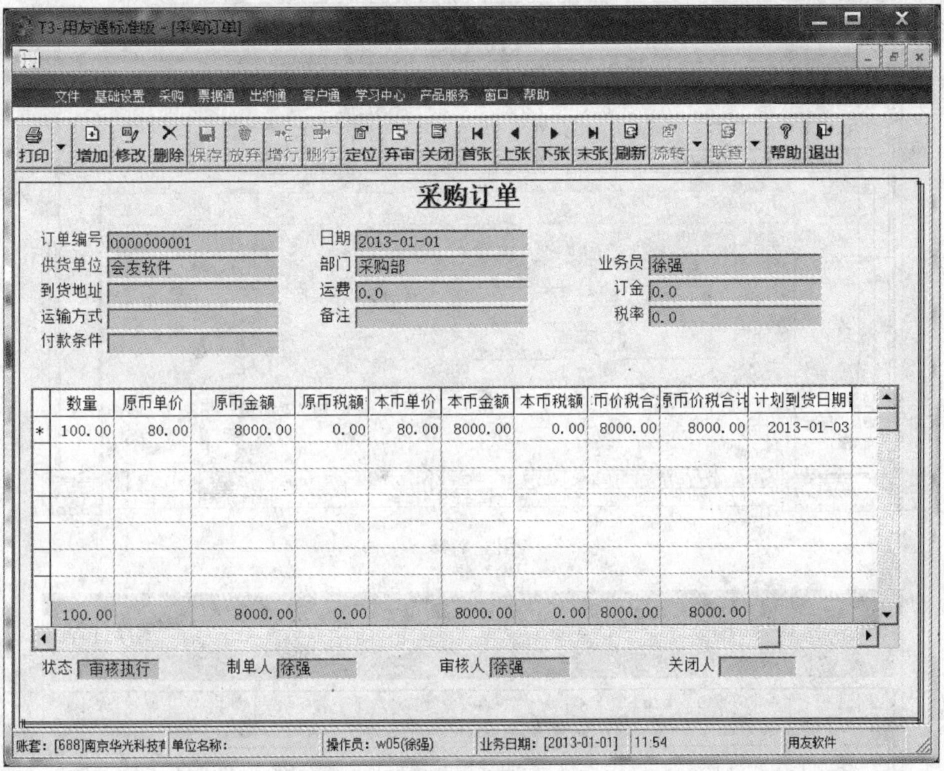

图 8-44

(2) 填制采购入库单。

单击"采购"→"期初记账"。期初记账完毕后,单击"采购"→"采购入库单",填、选采购订单相关信息(可在"选单"的下拉菜单中选"采购订单",复制"采购订单")并保存,如图 8-45 所示。

(3) 填制采购发票并复核。

单击"采购"→"采购普通发票",填、选采购入库单相关信息(可在"选单"的下拉菜单中选择"采购入库单",复制"采购订单"),如图 8-46 所示。

采购发票保存后,单击"复核"按钮,进行复核,如图 8-47 所示。

(4) 付款结算并核销。

单击"采购"→"供应商往来"→"付款结算",填制付款单(先选择付款的供应商,才能单击"增加"按钮),如图 8-48 所示。

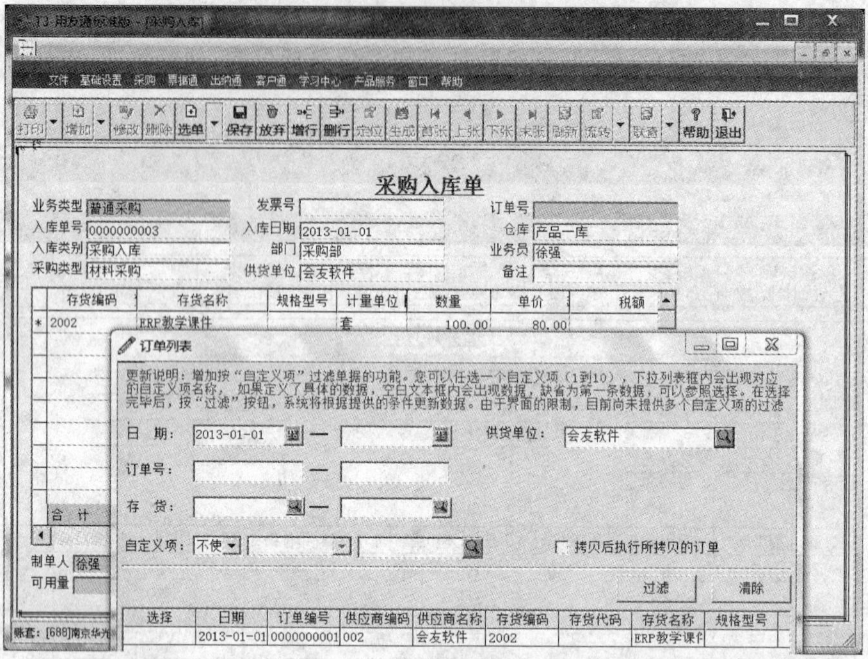
文件 基础设置 采购 票据通 出纳通 客户通 学习中心 产品服务 窗口 帮助
打印 增加 修改 删除 选单 保存 放弃 增行 删行 定位 生成 首张 上张 下张 末张 刷新 流转 联查 帮助 退出
采购入库单
业务类型 普通采购
发票号
订单号
入库单号 0000000003
入库日期 2013-01-01
仓库 产品一库
入库类别 采购入库
部门 采购部
业务员 徐强
采购类型 材料采购
供货单位 会友软件
备注
存货编码 存货名称 规格型号 计量单位 数量 单价 税额
2002 ERP教学课件 套 100.00 80.00
合 计
制单人 徐强
可用量
订单列表
更新说明：增加按“自定义项”过滤单据的功能。您可以任选一个自定义项（1到10），下拉列表框内会出现对应的自定义项名称，如果定义了具体的数据，空白文本框内会出现数据，缺省为第一条数据，可以参照选择。在选择完毕后，按“过滤”按钮，系统将根据提供的条件更新数据。由于界面的限制，目前尚未提供多个自定义项的过滤
日 期： 2013-01-01 —
供货单位： 会友软件
订单号： —
存 货： —
自定义项： 不使
拷贝后执行所拷贝的订单
过滤
清除
选择 日期 订单编号 供应商编码 供应商名称 存货编码 存货代码 存货名称 规格型号
2013-01-01 0000000001 002 会友软件 2002 ERP教学课件

图 8-45

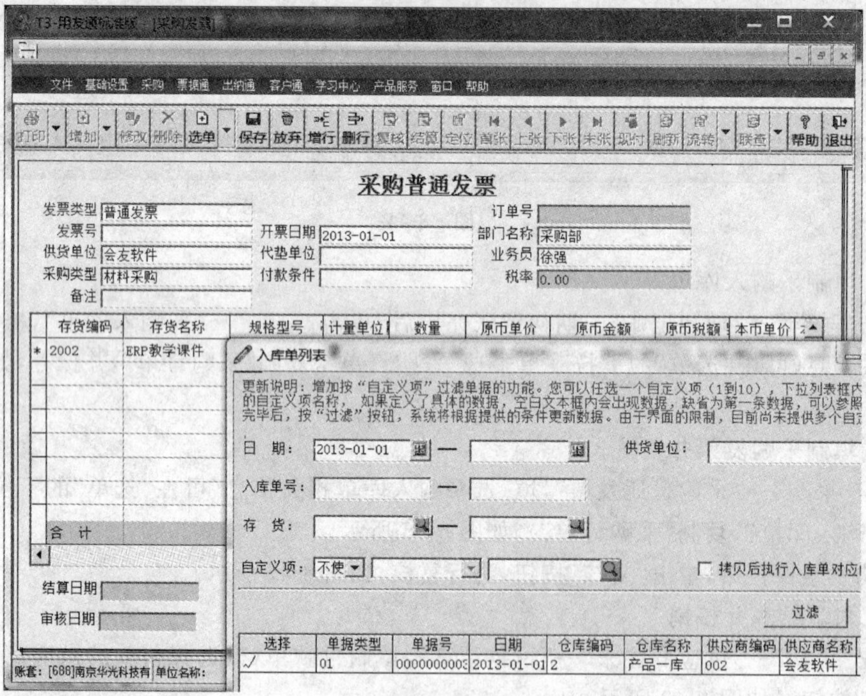
文件 基础设置 采购 票据通 出纳通 客户通 学习中心 产品服务 窗口 帮助
打印 增加 修改 删除 选单 保存 放弃 增行 删行 复核 结算 定位 首张 上张 下张 末张 现付 刷新 流转 联查 帮助 退出
采购普通发票
发票类型 普通发票
订单号
发票号
开票日期 2013-01-01
部门名称 采购部
供货单位 会友软件
代垫单位
业务员 徐强
采购类型 材料采购
付款条件
税率 0.00
备注
存货编码 存货名称 规格型号 计量单位 数量 原币单价 原币金额 原币税额 本币单价
2002 ERP教学课件
合 计
结算日期
审核日期
入库单列表
更新说明：增加按“自定义项”过滤单据的功能。您可以任选一个自定义项（1到10），下拉列表框内的自定义项名称，如果定义了具体的数据，空白文本框内会出现数据，缺省为第一条数据，可以参照完毕后，按“过滤”按钮，系统将根据提供的条件更新数据。由于界面的限制，目前尚未提供多个自定
日 期： 2013-01-01 —
供货单位：
入库单号： —
存 货： —
自定义项： 不使
拷贝后执行入库单对应
过滤
选择 单据类型 单据号 日期 仓库编码 仓库名称 供应商编码 供应商名称
√ 01 000000000 2013-01-01 2 产品一库 002 会友软件

图 8-46

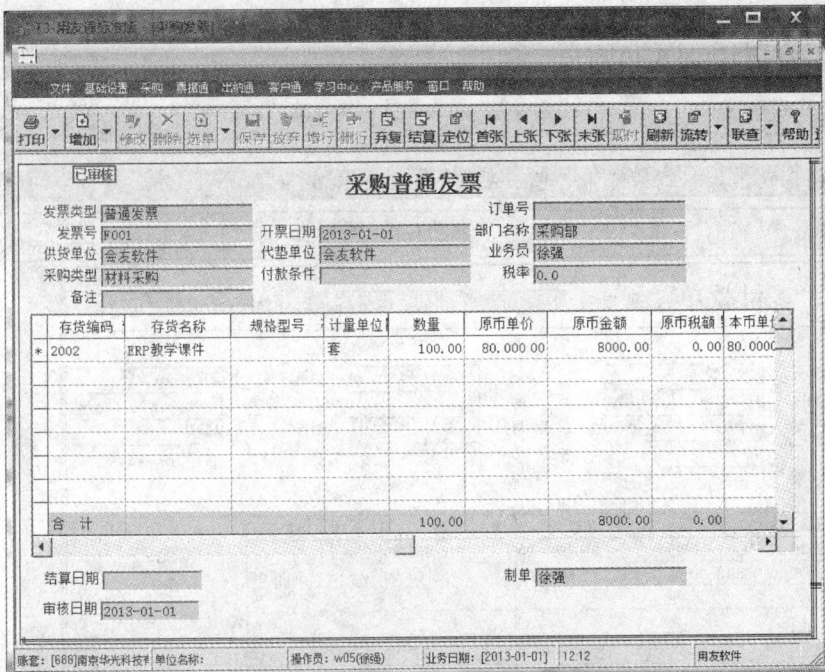

图　8-47

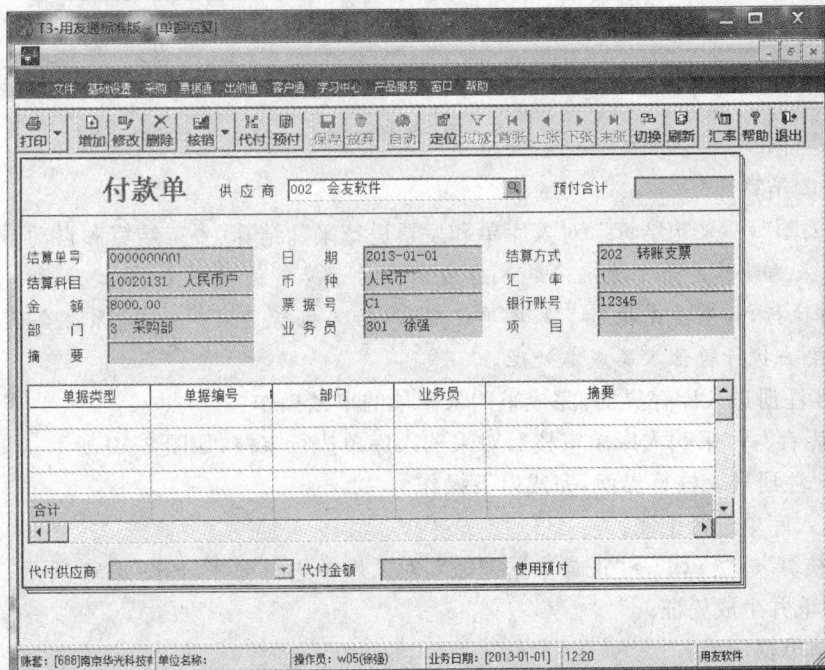

图　8-48

付款单保存后,单击付款单上的"核销"按钮,在本次结算的对应单元格中输入结算金额,单击"保存"项,如图 8-49 所示。

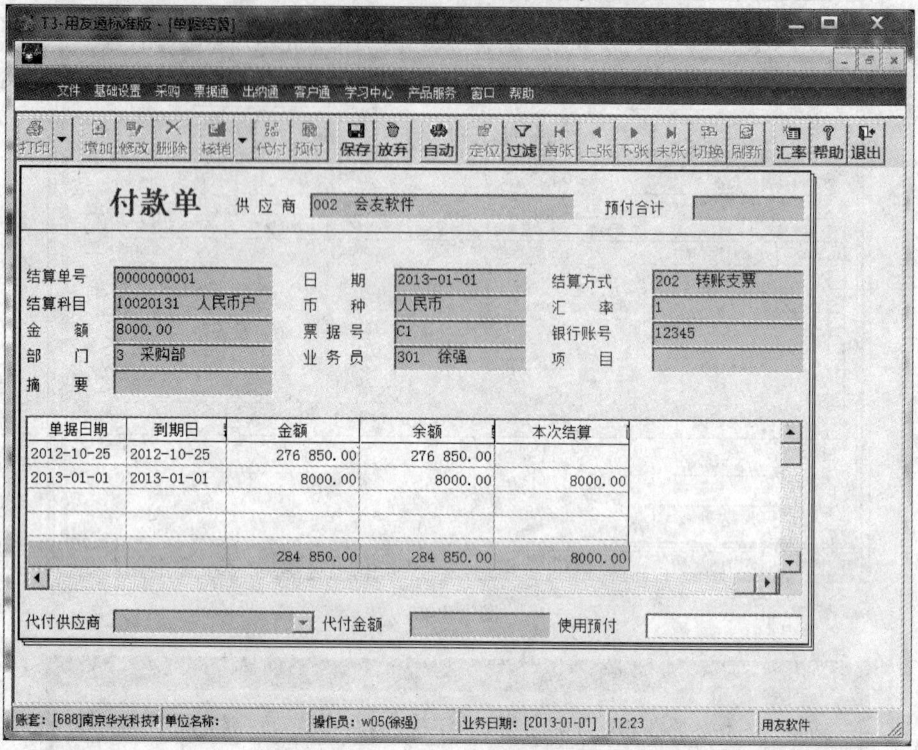

图　8-49

(5) 采购结算。

单击"采购"→"采购结算",对入库单和发票进行采购结算(手工结算和自动结算均可)。

注意:采购结算是为了确定采购入库成本。对于票货同行业务,采购结算一定要在单据记账之前执行,如果是先执行了入库单记账,然后又执行了采购结算,系统会认为是暂估业务,还需要去执行暂估入库成本处理。

以 w08 注册进入库存界面,完成采购入库单的审核操作。

单击"库存"→"采购入库单审核",对采购入库单执行审核,如图 8-50 所示。

以 w03 注册进入核算界面,完成以下操作。

(1) 对入库单进行记账。

单击"核算"→"核算"→"正常单据记账",对入库单进行记账,如图 8-51 所示。

(2) 制单并生成凭证。

① 购销单据制单。

单击"核算"→"凭证"→"购销单据制单",使入库单生成相应的凭证,如图 8-52 所示。

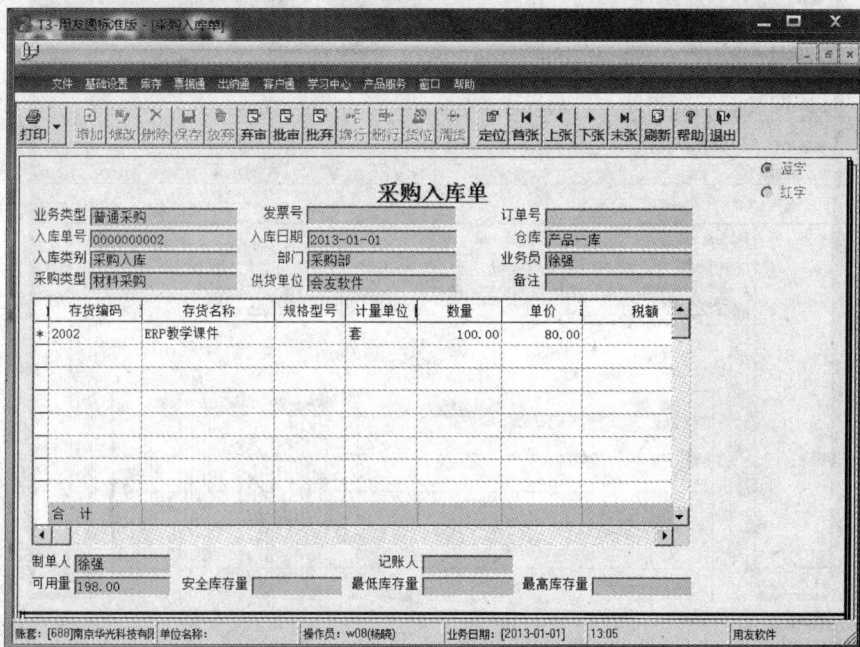

图　8-50

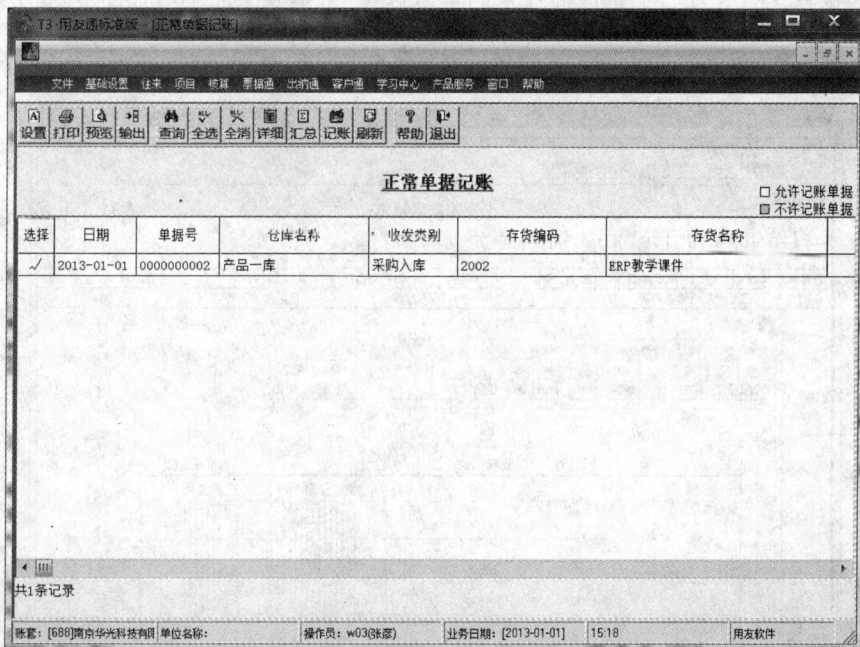

图　8-51

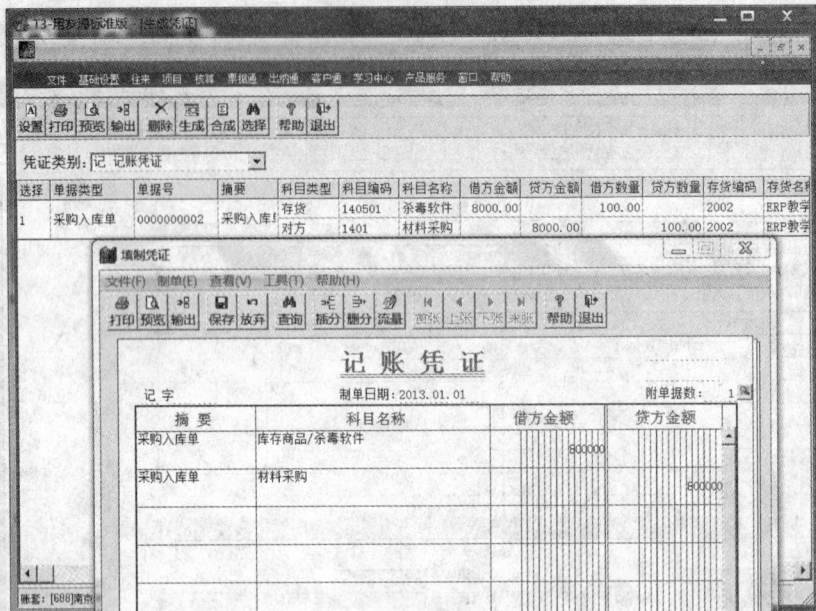

图　8-52

② 供应商往来制单。

单击"核算"→"凭证"→"供应商往来制单",选择"采购发票制单",如图 8-53 所示。

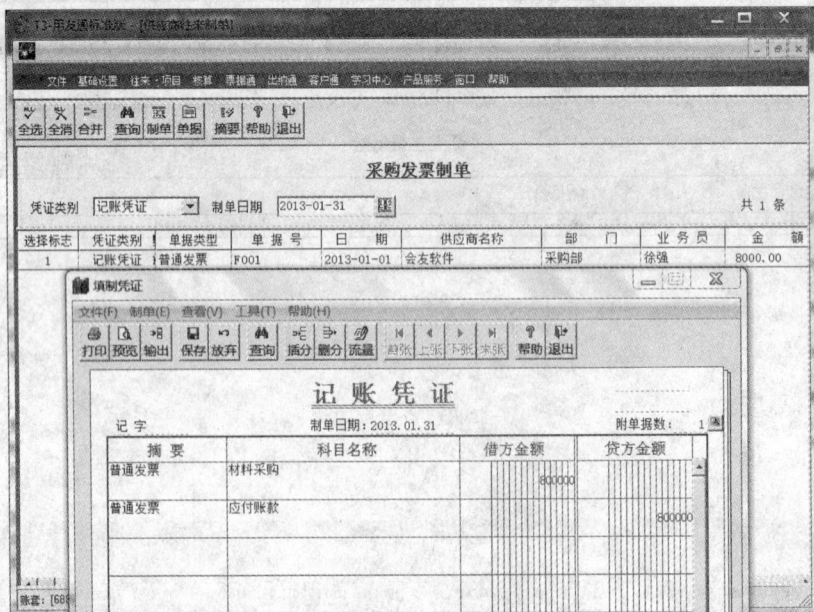

图　8-53

单击"核算"→"凭证"→"供应商往来制单",选择"核销制单",如图 8-54 所示。

图　8-54

2) 采购现付业务

业务描述:2013-1-5,向畅捷印刷厂购买复印纸 300 包,单价 15 元,验收入材料库,同时收到专用发票一张,票号为 F002,立即以转账支票(票号 Z001)支付货款。

业务系统操作流程如下。

以 w05 注册进入采购界面,完成以下操作。

(1) 填制"采购入库单",如图 8-55 所示。

(2) 填制采购发票,先单击"现付",执行现付操作,然后单击"复核",如图 8-56 所示。

(3) 采购结算,对入库单和发票进行采购结算。

以 w08 注册进入库存,完成采购入库单的审核操作。

以 w03 注册进入核算界面,完成以下操作。

(1) 单击"核算"→"核算"→"正常单据记账",对入库单进行记账。

(2) 单击"核算"→"凭证"→"购销单据制单",使入库单生成相应的凭证,如图 8-57 所示。

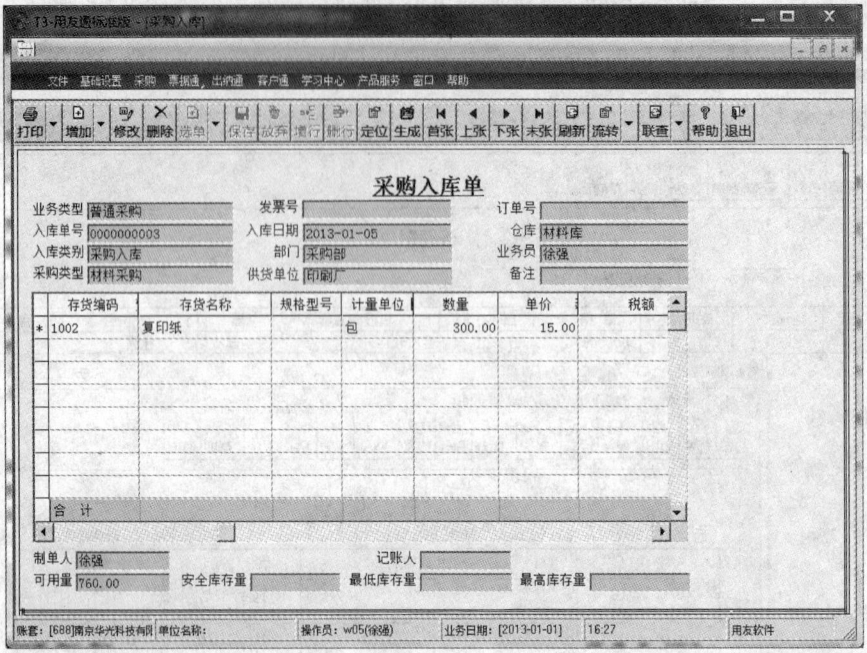

图　8-55

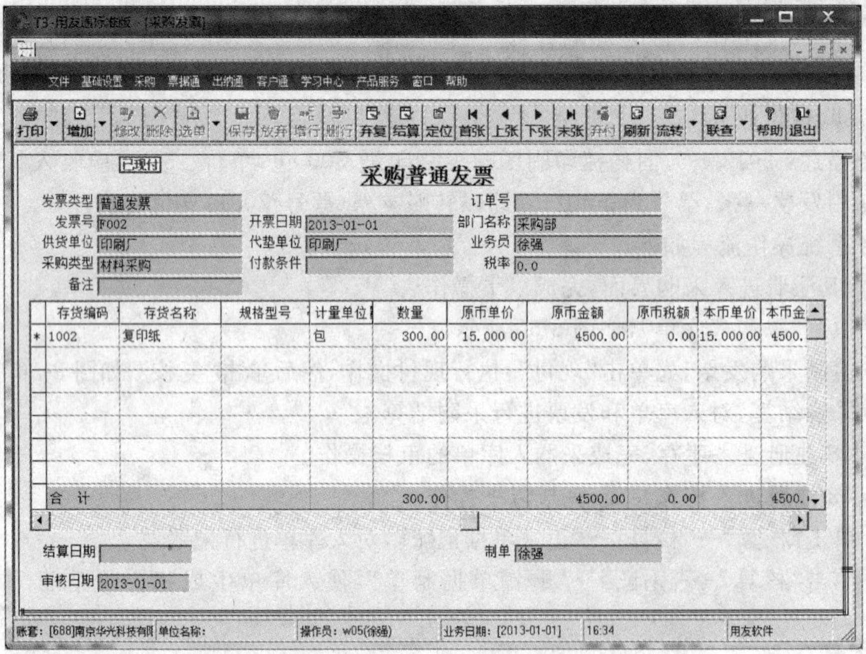

图　8-56

图　8-57

(3) 单击"核算"→"凭证"→"供应商往来制单",选择现结制单。

注意：采购发票上单击了"现付"，采购发票复核后，往来账表中并不体现此业务。现付不产生往来款项，所以不能在往来账表中查询。在采购发票核销明细表中可以查询现付记录。

3) 采购运费处理

业务描述如下。

2013-1-8，向会友软件公司购买空白 CD 光盘 4000 张，单价为 2.元，验收入材料库，同时收到专用发票一张，票号为 F003，另外，在采购过程中发生了一笔运输费 200 元，收到相应的运费发票一张，税率为 7%，票号为 F004。

业务系统操作流程如下。

以 w05 注册进入采购界面，完成以下操作。

(1) 填制采购入库单。

(2) 填制采购专用发票并复核，如图 8-58 所示。

(3) 填制采购运费发票并复核(在采购发票界面单击"增加"下拉箭头，选择运费发票)，如图 8-59 所示。

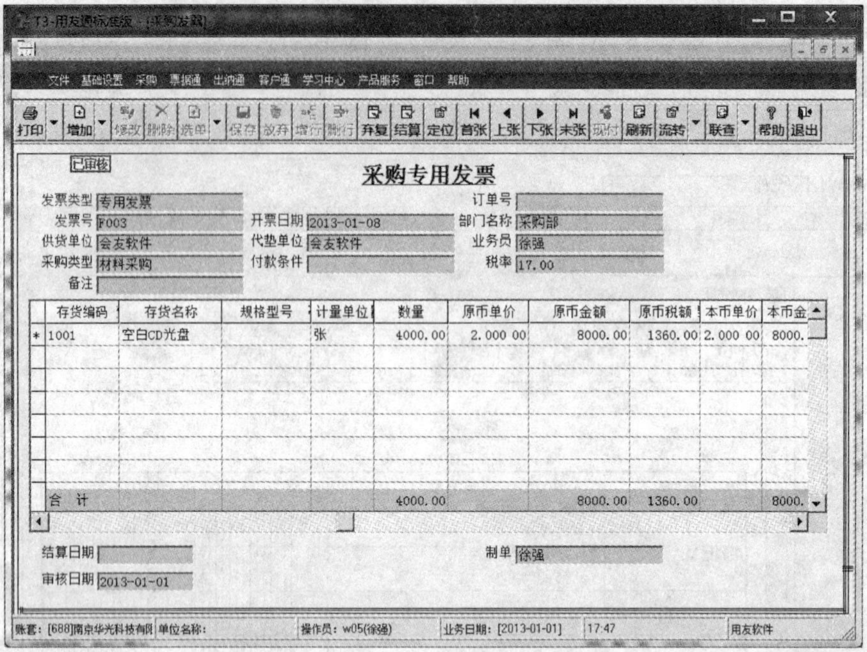

图 8-58

图 8-59

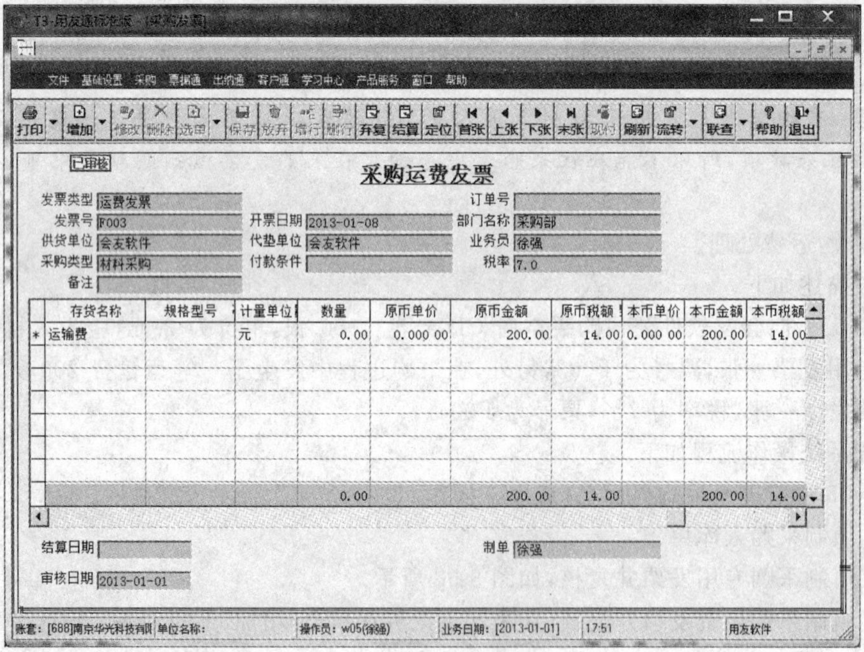

(4) 执行手工结算,过滤出入库单及对应的发票和运费发票,选择按数量分摊,单击"结算",如图 8-60 所示。

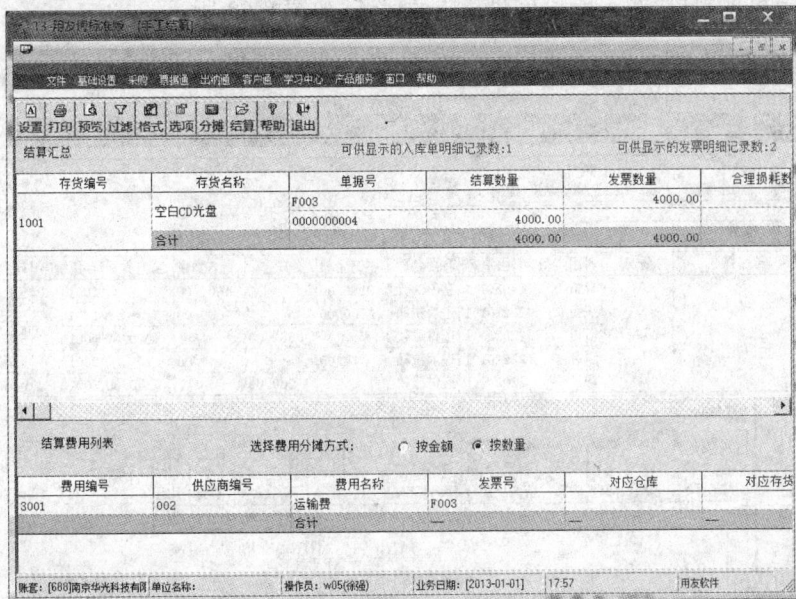

图　8-60

以 w03 注册进入库存界面,完成对采购入库单的审核操作,如图 8-61 所示。

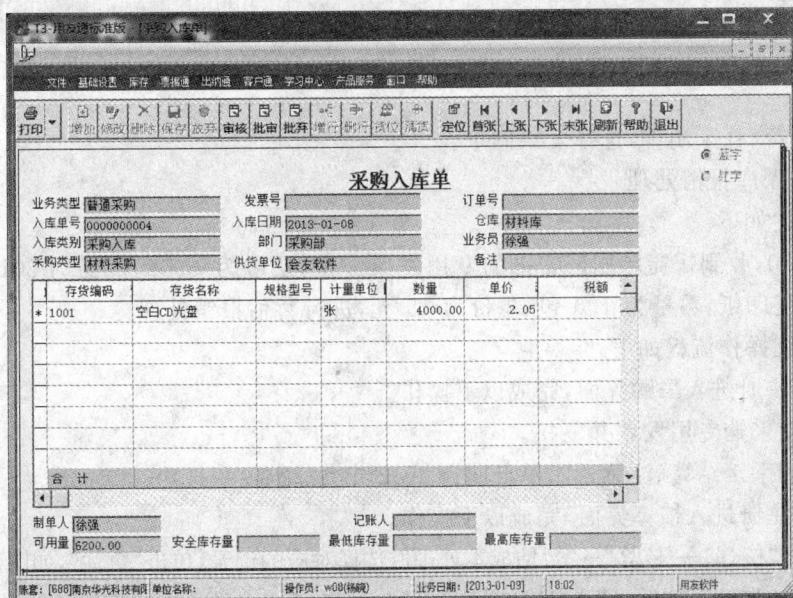

图　8-61

以 w03 注册进入核算界面,完成以下操作。

(1) 用正常单据记账,对入库单进行记账。

(2) 购销单据制单,对入库单生成相应的凭证,如图 8-62 所示。

图　8-62

(3) 供应商往来制单,选择发票制单。

4) 暂估入库报销处理

业务描述如下。

2013-1-10,收到畅捷印刷厂寄来的专用发票一张,票号为 F005,商品为 2012 年 12 月已经入库的复印纸,数量为 100 包,单价为 15 元,进行暂估报销处理。

业务系统操作流程如下。

以 w05 注册进入采购界面,完成以下操作。

(1) 填制采购专用发票并复核。

(2) 执行手工结算(注意入库单日期为 2012 年 12 月)。

以 w03 注册进入核算界面,完成以下操作。

(1) 单击"核算"→"核算"→"暂估成本处理",选择对应的记录,单击"暂估",如图 8-63 所示。

(2) 单击"核算"→"凭证"→"购销单据制单",对红、蓝入库单制成凭证,如图 8-64 所示。

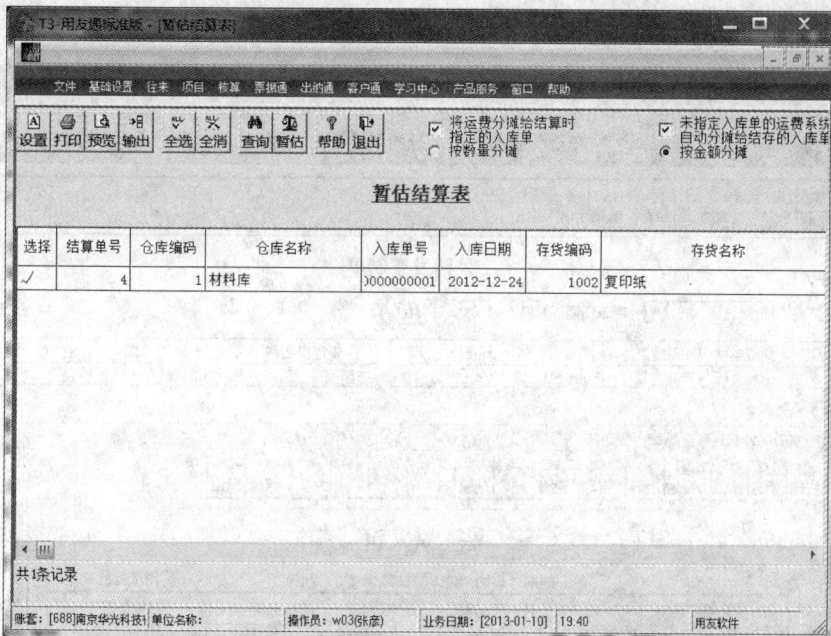

图 8-63

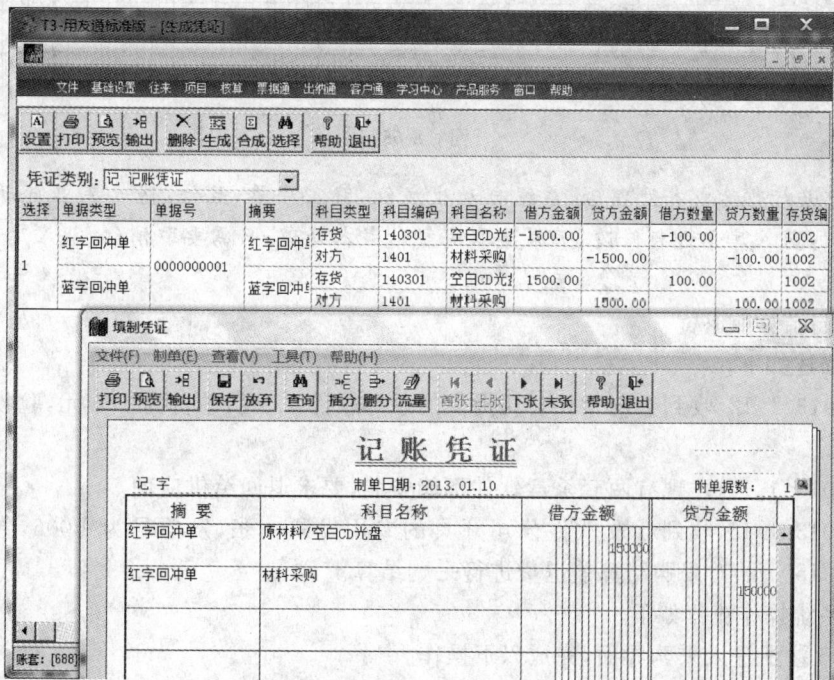

图 8-64

（3）单击"供应商往来制单"，对采购发票生成凭证，如图 8-65 所示。

图 8-65

注意：进行暂估成本处理后，系统自动生成红/蓝入库单，且红/蓝入库单自动记账，用户无法对红/蓝入库单进行修改，如果要取消暂估成本处理，只需要取消红/蓝入库单的记账即可。

5）采购结算前退货

业务描述如下。

（1）2013.1.12，收到会友软件公司提供的杀毒软件 12 套，单价为 150 元，验收，入产品一库。

（2）2013.1.14，发现有两套杀毒软件不能安装，要求退回给供应商。

（3）2013.1.15，收到会友软件公司开具的专用发票一张，发票号为 F006，数量为 10 套，单价为 150 元，对采购结算前退货进行采购结算。

业务系统操作流程如下。

以 w05 注册进入采购界面，完成以下操作。

（1）填制采购入库单（数量为 12）。

（2）填制红字采购入库单（数量为-2）。

(3) 填制采购专用发票并复核(数量 10)(参照两张入库单即可自动生成数量 10)。

(4) 对采购入库单、红字采购入库单、采购专用发票进行采购结算。

以 w08 注册进入库存界面,对采购入库单和红字采购入库单进行审核。

以 w03 注册进入核算界面,完成以下操作。

(1) 对采购入库单和红字采购入库单进行记账。

(2) 购销单据制单,对采购入库单和红字采购入库单生成相应的凭证。

(3) 供应商往来制单,对采购发票生成相应的凭证。

6) 采购结算后退货

业务描述如下。2013-1-16,从会友软件公司收到的杀毒软件又有一套不能安装,要求退回,单价为 150 元,同时收到红字专用发票一张,票号为 F007,对采购入库单和红字采购发票进行结算。

业务系统操作流程如下。

以 w05 注册进入采购界面,完成以下操作。

(1) 填制红字采购入库单(数量为 1)。

(2) 填制红字采购专用发票(数量为 1)。

(3) 对红字入库单和红字采购专用发票进行结算。

以 w08 注册进入库存界面,对红字采购入库单进行审核。

以 w03 注册进入核算界面,完成以下操作。

(1) 对红字采购入库单进行记账。

(2) 单击"购销单据制单",对红字采购入库单生成相应的凭证。

(3) 单击"供应商往来制单",对红字专用采购发票生成相应的凭证。

5. 销售管理日常处理

单据操作:w06 钱波。

发票操作:w03 张彦。

入库单审核操作:w08 杨晓。

1) 含订单的普通销售业务

业务描述如下。

(1) 2013-1-2,创远集团订购 ERP 模拟体验光盘 80 套,报价 200 元,填销售订单。

(2) 2013-1-4,销售二部从产品二库向创远集团发出 ERP 模拟体验光盘 80 套,单价为 200 元,填制销售发货单。

(3) 当天开出该笔货物的专用发票一张,票号 X001,填制销售发票。

(4) 2013-1-5,收到转账支票一张,票号为 Z001,填制收款单。

业务系统操作流程如下。

以 w06 注册进入销售界面,完成以下操作。

（1）填制销售订单并审核。

单击"销售"→"销售订单"，填、选销售订单相关信息后保存，然后修改、审核再保存，如图 8-66 所示。

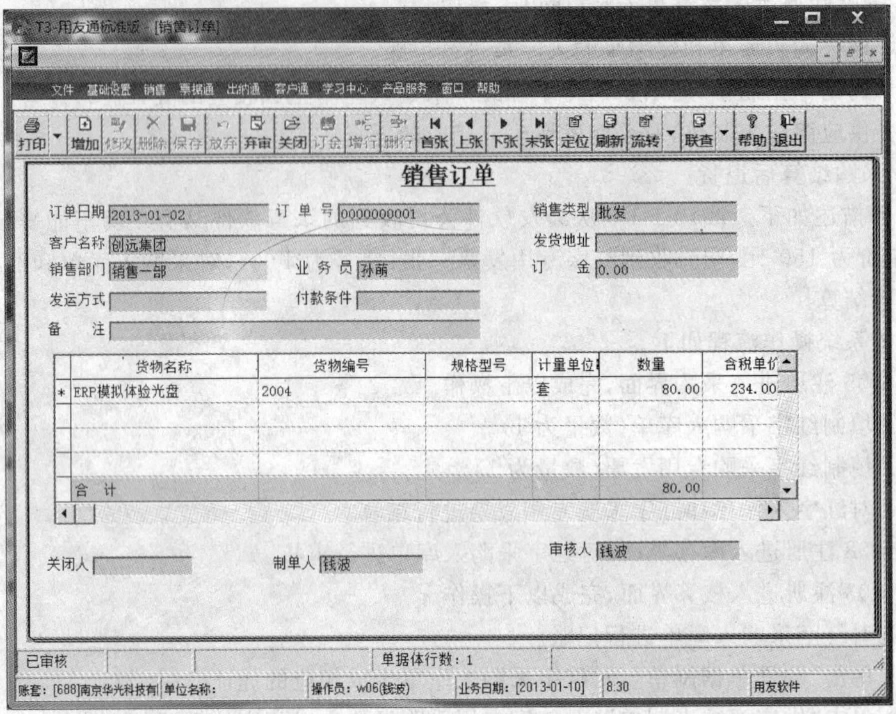

图　8-66

（2）填制销售发货单并审核。

单击"销售"→"销售发货单"，填、选销售发货单相关信息（可在"选单"的下拉菜单中选"销售订单"，复制"销售订单"），如图 8-67 所示。

（3）填制销售专用发票并复核。

单击"销售"→"销售发票"→"增加"→"销售专用发票"，填、选专用发票相关信息（可在"选单"的下拉菜单中选择"销售订单"或"销售发货单"进行复制）保存并复核。复核后的销售专用发票如图 8-68 所示。

（4）填制收款单并核销。

单击"销售"→"客户往来"→"收款结算"→"专用发票"（选择客户）→"增加"，填、选收款单相关信息后保存。

单击"核销"项，在"本次结算"中填写收款金额后保存，如图 8-69 所示。

以 w08 注册进入库存界面，根据发货单生成销售出库单并对出库单审核（单价、金额不用填写）。

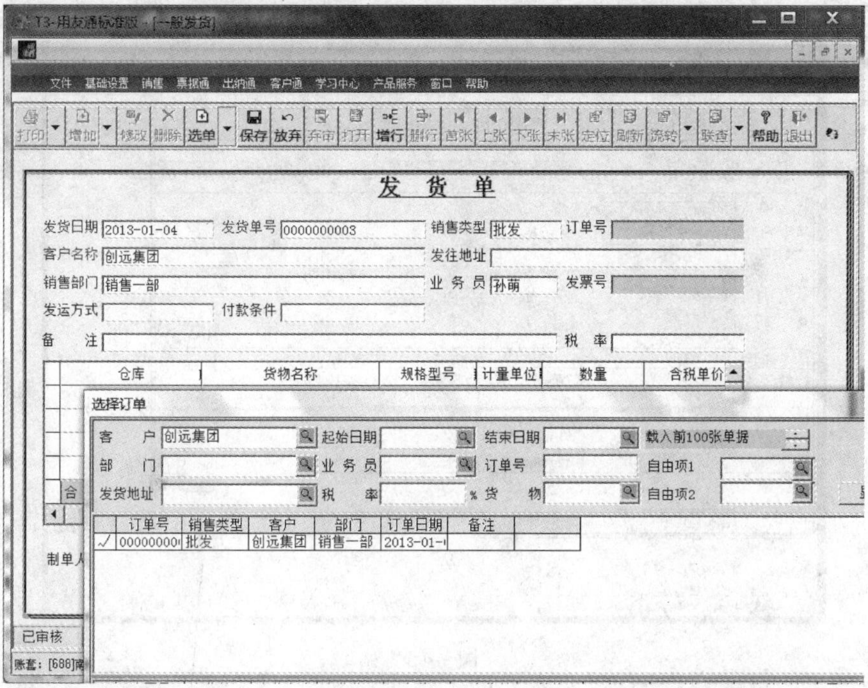
T3-用友通标准版 - [一般发货]
文件 基础设置 销售 票据通 出纳通 客户通 学习中心 产品服务 窗口 帮助
发货单
发货日期 2013-01-04
发货单号 0000000003
销售类型 批发
订单号
客户名称 创远集团
发往地址
销售部门 销售一部
业务员 孙萌
发票号
发运方式
付款条件
备注
税率
选择订单
客户 创远集团
起始日期
结束日期
载入前100张单据
订单号 销售类型 客户 部门 订单日期 备注
批发 创远集团 销售一部
已审核

图　8-67

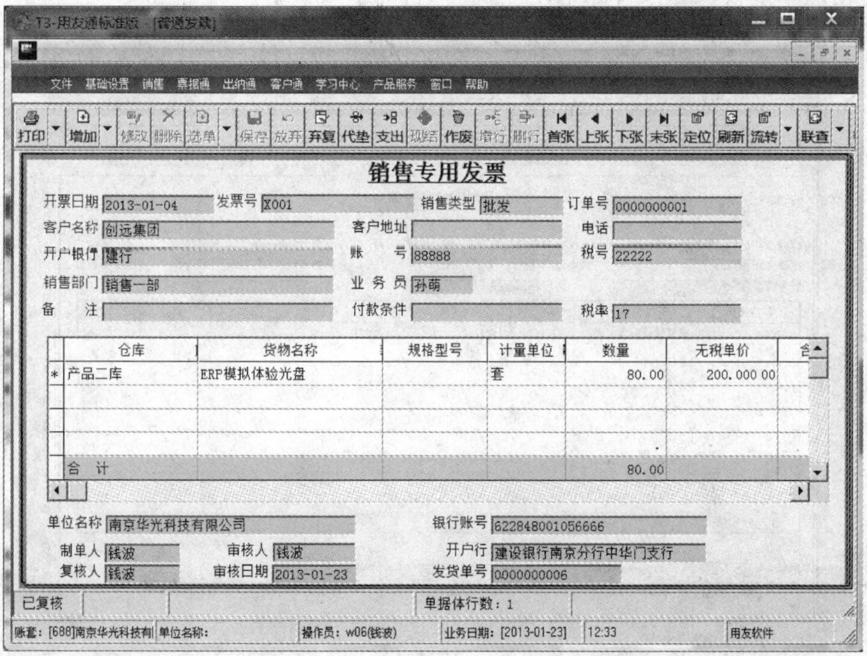
T3-用友通标准版 - [普通发票]
文件 基础设置 销售 票据通 出纳通 客户通 学习中心 产品服务 窗口 帮助
销售专用发票
开票日期 2013-01-04
发票号 X001
销售类型 批发
订单号 0000000001
客户名称 创远集团
开户银行 建行
账号 88888
税号 22222
销售部门 销售一部
业务员 孙萌
税率 17
仓库 货物名称 规格型号 计量单位 数量 无税单价
产品二库 ERP模拟体验光盘 套 80.00 200.000 00
合计 80.00
单位名称 南京华光科技有限公司
银行账号 622848001056666
制单人 钱波
审核人 钱波
开户行 建设银行南京分行中华门支行
复核人 钱波
审核日期 2013-01-23
发货单号 0000000006
已复核
单据体行数: 1
操作员: w06(钱波)
业务日期: [2013-01-23]
用友软件

图　8-68

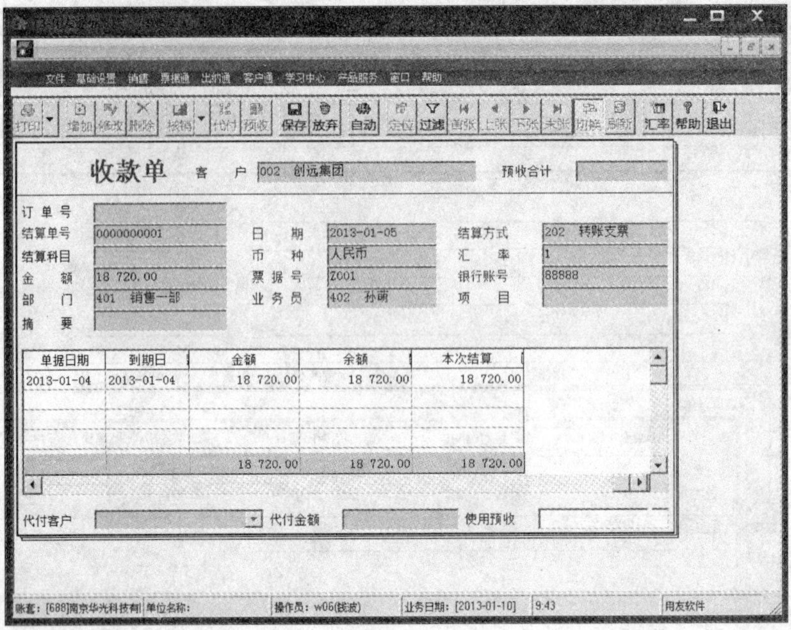

图　8-69

单击"库存"→"销售出库单生成/审核"→"生成",选择销售出库单后确认、保存,对保存后的销售出库单审核,如图 8-70 所示。

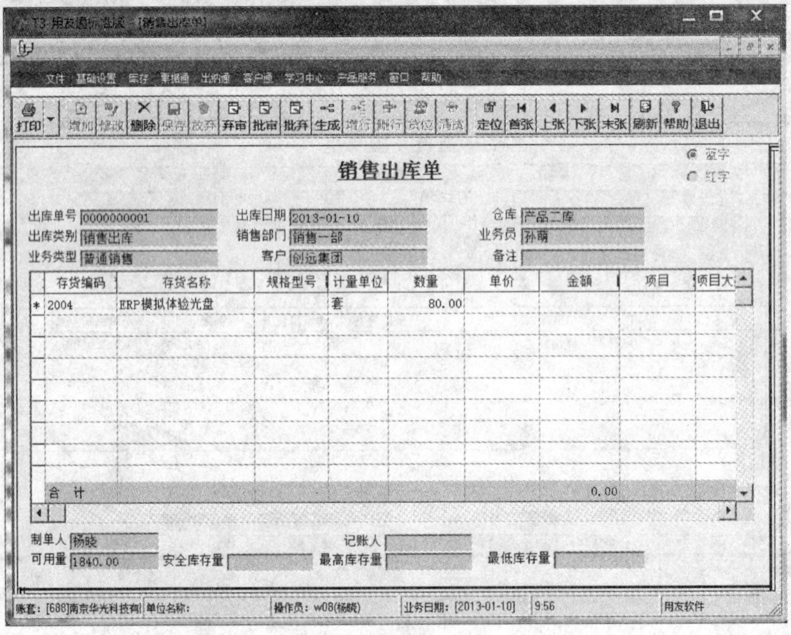

图　8-70

注意：在销售选项中，可以选择是销售模块生成出库单还是库存模块生成销售出库单，若是销售模块生成销售出库单，则发货单审核后自动生成销售出库单。若是库存模块生成销售出库单，则在库存模块单击"生成"，参照发货单生成销售出库单。

以 w03 注册进入核算界面，完成以下操作。

(1) 对销售出库单记账。

单击"核算"→"核算"→"正常单据记账"，对入库单进行记账，如图 8-71 所示。

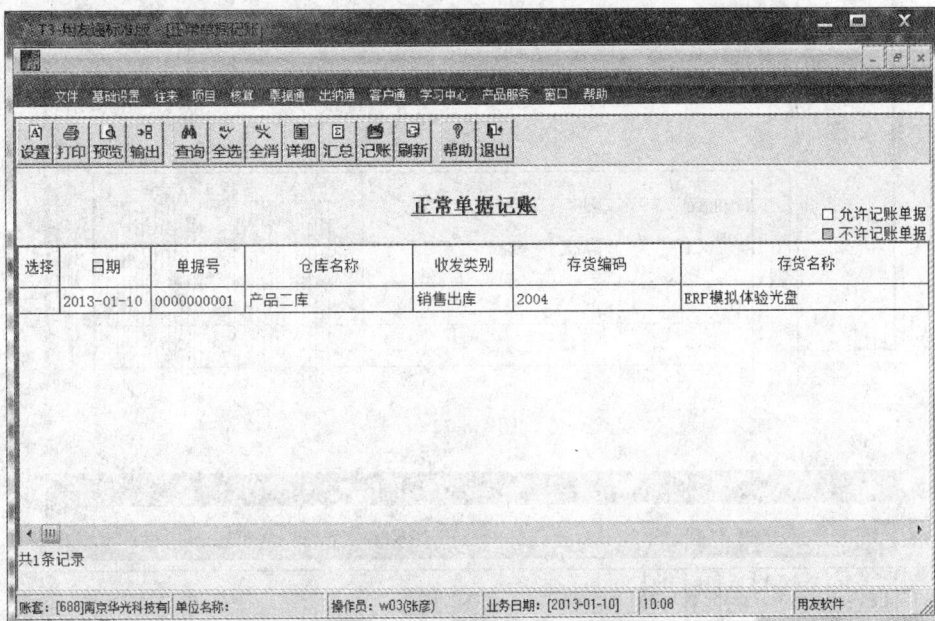

选择	日期	单据号	仓库名称	收发类别	存货编码	存货名称
	2013-01-10	0000000001	产品二库	销售出库	2004	ERP模拟体验光盘

共1条记录

账套：[688]南京华光科技有 单位名称： 操作员：w03(张彦) 业务日期：[2013-01-10] 10:08 用友软件

图　8-71

(2) 购销单据制单并生成相应的凭证。

单击"核算"→"凭证"→"购销单据制单"，使出库单生成相应的凭证，如图 8-72 所示。

(3) 客户往来制单，对销售专用发票和核销记录分别生成凭证。

单击"核算"→"凭证"→"客户往来"，选择"销售发票制单"，如图 8-73 所示。

单击"核算"→"凭证"→"客户往来"，选择"核销制单"，如图 8-74 所示。

2) 含销售折扣的业务

业务描述如下。

(1) 2013-1-7，销售一部向南京管理学院出售图书《企业管理案例集》共 20 册，报价为 45 元，成交价为报价的 90%，货物从产品一库发出。

(2) 2013-1-10，根据上述发货单开具普通发票一张。

业务系统操作流程如下。

以 w06 注册进入销售界面，完成以下操作。

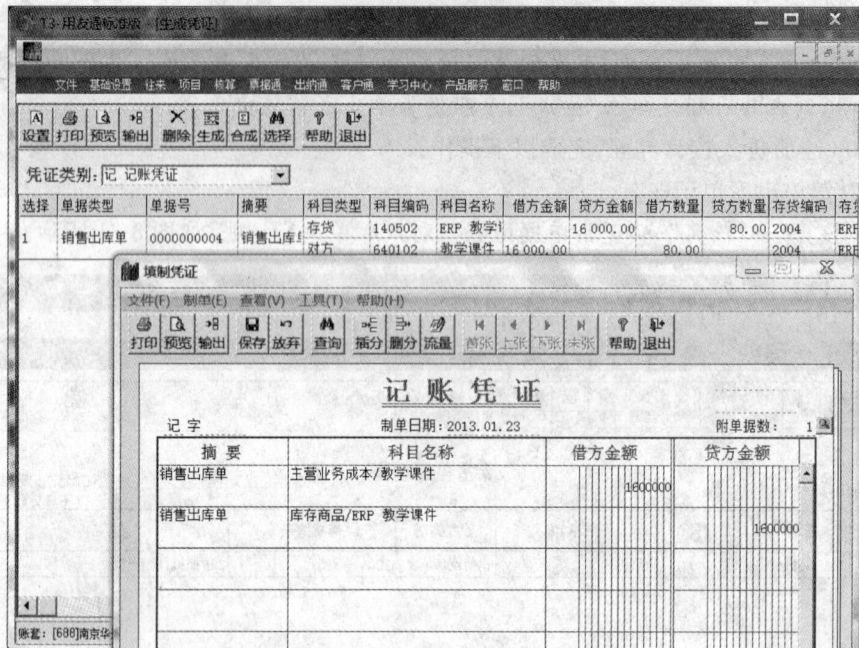

图　8-72

图　8-73

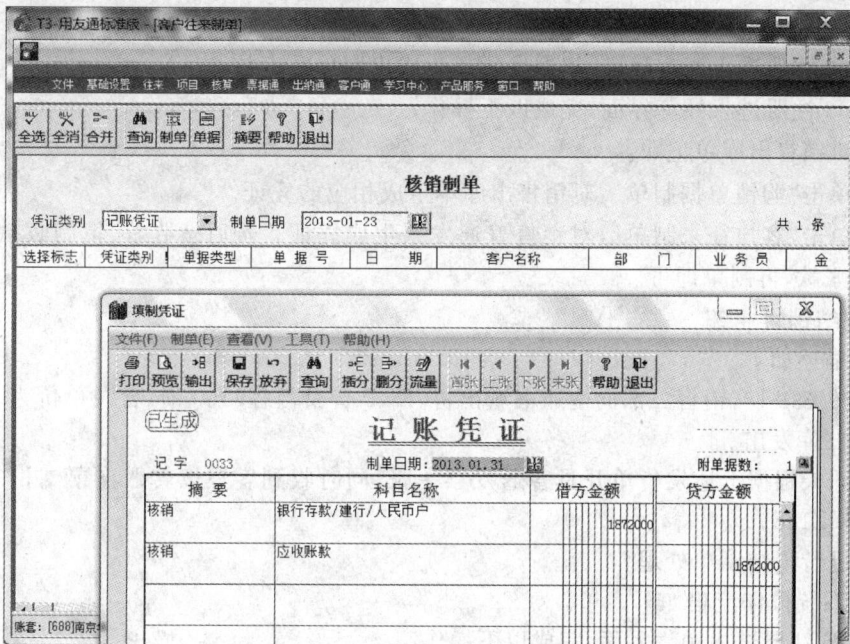

图　8-74

(1) 填制发货单,在扣率一栏输入 90,然后审核发货单,如图 8-75 所示。

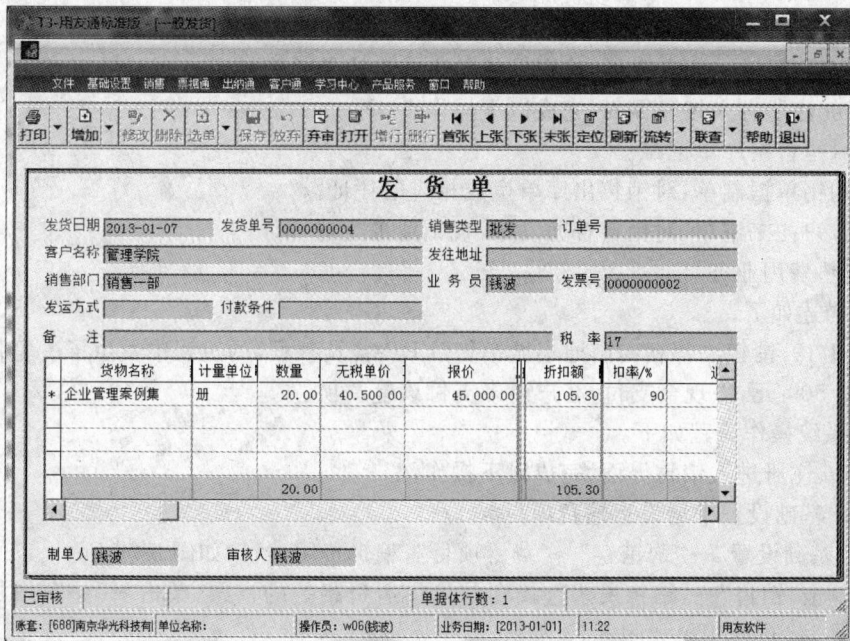

图　8-75

（2）填制普通销售发票并复核。

以 w08 注册进入库存界面，根据发货单生成出库单并审核。

以 w03 注册进入核算界面，完成以下操作。

（1）对销售出库单记账。

（2）单击"购销单据制单"，对销售出库单生成相应的凭证。

（3）单击"客户往来制单"，对销售普通发票生成凭证。若后续收款，填制收款单，然后核销应收账款，再制单即可。

3）现结销售业务

业务描述如下。

（1）2013-1-12，销售二部向南通书城出售《ERP 普及教程》100 册，含税单价为 40 元，货物从产品二库发出。

（2）同天根据上述发货单开具普通发票一张，同时收到客户以转账支票支付的全部货款，票号为 Z188。

（3）进行现结制单处理。

业务系统操作流程如下。

以 w06 注册进入销售界面，完成以下操作。

（1）填制发货单并审核。

（2）填制普通销售发票，先单击"现结"，执行现结操作，然后单击"复核"。

注意：发票上单击"现结"，发票复核后，往来账表中并不体现此业务。现结不产生往来款项，所以不能在往来账表中查询。在销售发票核销明细表中可以查询现结记录。

以 w08 注册进入库存界面，根据发货单生成出库单并审核。

以 w03 注册进入核算界面，完成以下操作。

（1）对销售出库单记账。

（2）购销单据制单，对销售出库单生成相应的凭证。

（3）客户往来制单，对销售普通发票、现结业务生成凭证。

4）代垫费用业务

业务描述如下。

2013-1-12，销售二部在向南通书城销售《ERP 普及教程》的过程中发生了一笔代垫的运费，金额为 500 元，以现金支付，客户尚未支付该笔款项。

业务系统操作流程如下。

以 w06 注册进入销售界面，完成以下操作。

（1）在基础设置中增设运输费项目。

单击"基础设置"→"购销存"→"费用项目"，编辑费用项目，如图 8-76 所示。

（2）单击"销售"→"销售发票"，找到与代垫运费相关的发票，单击"代垫"，增加代垫费用单并审核，代垫费用单如图 8-77 所示。

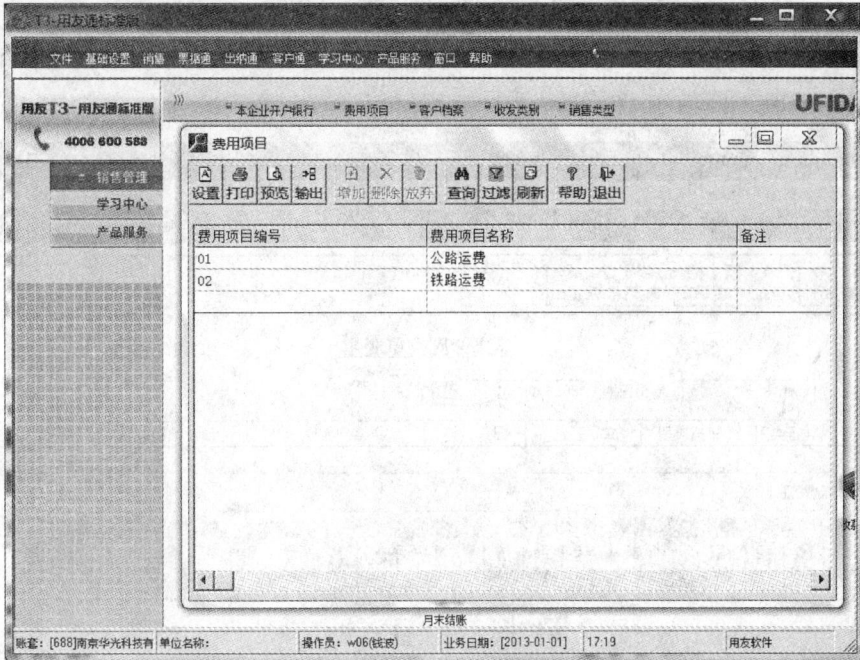

图 8-76

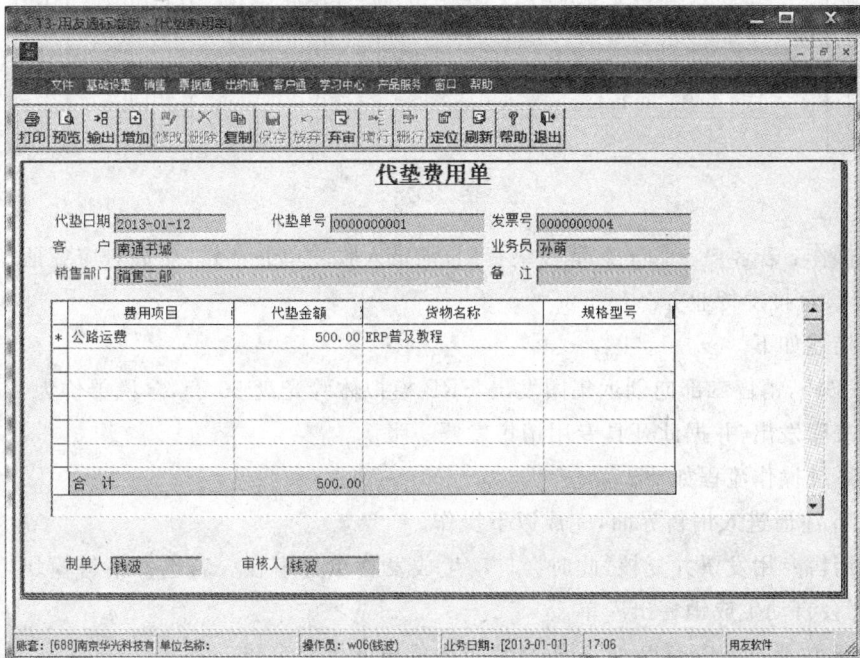

图 8-77

以 w03 注册进入核算界面,完成以下操作。

单击"核算"→"核算"→"客户往来制单",选择"发票、应收单制单",使代垫费用单生成对应的凭证,如图 8-78 所示。

图　8-78

后续操作:若客户支付了这笔代垫费用,则录入收款单并核销,生成对应凭证。

5) 开票直接发货业务

业务描述如下。

2013-1-15,销售二部向创远集团发出 ERP 模拟体验光盘 50 套,含税单价为 200 元,货物从产品二库发出,并据此开具专用销售发票一张。

业务系统操作流程如下。

以 w06 注册进入销售界面,完成以下操作。

填制销售专用发票并复核,此时会自动生成发货单并审核。若选择销售模块生成销售出库单,还会自动生成销售出库单。

以 w08 注册进入库存界面,根据发货单生成出库单并审核。

以 w03 注册进入核算界面,完成以下操作。

(1) 对销售出库单执行记账。

(2) 购销单据制单,对销售出库单生成相应的凭证。

(3) 客户往来制单,对销售发票生成凭证。

6) 开票前退货业务

业务描述如下。

(1) 2013-1-20,销售一部出售给创远集团杀毒软件 10 套,含税单价为 200 元,从产品一库发出。

(2) 2013-1-22,销售的杀毒软件因质量问题,退回 2 套,单价为 200 元,收回到产品一库。

(3) 2013-1-23,财务部开具相应的专用发票一张,数量 8 套。

业务系统操作流程如下。

以 w06 注册进入销售界面,完成以下操作。

(1) 填制发货单并审核。

(2) 填制退货单并审核。

单击"销售"→"销售发货单"(下拉菜单选择"退货单")→"增加",选、填退货单相关信息,如图 8-79 所示。

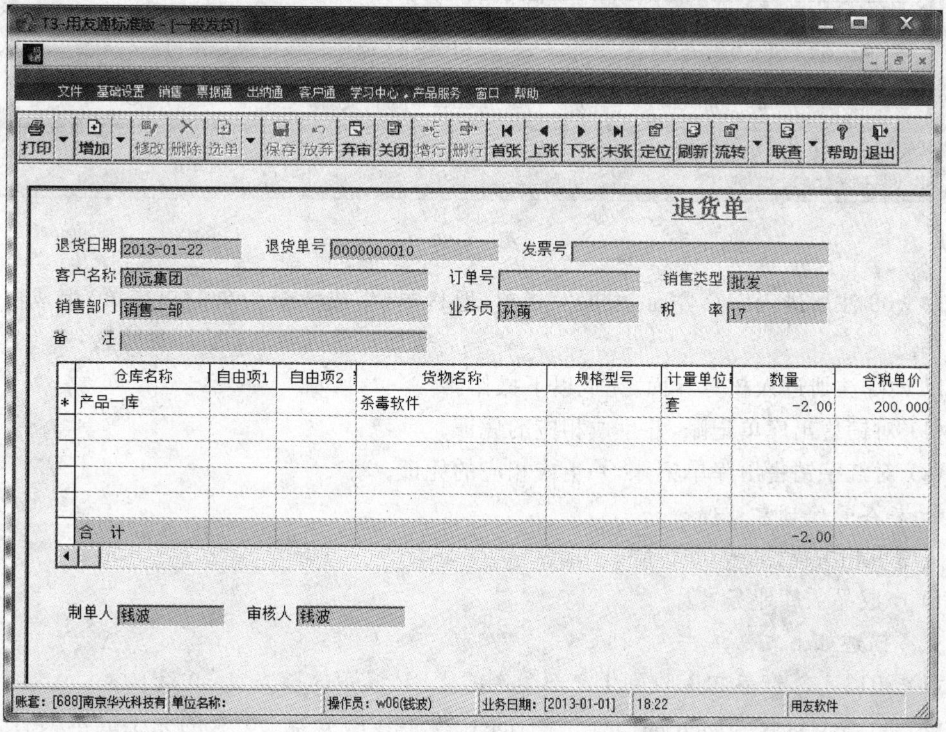

图 8-79

（3）填制销售专用发票并复核。

单击"销售"→"销售发票"→"增加"，选择"销售专用发票"，选单复制时，按 Ctrl 键，同时选中发货单和退货单，如图 8-80 所示。

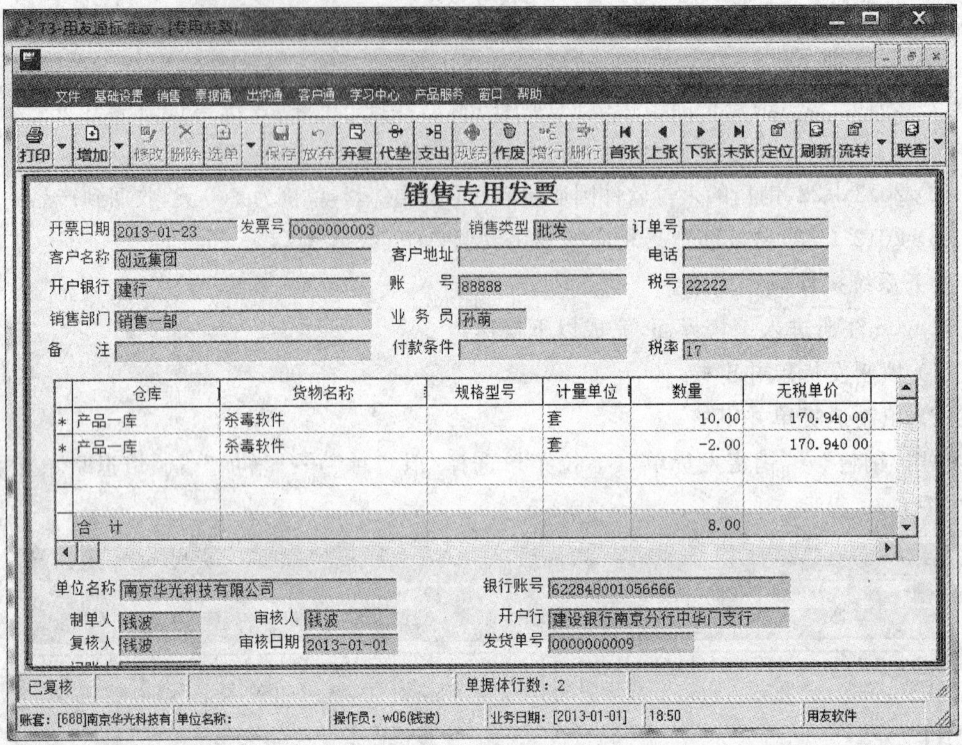

图　8-80

以 w08 注册进入库存界面，根据发货单、退货单（生成数量为负的出库单）生成出库单并审核。

以 w03 注册进入核算界面，完成以下操作。

（1）对销售出库单记账，并生成相应的凭证。

（2）对红字销售出库单记账，并生成相应的凭证。

6. 库存管理日常处理

入库单相关操作：w08 杨晓。

1）产成品入库业务

业务描述如下。

（1）2013-1-3，产品二库收到生产部生产的 ERP 模拟体验光盘 50 套。

（2）2013-1-4，收到财务部门提供的 ERP 模拟体验光盘 50 套的完工成本共计 3000元，做产成品成本分配，并生成相应凭证。

业务系统操作流程如下。

以 w06 注册进入库存界面,完成以下操作。

填制产成品入库单并审核(只输入数量),如图 8-81 所示。

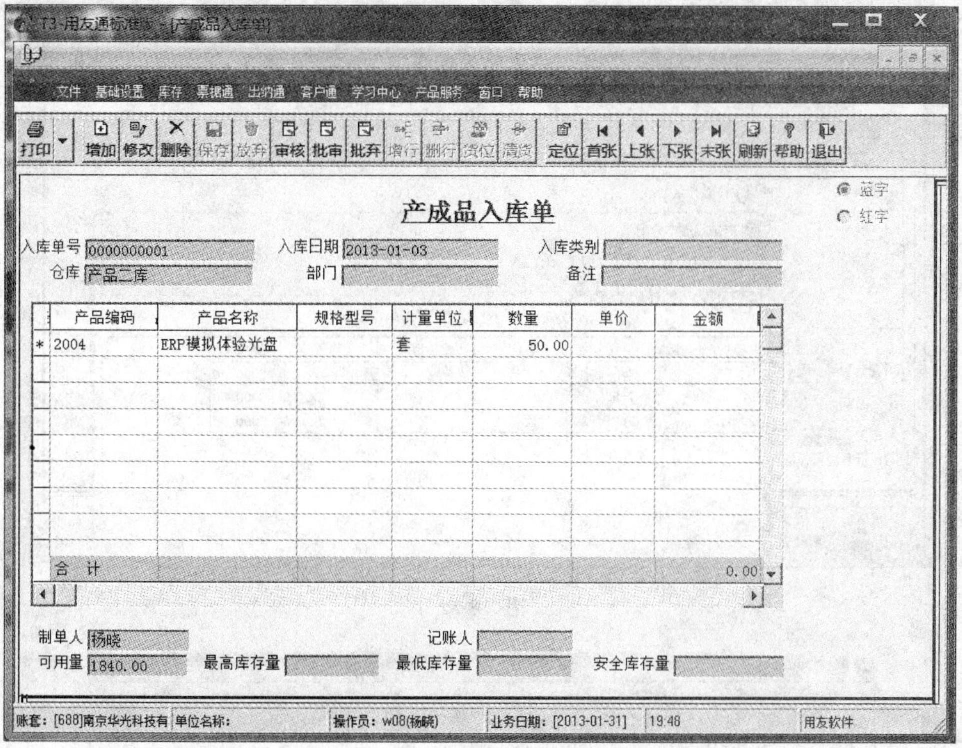

图　8-81

以 w03 注册进入核算界面,完成以下操作。

(1)单击"核算"→"核算"→"产成品成本分配表",选择对应的仓库和存货,在 ERP 模拟体验光盘后面录入总金额 3000 元,然后单击"分配"按钮,如图 8-82 所示。

注意:经过产成品成本分配后,单价自动回填到产成品入库单上。

(2)单击"核算"→"核算"→"正常单据记账",对产成品入库单记账。

(3)单击"核算"→"凭证"→"购销单据制单",对产成品入库单制单并生成相应的凭证,如图 8-83 所示。

2)材料领用出库业务

业务描述如下。

2013-1-5,生产部向材料库领用复印纸 100 包,用于印刷 ERP 普及教程。

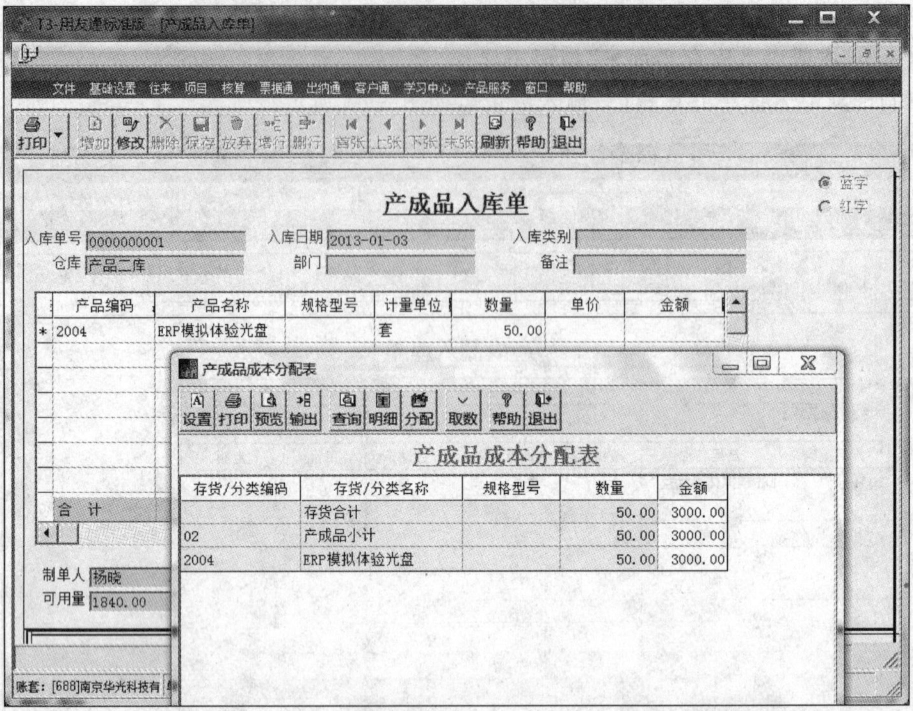

图 8-82

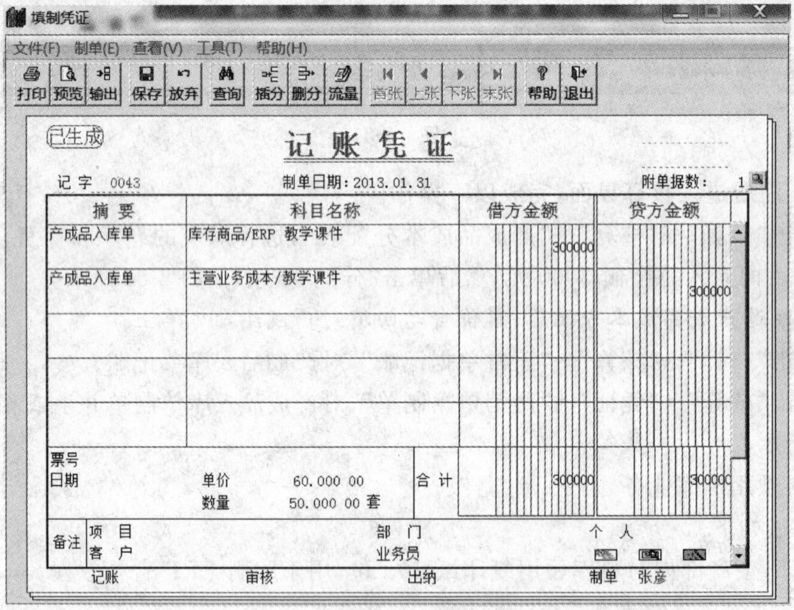

图 8-83

业务系统操作流程如下。

以 w08 注册进入库存界面,填制材料出库单并审核,如图 8-84 所示。

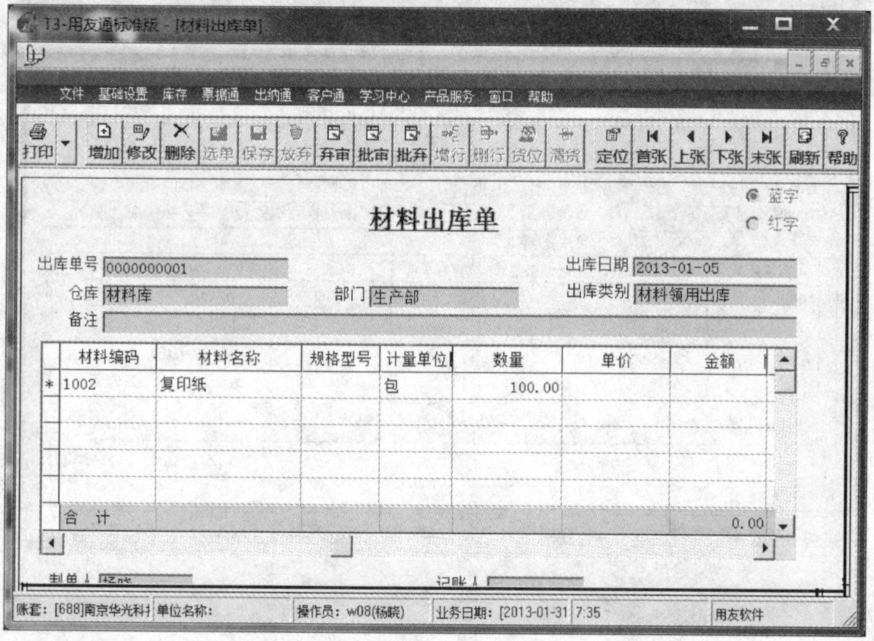

图　8-84

以 w03 注册进入核算界面,完成以下操作。

(1) 正常单据记账,对材料出库单执行记账。

(2) 购销单据制单,对材料出库单生成相应的凭证。

材料出库单生成的凭证分录如下。

借:生产成本

　　贷:原材料

3) 调拨业务

业务描述如下。

2013-1-8,将材料库中的 200 包复印纸调拨到产品二库。

业务系统操作流程如下。

以 w08 注册进入库存界面,完成以下操作。

(1) 填制库存调拨单。

单击"库存"→"库存其他业务"→"调拨单"→"增加",选、填库存调拨单的相关信息后保存,如图 8-85 所示。

(2) 调拨单保存后自动生成其他出库单、其他入库单。

单击"库存"→"其他出库单",对其他出库单进行审核。

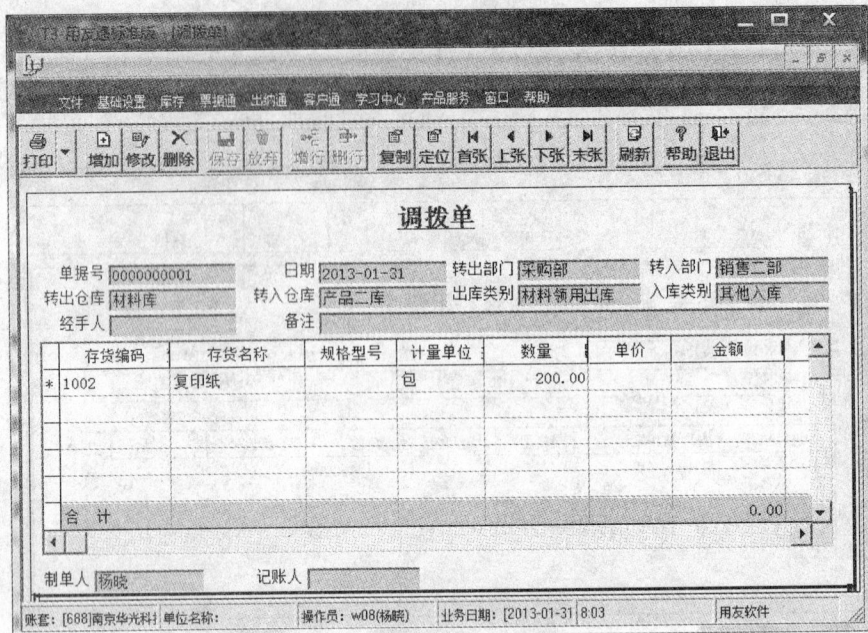

图 8-85

单击"库存"→"其他入库单",对其他入库单进行审核。

以 w03 注册进入核算界面,完成以下操作。

单击"特殊单据记账",对调拨单记账。

注意:

调拨单一般不用生成凭证,如果需要生成凭证,有以下两种方式。

① 在核算中单击购销单据制单,过滤出调拨单生成的其他入库单和其他出库单,对这两张单据合并制单,生成一张借贷科目相同的凭证。

② 对调拨单生成的其他入库单和其他出库单分别制单,走一个中间科目。

4) 盘点业务

业务描述如下。

2013-1-10,对材料库的所有存货盘点后,发现空白 CD 光盘多 10 张。

业务系统操作流程如下。

以 w08 注册进入库存界面,完成以下操作。

(1) 填制库存盘点单并审核。

单击"库存"→"库存其他业务"→"盘点单"→"增加",选、填盘点单的相关信息后保存并审核,如图 8-86 所示。

注意: 盘点单审核后,对于盘亏的存货,自动生成其他出库单。对于盘盈的存货,自动生成其他入库单。

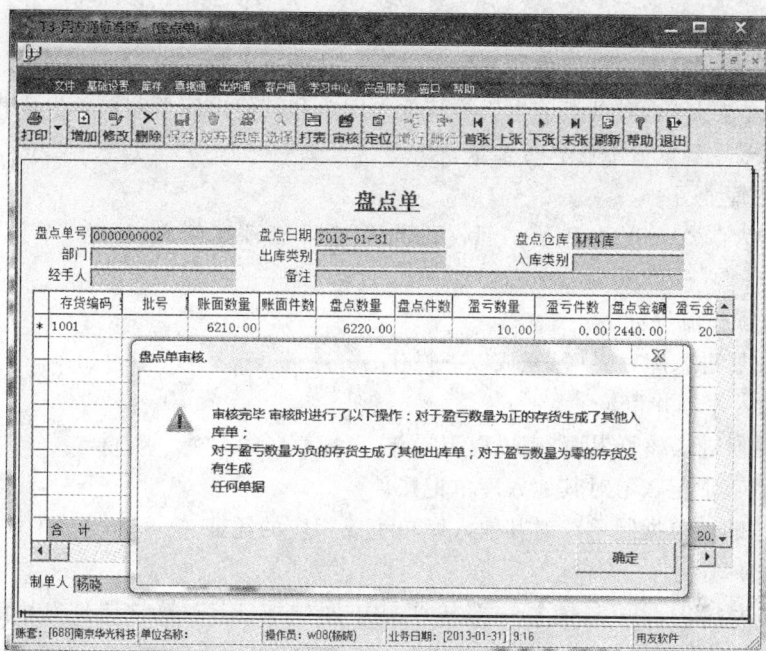

图 8-86

(2) 对盘点单生成的其他入库单和其他出库单进行审核,如图 8-87 所示。

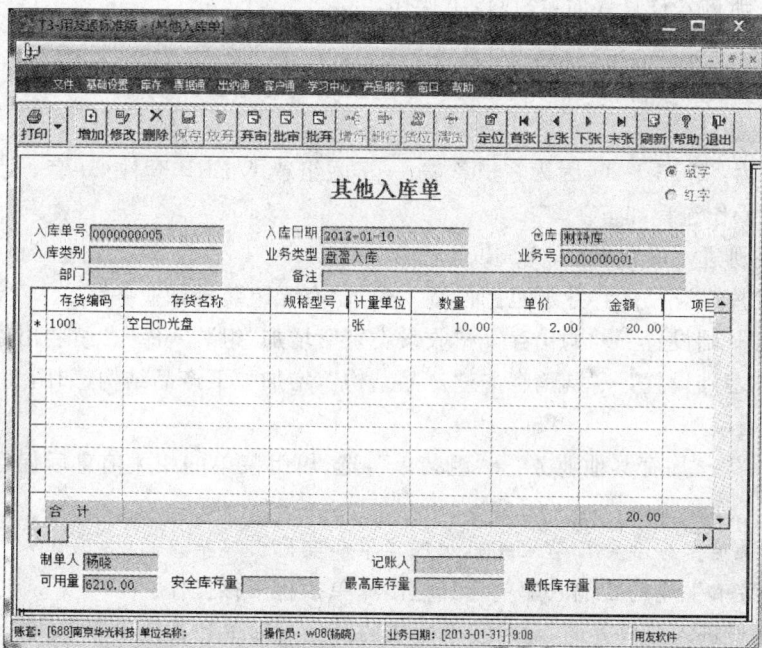

图 8-87

以 w03 注册进入核算界面,完成以下操作。

(1) 正常记账,对盘点单生成的其他入库单和其他出库单记账。

(2) 购销单据制单,对盘点单生成的其他入库单和其他出库单制单并生成相应的凭证。

注意:盘点单记账后不能取消记账。

5) 其他入库业务

业务描述为:2013-1-14,销售一部收到赠品《企业管理案例集》20 套,单价 25 元,入产品一库。

业务系统操作流程如下。

以 w08 注册进入库存界面,完成以下操作。

填制其他入库单并审核。

以 w03 注册进入核算界面,完成以下操作。

(1) 单击"正常记账",对其他入库单记账。

(2) 单击"购销单据制单",对其他入库单生成相应的凭证。

6) 其他出库业务

业务描述为:2013-1-15,销售一部从产品一库领取 ERP 教学课件 40 套,用于捐助教育。

业务系统操作流程如下。

以 w08 注册进入库存界面,填制其他出库单并审核。

以 w03 注册进入核算界面,完成以下操作。

(1) 单击"正常记账",对其他出库单记账。

(2) 单击"购销单据制单",对其他出库单生成相应的凭证。

7) 组装业务

业务描述为:2013-1-20,因为客户急需,一车间组装了 ERP 套件 20 套,入产品二库。

业务系统操作流程如下。

以 w08 注册进入库存界面,完成以下操作。

(1) 单击"库存"→"库存业务范围设置",勾选"有无组装拆卸业务"。

(2) 单击"基础设置"→"购销存"→"收发类别",增加"组装入库"、"组装出库"。

(3) 单击"基础设置"→"购销存"→"产品结构",增加如下产品结构,如图 8-88 所示。

(4) 填制组装单。

单击"库存"→"库存其他业务"→"组装单",选、填组装单的相关信息后保存,如图 8-89 所示。

注意:组装单保存后会自动生成其他入库单和其他出库单。

(5) 对组装单生成的其他入库单和其他出库单执行审核操作。

以 w03 注册进入核算界面,对组装单生成的其他入库单和其他出库单执行记账操作。

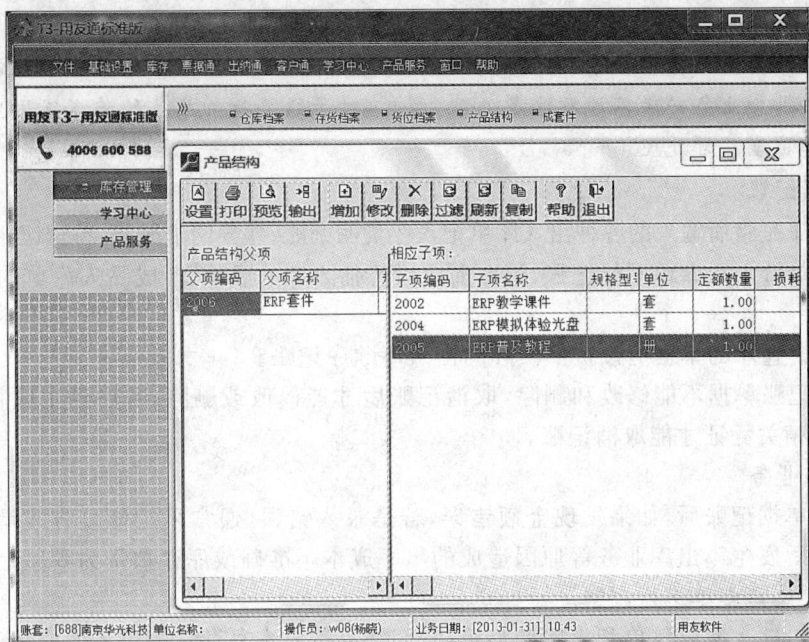

图　8-88

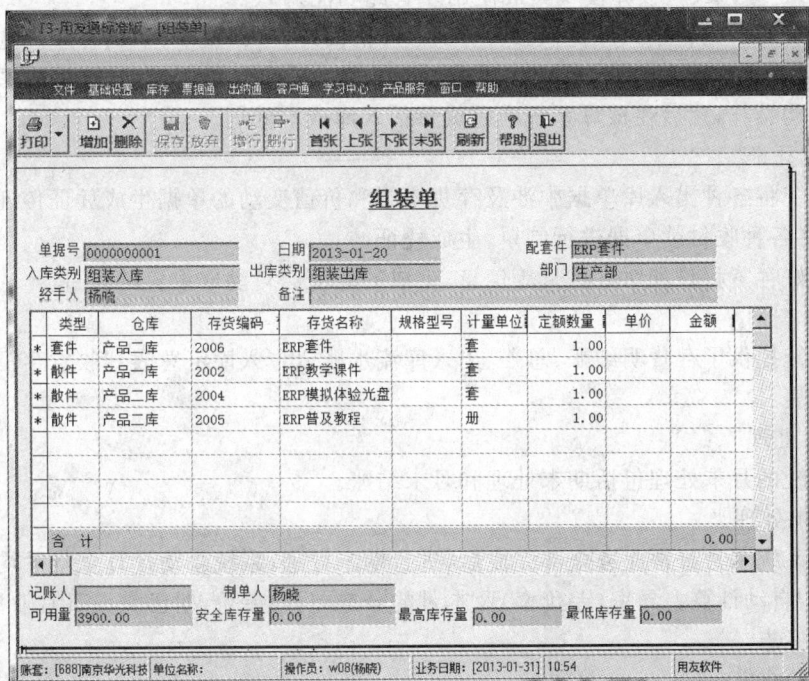

图　8-89

注意:

① 先选择其他出库单记账,再选择其他入库单记账,否则入库单无单价不允许记账。

② 组装拆卸业务一般不涉及账务处理,因此,对于组装拆卸业务的单据不用生成凭证。

7. 核算管理日常处理

1) 单据记账

单据记账是将所输入的各种出入库单记入存货明细账、差异明细账等,单据记账应注意:

(1) 无单价的入库单不能记账,记账前应对暂估入库的成本、产成品入库单的成本进行确认或修改。

(2) 各个仓库的单据应该按照实际的出入库顺序记账。

(3) 已记账单据不能修改和删除,取消记账后才能修改或删除,若已经生成相关凭证,必须先删除相关凭证才能取消记账。

2) 调整业务

出入库单据记账后,如果发现金额错误,若是录入错误,通常采用修改方式调整;如果是暂估入库后发生零出库业务等原因造成的出库成本不准确或库存数量为零但金额不为零的情况,需要用调整单进行调整。

调整单包括入库调整单和出库调整单,它们都只针对本月存货的出入库成本进行调整,并且只调整存货金额,不调整数量。出入库调整单保存后自动记账。

3) 暂估处理(采购、核算模块集成使用才有此功能)

核算系统对采购暂估入库提供三种方式:月初回冲、单到回冲、单到补差。选择后不要轻易修改,无论选择哪种方式,都应该遵循以下步骤:采购发票达到后,在采购系统填制发票并进行采购结算,然后在核算系统中完成暂估入库成本处理。

4) 生成凭证

核算系统将各种出入库单据中涉及存货增减和价值变动的单据生成凭证传递至总账模块,也可以将各种收付款单据进行制单,生成凭证。

先设置好存货科目和对方科目等信息,生成的凭证会自动取设置的科目。

5) 综合查询

核算系统提供了存货明细账、总账、出入库流水账、出/入库汇总表和收发存汇总表等多种分析统计表。

6) 月末处理

核算系统的月末处理包括期末处理和月末结账。

(1) 期末处理。

当核算系统本月日常业务全部完成后,进行期末处理,系统自动计算全月平均单价及本月出库成本,自动计算差异率(差价率)及本月的分摊差异/差价,对已完成日常业务的仓库/部门做处理标志。

(2) 月末结账。

采购、销售、库存系统本月结账之后,核算系统才能结账。

由于前面的采购、销售、库存业务中已经穿插了核算模块的业务功能,在此不再赘述。下面给出的是两笔调整成本业务的处理。

1) 入库调整业务

业务描述为:2013-1-31,将本月 3 日发生的采购复印纸的成本增加 300 元。

业务系统操作流程如下。

以 w03 注册进入核算界面,完成以下操作。

(1) 单击"核算"→"入库调整单",选、填入库调整单的相关信息后保存。入库调整单保存后自动记账,如图 8-90 所示。

图 8-90

(2) 单击"核算"→"凭证"→"购销单制单",对入库调整单制单并生成相应的凭证,如图 8-91 所示。

2) 出库调整业务

业务描述为:2013-1-31,将《企业管理案例集》的结存成本增加 100 元。

以 w03 注册进入核算界面,完成以下操作。

(1) 单击"核算"→"出库调整单",选、填入库调整单的相关信息后保存。出库调整单保存后自动记账,如图 8-92 所示。

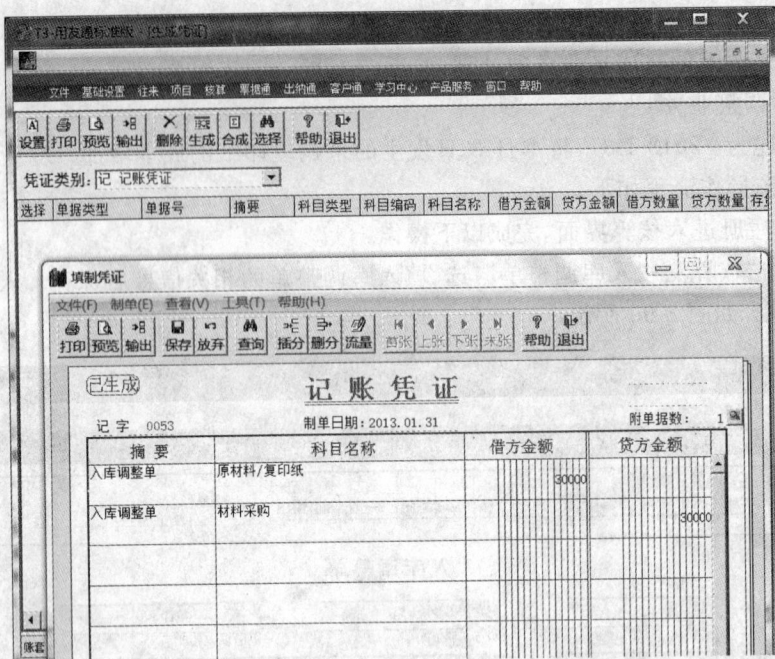

图　8-91

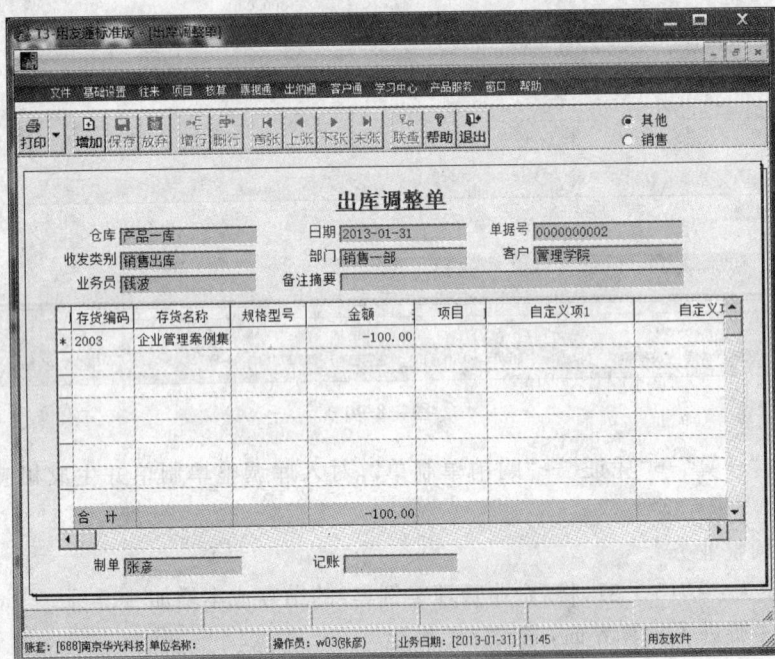

图　8-92

（2）单击"核算"→"凭证"→"购销单制单"，对出库调整单制单并生成相应的凭证，如图 8-93 所示。

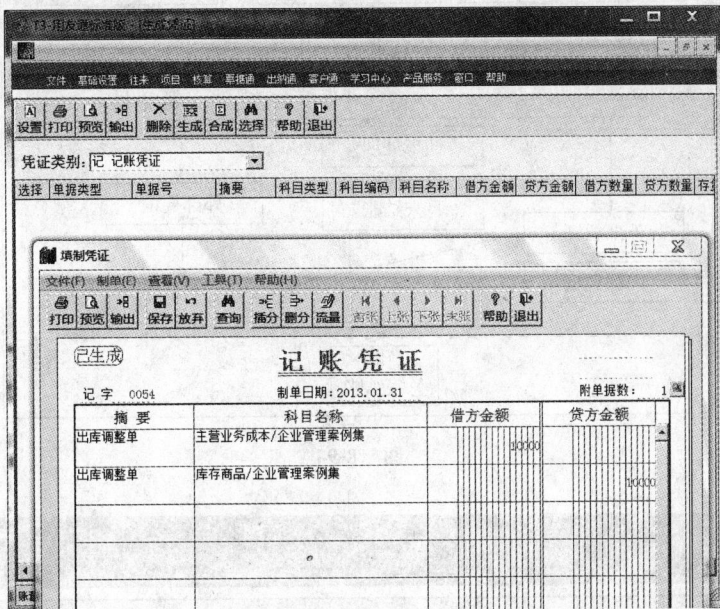

图 8-93

将以上一体化日常处理的实验结果备份到"D:\T3-用友通实验账套备份\财务业务一体化随堂指导\一体化日常处理"的文件夹中。

8.4.4 一体化期末处理

财务业务一体化期末结账流程如图 8-94 所示。

工资、固定资产模块结账没有顺序限制；采购模块必须先结账，销售模块才能结账；只有销售模块先结账，库存模块才能结账；库存模块必须先结账，核算模块才能结账。工资、固定资产、采购、销售、库存和核算模块全部结账后，总账系统才能结账。下面各个模块的期末处理，操作日期均设置为 2013.01.31。

1. 工资管理期末处理

在工资系统界面，单击"工资"→"业务处理"→"月末处理"→"确认"，按照提示操作即可，如图 8-95 所示。

注意：

（1）清零项。如果选择清零项，则选择的工资项目下一月数据为空，例如请假天数、请假扣款这些项目应该选择清零项，若每月基本工资都一样，就不要选择，下一月基本工资数就自动是上一月的数。

（2）如果是多个工资类别，每个类别需要单独结账。

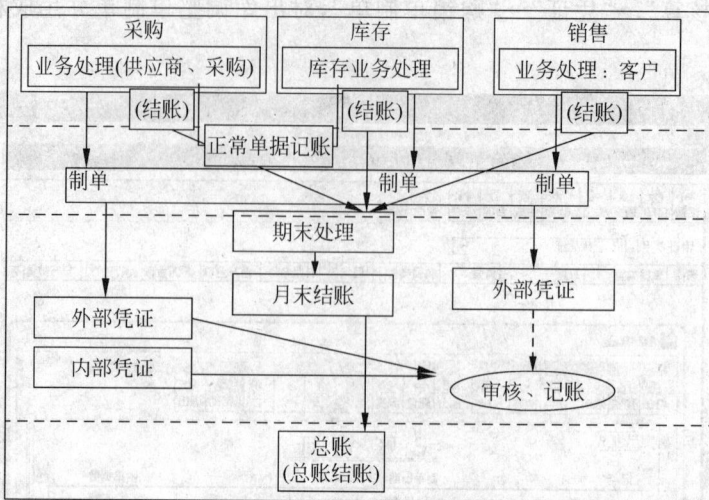

图　8-94

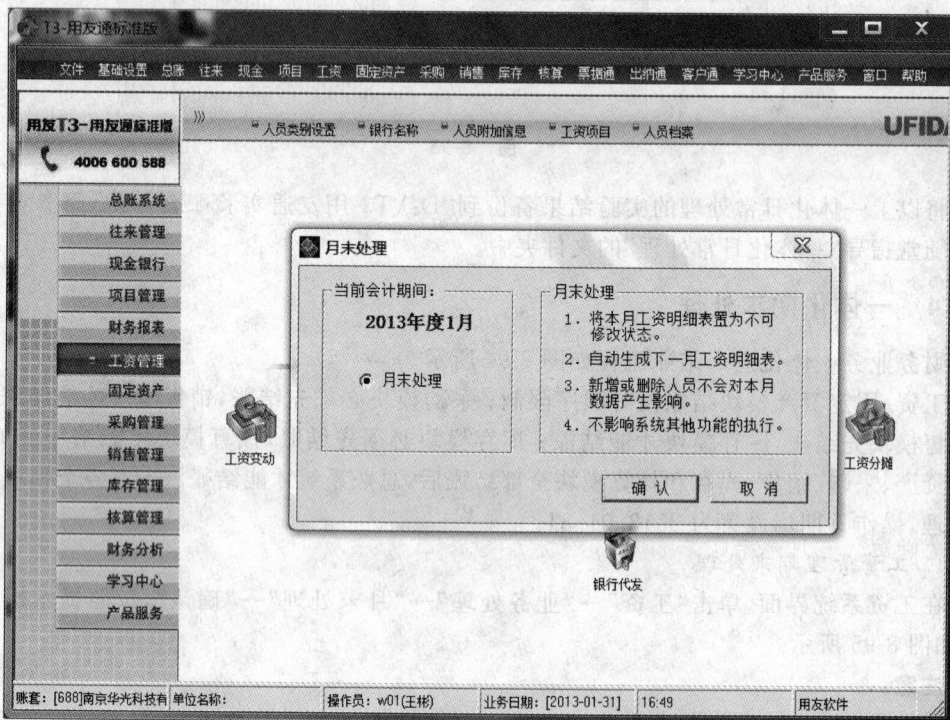

图　8-95

2. 固定资产期末处理

在固定资产界面,单击"固定资产"→"处理"→"月末处理"→"开始结账",系统自动和总账对账,若平衡,完成结账,如图 8-96 所示。

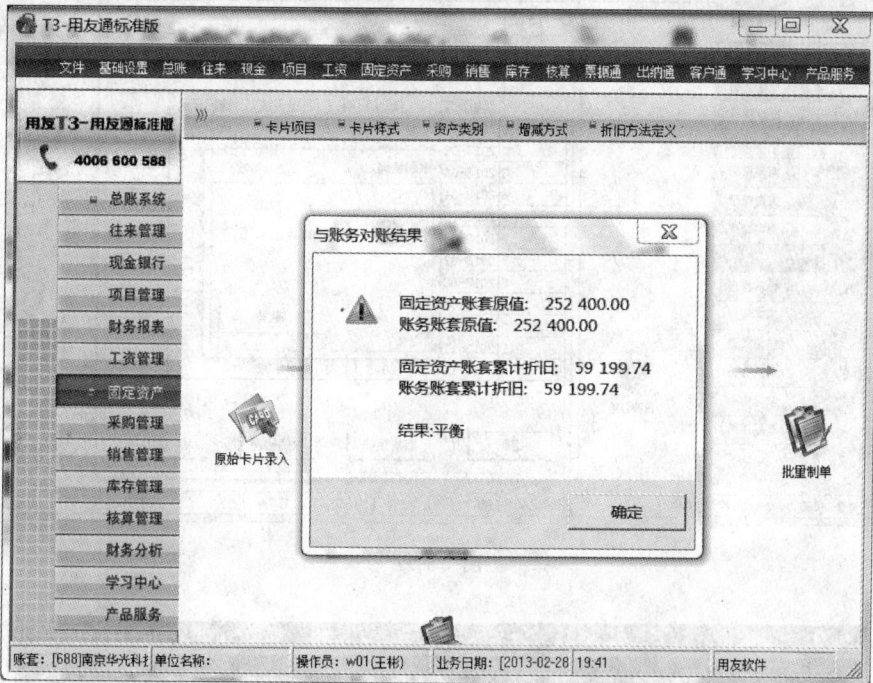

图　8-96

3. 采购系统期末处理

在采购系统界面,单击"采购"→"月末结账"→"月结检测"(提示没有待处理业务,可以成功进行月末处理)→"结账",如图 8-97 所示。

4. 销售系统期末处理

在采销售界面,单击"销售"→"月末结账"→"月结检测"(提示月末结账必要条件已通过检测)→"确定"→"月末结账",如图 8-98 所示。

5. 库存管理期末处理

在库存管理界面,单击"库存"→"月末结账"→"结账处理",如图 8-99 所示。

6. 核算管理期末处理

(1) 在核算管理界面,单击"核算"→"期末处理",选择要做期末处理的仓库,然后单击"确定"按钮,如图 8-100 所示。

(2) 在核算管理界面,单击"核算"→"月末结账",确认结账的月份,单击"确定"按钮,如图 8-101 所示。

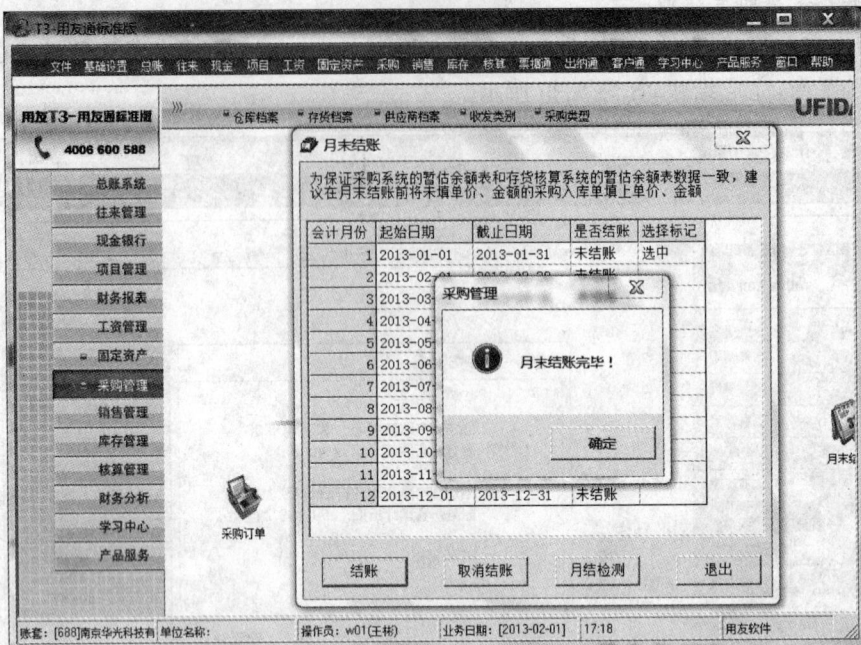

图 8-97

图 8-98

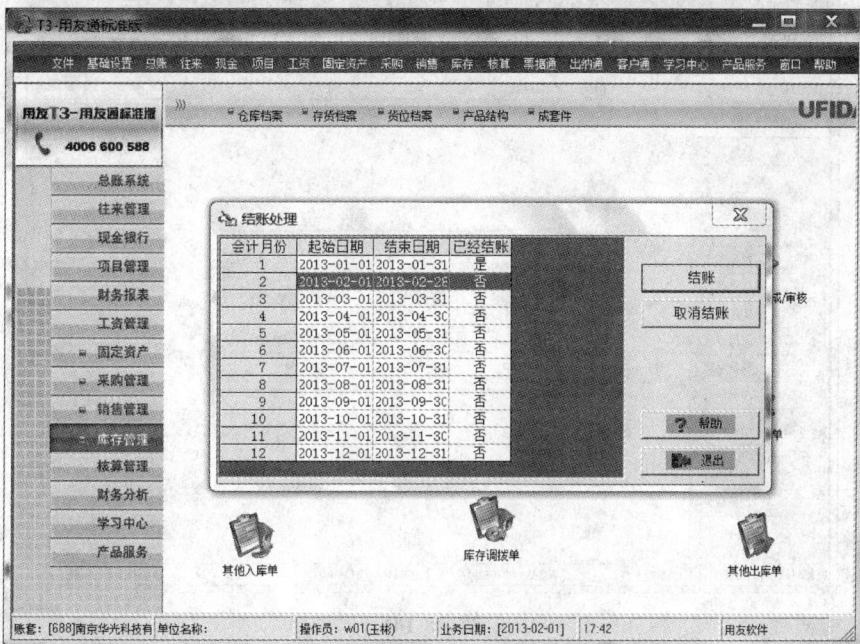

图　8-99

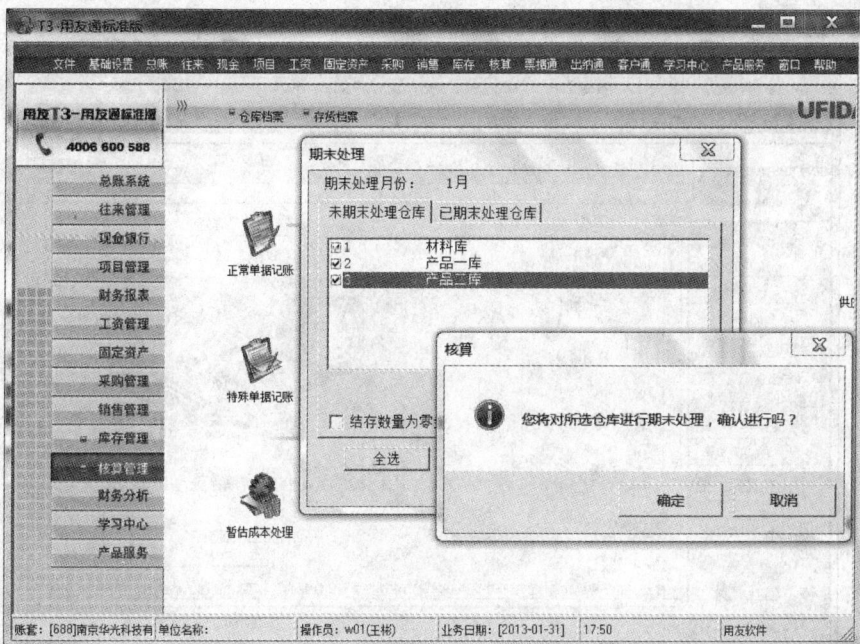

图　8-100

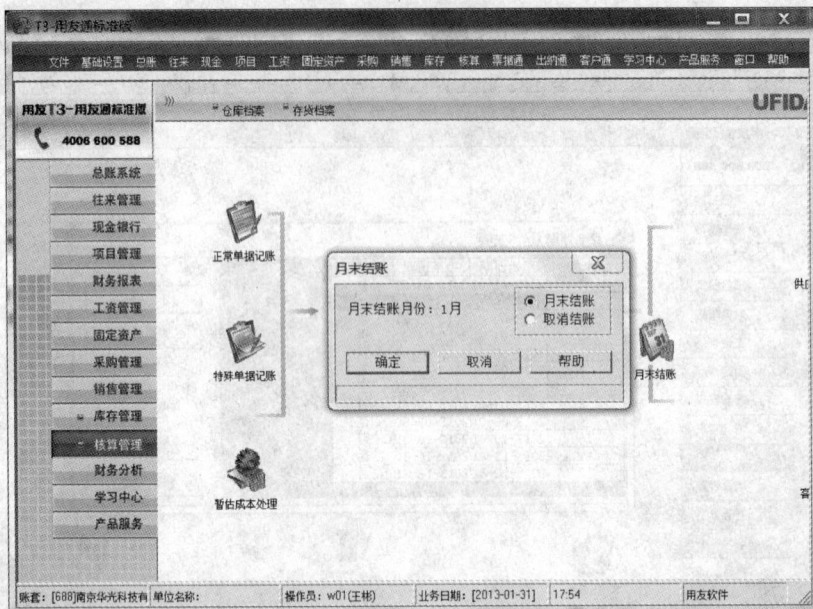

图 8-101

7. 总账系统期末处理

在总账系统界面,单击"总账"→"期末"→"结账",选择要结账的月份,按照提示操作即可,如图 8-102 所示。

图 8-102

如果提示未通过工作检查,就不能结账,则返回到上一步,仔细查看工作报告,找出原因,解决问题,直到通过工作检查。

最后将一体化期末处理的实验结果备份到"D:\T3-用友通实验账套备份\财务业务一体化随堂指导\一体化期末处理"的文件夹中。

考证训练

【考证训练环境】

会计信息化实验室。一人一机,主频 800MHz 或以上,256MB 或以上内存,20GB 或以上硬盘,标准系列鼠标,Windows 系统支持可显示 256 色的显示器。配有 Windows XP 及以上操作系统,SQL 2000,T3-用友通标准版(或 T3-用友通教学版,系统时间改为 2013 年 1 月 1 日)。引入"D:\T3-用友通实验账套备份\财务业务一体化\一体化日常处理"的文件夹中的账套数据。

(1) 用户名为 w01;账套为 688;操作日期为 2013 年 1 月 1 日,查询全部供应商的往来余额表。

操作提示:以 w01 注册(账套为 688;操作日期为 2013 年 1 月 1 日)进入 T3-用友通标准版界面,单击"采购"→"供应商往来账表"→"供应商往来余额表"→"确认"→"退出"。

(2) 用户名为 w01;账套为 688;操作日期为 2013 年 1 月 31 日,收款单日期为 2013 年 1 月 12 日,销售部收到南京管理学院银行汇票一张,为销售计算机等级考试模拟光盘货款,数量 100 张,每台无税单价 30 元,价税合计 3510 元。

操作提示:以 w01 注册(账套为 688;操作日期为 2013 年 1 月 1 日)进入 T3-用友通标准版界面,单击"销售"→"客户往来"→"收款结算"(先选择客户名称)→"增加"(输入日期、结算方式、金额)→"保存"→"退出"。

(3) 用户名为 w01;账套为 688;操作日期为 2013 年 1 月 1 日,设置客户档案。

客户编号为 304。

客户名称为青岛卫华公司。

客户简称为青岛卫华。

操作提示:以 w01 注册(账套为 688;操作日期为 2013 年 1 月 1 日)进入 T3-用友通标准版界面,单击"基础设置"→"往来单位"→"客户档案"→"增加"(输入客户档案信息)→"保存"→"退出"。

(4) 用户名为 w01;账套为 688;操作日期为 2013 年 1 月 1 日,输入期初采购专用发票。2012 年 12 月 26 日,采购部收到畅捷印刷厂开具的专用发票一张,发票号为 A001,商品名称为复印纸,数量为 20 包,每包无税单价 180 元,增值税率 17%,货物在途。

操作提示:以 w01 注册(账套为 688;操作日期为 2013 年 1 月 1 日)进入 T3-用友通标准版界面,单击"采购"→"采购发票"(选择专用发票,输入开票日期、发票号、供货单位,选择货物编码,数量、金额等)→"保存"→"退出"。

(5) 用户名为 w01；账套为 688；操作日期为 2013 年 1 月 1 日，查询全部客户的客户往来余额表。

操作提示：以 w01 注册（账套为 688；操作日期为 2013 年 1 月 1 日）进入 T3-用友通标准版界面，单击"销售"→"客户往来账表"→"客户往来余额表"（勾选包含入库单、包含未审核发票）→"确认"→"退出"。

(6) 用户名为 w01；账套为 688；操作日期为 2013 年 1 月 1 日，查询全部供应商的供应商对账单。

操作提示：以 w01 注册（账套为 688；操作日期为 2013 年 1 月 1 日）进入 T3-用友通标准版界面，单击"采购"→"供应商往来账表"→"供应商往来对账单"→"确认"→"退出"。

(7) 用户名为 w01；账套为 688；操作日期为 2013 年 1 月 1 日，设置以下付款条件。

编码为 04；付款条件为 $4/5,2/15,1/30,n/60$。

操作提示：以 w01 注册（账套为 688；操作日期为 2013 年 1 月 1 日）进入 T3-用友通标准版界面，单击"基础设置"→"收付结算"→"付款条件"（输入编码、信用天数、优惠天数、优惠率）→"增加"→"退出"。

(8) 用户名为 w01；账套为 688；操作日期为 2013 年 1 月 1 日，设置供应商档案。

供应商编码为 303。

供应商名称为北京光芒公司。

供应商简称为北京光芒。

操作提示：以 w01 注册（账套为 688；操作日期为 2013 年 1 月 1 日）进入 T3-用友通标准版界面，单击"基础设置"→"往来单位"→"供应商档案"→"增加"（输入供应商档案信息）→"保存"→"退出"。

(9) 用户名为 w01；账套为 688；操作日期为 2013 年 1 月 1 日，对销售发票进行账龄分析。

操作提示：以 w01 注册（账套为 688；操作日期为 2013 年 1 月 1 日）进入 T3-用友通标准版界面，单击"销售"→"客户往来账表"→"业务账龄分析"（分析单据选择"发票"）→"确定"→"退出"。

(10) 用户名为 w01；账套为 688；操作日期为 2013 年 1 月 1 日，查询全部客户的客户对账单。

操作提示：以 w01 注册（账套为 688；操作日期为 2013 年 1 月 1 日）进入 T3-用友通标准版界面，单击"销售"→"客户往来账表"→"客户对账单"→"确认"→"退出"。

思考练习

根据给出的实验资料，完成企业财务业务一体化的公用档案建立、初始设置、日常处理和期末处理。

【实验目的】

(1) 进一步加深理解 T3 用友通软件中财务及采购管理、销售管理、库存管理、核算的相关内容。

(2) 熟练掌握 T3 用友通软件财务、业务初始设置和日常业务处理方法。

(3) 了解 T3 用友通各系统模块之间的数据传递关系。

【实验环境】

会计信息化实验室。一人一机,主频 800MHz 或以上,256MB 或以上内存,20GB 或以上硬盘,标准系列鼠标,Windows 系统支持可显示 256 色的显示器。配有 Windows XP 及以上操作系统,SQL 2000,T3-用友通标准版(或 T3-用友通教学版,系统时间改为 2013 年 1 月 1 日)。

【实验要求】

根据给出的实验资料,完成苏州市华新实业有限责任公司财务业务一体化的初始设置、日常业务处理和期末结账工作。

【实验资料】

一、操作员权限与职责

编号	姓名	口令	所属部门	角色	权限与职责
201	王敏	001	财务部	账套主管	账套主管的全部权限
202	黄娟	002	财务部	出纳	出纳签字、现金管理
203	苏秀	003	财务部	财务操作员	总账、工资、固定资产、财务报表、往来、应收管理、应付管理、核算、项目管理、公用目录设置
204	李强	004	采购部	采购操作员	采购管理、公用目录设置、应付管理
205	杨小明	005	销售部	销售操作员	销售管理、公用目录设置、应收管理

二、账套基础资料

1. 账套信息

账套号 599;账套名称为苏州市华新实业有限责任公司;启用会计期为 2013 年 1 月 1 日;会计期间设置为 2013 年 1 月 1 日—2013 年 12 月 31 日。

2. 单位信息

单位名称为苏州市华新实业有限责任公司;单位简称为华新实业;税号为 9001060009091000;开户银行为中国工商银行苏州开发区支行。

3. 核算类型

记账本位币为人民币(RMB);企业类型为工业;行业性质为 2007 年新会计准则科目;账套主管为王敏;选中"按行业性质预置科目"。

4. 基础信息

需要对存货进行分类,不需要对客户和供应商进行分类,有外币核算。

5. 分类编码方案

部门编码级次为 122。

科目编码级次为 4222。

结算方式编码级次为 12。

其他默认。

6. 数据精度

小数位均定为 2。

三、基础档案

1. 部门档案

部门编码	部门名称	部门属性	部门编码	部门名称	部门属性
1	办公室	综合管理	5	制造部	生产制造
2	财务部	财务管理	501	生产车间	生产管理
3	采购部	采购管理	502	研发部	研究开发
4	市场部	市场营销			

2. 职员档案

职员编号	职员名称	所属部门	职员属性
101	秦利	办公室	主任
201	王敏	财务部	会计主管
202	黄娟	财务部	出纳
203	苏秀	财务部	会计
301	李强	供应部	采购主管
401	杨小明	市场部	销售主管
402	余卓	市场部	销售人员
501	文玉成	生产车间	部门主管
502	王生	生产车间	生产人员
503	张齐	研发部	技术人员
504	江胜利	研发部	技术人员

3. 地区分类

地区分类	分类名称	地区分类	分类名称
01	东部地区	04	北部地区
02	中西部地区	05	境外
03	南部地区		

4. 客户档案

编号	名　称	简称	税号	开户银行	账号
001	北京亚飞超市	亚飞超市	11111	北京工行	0000000
002	天津林营实业公司	林营实业	22222	天津工行	1111122
003	北京市百货商场	北京百货	33333	北京工行	3333333
004	长城餐饮实业公司	长城餐饮	55555	北京工行	8888888

5. 供应商档案

编号	名　称	简称	税号	开户银行	账号
001	北京延庆食品公司	延庆食品	155112	北京工行	5805805
002	辽宁生态食品公司	辽宁生态	333222	辽宁工行	3838383
003	昌平友朋公司	友朋公司	838383	昌平工行	3829200

6. 结算方式

结算方式编码	结算方式名称	票据管理
1	现金结算	否
2	支票结算	否
201	现金支票	是
202	转账支票	是
3	汇票	否
301	银行汇票	是
4	其他	否

7. 外币设置

币符为 USD,外币名称为美元,采用固定汇率核算,2013 年 1 月初的汇率为 6.80。

8. 开户银行

开户银行为中国工商银行苏州开发区支行。

账号为 520855588811。

四、总账系统初始化资料

1. 总账控制参数设置

2. 总账初始设置

(1) 辅助账期初余额表。

会计科目:应收账款 1122　余额:借 43 875 元

日期	客户	摘要	方向	金额/元	业务员	票号	票据日期
2012-12-31	长城餐饮	销售商品	借	43 875	余卓	P511	2012-12-31

会计科目:应付账款 2202　余额:贷 15 397.20 元

日期	客户	摘要	方向	金额/元	业务员	票号	票据日期
2012-12-31	延庆食品	购材料	贷	15 397.20	李强	F201	2012-12-31

会计科目：其他应收账款 1221　　余额：借 2000 元

日期	部门	个人	摘要	方向	金额/元
2012-12-31	办公室	秦利	出差借款	借	2000

（2）会计科目设置及期初余额。

科 目 名 称	借贷方向	期初余额/元	辅 助 核 算
库存现金 1001	借	5000.16	日记
银行存款 1002	借	300 000	银行、日记
工行存款 100201	借	300 000	银行、日记
中行存款 100202	借	22 500 000	银行、日记、外币（美元）
应收票据 1121	借		客户往来
应收账款 1122	借	43 875	客户往来
预付账款 1123	借		供应商往来
其他应收款 1221	借	2000	个人往来
坏账准备 1231	贷	2050	
甲材料 140201	借		
乙材料 140202	借	13 160	
原材料 1403	借	24 440	
甲材料 140301	借	18 000	数量核算：公斤（3.60 元/kg×5000kg）
乙材料 140302	借	6440	数量核算：公斤（2.80 元/kg×2300kg）
库存商品 1405	借	59 400	
A 产品 140501	借	29 400	数量核算：公斤（9.80 元/kg×3000kg）
B 产品 140502	借	30 000	数量核算：公斤（7.50 元/kg×4000kg）
固定资产 1601	借	2 330 000	
累计折旧 1602	贷	143 044.16	
短期借款 2001	贷	100 000	
应付票据 2201	贷		供应商往来
应付账款 2202	贷	15 397.20	供应商往来
预收账款 2203	贷		客户往来
应付职工薪酬 2211	贷	13 475	
工资 221101	贷		
福利费 221102	贷	13 475	
社会保险费 221103	贷		
住房公积金 221104	贷		
工会经费 221105	贷		
职工教育经费 221106	贷		
辞退福利 221107	贷		
其他 221108	贷		

科 目 名 称	借贷方向	期初余额/元	辅 助 核 算
应交税费 2221	贷	342.80	
应交增值税 222101	贷		
进项税额 22210101	贷		
销项税额 22210102	贷		
进项税额转出 22210103	贷		
已交税金 22210104	贷		
未交增值税 222102	贷	342.80	
应交营业税 222103	贷		
个人所得税 222104	贷		
应交所得税 222105	贷		
应交城市维护建设税 222106	贷		
应交教育费附加 222107	贷		
实收资本 4001	贷	2 500 000	
利润分配 4104	贷	63 621	
提取法定盈余公积 410401	贷		
提取任意盈余公积 410402	贷		
应付利润 410403	贷		
未分配利润 410404	贷	63 621	
生产成本 5001	借	60 055	
A 产品 500101	借	30 055	
直接材料 50010101	借	15 955	
直接人工 50010102	借	8100	
制造费用 50010103	借	6000	
B 产品 500102		30 000	
直接材料 50010201	借	16 800	
直接人工 50010202	借	8200	
制造费用 50010203	借	5000	
制造费用 5101	借		
工资 510101	借		
福利费 510102	借		
折旧费 510103	借		
办公费 510104	借		
水电费 510105	借		
修理费 510106	借		
其他 510107	借		
A 产品 600101	借		
B 产品 600102	借		

科 目 名 称	借贷方向	期初余额/元	辅 助 核 算
A 产品 640101	借		
B 产品 640102	借		
工资 660101	借		
福利费 660102	借		
广告费 660103	借		
运输费 660104	借		
折旧费 660105	借		
其他 660106	借		
工资 660201	借		部门核算
福利费 660202	借		部门核算
办公费 660203	借		部门核算
差旅费 660204	借		部门核算
招待费 660205	借		部门核算
折旧费 660206	借		部门核算
水电费 660207	借		部门核算
工会经费 660208	借		部门核算
职工教育经费 660209	借		部门核算
保险费 660210	借		部门核算
其他 660211	借		部门核算
利息支出 660301	借		
汇兑损益 660302	借		
现金折扣 660303	借		

说明：由于一级会计科目在建账时由系统预置，所以表中只列出了需要修改或增加的会计科目。

（3）指定"1001 库存现金"为现金总账科目；指定"1002 银行存款"为银行总账科目；指定"1001 现金、100201 工行存款、100202 中行存款"为现金流量科目。

（4）凭证类别设置。

凭证类别	限制类型	限制科目
收款凭证	借方必有	1001,100201
付款凭证	贷方必有	1001,100201
转账凭证	凭证必无	1001,100201

五、工资管理系统初始设置资料

1. 工资账套资料

工资类别个数为单个；核算币种为人民币；要求自动代扣个人所得税；不进行扣零处

理；人员编码长度为 4 位；账套启用日期为 2013-1-1。

2. 基础资料

(1) 人员类别为管理人员、经营人员、生产工人、研发人员

(2) 工资项目

工资项目名称	类型	长度	小数位	增减项
基本工资	数字	8	2	增项
奖励工资	数字	8	2	增项
交补	数字	8	2	增项
应发合计	数字	10	2	增项
请假扣款	数字	8	2	减项
养老保险	数字	8	2	减项
住房公积金	数字	8	2	减项
其他扣款	数字	8	2	减项
扣款合计	数字	10	2	减项
实发合计	数字	10	2	增项
代扣税	数字	8	2	减项
请假天数	数字	5	2	其他

(3) 计算公式

工资项目	定 义 公 式
请假扣款	请假天数 * 80
交通补贴	iff(人员类别＝"管理人员" OR 人员类别＝"经营人员",400,300)
养老保险	应发合计 * 0.08
住房公积金	应发合计 * 0.12

(4) 人员档案

人员编号	人员名称	所属部门	人员类别
0101	秦利	办公室	管理人员
0201	王敏	财务部	管理人员
0202	黄娟	财务部	管理人员
0203	苏秀	财务部	管理人员
0301	李强	供应部	管理人员
0401	杨小明	市场部	经营人员
0402	余卓	市场部	经营人员
0501	文玉成	生产车间	管理人员
0502	王生	生产车间	生产人员
0503	张齐	研发部	研发人员
0504	江胜利	研发部	研发人员

3. 工资数据

(1) 2013 年 1 月初的工资情况。

姓名	基本工资	奖励工资
秦利	4000	1000
王敏	3500	1000
黄娟	3000	500
苏秀	3000	500
李强	3000	400
杨小明	3000	400
余卓	2800	300
文玉成	3000	500
王生	2500	300
张齐	3500	500
江胜利	3500	500

(2) 代扣个人所得税时,计税基数为 3500 元。

(3) 工资分摊设置。

计提类型与计提比例	部门名称	人员类别	项目	借方科目	贷方科目
工资 100%	办公室、财务部、采购部、生产车间	管理人员	应发合计	660201	221101
	市场部	经营人员	应发合计	660101	
	生产车间	生产工人	应发合计	510101	
	研发部	研发人员	应发合计	660201	
福利费 14%	办公室、财务部、采购部、生产车间	管理人员	应发合计	660202	221102
	市场部	经营人员	应发合计	660102	
	生产车间	生产工人	应发合计	510102	
	研发部	研发人员	应发合计	660202	
工会经费 2%	所有部门	所有人员	应发合计	660208	221105
职工教育经费 2.5%	所有部门	所有人员	应发合计	660209	221106

六、固定资产管理系统初始设置资料

1. 固定资产账套资料

控 制 参 数	参 数 设 置
约定与说明	我同意
启用月份	2013 年 1 月
折旧信息	本账套计提折旧方法：平均年限法 折旧汇总分配周期：1 个月 当"月初已计提月份＝可使用月份－1"时，将剩余折旧全部提足
编码方式	资产类别编码方式：2 1 1 2 固定资产编码方式：按"类别编码＋部门编码＋序号"自动编码 卡片序号长度为 3
财务接口	与总账系统进行对账 对账科目 固定资产对账科目：1601 固定资产 累计折旧对账科目：1602 累计折旧
补充参数	业务发生后立即制单 月末结账前一定要完成制单登账业务 固定资产默认入账科目：1601，累计折旧默认入账科目：1602

2. 固定资产类别

编码	类别名称	净残值率	单位	计提属性	卡片样式
01	房屋及建筑物	5%		正常计提	通用样式
011	生产经营用	5%		正常计提	通用样式
012	非生产经营用	5%		正常计提	通用样式
02	交通运输设备	4%	辆	正常计提	通用样式
021	生产经营用	4%	辆	正常计提	通用样式
022	非生产经营用	4%	辆	正常计提	通用样式
03	电子设备	5%	台	正常计提	通用样式
031	生产经营用	5%	台	正常计提	通用样式
032	非生产经营用	5%	台	正常计提	通用样式
04	其他设备			正常计提	通用样式

3. 部门及对应折旧科目

部　　门	对应折旧科目
办公室、财务部、采购部、研发部	管理费用/折旧费 660206
市场部	销售费用/折旧费 660105
生产车间	制造费用/折旧费 510103

4. 增减方式及对应入账科目

增减方式	对应入账科目	增减方式	对应入账科目
增加方式		减少方式	
直接购入	100201，工行存款	损毁	1606，固定资产清理

5. 原始卡片

名称	类别编号	使用部门	开始使用日期	原值/元	使用年限	净残值率	累计折旧/元	增加方式
福田卡车	021	生产车间	2012.8.10	160 000	5	5%	7600	
同方计算机	032	财务部	2011.10.10	5000	4	2%	1327.08	直接购入
同方计算机	032	研发部	2011.10.10	5000	4	2%	1327.08	
厂房	011	生产车间	2011.9.10	2 100 000	20	2%	120 050	
A机器	031	生产车间	2011.10.12	60 000	5	2%	12 740	
合计				2 330 000			143 044.16	

注：以上固定资产的折旧方法均为平均年限法一，使用状态均为在用。

七、购销存系统初始设置资料

1. 购销存基础档案设置

(1) 存货分类

分类编码	存货类别名称	分类编码	存货类别名称
01	原材料	02	产成品
0101	甲材料	0201	A产品
0102	乙材料	0202	B产品
03	其他		

(2) 计量单位

分组为无分类，无换算。

计量单位组编码为 1；计量单位组名称为无分类；计量单位组类别为无换算。

计量单位编码为 01，计量单位名称为 kg；计量单位编码为 02，计量单位名称为 km。

(3) 存货档案

存货编号	存货代码	存货名称	所属分类码	计量单位	税率	存 货 属 性	参考成本	参考售价
1001	C01	甲材料	0101	kg	17%	外购、自制、生产耗用	3.70	
1002	C02	乙材料	0102	kg	17%	外购、自制、生产耗用	4.80	
2001	P01	A产品	0201	kg	17%	销售、自制		11.20
2002	P02	B产品	0202	kg	17%	销售、自制		8
3001	Y01	运输费	03	km	7%	销售、外购、劳务费用		

说明:以上存货档案启用日期均为 2013 年 1 月 1 日,参考售价为不含税价。

(4) 仓库档案

仓库编码	仓库名称	所属部门	负责人	计价方式
1	材料库	采购部	李强	先进先出法
2	产成品库	市场部	杨小明	先进先出法

(5) 收发类别

类别编码	类别名称	收发标志	类别编码	类别名称	收发标志
1	入库分类	收	2	出库分类	发
11	采购入库	收	21	生产领用	发
12	产成品入库	收	22	销售出库	发
13	其他入库	收	23	其他出库	发

(6) 采购类型

采购类型编码	采购类型名称	入库类别	是否默认值
1	生产采购	采购入库	是
2	非生产采购	采购入库	否

(7) 销售类型

销售类型编码	销售类型名称	出库类别	是否默认值
1	批发	销售出库	是
2	零售	销售出库	否

2. 购销存系统参数设置

(1) 采购管理系统参数设置

应付款核销方式为按单据核销;预付款核销时按余额核销;不允许查看、修改他人的单据;其他选项使用系统默认值。

(2) 销售管理系统参数设置

应收款核销方式为按单据核销;预收款核销时按余额核销;不允许修改其他操作员的单据,但可以查看其他操作员的单据;报价不含税;其他选项使用系统默认值。

(3) 库存管理系统参数设置

批次存货入库单需要审核之后才能出库;销售出库业务由销售管理系统指定批号;由库存管理系统生成销售出库单;允许零出库;存货有辅助计量单位;其他选项使用系统默认值。

（4）核算系统参数设置

核算方式按仓库核算；不允许查看、修改他人单据；进项税额转出科目是"22210103 进项税额转出"；其他选项使用系统默认值。

3. 购销存业务科目设置

（1）存货科目

仓库编码	仓库名称	存货分类	存货科目
1	材料库	0101	140301
1	材料库	0102	140302
2	产成品库	0201	140501
2	产成品库	0202	140502

（2）存货对方科目

收发类别	存货编码	存货名称	对 方 科 目
11 采购入库	0101	甲材料	140201 在途物资/甲材料
11 采购入库	0102	乙材料	140202 在途物资/乙材料
12 产成品入库	0201	A 产品	50010101 生产成本/A 产品/直接材料
12 产成品入库	0202	B 产品	50010201 生产成本/B 产品/直接材料
22 销售出库	0201	A 产品	640101 主营业务成本/A 产品
22 销售出库	0202	B 产品	640102 主营业务成本/B 产品
21 生产领用	0101	甲材料	50010101 生产成本/A 产品/直接材料
21 生产领用	0102	乙材料	50010201 生产成本/B 产品/直接材料

（3）客户往来科目

① 基本科目。

应收科目：1122（本币），销售收入科目为 600101（或 660102），应交增值税科目为 22210102，预收科目为 2203（本币），现金折扣科目为 660303。

② 结算方式科目。

现金结算对应 1001，现金支票和转账支票对应 100201。

应付款管理系统初始设置。

③ 产品科目设置。

存货编码	存货名称	采购科目	产品采购税金科目
2001	A 产品	140201	22210101
2002	B 产品	140202	22210101

④ 结算方式科目设置。

结算方式	币种	科目
现金结算	人民币	1001
现金支票	人民币	100201
转账支票	人民币	100201

业务参数为核销生成凭证,红票对冲生成凭证,其他默认。

(4) 供应商往来科目

基本科目:应付科目为 2202(本币),采购科目为 140201(或 140202),预付科目 1123(本币),现金折扣科目为 660303。

结算方式科目为现金结算对应 1001,现金支票和转账支票对应 100201。

4. 期初数据

(1) 采购管理系统期初数据为 2012 年 12 月 28 日,采购部收到延庆食品公司采购发票一张,发票号为 F201,商品为乙材料,数量为 4700kg,售价为 2.80 元/kg,材料尚未运到。

(2) 库存管理系统和存货核算系统的期初数据为 2010 年 12 月 31 日,对各仓库进行盘点的结果如下。

存货编号	仓库名称	存货名称	数量(kg)	单价(元)
1001	材料库	甲材料	5000	3.60
1002	材料库	乙材料	2300	2.80
2001	产成品库	A 产品	3000	9.80
2002	产成品库	B 产品	4000	7.50

(3) 客户往来期初数据是应收账款的期初余额为 43 875 元,以普通销售发票的形式录入,信息如下。

开票日期	发票号	客户名称	销售部门	业务员	税率
2010-12-23	P511	长城餐饮	市场部	余卓	17%
备注	科目编号	货物名称	数量/kg	单价(不含税,元)	价税合计/元
销售商品	1122	B 产品	5000	7.50	43 875

(4) 供应商往来期初数据。应付账款科目的期初余额为 15 397.20 元,以普通采购发票形式录入,信息如下。

开票日期	发票号	供货单位	部门名称	业务员	税率
2010-12-28	Y105	延庆食品	供应部	蒋芸	17%
存货名称	数量/kg	单价/元	金额/元	税额/元	价税合计/元
B 产品	4700	2.80	13 160	2237.20	15 397.20

八、苏州市华新实业有限责任公司 2013 年 1 月发生以下经济业务。

（1）3 日，财务部开出现金支票（支票号为 XJ001）购买激光打印机一台，价格 2200 元，收到维明公司普通发票一张，发票号为 F101。该固定资产的净残值率为 4%，预计使用年限为 5 年。打印机已收到并投入使用。

（2）5 日，采购部李强向北京延庆食品公司订购甲材料 2000kg，单价为 3.60 元，预计 7 日到货。

（3）6 日，市场部向天津林营实业公司销售 B 产品 1000kg，单价为 7.50 元（不含税），产品已发出。当日，公司财务部根据发货单开出销售发票，发票号为 F301。同时收到客户以转账支票支付的全部价税款，支票号为 Z111。

（4）7 日，向北京延庆食品公司订购的甲材料 2000kg 到货，货物已验收并入材料库，同时收到销售发票一张，发票号为 F302。另外，在采购过程中发生了一笔运输费 300 元，税率为 7%，收到相应的运费发票一张，发票号为 F303。

（5）8 日，发现 7 日验收入库的甲材料有 120kg 不符合质量要求，要求退回供应单位。收到供应单位开出的票号为 F304 的红字销售发票一张。

（6）9 日，2012 年 12 月从北京延庆食品公司采购的乙材料已运到，全部验收入库。

（7）12 日，北京亚飞超市订购 A 产品 800kg，单价为 9.80 元（不含税）。

（8）15 日，市场部杨小明从产成品库向亚飞超市发出其所订购的 A 产品 800kg，单价为 9.80 元。财务部于当天开出该笔销售的销售发票一张，发票号 F305。

（9）16 日，生产车间领用甲材料 1500kg，用于生产 A 产品；领用乙材料 1000kg，用于制造 B 产品。

（10）18 日，财务部收到亚飞超市开出的转账支票一张（支票号为 Z222），用于支付购买 A 产品的价税款。

（11）19 日，办公室秦利出差回来，报销差旅费 1800 元，交回现金 200 元。

（12）20 日，财务部开出转账支票支付北京延庆食品公司甲材料的价税款，支票号为 Z001。

（13）22 日，将采购甲材料入库成本调整增加 500 元。

（14）23 日，出纳从工行提取现金 5000 元，作为备用金（现金支票号为 XJ002）。

（15）25 日，收到文华集团投入的注册资金 10 万美元，汇率为 1:6.80（转账支票号为 Z333）。

（16）26 日，办公室秦利买回打印纸等办公用品若干，发票金额为 450 元，财务人员以现金支付报销。

（17）27 日，办公室为了给职工发福利，领用 A 产品 300kg，B 产品 200kg。

（18）28 日，销售给新亚利华公司（新客户，编号为 005，名称为新亚利华公司，简称为新亚利华，税号为 55555，开户银行为中国建设银行，账号为 58012）甲材料 500kg，销售价格为 2000 元（不含税）。开出增值税专用发票一张，发票号为 F306，材料已发出，同时收到对方开出的转账支票一张,票号为 Z444。

(19) 31 日,对厂房进行资产评估,评估结果为"原值 3 000 000 元","累计折旧 200 000 元"。

(20) 31 日,进行工资变动,本月考勤苏秀请假 2 天,张齐请假 3 天。给销售部每人增加奖励工资 400 元。同时进行工资费用、福利费、工会经费和职工教育经费的分配。

(21) 31 日,计提本月折旧费用。

(22) 31 日,经核查,对 2011 年购入的 A 机器应计提 1000 元的减值准备。

(23) 31 日,按应纳增值税计算本月应纳的城建税和教育费附加。

(24) 31 日,计提本月的短期借款利息(年利率为 8%)。

(25) 31 日,本月收入费用结转。

(26) 31 日,计算并结转本月应交的企业所得税(税率为 25%)。

(27) 31 日,计算并结转净利润(或亏损)。